重大工程建设关键技术研究
总主编 孙 钧

长大桥梁建养关键技术

丛书

500米级钢管混凝土拱桥建造创新技术

郑皆连 等
著

上海科学技术出版社

图书在版编目(CIP)数据

500米级钢管混凝土拱桥建造创新技术/郑皆连等著
.—上海：上海科学技术出版社，2020.1
（长大桥梁建养关键技术丛书）
ISBN 978-7-5478-4605-6

Ⅰ.①5… Ⅱ.①郑… Ⅲ.①钢管混凝土拱桥—桥梁工程 Ⅳ.①U448.22

中国版本图书馆CIP数据核字(2019)第222396号

500米级钢管混凝土拱桥建造创新技术
郑皆连 等 著

上海世纪出版(集团)有限公司 出版、发行
上海科学技术出版社
(上海钦州南路71号 邮政编码200235 www.sstp.cn)
上海雅昌艺术印刷有限公司印刷
开本787×1092 1/16 印张19 插页4
字数 445千字
2020年1月第1版 2020年1月第1次印刷
ISBN 978-7-5478-4605-6/U·93
定价：180.00元

本书如有缺页、错装或坏损等严重质量问题，请向工厂联系调换

内容提要

本书介绍了大跨径钢管混凝土拱桥、劲性骨架混凝土拱桥及其关键设计、施工技术。主要内容包括绪论,500米级钢管混凝土拱桥设计,拱桁节段制造与运输,斜拉扣挂体系设计与施工,斜拉扣挂一次张拉计算方法及实践,管内混凝土制备与灌注,缆索吊运系统设计、施工与应用,吊、扣塔位移适时主动施力控制,劲性骨架混凝土拱桥。

本书作者及带领的团队参与并指导了三座特大桥的建设,在工程实践中不断对原有理论和技术进行创新和完善。全书内容充实、施工技术先进、条理清楚,既具有很强的实用性,又具有较高的理论性。

本书可供桥梁专业设计与施工人员参考,同时也适合高等院校土木工程专业本科生、桥隧专业及结构工程专业研究生参考使用。

重大工程建设关键技术研究

总主编

孙　钧　　同济大学教授，中国科学院院士

学术顾问

邱大洪　　大连理工大学教授，中国科学院院士

钱七虎　　中国人民解放军陆军工程大学教授，中国工程院院士

郑皆连　　广西大学教授，中国工程院院士

陈政清　　湖南大学教授，中国工程院院士

吴志强　　同济大学教授，中国工程院院士

王　平　　西南交通大学教授

刘斯宏　　河海大学教授

杨东援　　同济大学教授

长大桥梁建养关键技术丛书

编委会

主任

郑皆连

副主任

陈政清

委员（以姓氏笔画为序）

王用中　华旭刚　刘旭锴　孙利民　李永乐
李贤琪　张宇峰　张喜刚　陈宜言　邵旭东
胡建华　徐恭义　高宗余　韩振勇

编写人员

统稿、审定

郑皆连

撰写

郑皆连　　第 1、8、9 章

牟廷敏　　第 2 章

韩　玉　　第 3 章

秦大燕　　第 4、5、7 章

王建军　　第 6 章

重大工程建设关键技术研究

总　序

近年来，我国各项基础设施建设的发展如火如荼，"一带一路"建设持续推进，许多重大工程项目如雨后春笋般蓬勃兴建，诸如三峡工程、青藏铁路、南水北调、三纵四横高铁网、港珠澳大桥、上海中心大厦，以及由我国援建的雅万高铁、中老铁路、中泰铁路、瓜达尔港、比雷埃夫斯港，等等，不一而足。毋庸置疑，我国已成为世界上建设重大工程最多的国家之一。这些重大工程项目就其建设规模、技术难度和资金投入等而言，不仅在国内，即使在全球范围也都位居前茅，甚至名列世界第一。在这些工程的建设过程中涌现的一系列重大关键性技术难题，通过分析探索创新，很多都得到了很好的优化和解决，有的甚至在原来的理论、技术基础上创造出了新的技术手段和方法，申请了大量的技术专利。例如，632 m 的上海中心大厦，作为世界最高的绿色建筑，其建设在超高层设计、绿色施工、施工监理、建筑信息化模型（BIM）技术等多方面取得了多项科研成果，申请到 8 项发明专利、授权 12 项实用新型技术。仅在结构工程方面，就应用到了超深基坑支护技术、超高泵送混凝土技术、复杂钢结构安装技术以及结构裂缝控制技术等许多创新性的技术革新成果，有的达到了世界水平。这些优化、突破和创新，对我国工程技术人员将是非常宝贵的参考和借鉴。

在 2016 年 3 月初召开的全国人大全体会议期间，很多代表谈到，极大量的技术创新与发展是"十三五"时期我国宏观经济实现战略性调整的一项关键性驱动因素，是实现国家总体布局下全面发展的根本支撑和关键动力。

同时，在新一轮科技革命的机遇面前，也只有在关键核心技术上一个个地进行创新突破，才能实现社会生产力的全面跃升，使我国的科研成果和工程技术掌控两者的水平和能力尽早、尽快地全面进入发达国家行列，从而在国际上不断提升技术竞争力，而国力将更加强大！当前，许多工程技术创新得到了广泛的认可，但在创新成果的推广应用中却还存在不少问题。在重大工程建设领域，关键工程技术难题在实践中得到突破和解决后，需要把新的理论或方法进一步梳理总结，再一次次地广泛应用于生产实践，反过来又将再次推动技术的更进一步的创新和发展，是为技术的可持续发展之巨大推动力。将创新成果进行系统总结，出版一套有分量的技术专著是最有成效的一个方面。这也是出版"重大工程建设关键技术研究"丛书的意义之所在。以推广学术上的创新为主要目标，"重大工程建设关键技术研究"丛书主要具有以下几方面的特色：

1. 聚焦重大工程和关键项目。目前，我国基础设施建设在各个领域蓬勃开展，各类工程项目不断上马，从项目体量和技术难度的角度，我们选择了若干重大工程和关键项目，以此为基础，总结其中的专业理论和专业技术使之编纂成书。由于各类工程涉及领域和专业门类众多，专业学科之间又有相互交叉和融合，难以单用某个专业来设定系列丛书，所以仍然以工程大类为基本主线，初步拟定了隧道与地下工程、桥梁工程、铁道工程、公路工程、超高层与大型公共建筑、水利工程、港口工程、城市规划与建筑共八个领域撰写成系列丛书，基本涵盖了我国工程建设的主要领域，以期为未来的重大工程建设提供专业技术参考指导。由于涉及领域和专业多，技术相互之间既有相通之处，也存在各自间的不同，在交叉技术领域又根据具体情况做了处理，以避免内容上的重复和脱节。

2. 突出共性技术和创新成果，侧重应用技术理论化。系列丛书围绕近年来重大工程中出现的一系列关键技术难题，以项目取得的创新成果和技术突破为基础，有针对性地梳理各个系列中的共性、关键或有重大推广价值的技术经验和科研成果，从技术方法和工程实践经验的角度进行深入、系统而又详尽的分析和阐述，为同类难题的解决和技术的提高提供切实的理论依据和应用参考。在"复杂地质与环境条件下隧道建设关键技术丛书"（钱七虎院士任编委会主任）中，对当前隧道与地下工程施工建设中出现的关键问题进行了系统阐述并形成相应的专业技术理论体系，包括深长隧道重大突涌水灾害预测预警与风险控制、盾构工程遇地层软硬不均与极软地层的处理、类矩形盾构法、水下盾构隧道、地面出入式盾构法隧道、特长公路隧道、隧道地质三维探测、盾构隧道病害快速检测、隧道及地下工程数字化、软岩大变形隧道新型锚固材料等，使得关键问题在研究中得到了不同程度的解决和在后续工程中的有效实施。

3. 注重工程实用价值。系列丛书涉及的技术成果要求在国内已多次采用，实践证明是可靠的、有效的，有的还获得了技术专利。系列丛书强调以理论为引领，以应用为重点，以案例为说明，所有技术成果均要求以工程项目为背景，以生产实践为依托，使丛书既富有学术内涵，又具有重要的工程应用价值。如"长大桥梁建养关键技术丛书"（郑皆连院士任编委会主任、陈政清院士任副主任),围绕特大跨度悬索桥、跨海长大桥梁、多塔斜拉桥、特大跨径钢管混凝土拱桥、大跨度人行桥、大比例变宽度空间索面悬索桥等重大桥梁工程,聚焦长大桥梁的设计创新理论、施工创新技术、建设难点的技术突破、桥梁结构健康监测与状态评估、运营期维修养护等,主要内容包括大型钢管混凝土结构真空辅助灌注技术、大比例变宽度空间索面悬索桥体系、新型电涡流阻尼减振技术、长大桥梁的缆索吊装和斜拉扣挂施工、超大型深水基础超高组合桥塔、变形智能监测、基于BIM的建养一体化等。这些技术的提出以重大工程建设项目为依托,包括合江长江一桥、合江长江二桥、巫山长江大桥、桂广铁路南盘江大桥、张家界大峡谷桥、西堠门大桥、嘉绍大桥、港珠澳大桥、虎门二桥等,书中对涉及具体工程案例的相关内容进行了详尽分析,具有很好的应用参考价值。

4. 聚焦热点,关注风险分析、防灾减灾、健康检测、工程数字化等近年来出现的新兴分支学科。在绿色、可持续发展原则指导下,近年来基础建设领域的技术创新在节能减排、低碳环保、绿色土木、风险分析、防灾减灾、健康检测(远程无线视频监控)、工程使用全寿命周期内的安全与经济、可靠性和耐久性、施工技术组织与管理、数字化等方面均有较多成果和实例说明,系列丛书在这些方面也都有一定体现,以求尽可能地发挥丛书对推动重大工程建设的长期、绿色、可持续发展的作用。

5. 设立开放式框架。由于上述的一些特性,使系列丛书各分册的进展快慢不一,所以采用了开放式框架,并在后续系列丛书各分册的设定上,采用灵活的分阶段付梓出版的方式。

6. 主编作者具备一流学术水平,从而为丛书内容的学术质量打下了坚实的基础。各个系列丛书的主编均是该领域的学术权威,在该领域具有重要的学术地位和影响力。如陈政清教授,中国工程院院士,"985"工程首席科学家,桥梁结构与风工程专家;郑皆连教授,中国工程院院士,桥梁设计施工专家;钱七虎教授,中国工程院院士,防护与地下工程专家;吴志强教授,中国工程院院士,城市规划与建设专家;等等。而参与写作的主要作者都是活跃在我国基础设施建设科研、教育和工程的一线人员,承担过重大工程建设项目或国家级重大科研项目,他们主要来自中铁隧道局集团有限公司、中交隧道工程局有限公司、中铁十四局集团有限公司、中交第一公路工程局有限公司、青岛地铁集团有限公司、上海建工集团有限公司、上海城建集团、中交公路规划设计院有限公司、陆军研究院工程设计研究所、招商局重庆交通科研设计院有限公司、天津城建集团有限公司、浙江省交通规划设计研究院、江苏交通科学研究院有限公司、同济大学、河海大学、西南交通大学、湖南大学、山东大学等。各位专家在承担繁重的工程建设和科研教学任务之余,奉献了自己的智慧、学识和汗水,为我国的工程技术进步做出了贡献,在此谨代表丛书总编委对各位的辛劳表示衷心的感谢和敬意。

当前,不仅国内的各项基础建设事业方兴未艾,在"一带一路"倡议下,我国在海外的重大工程项目建设也正蓬勃发展,对高水平工程科技的需求日益迫切。相信系列丛书的出版能为我国重大工程建设的开展和创新科技的进步提供一定的助力。

孙钧

2017年12月,于上海

孙钧先生,同济大学一级荣誉教授,中国科学院资深院士,岩土力学与工程国内外知名专家。"重大工程建设关键技术研究"系列丛书总主编。

序

在桥梁的四种桥型中，拱桥受力最为合理，其承力结构——拱圈处于小偏心受压，因此没有疲劳问题，耐久性最好，刚度大，造价上有很强的竞争力。在工业革命以前，拱桥是世界各国内河主通航孔的最佳选择。当时，拱桥都为满堂支架施工，在防洪上有较大风险。奥地利工程师约瑟夫·米兰(Josef Melan)在1898年发明了劲性骨架混凝土拱桥。我国工程师把钢管混凝土拱用作劲性骨架，并创造了巧妙的调载技术，提高了经济性，降低了施工风险。现代拱桥的标志和成就也体现在拱圈实现了无支架施工。

在我国高速公路和铁路大规模建设的推动下，无支架施工的钢管混凝土拱桥及劲性骨架混凝土拱桥获得飞速发展。1990年建成第一座钢管混凝土拱桥——跨径115 m的旺苍东河大桥，到2018年已建成460余座。跨径530 m的合江长江一桥已通车6年，跨径575 m的平南三桥预计2020年通车。近30年来，拱桥的这两个分支在我国修建数量之多、跨径增大之快，是桥梁发展史上罕见的。

我国拱桥建设的创新技术支撑了拱桥高速、健康发展。我国工程师在1968年提出的拱肋斜拉扣挂悬拼技术、1977年提出的拱圈转体技术解决了钢管拱桁及劲性拱骨架的无支架施工问题，以及针对跨径500米级钢管混凝土拱桥及劲性骨架混凝土拱桥设计、施工、混凝土材料、大型临时施工设施进行的深入研究，提高了质量，降低了造价和施工风险。

本书作者郑皆连院士是30年来拱桥建设大发展的见证者、参与者、创新者，他为了总结经验、展望未来撰写了本书，可供桥梁设计、施工、研究从业者和桥梁专业学生参考。相信本书的出版将为我国拱桥的进一步发展做出贡献。

2019年10月

前 言

近年来,大跨径钢管混凝土拱桥及以其为劲性骨架的混凝土拱桥无论从建造数量、跨径、质量都形成了一次较为集中的突破,保持了我国在拱桥建设上引领世界的地位。本书作者是中国近几十年来拱桥发展的见证者、参与者与创新者,为总结近期的成功经验,推动钢管混凝土拱桥及劲性骨架混凝土拱桥建设,进一步提高质量、降低造价及风险,向更大跨径发展,也是为了响应上海科学技术出版社的邀约,历时一年多,几易其稿,终于完成了这部对桥梁工程建设者、桥梁科技工作者及桥梁专业大学生有重要参考价值的专著。

全书共分为9章,各章节主要内容分别如下:

第1章介绍了钢管混凝土拱桥特质,与其他桥型的比较,发展历程、发展水平,拱圈架设方法,施工风险。

第2章主要描述了世界仅有三座跨径超过500米级的钢管混凝土拱桥与钢拱桥、斜拉桥、悬索桥技术、经济的比较结果,独家提出基于悬拼节段的拱圈设计,进行静动力计算,并对受力机理进行了讨论。

第3章介绍了跨径500米级钢管混凝土拱桥拱圈悬拼节段工厂制造流程、精度控制、大型悬拼节段船舶运输。

第4章具体介绍了两座跨径超500米级钢管混凝土拱桥拱桁斜拉扣挂施工技术,并对不同扣挂方法进行比较。

第5章独家提出了拱圈节段悬拼一次张拉扣索、过程中不用调索的计算方法,验证了计算方法的正确性及在实桥中的应用。

第6章介绍了大流动性、膨胀收缩可设计的混凝土材料,真空辅助压力连续灌注管内混凝土工艺及设备,以及在多座特大型钢管混凝土拱桥中的应用。

第7章介绍了缆索吊运系统的设计、施工与应用。缆索吊运系统是拱桥拱圈悬拼施工采用最多的临时大型设施,对拱桥施工安全、速度、精度、造价影响大,研究意义重大。

第 8 章介绍了独创的主动施力控制代替刚度被动控制吊、扣塔位移的原理、方法，实现了塔顶位移控制在 20 mm 内的巨大进步。

第 9 章介绍了我国工程师把钢管混凝土拱用作劲性骨架，发明了分环、多工作面浇筑，斜拉索调载技术，把劲性骨架混凝土拱桥跨径提高到近 500 m 的研究及实践成果。

本书中的主要成果支撑了主跨 507 m 的合江长江公路大桥、主跨 530 m 的合江长江一桥(通车的世界最大跨径钢管混凝土拱桥)和主跨 575 m 的平南三桥(在建世界最大跨径拱桥)的建造。本书作者带领团队参与并指导了这三座桥的建设，在工程实践中不断对原有理论和技术进行创新和完善，因此形成的成果具备极强的实践性和指导意义。

广西大学教授郑皆连撰写了第 1 章、第 8 章、第 9 章，并负责全书统稿；第 2 章主要由四川省公路规划勘察设计研究院有限公司总工程师牟廷敏撰写；第 3 章主要由广西路桥工程集团有限公司总工程师韩玉撰写；第 4 章、第 5 章、第 7 章主要由广西路桥工程集团有限公司副总工程师秦大燕撰写；第 6 章主要由广西路桥工程集团有限公司副总工程师王建军撰写。

参与本书工作的还有广西路桥工程集团有限公司解威威、郑健、叶志权、何建乔、隗磊军，四川省公路规划勘察设计研究院有限公司范碧琨、赵艺程、郑旭峰、林小军、田波、汪洋、邹圻，广西交通科学研究院有限公司姚鑫玉。

在无收缩管内混凝土材料制备技术上得到了东南大学缪昌文院士、刘加平教授团队的大力支持。本书中用到的大量图片除了作者长期搜集积累之外，各工程参建单位也进行了补充，在此一并表示衷心的感谢。感谢中铁二院工程集团有限责任公司副总工程师陈克坚、国家设计大师马庭林，以及中铁十八局云桂铁路南盘江特大桥经理部为第 9 章提供资料。

由于 500 米级钢管混凝土拱桥及以其为劲性骨架的混凝土拱桥目前正处于蓬勃发展、广泛推广应用的阶段，跨径也进一步向着 600 m 乃至 700 m 突破，相应的建造技术也在实践应用中不断创新和进步，因此本书成果还起着承前启后的作用，也要在实践中进一步完善。再经过数年的发展应用，拱桥可能会在桥梁家族中找到更合适的定位，届时编著一本更大跨径拱桥建造技术的书亦是一项义不容辞的工作。在此过程中衷心期望广大业界同仁共同参与并提供意见和建议，携手为我国拱桥事业的进步做出努力。

在开展研究及本书撰写过程中，受到国家自然科学基金(51878186)、国家自然科学基金重点项目(51738004)、桂科 AA181180 项目的资助。

郑皆连

2019 年 7 月

目 录

第1章 绪论 … 1

- 1.1 钢管混凝土拱桥的特质 … 1
- 1.2 钢管混凝土拱桥发展历程 … 3
- 1.3 钢管混凝土拱桥拱圈无支架施工 … 9
  - 1.3.1 斜拉扣挂悬拼 … 9
  - 1.3.2 转体施工 … 12
- 1.4 钢管混凝土拱桥拱圈施工风险 … 13
- 参考文献 … 15

第2章 500米级钢管混凝土拱桥设计 … 16

- 2.1 桥位及桥型方案比选 … 16
  - 2.1.1 合江长江一桥 … 16
  - 2.1.2 合江长江三桥 … 18
- 2.2 关键结构研究 … 20
  - 2.2.1 拱圈悬拼单元 … 20
  - 2.2.2 拱圈内横隔 … 21
  - 2.2.3 拱圈横撑 … 23
  - 2.2.4 拱圈肋间横梁 … 25
  - 2.2.5 拱圈悬吊结构多维连接体系 … 25
  - 2.2.6 拱座 … 27
- 2.3 强度与刚度计算 … 29
  - 2.3.1 合江长江一桥 … 29
  - 2.3.2 合江长江三桥 … 45
- 2.4 受力机理探讨 … 62

2.4.1　材料参数对承载能力的影响 …………………… 62
2.4.2　长细比对承载能力的影响 ……………………… 63
2.4.3　徐变对承载能力的影响 ………………………… 66
2.4.4　脱空对承载能力的影响 ………………………… 68
2.4.5　初应力对承载能力的影响 ……………………… 69
2.4.6　非线性对承载能力的影响 ……………………… 71
2.4.7　动力性能的宏观评价 …………………………… 72
参考文献 …………………………………………………… 73

第3章　拱桁节段制造与运输
74

3.1　拱桁节段误差分析与控制 …………………………… 74
　3.1.1　拱桁节段施工误差限值 ………………………… 74
　3.1.2　拱桁节段施工精度控制 ………………………… 75
3.2　拱桁节段制造与工厂试拼装 ………………………… 76
　3.2.1　卧式制造 ………………………………………… 78
　3.2.2　立式拼装 ………………………………………… 83
3.3　拱桁节段焊接 ………………………………………… 85
　3.3.1　焊接工艺评定 …………………………………… 85
　3.3.2　焊接方法及相关要求 …………………………… 85
　3.3.3　实际应用效果 …………………………………… 86
　3.3.4　自动焊接技术应用 ……………………………… 86
3.4　法兰盘和拱铰轴制作 ………………………………… 86
　3.4.1　法兰盘制作 ……………………………………… 86
　3.4.2　拱脚轴制作 ……………………………………… 88
3.5　拱桁节段运输 ………………………………………… 90
　3.5.1　现场预制平车运输 ……………………………… 90
　3.5.2　拱桁节段整体水运 ……………………………… 90

第4章　斜拉扣挂体系设计与施工
92

4.1　概述 …………………………………………………… 92
　4.1.1　斜拉扣挂技术应用简况 ………………………… 92
　4.1.2　扣挂体系分类 …………………………………… 93
　4.1.3　扣挂体系类别的优缺点 ………………………… 94

4.1.4　扣挂体系的选择 …………………………………… 95
4.2　扣挂体系组成部分 ……………………………………… 95
　　4.2.1　扣索 ……………………………………………… 95
　　4.2.2　扣点、转点 ……………………………………… 95
　　4.2.3　塔上索鞍或交换梁 ……………………………… 96
　　4.2.4　扣塔 ……………………………………………… 96
　　4.2.5　地锚 ……………………………………………… 99
4.3　合江长江一桥斜拉扣挂体系 …………………………… 99
　　4.3.1　斜拉扣挂体系设计 ……………………………… 99
　　4.3.2　斜拉扣挂体系计算 ……………………………… 103
　　4.3.3　预应力岩锚施工 ………………………………… 108
　　4.3.4　塔架安装与拆除 ………………………………… 109
4.4　平南三桥斜拉扣挂体系 ………………………………… 119
　　4.4.1　斜拉扣挂体系设计 ……………………………… 119
　　4.4.2　斜拉扣挂体系计算 ……………………………… 122
　　4.4.3　锚拉板式扣点 …………………………………… 136
　　4.4.4　扣点分配横梁 …………………………………… 137
　　4.4.5　钢绞线转向索鞍 ………………………………… 139
　　4.4.6　扣索平台 ………………………………………… 139
　　4.4.7　塔架安装与拆除 ………………………………… 142
　　4.4.8　扣索荷载试验 …………………………………… 146
参考文献 ………………………………………………………… 147

第5章　斜拉扣挂一次张拉计算方法及实践

5.1　概述 ……………………………………………………… 148
5.2　斜拉扣挂数学模型及施工优化方法 …………………… 149
　　5.2.1　斜拉扣挂数学模型及施工优化方法 …………… 149
　　5.2.2　"过程最优,结果可控"斜拉扣挂施工优化方法 … 150
5.3　工程应用 ………………………………………………… 152
　　5.3.1　马滩红水河特大桥 ……………………………… 152
　　5.3.2　六律大桥 ………………………………………… 161
　　5.3.3　平南三桥 ………………………………………… 164
参考文献 ………………………………………………………… 179

第6章 管内混凝土制备与灌注

6.1 脱黏、脱空现象和灌注工艺 …… 180
- 6.1.1 钢管混凝土脱黏、脱空现象及成因 …… 180
- 6.1.2 灌注工艺 …… 181

6.2 管内混凝土原材料 …… 182
- 6.2.1 混凝土常规材料 …… 182
- 6.2.2 高稳健性外加剂技术 …… 183
- 6.2.3 全过程补偿技术 …… 184

6.3 真空辅助灌注工艺及试验 …… 187
- 6.3.1 管内混凝土真空辅助灌注工艺 …… 187
- 6.3.2 工艺试验 …… 188
- 6.3.3 试验结果及分析 …… 190

6.4 管内混凝土灌注施工工程应用 …… 195
- 6.4.1 工程背景 …… 195
- 6.4.2 灌注效果 …… 199
- 6.4.3 灌注施工管理分析 …… 202

参考文献 …… 215

第7章 缆索吊运系统设计、施工与应用

7.1 缆索吊运系统组成 …… 216
- 7.1.1 塔架 …… 217
- 7.1.2 风缆 …… 217
- 7.1.3 索系统 …… 217
- 7.1.4 其他 …… 220

7.2 缆索吊运系统分类 …… 221
- 7.2.1 塔架式缆索吊 …… 221
- 7.2.2 无塔架缆索吊 …… 222
- 7.2.3 可横移式缆索吊 …… 222

7.3 缆索吊机主索几何非线性分析 …… 224
- 7.3.1 抛物线解析法 …… 224
- 7.3.2 非线性索-轮单元法 …… 228

7.4 合江长江一桥缆索吊运系统 …… 233
- 7.4.1 缆索吊运系统设计及强健性研究 …… 233
- 7.4.2 超大跨钢管拱肋吊运系统关键技术研究 …… 238

7.4.3　缆索吊运系统安全检校 …… 243
7.5　平南三桥缆索吊运系统 …… 244
7.5.1　缆索吊运系统设计与计算 …… 245
7.5.2　主地锚计算 …… 250
参考文献 …… 251

第8章　吊、扣塔位移适时主动施力控制
253

8.1　概述 …… 253
8.2　主动施力控制与刚度被动控制的比较 …… 255
8.3　主动施力控制塔顶水平位移的实现途径 …… 256
8.4　马滩红水河特大桥吊、扣塔 …… 257
8.4.1　GNSS位移自动化监测系统 …… 257
8.4.2　塔架主动施力控制方法 …… 257
参考文献 …… 260

第9章　劲性骨架混凝土拱桥
261

9.1　发展概况 …… 261
9.2　降低拱圈混凝土浇筑过程中劲性骨架的瞬时应力及永存应力 …… 265
9.2.1　国外调载工法 …… 266
9.2.2　国内调载工法 …… 266
9.3　工程应用 …… 268
9.3.1　邕江大桥 …… 268
9.3.2　南盘江特大桥 …… 276
9.4　劲性骨架调载方法 …… 280
参考文献 …… 281

第 1 章

绪　论

钢管混凝土拱桥是指用拱形钢管或以钢管为弦杆的拱桁,并在钢管内灌注混凝土而形成拱圈的桥梁。拱桁腹杆可以是钢管,也可以是型钢;腹杆内可以灌混凝土,也可以不灌。钢管宜用钢板卷制直缝焊接管,钢强度等级常为 Q235、Q345、Q390,管内混凝土常用 C40～C80。

1.1　钢管混凝土拱桥的特质

（1）与钢拱比,受力性能好、施工方便、综合造价低。

钢管混凝土拱桥,是钢拱桥的拱圈部分钢被混凝土替代。钢管与管内混凝土形成钢混组合结构,钢管既充当纵向钢筋,又充当横向箍筋,还充当灌注管内混凝土的模板。管内混凝土是连续浇筑的,钢管因混凝土提高了局部稳定性,混凝土因钢管的套箍作用提高了强度和韧度,钢管混凝土拱成了优良的承压组合结构。设计好的钢管混凝土拱桥拱圈处于小偏心受压,不存在疲劳问题,耐久性好,超载能力强。

钢管混凝土拱桥施工性好;钢管拱桁比钢拱桁重量轻一半,安装风险降低;钢管壁厚不到钢拱杆件厚度的 1/2,焊接容易;单根杆件比钢拱轻,利于山区运输;钢管拱桁架设完后,采用真空辅助压力连续灌注管内混凝土,一个月可完成一跨拱,跨径 500 米级钢管混凝土拱桥拱桁架设加管内混凝土灌注耗时约为相似跨径钢拱桥的一半。因此钢管混凝土拱桥比钢拱桥施工快、安全。

钢管混凝土拱桥与钢拱桥比,例如跨径 530 m 的合江长江一桥与跨径 550 m 的卢浦大桥比(表 1-1),前者拱圈用钢量及施工用钢量分别是后者的 29% 和 36%。因为拱圈受压,能用混凝土代钢,目前已实现替代一半钢以上。混凝土及被代替的钢在保持相同刚度的前提下,即 $A_c E_c = A_s E_s$,按现行的工程单价计算,即每立方米混凝土和每吨钢建安费分别是 1 000 元和 20 000 元计,混凝土与被代替的钢工程费用比约为 1/27,相关文献提到的钢管混凝土拱桥拱圈比钢拱桥拱圈造价低一半的根据在于此。

因此对推力拱而言,钢管混凝土拱桥比钢拱桥施工快、风险小、造价低、维护费低,必然会代替钢拱桥。对系杆拱桥,钢管混凝土拱桥与钢拱桥比,拱圈重 1/3 左右,系杆和墩基础工程量稍有增

表 1-1 钢管混凝土拱桥和钢拱桥对比

技术指标	钢桁架拱			钢箱拱		钢管拱
	New River Gorge	Sydney Harbor	朝天门大桥	卢浦大桥	合江长江一桥工可	合江长江一桥
主跨/m	518.1	502.9	552	550	518	530
桥宽/m	21	48.8（主拱间距）	36.5 和 27.4（上、下层桥面）	29.8（使用桥宽）	28（使用桥宽）	28（使用桥宽）
总长/m	923.6	502.9	932	756	518	530
主桥结构用钢/t	15 503（拱圈）	37 000	47 000	34 499（拱圈 23 265）	21 842	10 790（拱圈 6 720）
全桥用钢指标/(t·m⁻²)	1.425	1.508	0.789	1.531	1.505	0.727
拱圈用钢指标/(t·m⁻²)	0.799			1.032		0.453
混凝土/m³			115 600		29 400	26 933
水平系杆索/t	0	0	638	1 760	0	0
钢板焊接厚度/mm			80	100		34
钢管内混凝土/m³	0	0	0	0	0	6 400
拱圈施工吊重/t			80	480		200
施工用钢材/t			40 000	11 000		4 000
施工用钢指标/(t·m⁻²)			0.67	0.48		0.28

加,但综合比较,钢管混凝土拱桥造价上仍有很强竞争力。

(2) 与索支承桥比,刚度大、适应地形能力强、经济性好。

钢管混凝土拱桥拱圈始终处于小偏心受压,耐久性好、超载能力强、刚度大。与悬索桥、斜拉桥相比,刚度分别大十几倍、几倍,如需要增加刚度也容易,只要把弦管直径加大,增加管内混凝土,就能增加刚度。对地形适应性强,平丘区可采用下承式(图 1-1)、中承式(图 1-2),山区可采用上承式(图 1-3)。经济性好,与其他桥比,造价有时可少 1/3,跨越山谷时,600 m 跨径可替代千米级的悬索桥,造价优势更为显著。

图 1-1 武汉汉江三桥

图 1-2 巫山长江大桥

图 1-3　沪蓉西支井河大桥

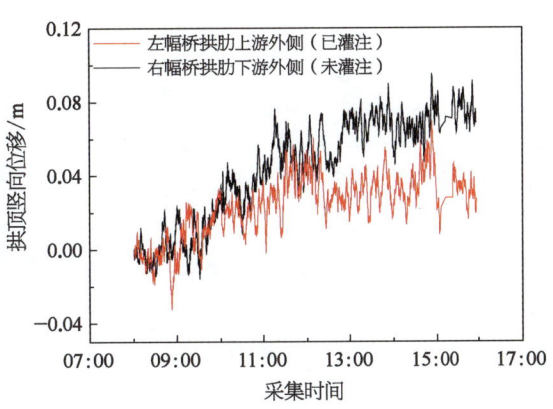

图 1-4　马滩红水河特大桥拱顶竖向
位移与时间的关系

(3) 温度敏感性低，适合于高铁。

钢管混凝土拱桥除大量用于公路桥和城市桥外，因刚度大，日温差不敏感，也适合于高铁。图 1-4 给出了马滩红水河特大桥拱圈竖向位移与时间的关系。该桥是柳州至南宁高速路上的一座钢管混凝土拱桥，跨径 326 m，两幅桥各四车道，弦杆 1 200 mm×22(32) mm。其中一幅弦杆已灌 C50 混凝土，变化曲线如图中红色图例所示；另一幅未灌，变化曲线如图中黑色图例所示。在 8 点至 16 点对拱顶竖向变形进行同时观测，由图 1-4 可以看出，后者与钢桥一样随温度同步升降，前者不敏感。

(4) 抗风抗震性能好。

跨径 500 米级的钢管混凝土拱桥成桥后一般无须进行抗风校验，拉(萨)林(芝)铁路藏木雅鲁藏布江桥是跨径 430 m 的中承式钢管混凝土拱桥，中国中铁二院工程集团有限责任公司设计，中铁广州工程局集团有限公司施工，目前拱桁已斜拉扣挂悬拼合龙，2019 年通车，桥址位于地震 9 度区。经验算，采用地震不控制设计，钢管混凝土拱桥也经历了汶川地震考验，震害小。

1.2　钢管混凝土拱桥发展历程[1]

第一座钢管混凝土拱桥始于 1937 年，苏联列宁格勒(现俄罗斯圣彼得堡)采用集束的小直径钢管混凝土作为拱圈，建造了跨径 101 m 的下承式钢管混凝土拱桥，其截面形式和成桥如图 1-5 所示。

两年后，苏联又在西伯利亚依谢季河(Исеть)上建成跨径为 140 m 的上承式钢管混凝土拱桥，如图 1-6 所示。这两座桥都是把钢管分段，在管内灌混凝土，然后在支架上拼装成拱圈。这样施工，拱圈没能发挥钢管混凝土拱圈的结构优势和钢管拱桁轻、易于无支架施工的优势。此后 50 年无第三座钢管混凝土拱桥建设，钢管混凝土拱桥被市场无情地抛弃了。我国工程师对钢管混凝土拱桥的机理及施工工艺进行了长期研究[3]，直至 1990 年建成第一座具有工程意义的钢管混凝土拱桥——跨径 115 m 的旺苍东河大桥。该桥宽 15 m，两拱各由两根 800 mm×10 mm 直缝焊接管构

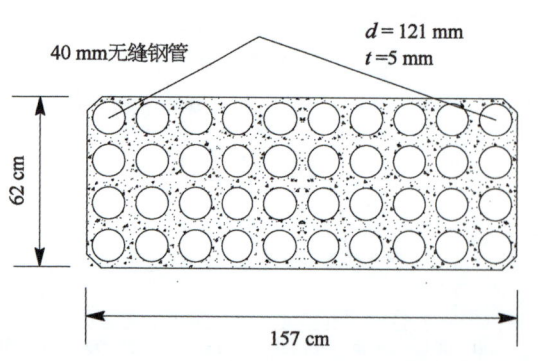

图 1-5　苏联列宁格勒跨越涅尔瓦河的 101.0 m 钢管混凝土拱桥

图 1-6　苏联西伯利亚依谢季河跨度 140 m 钢管混凝土铁路拱桥

图 1-7　旺苍东河大桥

成哑铃形横截面,每圈分 5 段,采用缆索吊运、斜拉扣挂、松索合龙工艺施工,如图 1-7 所示。自 1993 年起,钢管混凝土拱桥每年以 18 座左右的数目迅速增长,至今已有 460 余座。

随着社会经济的高速发展、工程技术的不断创新,我国的钢管混凝土拱桥不仅在数目和跨径上不断增大,其施工方式、结构形式等也在不断创新。据不完全统计,截至 2017 年底,我国已建的和在建的钢管混凝土拱桥约 462 座,其中跨径超过 200 m 的有 70 座,超过 300 m 的有 19 座,超过 400 m 的有 8 座,超过 500 m 的有 3 座(图 1-8、图 1-9、表 1-2)。如图 1-10 所示,特别要提到合江长江一桥(图 1-10c),它是泸(州)渝(重庆)高速公路上的一座跨长江的钢管混凝土拱桥,计算跨径 518 m,目前世界第一,桥宽 24.6 m,含引桥全长 838 m,2010 年开工,2013 年建成。主桥上构采用缆索吊运,拱桁斜拉扣挂合龙松索工艺施工,拱桁和桥道梁钢结构在工厂制造,工厂化水平达 85%,上构施工实现了无模板,竣工造价 2.6 亿元,竣工验收优秀。为确保合江长江一桥成功建成,进行了多年研究,取得的成果"超 500 米跨径钢管混凝土拱桥创新技术"获 2018 年国家科技进步二等奖,同时合江长江一桥项目也获2018年詹天佑奖、鲁班奖,获2019年IBC乔治·理查德森奖(Richardson)。合江长江一桥也催生了钢管混凝土拱桥规范:2013年国家标准《钢管混凝土拱桥技术规范》(GB 50923—2013)[4]和2015年交通部颁布的《公路钢管混凝土拱桥设计规范》(JTG/T D65-06—2015)[5]。跨径575 m钢管混凝土拱桥——平南三桥(图1-10a)2018年5月已开工,跨径700 m的钢管混凝土拱桥的可行性正在研究中[6]。拱桥的一个分支——钢管混凝土拱桥在我国数量和跨径增加如此之快是世界建桥史上的奇迹,究其原因,是我国工程师充分发挥了其拱圈具有的结构优势、施工优势及造价优势的结果;是不断进行设计创新,使之更节省材料、更方便施工,不断推进拱圈无支架施工,管内混凝土灌注新工艺、新材料科技创新的结果。现在有了国标和部标,近年又兴起了BIM技术、智能化施工,钢管混凝土拱桥必将更快速地发展,继续增大跨径、降低造价,以满足工程需求。

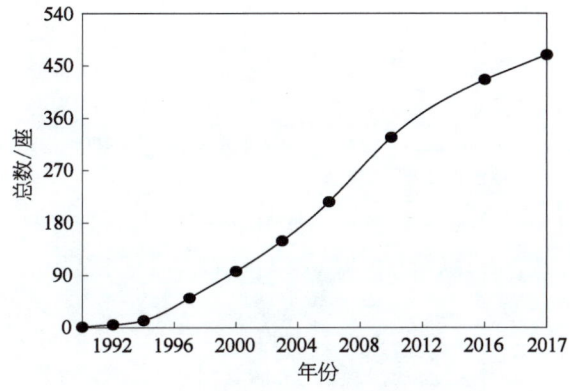

图1-8 钢管混凝土拱桥数量增长趋势图

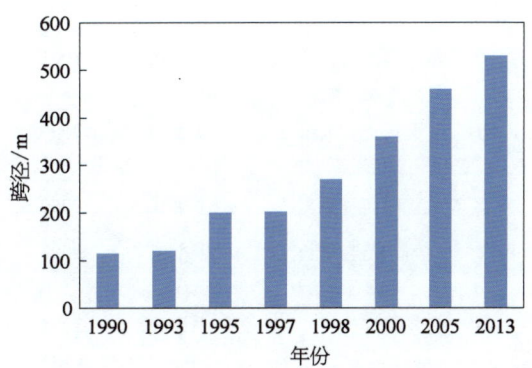

图1-9 钢管混凝土拱桥跨径变化趋势

表1-2 国内跨径超200 m钢管混凝土拱桥一览表

序号	桥名	桥型	建成年份	跨径/m	截面形式	矢跨比	桥型	施工方法
1	平南三桥	中承式	在建	575	四管桁式	1/4	悬链线 $m=1.50$	悬臂拼装
2	合江长江一桥	中承式	2013	530	四管桁式	1/4.5	悬链线 $m=1.45$	悬臂拼装
3	合江长江公路大桥	飞燕式	在建	507	四管桁式	1/4	悬链线 $m=1.50$	悬臂拼装
4	巫山长江大桥	中承式	2005	460	四管桁式	1/3.8	悬链线 $m=1.55$	悬臂拼装
5	贵州大小井特大桥	上承式	在建	450	四管桁式	1/4.5	悬链线 $m=1.55$	悬臂拼装
6	沪蓉西支井河大桥	上承式	2009	430	四管桁式	1/5.5	悬链线 $m=1.75$	悬臂拼装
7	藏木雅鲁藏布江特大桥	中承式	在建	430	四管桁式	1/3.84	悬链线 $m=2.10$	悬臂拼装
8	凉水沟大桥	上承式	2009	430	四管桁式	1/5.5		悬臂拼装
9	湘潭莲城大桥	斜拉飞鸟	2007	388	六管桁式	1/5.19	七次抛物线	悬臂拼装
10	益阳茅草街大桥	飞鸟式	2005	368	四管桁式	1/5	悬链线 $m=1.30$	悬臂拼装
11	贵州总溪河大桥	上承式	2014	360	四管桁式	1/5.217	悬链线 $m=1.30$	悬臂拼装
12	广州丫髻沙大桥	飞鸟式	2000	360	变高六管桁式	1/4.5	悬链线 $m=2.00$	转体施工
13	准朔铁路黄河大桥	上承式	2011	356.8	四管桁式	1/6	悬链线 $m=2.50$	悬臂拼装

（续表）

序号	桥　名	桥型	建成年份	跨径/m	截面形式	矢跨比	桥　型	施工方法
14	恩施小河特大桥	上承式	2009	338	六管桁式	1/5	悬链线 $m=1.543$	悬臂拼装
15	马滩红水河特大桥	中承式	在建	336	四管桁式	1/4	悬链线 $m=1.16$	悬臂拼装
16	南宁永和大桥	中承式	2004	335.4	横向哑铃形桁式	1/4.5	四次抛物线	悬臂拼装
17	黄山太平湖大桥	中承式	2007	330	横向哑铃形桁式	1/4.94	悬链线 $m=1.55$	悬臂拼装
18	淳安南浦大桥	中承式	2003	308	四管桁式	1/5.5	悬链线 $m=1.16$	悬臂拼装
19	贵州香火岩特大桥	上承式	在建	300	变高六管桁式	1/5.5	悬链线 $m=1.54$	悬臂拼装
20	奉节梅溪河大桥	上承式	2001	288	变高四管桁式	1/5	悬链线 $m=1.50$	悬臂拼装
21	东莞水道特大桥	飞鸟式	2005	280	横向哑铃形桁式	1/5	悬链线 $m=1.50$	悬臂拼装
22	武汉汉江三桥	下承式	2000	280	四管桁式	1/5	悬链线 $m=1.54$	悬臂拼装
23	宜万铁路宜昌长江大桥	下承式	2007	275	横向哑铃形桁式	1/5	二次抛物线	转体施工
24	三岸邕江大桥	中承式	1998	270	横向哑铃形桁式	1/5	悬链线 $m=1.16$	悬臂拼装
25	象山三门口北门桥	中承式	2006	270	四管桁式	1/5	悬链线 $m=1.54$	悬臂拼装
26	象山三门口中门桥	中承式	2006	270	四管桁式	1/5	悬链线 $m=1.54$	悬臂拼装
27	猛洞河特大桥	上承式	2017	268	四管桁式	1/5.5	悬链线 $m=1.65$	悬臂拼装
28	龙桥大桥	上承式	2014	268	四管桁式	1/5	悬链线 $m=1.50$	悬臂拼装
29	新六景郁江特大桥	下承式	2018	268	四管桁式	1/4.5	悬链线 $m=1.35$	悬臂拼装
30	六律大桥	下承式	在建	265	四管桁式	1/4.5	悬链线 $m=1.35$	悬臂拼装
31	石门水库特大桥	中承式	2017	262	四管桁式	1/4	悬链线 $m=1.50$	悬臂拼装
32	遂昌乌溪江大桥	上承式	2017	260	四管桁式	1/4.7	悬链线 $m=1.75$	
33	恩施景阳河大桥	上承式	2008	260	四管桁式	1/5	悬链线 $m=1.756$	悬臂拼装
34	金沙江戎州大桥	中承式	2004	260	四管桁式	1/4.5	悬链线 $m=1.40$	悬臂拼装
35	舟山松岙大桥	中承式	2007	260	四管桁式	1/5.443	悬链线 $m=1.15$	悬臂拼装
36	北深沟大桥	中承式	2010	260	横向哑铃形桁式	1/4.5	悬链线	悬臂拼装
37	秭归青干河大桥	中承式	2002	256	四管桁式	1/4.945	三次样条函数	悬臂拼装
38	广安奎阁渠江大桥	飞鸟式	2011	256	四管桁式	1/4.5		悬臂拼装
39	千岛湖1号大桥	上承式	2006	252	横向哑铃形桁式	1/6.5	悬链线 $m=1.756$	悬臂拼装

(续表)

序号	桥名	桥型	建成年份	跨径/m	截面形式	矢跨比	桥型	施工方法
40	钦江大桥	中承式	2012	252	三管桁式	1/4.324	悬链线 $m=2.20$	悬臂拼装
41	海螺猛洞河大桥	上承式	2012	251	四管桁式	1/5.5	悬链线 $m=1.65$	悬臂拼装
42	武汉长丰大桥	飞鸟式	2000	251	横向哑铃形桁式	1/5	悬链线 $m=1.50$	悬臂拼装
43	三门健跳大桥	中承式	2001	245	横向哑铃形桁式	1/5	二次抛物线	悬臂拼装
44	贵州落脚河大桥	中承式	1998	240	集束式五管变截面	1/4		
45	巫山新龙门大桥	中承式	2010	240	横向哑铃形桁式	1/5	悬链线 $m=1.50$	悬臂拼装
46	武汉江汉五桥	飞鸟式	2000	240	横向哑铃形桁式	1/5	悬链线 $m=1.50$	悬臂拼装
47	象山铜瓦门大桥	中承式	2001	238	双管桁式	1/4.324	二次抛物线	悬臂拼装
48	水柏铁路北盘江大桥	上承式	2001	236	横向哑铃形桁式	1/4	悬链线 $m=3.20$	转体施工
49	徐州京杭运河特大桥	飞鸟式	2002	235	四管桁式	1/4	悬链线 $m=1.33$	转体施工
50	贵州乌江王沱大桥	中承式	2011	230	四管桁式	1/5	悬链线 $m=1.54$	悬臂拼装
51	南昌生米大桥	飞鸟式	2005	228	横向哑铃形桁式	1/4.5	二次抛物线	悬臂拼装
52	岭南高速蒲山特大桥	下承式	2009	225	四管桁式	1/5	二次抛物线	支架施工
53	恩施南泥渡桥	上承式	2002	220	四管桁式	1/5	悬链线 $m=1.75$	悬臂拼装
54	六景郁江大桥	中承式	1999	220	四管桁式	1/5	悬链线 $m=1.54$	悬臂拼装
55	来宾来华大桥	中承式	2012	220	四管桁式	1/3.5	悬链线 $m=1.54$	悬臂拼装
56	紫阳西门河汉江大桥	中承式	2014	220	横向哑铃形桁式	1/4.5	二次抛物线	悬臂拼装
57	黄河特大桥	上承式	2017	220	四管桁式	1/5.5	悬链线 $m=2.20$	悬臂拼装
58	合山红水河特大桥	中承式	在建	210	四管桁式	1/4	悬链线 $m=1.45$	悬臂拼装
59	秭归龙潭河大桥	中承式	1999	208	横向哑铃形桁式	1/4.935	三次样条函数	悬臂拼装
60	渠江明月大桥	飞鸟式	2012	206	四管桁式	1/4	悬链线 $m=1.50$	悬臂拼装
61	眉山岷江大桥	飞鸟式	2007	206	四管桁式			
62	绵阳涪江三桥	飞鸟式	1997	202	四管桁式	1/4.5	六次抛物线	悬臂拼装
63	丹东月亮岛大桥	下承式	2003	202	双管桁式	1/5.46	二次抛物线	转体施工
64	合川合阳嘉陵江大桥	中承式	2002	200	四管桁式	1/4	悬链线 $m=1.60$	悬臂拼装
65	张家界王村酉水河大桥	中承式	2003	200	横向哑铃形桁式	1/5	悬链线 $m=1.54$	悬臂拼装

(续表)

序号	桥 名	桥型	建成年份	跨径/m	截面形式	矢跨比	桥 型	施工方法
66	湘西王村大桥	中承式	2003	200	四管桁式	1/5	悬链线 $m=1.54$	悬臂拼装
67	南海三山西大桥	飞鸟式	1995	200	横向哑铃形桁式	1/4.5	悬链线 $m=1.317$	悬臂拼装
68	京昆高速洑沱河特大桥	飞鸟式	2010	200	四管桁式		悬链线 $m=1.347$	转体施工
69	汉江公路二桥	飞鸟式	2012	200	四管桁式	1/4.44	悬链线 $m=1.60$	悬臂拼装
70	嘉陵江大桥	中承式	2002	200	四管桁式	1/4	悬链线 $m=1.60$	其他(悬臂吊挂)

(a) 平南三桥(主跨575 m,在建)

(b) 合江长江公路大桥(主跨507 m,在建)

(c) 合江长江一桥(主跨530 m)

(d) 贵州大小井特大桥(主跨450 m,在建)

图 1-10 世界跨径特大的几座钢管混凝土拱桥

在我国钢管混凝土拱桥飞速发展的影响下,国外钢管混凝土拱桥也有一定数量的发展,如图 1-11 所示。西班牙维卡里亚拱桥(La Vicaria Arch Bridge)为主跨 168 m 的中承式钢管混凝土拱桥,2007 年建成通车,采用类矩形截面,整个拱圈分三段制作,中间段整体提升成拱,管内灌注自密实混凝土,以 5 m 为一段进行灌注;西班牙于 2001 年建成位于 Cantabrico Unquera 公路,长 229 m、宽 30 m 的 Escudo Viaduct 钢管混凝土拱桥;位于美国芝加哥市的跨径 94 m、双向四车道、两侧人行道的新达门大街(New Damen Avenue)桥;2005 年,日本建成的首座钢管混凝土拱桥——长崎新西海岛桥,该桥为主孔跨径为 240 m、宽 20.2 m 的中承式钢管混凝土拱桥[1],此桥为国外最大跨径的钢管混凝土拱桥。

(a) 日本长崎新西海岛桥

(b) 美国新达门大街桥

(c) 西班牙维卡里亚拱桥

(d) 美国哥伦布高架桥

图 1-11 国外典型的钢管混凝土拱桥

1.3 钢管混凝土拱桥拱圈无支架施工

钢管混凝土拱桥拱圈轻,易于无支架施工,绝大多数钢管混凝土拱桥拱圈采用无支架施工工艺,该项工艺虽然诞生在钢管混凝土拱桥之前,却极大地促进了钢管混凝土拱桥的发展。本节简单介绍拱圈无支架施工工法。

1.3.1 斜拉扣挂悬拼

郑皆连教授1968年针对拱桥拱圈架设开发了钢丝绳斜拉扣挂悬拼松索合龙工法,建成了跨径46 m的灵山三里江桥,首次实现了拱桥无支架施工。该工法是在放松扣索和起重索过程中完成拱的体系转换,拱肋应力可近似按在支架上架设计算。此工法悬拼、合龙速度快,但合龙是在动态中完成,拱肋分段太多,保证安全和精度有一定困难。实践证明,拱肋在5段以内、跨径100 m左右悬拼施工安全和精度有保证。因为扣挂系统简单,钢丝绳斜拉扣索前后锚固方便,可重复使用,用卷扬机收放,滑轮组减力,所以施工费用低。按每平方米桥面计算对比,采用此法施工的100 m跨径左右的混凝土拱桥与30 m跨径混凝土简支梁桥的单价持平。上千座拱桥的拱圈采用了此工法完成架设,其代表是1972年建成的长沙湘江双曲拱大桥,其总长1 250 m、最大跨径76 m;1978年建成来宾红水河钢筋混凝土箱形拱桥跨径(90+90+105)m,是广西第一座钢筋混凝土箱形拱桥,也是我国当时最大的钢筋混凝土连续拱桥;1991年建成的平南浔江钢筋混凝土箱形拱桥,跨径8×96 m,是迄今为止最长的连拱桥。这些箱形混凝土拱桥拱圈由若干小箱组成,箱间现浇混凝土连接形成拱圈。采用小箱是为了减轻吊运重量,小箱分段预制,吊运至跨中,钢丝绳斜拉扣挂悬拼松索合龙,分段长度受缆吊系统吊运能力控制。通常跨径100 m以下分3段,100 m以上分5段,建成后如图1-12所示。

(a) 灵山三里江桥

(b) 来宾红水河大桥

(c) 平南浔江大桥

图1-12 典型钢筋混凝土箱形拱桥

1994年,郑皆连教授又开发了钢绞线斜拉扣挂悬拼合龙后松索工法,在悬拼过程中拱段逐段扣挂、逐段固结,合龙段按龙口实际丈量数据配切,进行无应力合龙,就完成了从悬臂梁到拱体系转换。随后逐次放松并拆除扣索,完成拱圈的架设。此时拱圈的应力是悬臂梁应力加成拱后放松扣索在拱圈产生应力之和。在悬拼过程中,拱圈节段是通过千斤顶收放钢绞线斜拉扣索来实现的,精度可达到毫米级,无论拼装段数多少,架设安全和精度都是可以保证的。1994年首次成功应用于跨径312 m邕宁邕江桥的钢管劲性拱骨架悬拼安装,该桥是当时世界最大跨径的混凝土肋拱桥;1996年,当时世界最大跨径混凝土拱桥——万县长江大桥用此工法完成了分36段的钢管劲性骨架悬拼架设;1998年,广西柳(州)南(宁)高速路来宾磨东大桥跨径180 m的混凝土箱形拱,分28段的拱肋也是用此工法架设;2014年云桂铁路跨径416 m的南盘江特大桥,分38段的钢管劲性拱骨架同样采用此工法架设。这些桥拱圈实现了高精度和安全架设。采用该工法完成了数百座拱桥拱圈或劲性拱骨架的架设,包括跨径550 m的卢浦大桥、跨径530 m的合江长江一桥(图1-13),以及跨径445 m的沪昆高铁北盘江特大桥等。

(a) 合江长江一桥全桥

(b) 合江长江一桥拱圈悬拼

图1-13 合江长江一桥

上述两种工法同时用在杭州复兴大桥(图1-14a)上,杭州复兴大桥是跨越杭州钱塘江的一座城市钢管混凝土拱桥,由2×190 m+9×85 m组成。85 m跨两条拱肋,拱肋为单圆钢管混凝土构成,钢管为1 700 mm×22 mm,分三段,采用钢丝绳斜拉扣挂悬拼松索合龙工法施工(图1-14b左),仅用4根钢丝绳斜拉扣索就完成了9跨18条拱肋的悬拼施工,实现了两天合龙一孔的高速度。因为合龙速度快,可以确保悬拼状态不遭遇台风,在台风季节维持施工。190 m跨拱圈是拱桁,分7段,采用钢绞线斜拉扣挂悬拼合龙后松索工法施工(图1-14b右),这两跨悬拼施工只能在非台风季节进行。两种悬拼工法的合理选用,既降低了费用,又为两年建成跨越钱塘江全长1 376 m、桥面净宽

26.4 m、双层总桥面积70 000 m² 的大桥做出了贡献。总之,根据两种悬拼工法的特点,合理选用,将推动拱桥特别是钢管混凝土拱桥拱圈的悬拼施工。

(a) 杭州复兴大桥全桥

(b) 杭州复兴大桥拱圈悬拼

图1-14 杭州复兴大桥

陈宝春教授对能收集到的103座钢管混凝土拱桥的施工方法进行了统计,缆索吊运斜拉扣挂占67%。跨径超300 m的11座钢管混凝土拱桥中有10座采用了缆索吊运斜拉扣挂施工。缆索吊运斜拉扣挂悬拼拱桥拱圈已经历50多年,工艺简单、就位精度高、悬拼速度快、施工风险可控、费用较低、对桥址条件要求不高,因此在拱桥无支架施工中采用最多。估计在我国,采用这两种工法施工的拱桥超千座。

1.3.2 转体施工

1977年,四川省交通厅公路规划勘察设计研究院张联燕工程师开发了拱桥转体施工方法[8],包括平转、竖转和平竖转组合三种方式,至今已完成了100多座桥梁的建设。平转的典型工程之一为跨径236 m的上承式钢管混凝土拱桥——贵州水柏铁路北盘江大桥(图1-15a);竖转的典型工程之一是跨径175 m的中承式钢管混凝土系杆拱桥——梧州桂江三桥(图1-15b);而平竖转组合的典型工程是广州丫髻沙大桥(图1-15c),其主桥为(76+360+76) m的三跨中承式钢管混凝土刚架系杆拱桥,转体质量达到13 850 t,转出水平长度为180 m,均为目前的最高纪录。转体施工方法的优点是对桥下空间干扰最少、转体过程中结构受力不变、施工安全性好;缺点是构筑转盘等转动体系投入较大,阻碍了转体工法应用于更大跨径的拱桥。

第 1 章 绪 论

(a) 贵州水柏铁路北盘江大桥转体

(b) 梧州桂江三桥转体

(c) 广州丫髻沙大桥转体

图 1-15 转体施工图

1.4 钢管混凝土拱桥拱圈施工风险

拱桥施工事故率比其他桥型高,人们对拱桥施工风险的担忧是造成拱桥跨径增长缓慢的主要原因。特大跨径拱桥包括钢管混凝土拱桥比斜拉桥、悬索桥施工困难,为架设拱圈使用的大型临时设施多,拱圈无支架施工使用最多的是缆索吊运、斜拉扣挂悬拼,被人们戏称为建、拆一座悬索桥,再建、拆一座斜拉桥才能完成拱圈的架设。施工时高空作业多,存在一定风险,大临费用占总费用比例高,500 米级的拱桥施工大临费用占比可达 20% 左右。要提高拱桥竞争能力,降低大临费用是必由之路,尺度掌握不当就会带来风险;管内混凝土存在灌不满和混凝土收缩脱空的风险;中、下承式拱桥因吊杆断裂导致桥道梁坍塌的事故也多次发生。

2010 年,四川省交通厅公路规划勘察设计研究院在泸渝高速公路合江长江一桥初步设计中,经多方案比较,推荐刚度最大、造价最低、跨径 530 m 的钢管混凝土拱桥。出于对施工风险的担心,交通部要求对合江长江一桥进行施工风险评估,这是交通部系统内第一次开展桥梁风险评估。评估结果见表 1-3,有 21 个风险源,其中Ⅳ级风险 2 个、Ⅲ级风险 3 个。对于电焊风险,钢管混凝土拱桥的拱圈不那么严重,拱桁弦杆受压,斜腹杆受拉,但应力幅低。经过长期研究,只要按规范规定控制好弦杆、腹杆直径比及各自的径厚比,焊缝应力幅可低于焊缝疲劳终止应力幅,不产生焊缝应力疲劳,设计上把高空焊接控制到最低限度,高空只焊弦杆;首创了真空辅助多级灌注管内混凝土工法[9],研制了收缩膨胀可控的混凝土,并实现了工程应用,降低了管内混凝土灌不满及脱空的风险;实现了吊、扣塔水平位移的智能控制,吊运构件过程中塔顶水平位移可控制在 20 mm 内;按钢管混凝土拱桥技术规范强制条款规定,桥道梁用纵向体系,避免吊杆断裂造成塌梁的风险,实现了在控制通车条件下换吊杆;500 米级钢管混凝土拱桥设计施工成套技术研究成功进一步降低了风险。如果设计、施工企业具有相当经验,严格按施工规范、规程施工,钢管混凝土拱桥施工风险是可控的。风险应高度重视,但不应成为阻碍钢管混凝土拱桥向更大跨径发展的理由。

表 1-3 合江长江一桥风险评估统计情况

序号		风 险 事 件	概率等级	损失等级	风险等级
1	施工阶段	扣塔及辅助结构失效导致拱圈及桥面坍塌	3	3	Ⅲ
2		钢管内混凝土配制、压注不当导致重大缺陷	3	5	Ⅳ
3		拱圈合龙段施工严重事故	2	3	Ⅱ
4		拱圈首节段、第二节段安装严重事故	2	2	Ⅱ
5		焊缝缺陷严重	3	5	Ⅳ
6		施工阶段风致灾害	2	3	Ⅱ
7		组合桥面梁施工困难	2	3	Ⅱ
8	运营阶段	短吊杆疲劳破坏	2	3	Ⅱ
9		关键钢构件腐蚀破坏	2	3	Ⅱ
10		钢-混组合桥面失效	3	3	Ⅲ
11		管内混凝土脱空	3	4	Ⅲ
12		检修养护不到位导致桥梁损坏	3	2	Ⅱ
13		桥梁铺装破坏	2	3	Ⅱ
14		工程成本失控	2	3	Ⅱ
15		工期严重延误	2	3	Ⅱ
16		环境破坏	2	2	Ⅱ
17		地震破坏	1	4	Ⅱ
18		风致灾害破坏	3	3	Ⅱ
19		船撞严重破坏	1	3	Ⅱ
20		地质情况不良	1	2	Ⅰ
21		洪水严重破坏	1	2	Ⅰ

钢管混凝土拱桥在我国从诞生到现在不到 30 年就建设了近 500 座,不能不说是桥梁发展史上的奇迹,催生这个奇迹的是我国公路、铁路的高速发展。本书作者正是这段历史的见证者、参与者,力图从设计、制造、安装、材料、工艺方面认真总结经验、教训,把取得的主要技术进步表达出来,为钢管混凝土拱桥建造进一步提高质量、降低造价、增大跨径提供技术支撑。

参考文献

[1] ZHENG J L, WANG J J. Concrete-filled steel tube arch bridges in China[J]. Engineering,2018,4(1):143-155.
[2] 陈宝春.钢管混凝土拱桥[M].北京:人民交通出版社,2007:66-68.
[3] 蔡绍怀.我国钢管混凝土结构技术的最新进展[J].土木工程学报,1999,32(4):16-26.
[4] 中华人民共和国住房和城乡建设部.钢管混凝土拱桥技术规范:GB 50923—2013[S].北京:中国计划出版社,2014.
[5] 中华人民共和国交通运输部.公路钢管混凝土拱桥设计规范:JTG/T D65-06—2015[S].北京:人民交通出版社,2015.
[6] 郑皆连,王建军,牟廷敏,等.700 m级钢管混凝土拱桥设计与建造可行性研究[J].中国工程科学,2014,16(8):33-37.
[7] 郑皆连.特大跨径RC拱桥悬拼合拢技术的探讨[J].中国公路学报,1999,12(1):42-49.
[8] 张联燕,程懋方,谭邦明.桥梁转体施工[M].北京:人民交通出版社,2002:139-140.
[9] 郑皆连,韩玉,秦大燕,等.大型钢管混凝土结构管内混凝土真空辅助灌注方法及灌注系统:ZL201210184040.7[P].2013-05-15.

第 2 章

500 米级钢管混凝土拱桥设计

500 米级钢管混凝土拱桥全世界共有三座，其中合江长江一桥 2013 年建成通车，合江长江三桥及平南三桥正在建设中。这三座桥均为四川省公路规划勘察设计研究院有限公司设计。设计包括桥位及桥型方案比选、关键结构研究、强度及刚度计算。

2.1 桥位及桥型方案比选

桥型方案比选是在桥位选定后，根据项目业主的要求、桥址建桥条件，对所有满足要求的桥型方案做同深度比较，按国家适用、耐久、经济、适当照顾美观的原则，提出推荐方案。跨径 500 米级的合江长江一桥与合江长江三桥桥址地处平原微丘区，采用中承式钢管混凝土拱桥，与能跨越 500 m 的钢拱桥、斜拉桥、悬索桥比，除力学性能更优外，经济上占较大优势。中承式钢管混凝土拱桥在平原微丘区造价占较大优势具普遍性，在跨越山区峡谷时采用上承式钢管混凝土拱桥经济优势将更大。

2.1.1 合江长江一桥

合江长江一桥是国家高速公路网成渝地区环线合江(川渝界)至纳溪段高速公路控制性工程，直接连接隆纳高速公路、江合高速公路(重庆段)，并先后与 G321、S308 等道路交汇或并行，形成地区交通运输的横向快速通道。

桥区属构造剥蚀河谷地貌。重庆岸岸坡陡峭，其下临江边地形平缓，多堆积砂岩大块石，岸坡陡崖之上为地形平缓宽阔的缓坡浅丘地貌，整体坡度在 5°~8°，地表多被垦为水田；宜宾岸岸坡陡峭，其上则为坡度较小的斜坡坡麓，整体坡度在 13°~15°，地表多被垦为水田或旱地。桥轴线与地面标高相对高差约 75 m，大桥所跨越长江江面宽在 360~380 m，河道顺直，整体流向为从南东向北西。

合江长江一桥通航要求一孔跨越，可选择的桥型有拱桥、斜拉桥、悬索桥(图 2-1)。经过计算分析，结合建设、管理、维修与经济性的比较(表 2-1)，桥址两岸岩石露头，两岸引道无障碍，适合布置缆吊系统，完成拱圈无支架施工。钢管混凝土拱桥方案工程刚度大、造价低、后期养护费用少、工期较短、造型美观，占较大优势，但施工风险稍大，甚至把 500 米级跨径拱桥视为禁区。经过多次

第 2 章 500 米级钢管混凝土拱桥设计

专家论证、审查以及开展了国内首次桥梁风险评估,认为钢管混凝土拱桥风险可控。悬索桥方案的钢桁梁、锚碇养护难度和费用较高。斜拉桥方案的工程造价高,边中跨比小,施工平衡能力较差。最后选择了钢管混凝土拱桥。

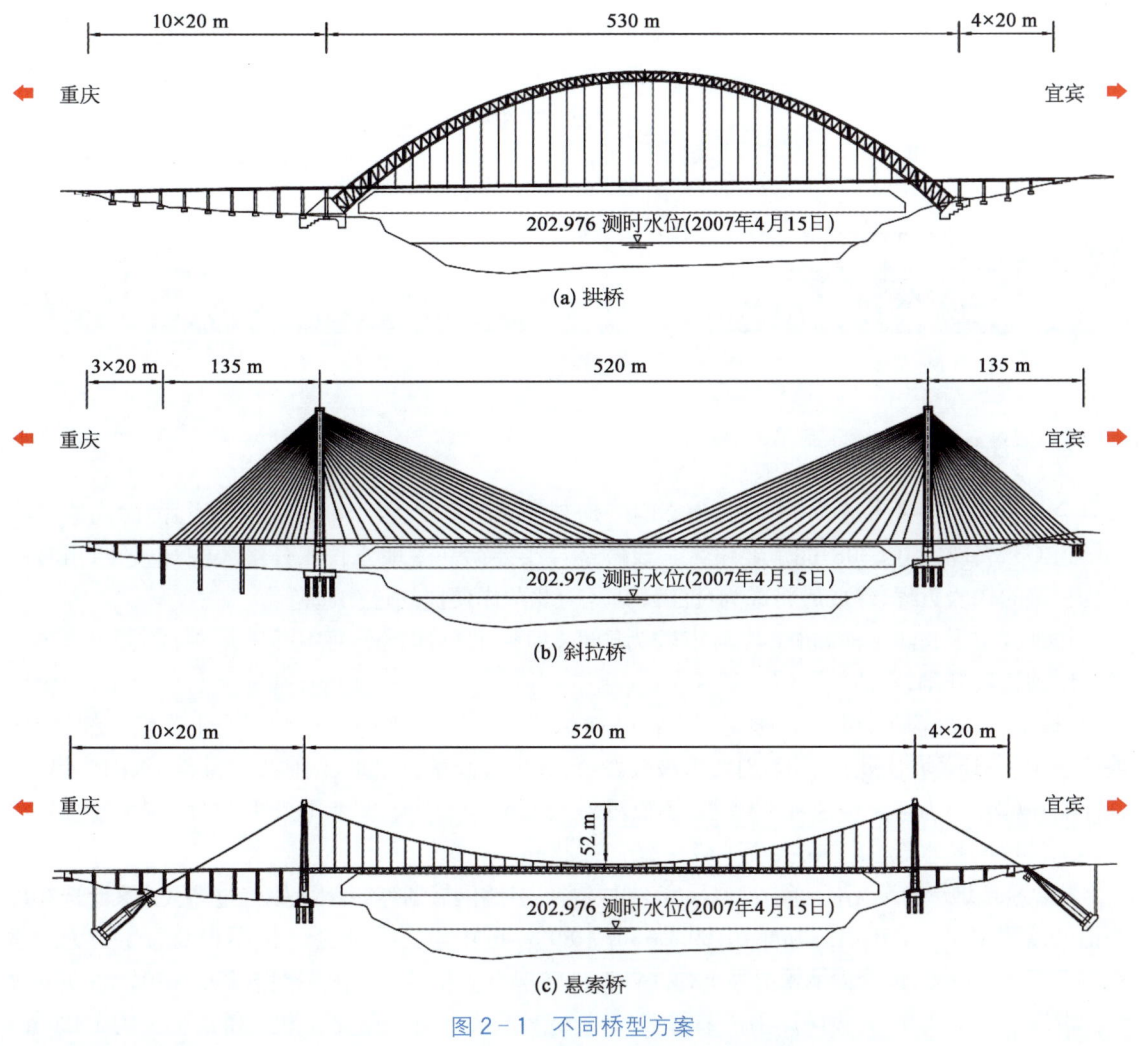

图 2-1 不同桥型方案

表 2-1 桥型方案经济、技术性比较一览表

桥 型	跨径/m	型钢/(kg·m⁻²)	钢筋/(kg·m⁻²)	混凝土/(m³·m⁻²)	建安费/亿元	满载跨中竖向挠度/mm	安全系数
钢管混凝土拱桥	530	718	75	1.56	2.51	189	1.6
钢拱桥	508	1 152	63	1.50	4.78	228	1.3
斜拉桥	135+520+135	157	626	3.22	3.69	428	1.0
悬索桥	200+520+80	392	542	3.13	3.63	1 920	1.0

注:钢管混凝土拱桥的主拱采用钢管混凝土;钢拱桥的主拱采用型钢;斜拉桥和悬索桥的主塔采用钢筋混凝土;钢管混凝土主拱的安全储备是钢筋混凝土主塔的 1.6 倍,是钢拱桥的 1.23 倍。

合江长江一桥主桥采用中承式钢管混凝土拱桥,其桥跨布置为10×20 m简支箱梁＋530 m中承式钢管混凝土拱桥＋4×20 m简支箱梁。全桥布置如图2-2所示。该桥于2013年6月建成通车,项目建安费2.51亿元。

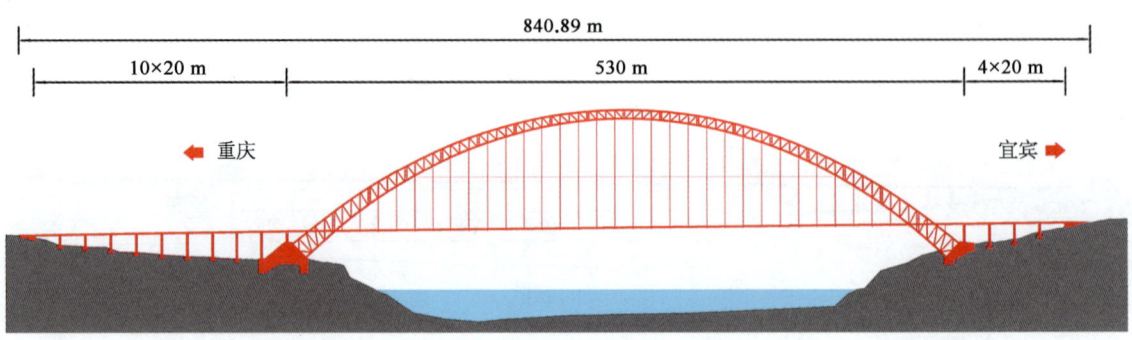

图2-2 合江长江一桥立面布置

2.1.2 合江长江三桥

合江长江三桥是省道S438(现县道XE10)跨越长江的重要桥梁,亦是连接省道、泸渝高速公路与国道G353(现省道S308)的重要纽带。该桥是合江县第一座地方长江公路大桥,也是四川渡口改为桥梁的代表工程,建成后将成为合江县城区南北两岸便捷的过江通道。

桥址区位于长江上游,桥位段河道较为顺直,地貌上总体属于河谷丘陵地貌,江面宽470～750 m,河道较开阔,水流较平缓。长江左岸(北岸)为河流冲刷丘陵地貌,基岩大面积出露,少量块石、粉砂于坡脚处覆盖,桥位处地形呈长舌状,前缘段为陡崖,高约17 m,中部及上部较平缓,整体坡度在10°～15°,坡顶处较平坦,斜坡植被较发育,坡顶多开垦为旱地,两侧发育冲沟,沟内为旱沟。长江右岸(南岸)为河流侵蚀堆积漫滩,桥位漫滩表面平坦、宽大,呈狭长带状展布,漫滩宽150～250 m,洪水期被水淹没,分布高程一般在207～223 m。

根据桥位地形情况,结合通航净空尺度论证及合江县路网规划等综合因素,经过多次方案比选和技术论证,最终确定合江长江三桥采用(80.5+507+80.5) m中承式钢管混凝土系杆拱桥,主跨为中承式钢管混凝土拱圈,边跨为钢管混凝土劲性骨架外包混凝土拱桥;符阳路岸引桥采用20×30.0 m预应力混凝土简支T梁,开发区岸引桥采用4×25.0 m预应力混凝土简支T梁。桥梁全长约1 420 m,其中主桥长668 m,引桥(含桥台)长752 m。全桥布置如图2-3所示。该桥项目建安费3.94亿元。

合江长江三桥的桥位处河道顺直、开阔,江面宽470～750 m,通航净空大于18 m,要求一孔跨越,可选择的桥型有拱桥、斜拉桥、悬索桥(图2-4)。经过计算分析比较,结合各种桥型建设、管理、维修与经济性特点,总结各种桥型方案见表2-2。

经过结构研究、施工易实施性、工程造价、建设周期及桥梁造型与周围景观的搭配协调等比较,在工程经济性方面,钢管混凝土系杆拱桥工程造价相对至少节约0.47亿元,经济优势明显;在主要技术指标方面,三种桥型的建造难度、养护工作量相当,钢管混凝土系杆拱桥的抗风稳定性最好、工期最短,综合技术指标略优;在景观方面,三个方案各有千秋,但拱桥更具有历史文化感,符合合江县整体景观的打造。因此选择钢管混凝土系杆拱桥桥型的技术经济性优势显著。

第 2 章 500 米级钢管混凝土拱桥设计

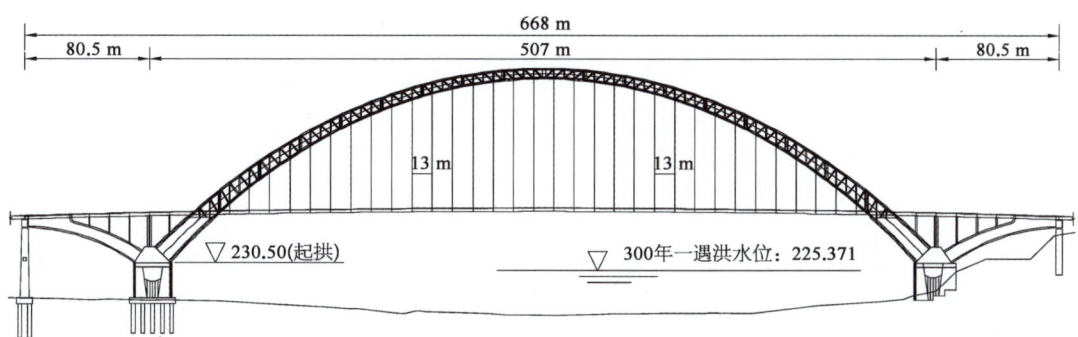

图 2-3 合江长江三桥立面布置

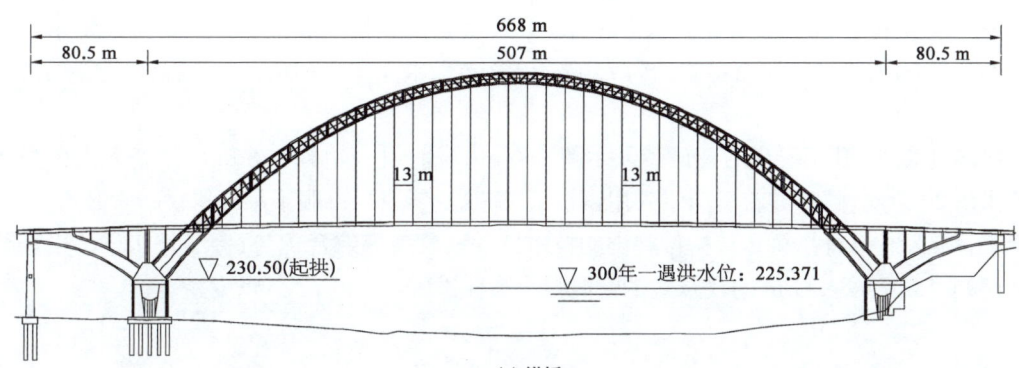

(a) 拱桥

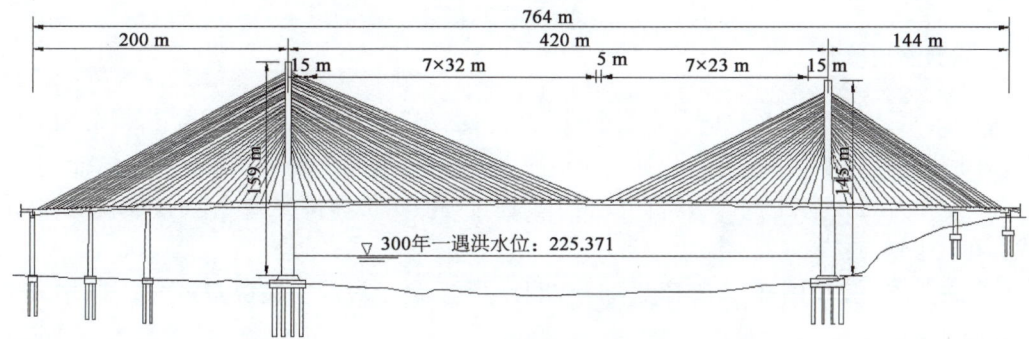

(b) 斜拉桥(高低塔)

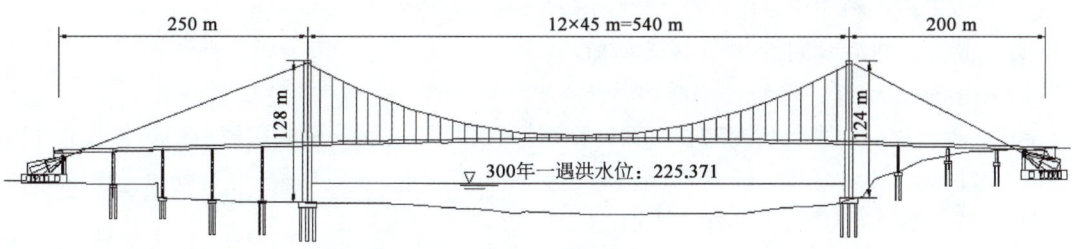

(c) 悬索桥

图 2-4 不同桥型方案

表 2-2　桥型方案经济性比较一览表

桥　型	跨径/m	型钢/(kg·m^{-2})	钢筋/(kg·m^{-2})	混凝土/(m^3·m^{-2})	建安费/亿元	满载跨中竖向挠度/mm	安全系数
钢管混凝土拱桥	80.5+507+80.5	700	269	2.99	3.94	164	1.6
斜拉桥(高低塔)	200+420+144	163	688	4.96	4.65	380	1.0
悬索桥	250+540+200	490	720	3.92	5.96	1 990	1.0

注：钢管混凝土拱桥的主拱采用钢管混凝土，斜拉桥和悬索桥的主塔采用钢筋混凝土，钢管混凝土主拱的安全储备是钢筋混凝土主塔的 1.6 倍。

合江长江三桥设计洪水频率的最高通航水位较高，同时桥梁两岸接线标高需要设置在较高位置才能满足城市发展的要求，通航水位和线位高程决定了该桥的高起拱线。桥位处常水位的江面宽度约为 490 m，汛期的江面宽度约为 750 m，综合考虑水面宽度和起拱线高程，跨度选择在 500 m 以上。

2000 年以来，我国已先后建成了以主跨 550 m 卢浦大桥、主跨 428 m 广州新光大桥为代表的系杆拱桥 20 余座；同时随着桥面梁采用钢格子梁超静定结构，克服了吊杆拱桥断索必垮桥的风险。鉴于钢管混凝土系杆拱桥在该桥位突出的技术、经济、景观等综合优势，合江长江三桥采用跨径组合为(80.5+507+80.5) m 的飞燕式钢管混凝土系杆拱桥。

2.2　关键结构研究

2.2.1　拱圈悬拼单元

大跨径钢管混凝土拱桥拱圈多采用节段缆索吊运，斜拉扣挂悬拼法施工。常规的施工设计思路中，对于拱圈悬拼单元划分主要以施工吊运能力为控制，节段划分断面处存在上弦杆、下弦杆以及斜腹杆三个焊接接头，悬拼单元间的安装主要通过高空定位焊接完成。这种拱圈悬拼单元划分方式存在以下缺点：

(1) 高空作业定位困难，安装精度难以控制，导致安装节段间安装误差累积传递，增大了拱圈线形控制难度。

(2) 空中焊接工作量大，施工风险高，且焊缝质量难以保障。

(3) 拱圈的受拉斜腹管采用焊接连接，存在焊缝疲劳问题。

(4) 悬拼单元拼装时间长，施工风险增加。

(5) 吊运重量大，缆吊系统费用增加。

钢管混凝土拱圈斜腹管长度随着拱圈跨径而增加，合江长江一桥的拱圈斜腹管最大达 17 m，常规拱圈节段划分设计导致处于悬臂状态的长腹管加工制造、节段运输、安装就位需要的定位构造复杂，同时高空焊接量大，无法保证质量(图 2-5)。

四川省公路规划勘察设计研究院有限公司基于拱圈制造、运输、安装一体化设计的思路，提出了基于悬拼单元设计拱圈的思想(图 2-6)，即在拱圈悬拼单元设置双竖腹管，仅上下弦杆设置高空

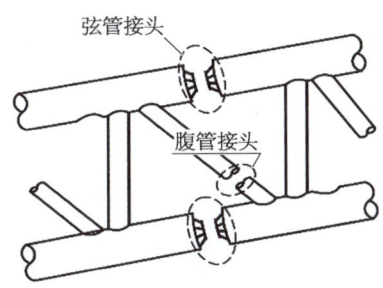
图 2-5 常规节段划分

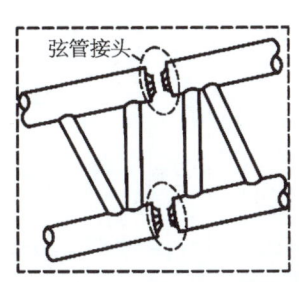
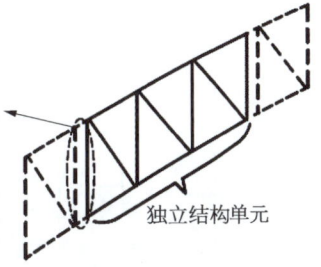
图 2-6 拱圈独立结构单元设计

连接接头,拱圈横撑设于拱圈悬拼单元内,横撑与拱圈同步安装,实现了拱圈无斜腹管高空焊接接头和临时定位构造,拱圈相贯线焊缝全部工厂化制造。

拱圈独立结构单元技术已在合江长江一桥、合江长江三桥、平南三桥中应用,通过理论分析、模型试验以及实桥测试表明,该技术实现了拱圈悬拼单元重量减轻约30%,高空安装接头和焊接量减少33%,提高了拱圈结构单元安装进度和施工质量。图2-7为工厂制作完成的拱圈悬拼单元。

图 2-7 拱圈独立结构单元

2.2.2 拱圈内横隔

跨径500米级钢管混凝土拱桥拱圈采用四肢桁架式结构,其中腹管拉压往复,四肢主管同一截面位置处,由四根腹管组成一个四边形,称为内横隔。拱圈内横隔在不做加劲处理时属于几何可变体系,局部稳定问题突出,且采用有限元计算中的杆系单元,难以进行局部失稳的准确计算,因此应在细节构造设计中重点关注。

对于拱圈内横隔构造,应进行加劲设计,常规的设计方法主要针对吊杆处进行加劲:① 采用钢板进行加劲;② 采用平直钢管进行加劲;③ 采用N形钢管进行加劲(图2-8)。

上述三种方式,小跨径钢管混凝土拱桥一般采用钢板对拱圈内横隔进行加劲,但是随着跨径和拱圈高度增加,钢板自身稳定性变差,钢板容易出现局部失稳现象,且管板连接刚度不匹配,结构协同受力性能差;采用平直钢管对拱圈内横隔进行加劲,内横隔仍为几何可变体系,存在局部失稳问题;采用N形钢管加劲,虽然解决了拱圈内横隔截面的失稳问题,但是吊杆需多次贯穿N形加劲钢管,其构造复杂,施工难度大。

四川省公路规划勘察设计研究院有限公司提出了一种新型拱圈内横隔构造,即在拱圈吊杆截面的受压腹管处设置全加劲、其余无吊杆截面的受压腹管处设置浅加劲的内横隔,对于受拉腹管处不进行加劲处理(图2-9)。

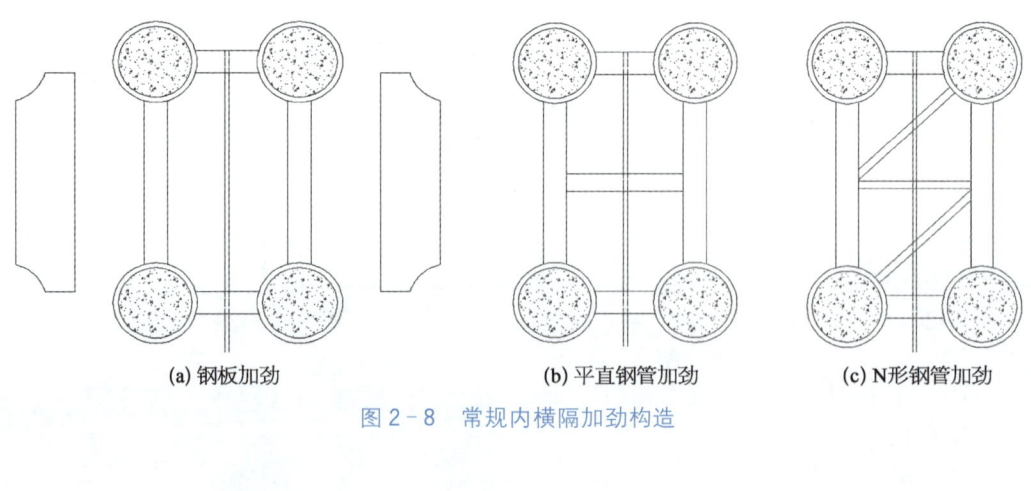

(a) 钢板加劲　　　　　　(b) 平直钢管加劲　　　　　　(c) N形钢管加劲

图 2-8　常规内横隔加劲构造

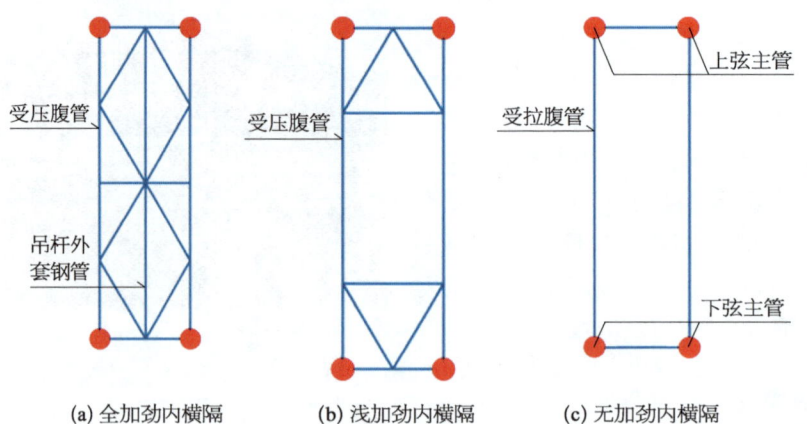

(a) 全加劲内横隔　　　　(b) 浅加劲内横隔　　　　(c) 无加劲内横隔

图 2-9　内横隔构造

新型拱圈内横隔构造已被应用于巫山长江大桥、合江长江一桥、合江长江三桥、平南三桥等大跨径钢管混凝土拱桥,如图 2-10～图 2-13 所示。该拱圈内横隔构造提高了拱圈横向稳定性,解决了拱圈内横隔局部失稳的问题,且构造更简洁、安装更方便,节省了材料。

图 2-10　巫山长江大桥中的应用

图 2-11　合江长江一桥中的应用

第 2 章　500 米级钢管混凝土拱桥设计

图 2-12　合江长江三桥中的应用(在建)

图 2-13　平南三桥中的应用(在建)

2.2.3　拱圈横撑

根据对多座钢管混凝土拱桥调查研究,总结不同跨径级别钢管混凝土拱桥的拱圈自振频率和振型(图 2-14)。可以看出,随着钢管混凝土拱桥的跨径增加,其拱圈的自振频率逐渐降低,振型均表现为拱圈面外侧弯。根据钢管混凝土模型振动台试验结果表明(图 2-15),拱圈破坏形态为横向失稳,且局部失稳首先发生在拱圈上平面,破坏形态如图 2-16 所示。

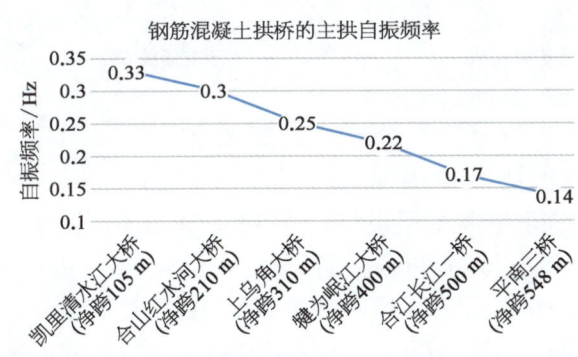

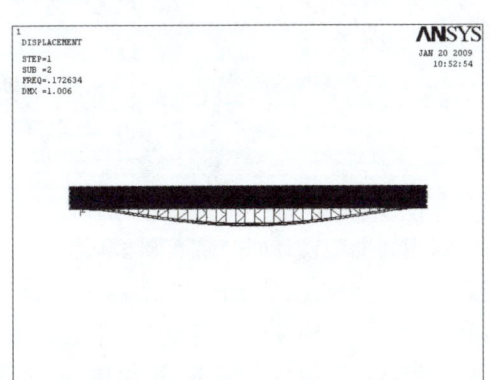

图 2-14　拱圈自振频率规律及振型

图 2-15　钢管混凝土拱圈模型振动台试验

图 2-16　破坏模式

由于拱圈的横向宽度有限,随着钢管混凝土拱桥跨径的增加,其宽跨比减少。当钢管混凝土拱桥跨径突破 500 m,拱桥宽跨比可达 1∶22,拱圈整体刚度变小,导致拱圈横向稳定和动力问题突出,成为制约大跨钢管混凝土拱桥发展的关键技术难题之一。而拱圈横撑作为提供钢管混凝土拱桥横向刚度的关键连接构造,其对全桥的稳定性、动力性能以及美观有很大影响。

常规的钢管混凝土拱桥横撑结构形式有 I 形横撑、K 形横撑以及 X 形横撑(图 2-17)。I 形横撑施工稳定性较好,与拱圈连接节点少,但其提供给拱圈的横向刚度较小,若要满足横向稳定以及提高自振频率,则须设置密集的 I 形横撑,这样一来,材料用量大幅增加,且强大的横撑刚度将导致节点振动应力峰值过大;K 形横撑、X 形横撑稳定性和动力性较好,但横撑需要进行单根杆件安装,施工稳定性差,高空焊接作业量大[1]。

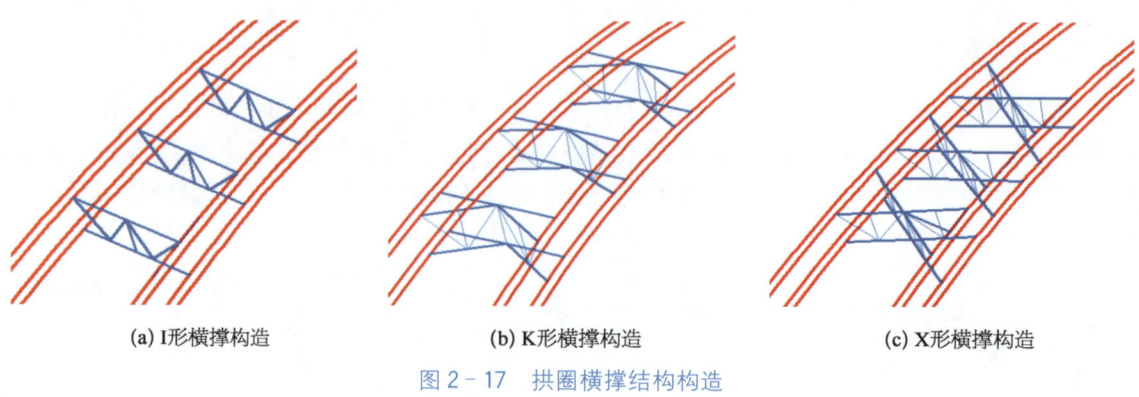

(a) I 形横撑构造　　　　(b) K 形横撑构造　　　　(c) X 形横撑构造

图 2-17　拱圈横撑结构构造

综合考虑拱圈横撑的稳定性、动力性能、受力特性、材料用量、施工性能、美观通透等因素,四川省公路规划勘察设计研究院有限公司提出一种新型组合式拱圈横撑,即拱肋间上弦平面设置△形钢管水平面横撑,拱肋吊杆处间隔设置竖向平面内 I 形钢管桁架横撑,如图 2-18、图 2-19 所示。新型组合式拱圈横撑已应用于合江长江一桥、合江长江三桥、平南三桥等大跨径钢管混凝土桥梁工程。组合式横撑与常规的 I 形横撑、K 形横撑和 X 形横撑相比,具有以下特点:弹性及双重非线性稳定安全系数一致;横撑构件数量少,视野通透,景观性好;与拱圈连接支撑点数目较多,对拱圈动力特性改善也有一定帮助;拱圈横撑材料用量减少约 23%;构造更简洁,安装更方便。

图 2-18　合江长江一桥拱圈横撑

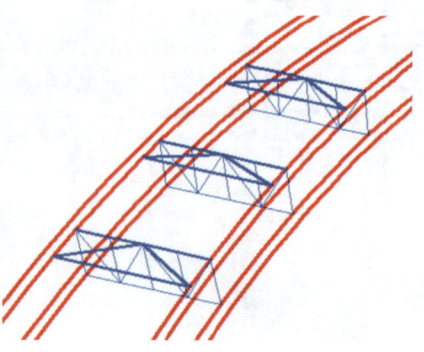

图 2-19　组合式横撑构造

2.2.4 拱圈肋间横梁

中承式拱桥拱圈与桥面交界位置通常设置拱圈肋间横梁,肋间横梁的主要作用是作为桥面板的支撑构件和拱圈的横向联系构件。肋间横梁设计时需要考虑桥面梁、拱圈拱肋构造、肋间横梁构造的空间位置匹配协调,以及肋间横梁自身的强度、刚度以及稳定性。

大跨度钢管混凝土拱桥拱圈采用桁架拱形式,肋间横撑也为桁式结构,在肋间横梁设计之前,首先确定桥面标高的大致位置及高度,然后确定满足受力要求的肋间横梁截面尺寸,最后通过合理调整拱圈拱肋的腹管、横缀管等杆件位置,以满足肋间横梁通过拱圈并与其可靠连接。同时为避免桥面梁、拱圈拱肋、肋间横梁的冲突,也可以通过调整拱圈线形、桥面梁结构高度、肋间横梁高度,以满足三者匹配设计的需要。拱圈肋间横梁构造如图2-20所示。

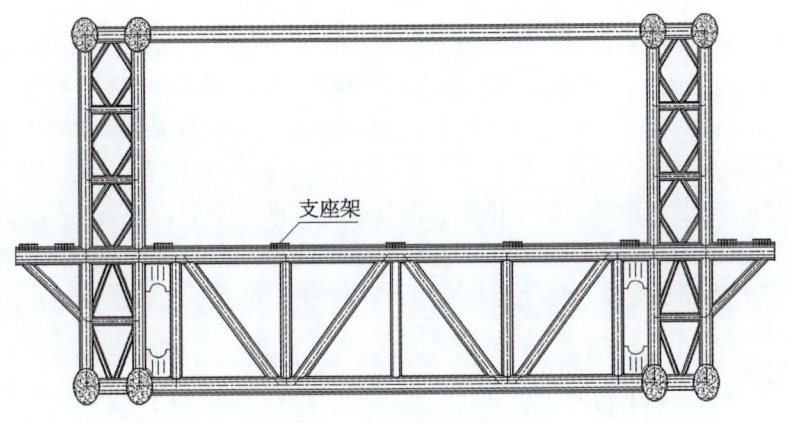

图2-20 拱圈肋间横梁构造

2.2.5 拱圈悬吊结构多维连接体系

随着钢管混凝土拱桥跨径的增加,其吊杆长度越长。合江长江一桥主跨530 m,单根吊杆最长超过100 m。吊杆和桥面梁组成的拱圈悬吊结构体系柔性大、自振频率低,对风荷载和地震作用十分敏感,且与拱圈的自振频率相差大,造成拱圈与悬吊结构体系动力性能难以协调。

四川省公路规划勘察设计研究院有限公司提出了悬吊结构的多维连接体系,即在空间上的不同高度面、不同方向维度,对拱圈悬吊结构(桥道梁、吊杆等)与拱圈采取多种连接构造,调整悬吊结构的外部激励敏感性,以提高悬吊结构的动力性能,如图2-21所示。

拱圈悬吊多维连接体系的设计内容包括如下这些:① 设置吊杆抗风减振串联索,提高吊杆整体性;② 增加吊杆截面面积,提高吊杆抗拉刚度;③ 增加主梁纵横向减振制振

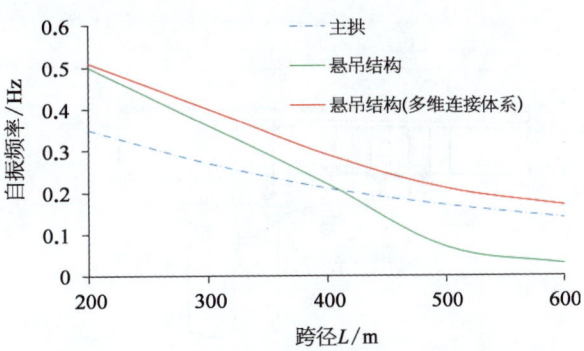

图2-21 采用多维连接体系前后悬吊结构

限位构造,采用整体式钢-混凝土组合桥面板,降低桥面梁的振动性能。最终形成的拱圈悬吊结构多维连接体系如图 2-22 所示。

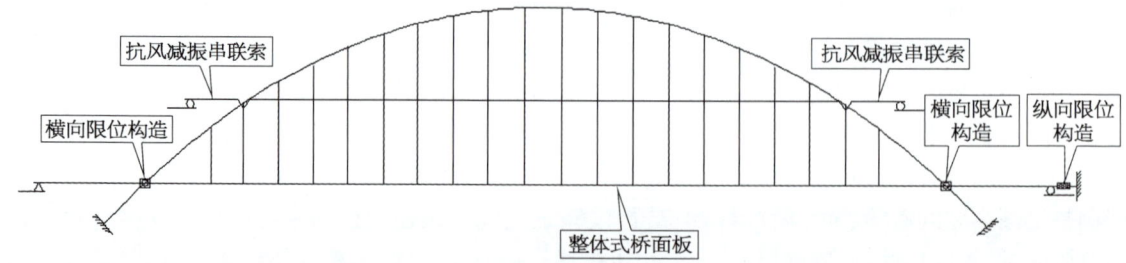

图 2-22　拱圈悬吊结构的多维连接体系示意图

拱圈悬吊结构多维连接体系在合江长江一桥中的应用如下:

(1) 吊杆抗风减振串联索设计。串联索两端张拉锚固,锚固于拱圈钢管横联下部设置的反力架上,再通过高强纤维塑性材料制成的绑扎丝与吊杆绑扎连接,如图 2-23 所示。

(2) 吊杆设计。拱圈和桥面梁之间的柔性吊杆替换为刚性与拱圈及桥面梁匹配的大刚度吊杆。

(3) 纵向限位减震装置设计。在桥面梁和桥墩之间,通过锚块设置阻尼器,如图 2-24 所示。

(4) 横向限位减震装置设计。设于拱圈肋间横梁上的两个上限位块,以及设于主梁底板上的两个下限位块共同组成横向限位减震装置。上限位块外侧和下限位块内侧设有橡胶垫,起到限位作用,提高桥面梁的横向刚度并对振动力起到缓冲和减振作用,如图 2-25 所示。

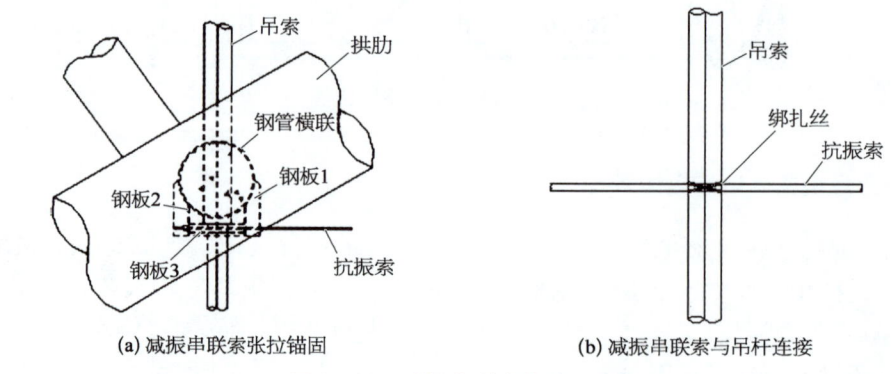

图 2-23　减振串联索构造示意图

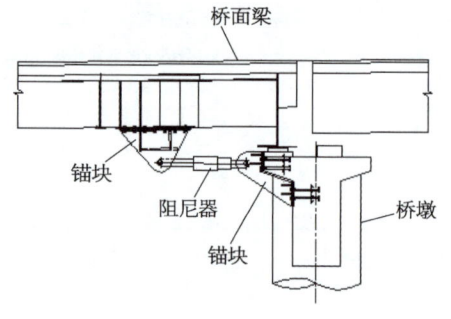

图 2-24　纵向限位示意图

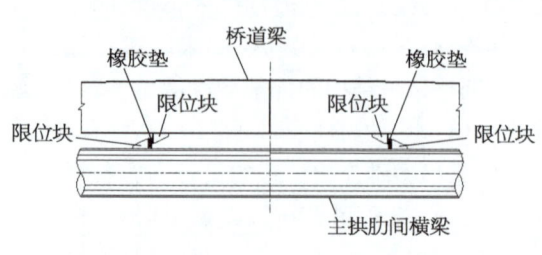

图 2-25　横向限位示意图

(5) 钢混组合桥面梁设计。采用轻型、整体性好、抗震的桥面梁,即通过纵横格子梁和钢-混凝土组合桥面板整体式连接的桥面梁结构。

通过研究和分析合江长江一桥的工程实践表明,该拱圈悬吊结构多维连接体系有效提升了拱圈悬吊结构体系的动力性能,并实现了拱圈与悬吊结构体系的整体匹配和振动协调,提高了结构整体性和行车舒适性,改善了拱圈与桥面梁的振动匹配性能。

2.2.6 拱座

拱座基础是钢管混凝土拱桥直接与地基接触的部分,是将上部结构荷载传递到地基的重要传力构件。我国钢管混凝土拱桥的拱座基础多为钢筋混凝土结构,为了保证桥梁的正常使用和安全,拱座基础应满足与拱圈的固结要求,并具备足够的强度、刚度、稳定性和抗裂性能。

拱座基础可分为分离式和整体式拱座基础,应根据拱圈的构造形式合理选择。当拱圈横向宽度较窄时,可采用整体式拱座基础,并在横向桥轴线位置设置变形缝,保证拱座构造连续;当拱圈横向宽度较宽时,采用整体式拱座基础,一方面开挖方量大,另一方面由于混凝土浇筑方量大,施工质量也难以保证,因此宜采用分离式拱座基础。

根据拱座基础的结构形式,可分为桩式拱座基础、重力式拱座基础、地下连续墙式拱座基础等,应根据地形条件,综合考虑开挖数量和环境保护的因素,因地制宜地选择合理的拱座基础形式。

拱座基础与拱圈的连接:小于 200 m 一般直接固结,大于 200 m 可以采用先铰接后固结,即拱圈安装过程中采用临时铰接构造,以利于线形调整,保证安装精度,同时使得拱脚弯矩不会过大,如图 2-26 所示;拱圈合龙后采用固结连接,将拱脚基础与拱座固结成一体,形成无铰拱体系。钢管混凝土拱圈固结于拱座基础应采用埋入式,预埋管与拱圈节段宜采用焊接对接接头,并在拱脚预埋段内钢管外缘设置螺旋箍筋使钢管与混凝土之间的结合更加稳固;预埋深度不得小于 1.5 倍主管直径,预埋钢管底部应设置承压板,其下应设置不少于 3 层钢筋网,在钢管周边应设置分布环向钢筋、焊接或 PBL 剪力键等锚固构造。

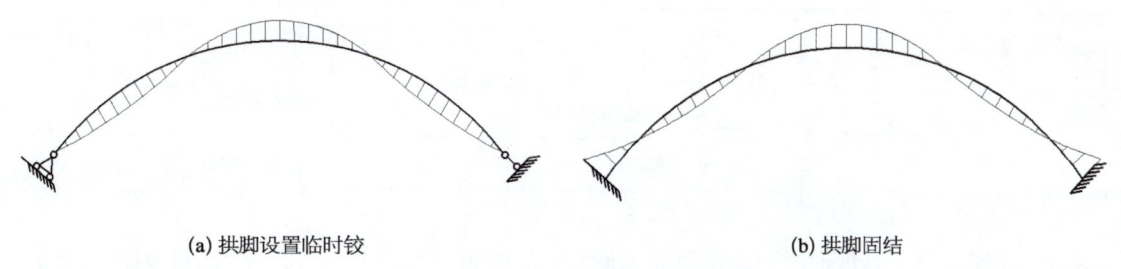

(a) 拱脚设置临时铰　　　　　　　　　　　　(b) 拱脚固结

图 2-26　自重作用下拱肋弯矩示意图

拱座基础与地基的连接:拱座基础应置于地质完整、良好的位置,地基应满足拱座基础的竖向、水平向承载能力要求。为了保证拱座基础与地基的完整结合,将拱座承受的各向力均衡地传递给地基,应按设计尺寸开挖,采用不立模直接浇筑拱座混凝土[2]。当地质条件不符合拱座的竖向承载力要求时,可设置竖撑;当地质条件不符合拱座的水平和竖向承载力要求时,可设置斜撑或设置斜撑和竖撑;当需要设置水平撑才能符合拱座推力要求时,应重新进行跨径、桥型和拱座总体方案的比选,因为设置拱座水平撑,开挖难度大、混凝土浇筑困难,质量无法保证,工程造价高,一般不设置水平撑[3]。

巫山长江大桥地处典型 V 形峡谷,采用分离式拱座基础,拱座基础底部设计为阶梯形,并嵌入强弱风化线,极大减少了基础开挖和基础的混凝土方量,保护了环境,如图 2-27、图 2-28 所示。该桥为山区深沟峡谷地形拱桥拱座基础的选择提供了参考。

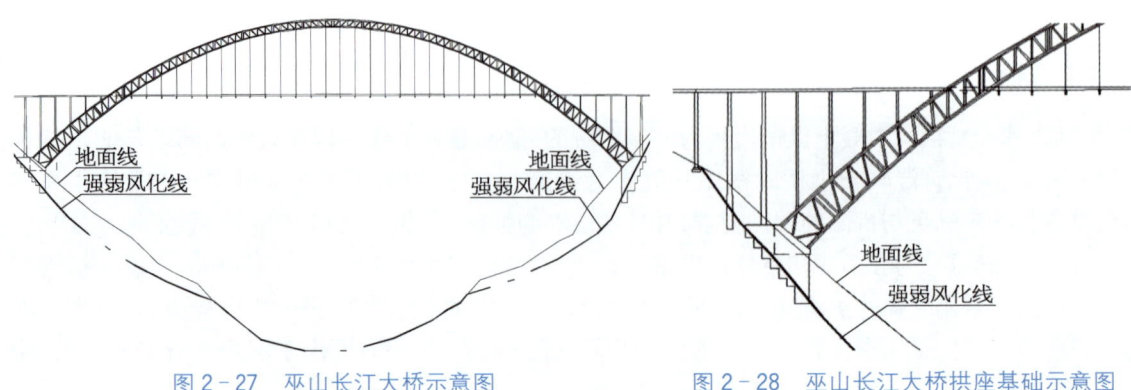

图 2-27 巫山长江大桥示意图　　　图 2-28 巫山长江大桥拱座基础示意图

合江长江一桥所处地形为开阔平原,地质条件相对较好,采用重力式阶梯形拱座基础,拱座基础的前后侧嵌入强弱风化线。与常规的重力式阶梯形拱座基础不同之处在于:合江长江一桥的阶梯形拱座中,设计了内凹的阶梯形轮廓,这一设计在保证竖向承载能力满足要求的情况下,使得水平抗推面增加了 1 倍,安全系数得到提高,并且减少了基础开挖和基础的混凝土方量,保护了环境,如图 2-29、图 2-30 所示。该桥的拱座基础为地质条件较好的平原区地形拱桥拱座基础的选择提供了参考。

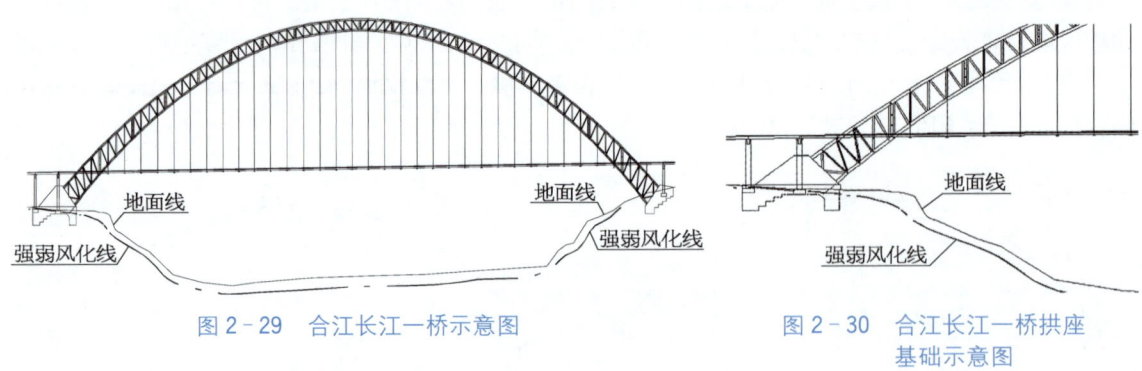

图 2-29 合江长江一桥示意图　　　图 2-30 合江长江一桥拱座基础示意图

合江长江三桥所处地形为开阔平原区地形,由于该桥起拱线较高,采取了"群桩基础+框架承台"的拱座基础,飞燕式系杆拱桥的结构体系;利用拱座基础承担竖向力,系杆平衡全桥大部分的水平力,巧妙解决了平原区地形高起拱线修建拱桥的技术难题。该桥的拱座基础开挖少,结构轻盈而强度高,节省了工程造价,如图 2-31、图 2-32 所示。

平南三桥地处开阔平原区,地质条件相对较差,南岸采用分离式拱座基础,北岸采用整体地下连续墙式拱座基础。该桥的北岸拱座基础处覆盖层较厚,下伏基岩溶洞发育,地质条件异常复杂,该桥的整体地下连续墙式拱座基础解决了不良地质条件下修建大跨径有推力钢管混凝土拱桥的技术难题,如图 2-33、图 2-34 所示。

第 2 章　500 米级钢管混凝土拱桥设计

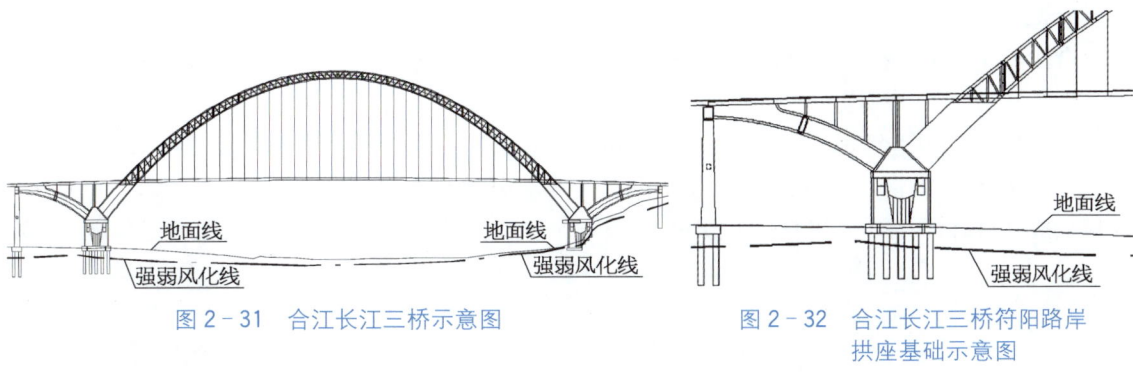

图 2-31　合江长江三桥示意图

图 2-32　合江长江三桥符阳路岸拱座基础示意图

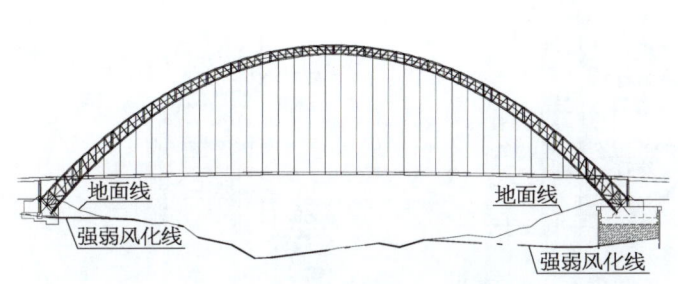

图 2-33　平南三桥北岸示意图

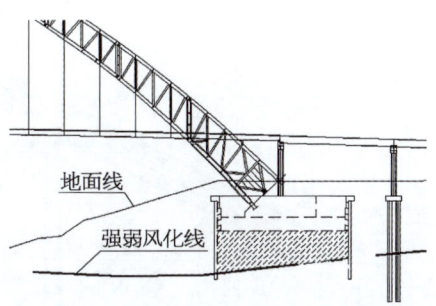

图 2-34　平南三桥北岸拱座基础示意图

2.3　强度与刚度计算

通过计算确保设计的桥梁结构施工阶段和运营阶段强度、刚度、动力性能满足规范和业主要求。为确保万无一失,最好两组人用不同软件独立建模计算,相互印证。以合江长江一桥和合江长江三桥为例。

2.3.1　合江长江一桥

2.3.1.1　计算概述

1) 材料

合江长江一桥主拱肋钢管、桥面格子梁采用 Q345 钢材,主拱管内混凝土采用 C60 自密实混凝土,吊杆采用 $\phi 15.2$ mm 预应力钢绞线。

按照规范规定,主拱采用统一理论对钢管混凝土材料进行模拟,相关参数见表 2-3。

表 2-3　钢管混凝土参数(统一理论)

构件尺寸/ mm	轴心抗压强度设计值/ MPa	弹性模量/ MPa	抗剪强度设计值/ MPa	弹性剪切模量/ MPa
1 320×22	49.27	45 203	20.14	13 435
1 320×34	61.23	54 811	26.72	17 175

2）结构

合江长江一桥主孔跨度为 530 m(净跨为 500 m)，净矢跨比为 1/4.5，拱轴系数为 1.45。主拱、桥面梁、吊杆等结构参数如下：

(1) 主拱。采用 φ1 320×22(26、30、34) mm、内灌 C60 混凝土的钢管混凝土桁式弦管，腹管采用 φ660×12 mm 钢管，主拱弦管通过横联钢管 φ762×16 mm 和竖向两根腹管 φ660×12 mm 钢管连接构成；拱顶截面径向高 8.0 m，拱脚截面径向高 16.0 m，肋宽 4.0 m。主拱一般构造如图 2-35 所示。

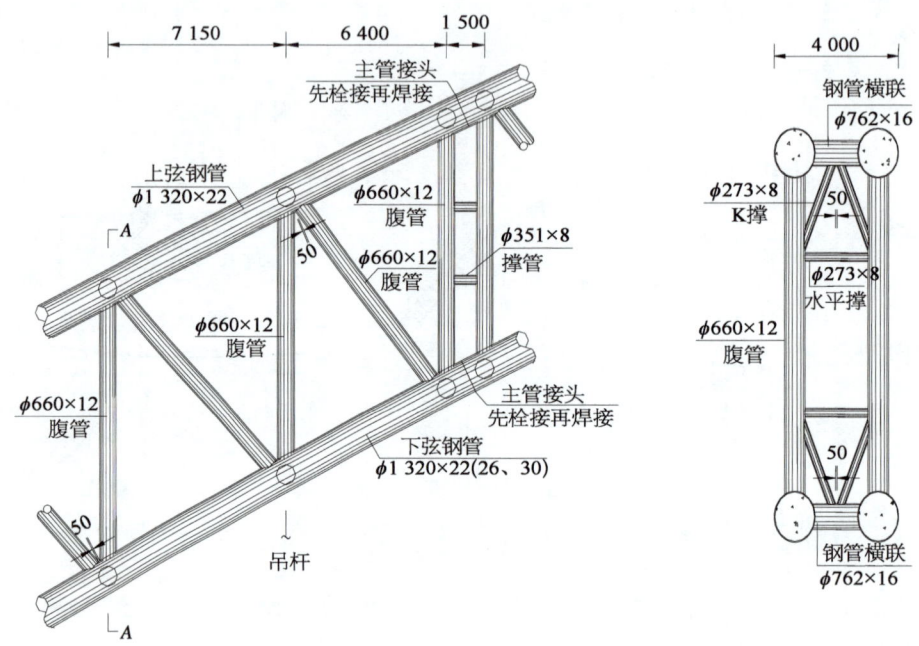

图 2-35 主拱一般构造

(2) 内横隔。吊杆处竖向两根腹管(拱脚段为立柱处径向两根腹管)间设横隔，横隔采用 φ273×8 mm 钢管和 φ406×10 mm 钢管，加强拱肋横向连接。拱肋横隔构造如图 2-36 所示。

(3) 横撑。主拱拱肋中距为 28.6 m；两肋间桥面以上采用新型组合式横撑构造，即两肋间桥面以上的拱肋上弦平面设置△形钢管横撑(图 2-37)，吊杆处间隔设置竖向 I 形钢管桁架横撑(图 2-38)，桥面以下的拱脚段设置径向钢管混凝土桁架横撑和下弦 X 形撑。

(4) 桥面梁。由两道主纵梁(吊杆处)、三道次纵梁、吊杆处主横梁、主横梁间设置的四道次横梁组成格子桥面梁；主、次纵横梁均采用工字形截面。格子梁上桥面板采用钢-混凝土组合结构，桥面底面钢板厚 8 mm，桥面板总厚度(含混凝土板和钢底板)为 14 cm，桥面铺装 5 cm 厚的改性沥青混凝土，在水泥混凝土和沥青混凝土间设置防水卷材(纵横梁顶面两侧各 80 cm)和防水涂料(格子梁跨中)。桥面梁构造如图 2-39 所示。

(5) 吊杆。吊杆采用 φ15.2 mm 预应力钢绞线挤压成型吊杆索体，索体自由段至锚固段采用单元式环氧涂层和防腐油脂全隔离、摩擦式无损伤整束挤压成索，极限抗拉强度为 1 860 MPa，两端采用定型耐久性锚具，人行道以上的吊杆外套哈佛管保护和装饰。吊杆构造如图 2-40 所示。

第 2 章 500 米级钢管混凝土拱桥设计

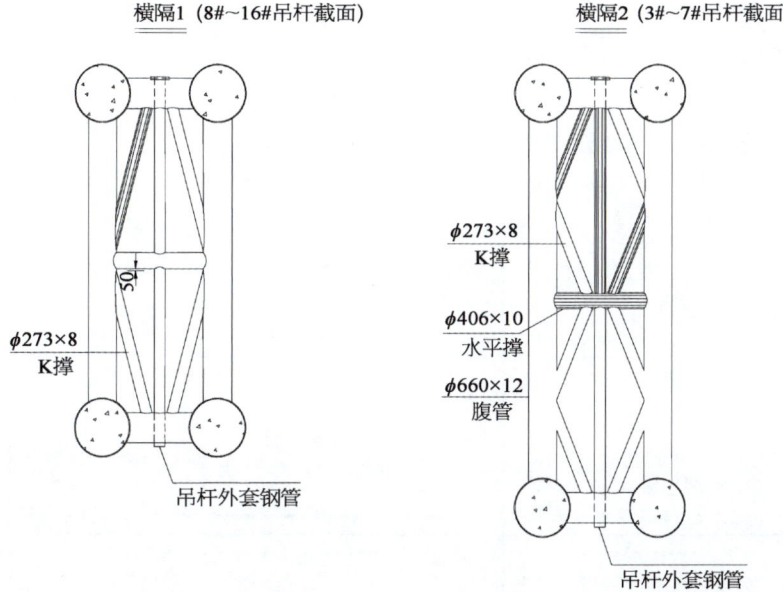

图 2-36 拱肋横隔构造形式

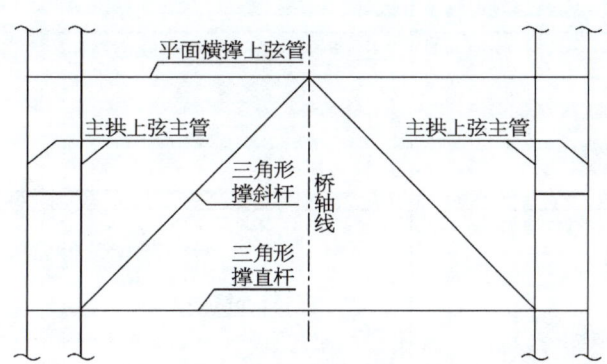

图 2-37 △形钢管水平面撑

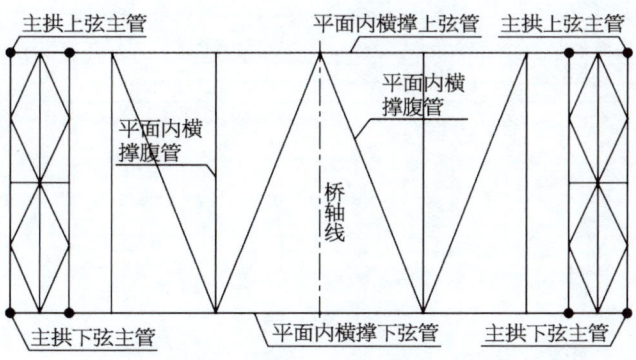

图 2-38 拱肋吊杆处平面内 I 形撑

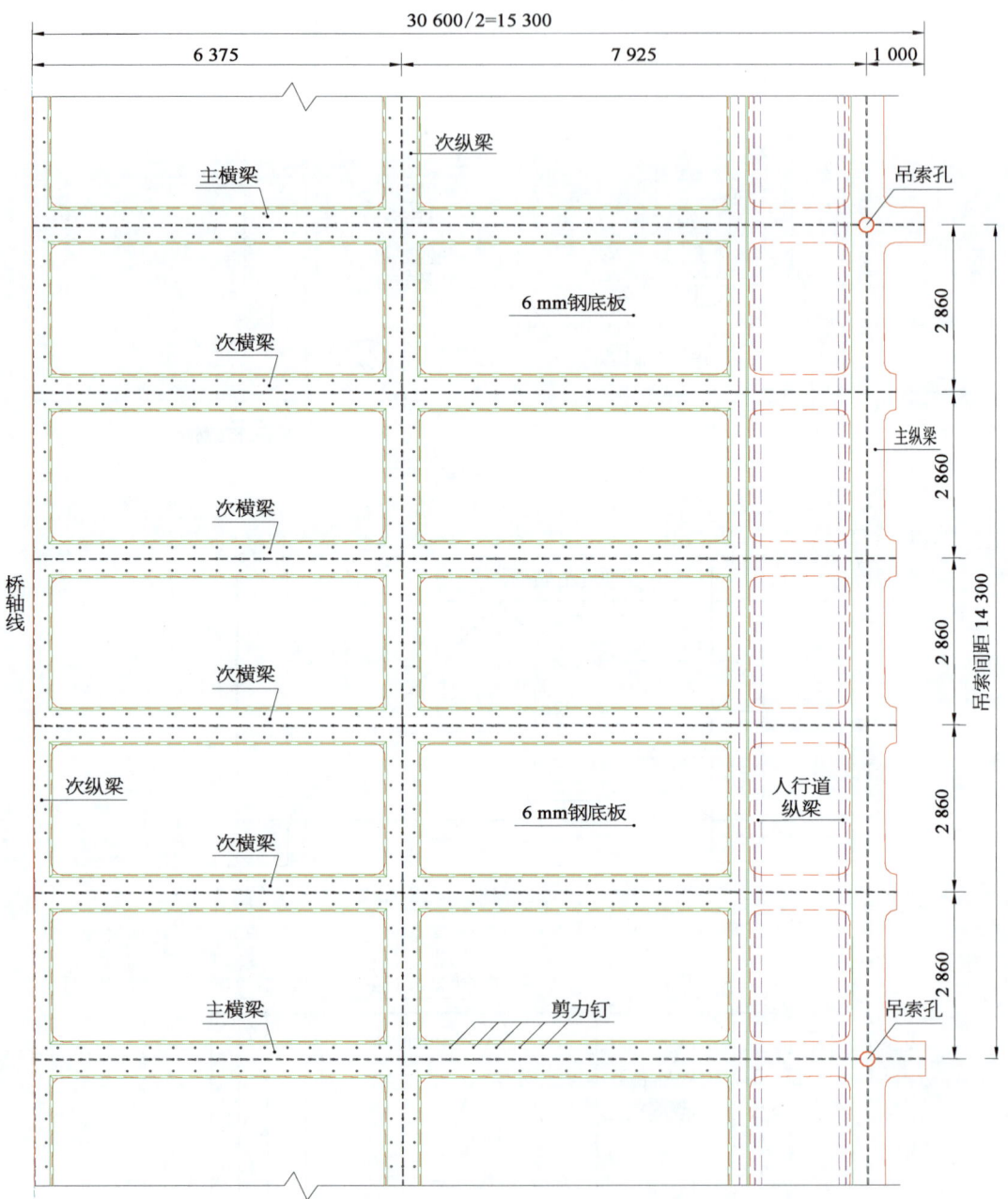

图2-39 桥面钢格子梁一般构造示意图

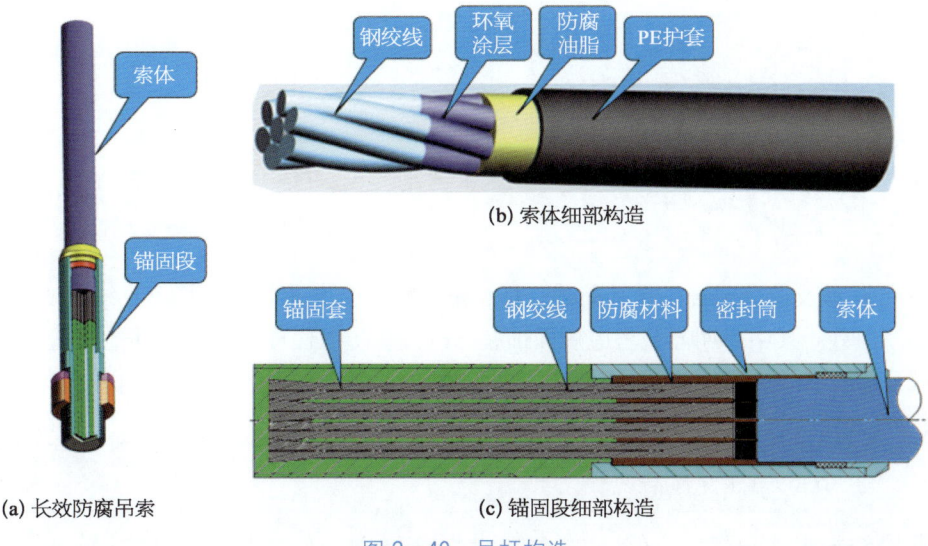

图 2-40 吊杆构造

(6) 下部结构。两岸均采用 U 形桥台,引桥桥墩基础设计为明挖扩大基础,拱座设计为分离式钢筋混凝土拱座,重庆岸拱座较高,横向放坡成梯形结构,底宽 10 m,顶宽 7 m,宜宾岸为上下同宽 7 m,拱座均为钢筋混凝土结构,基础置于稳定、完整的弱风化基岩上。

3) 计算基本规定

(1) 一般规定。根据《公路钢管混凝土拱桥设计规范》(JTG/T D65-06—2015)要求,该算例进行了钢管混凝土拱桥的强度、刚度、稳定验算和动力性能分析。该桥跨度大于 300 m,应计入双重(材料、几何)非线性影响。

采用 midas Civil 建立三维有限元杆系计算模型对合江长江一桥进行分析,计算模型如图 2-41 所示。在计算模型中,采用梁单元模拟拱肋、纵梁结构,桁架单元模拟吊杆。

图 2-41 合江长江一桥有限元计算模型

(2) 计算参数。计算参数依照《公路桥涵设计通用规范》(JTG D60—2015)、《公路钢管混凝土拱桥设计规范》规定,参数取值见表 2-4。

表 2-4 计算参数取值

参 数 内 容	参 数 取 值 说 明
活载冲击系数	0.05
体系温差	升温 30℃,降温 30℃
温度梯度	$T_1=15℃$,$T_2=0℃$
徐变内力	主拱降温 15℃考虑徐变影响

(3) 设计荷载及荷载组合。设计荷载包括自重、活载、温度荷载和混凝土收缩徐变。自重为结构自重、二期恒载。其中二期恒载考虑桥面铺装、人行道、防撞栏杆以及桥面其他附属设施。

根据《公路桥涵设计通用规范》的规定,针对拱肋主要考虑以下几种荷载组合:

基本组合＝1.2×恒载＋1.4×汽车荷载＋0.6×1.4×[人群荷载＋升(降)温 30℃]＋
0.6×1.1×风荷载

短期组合＝1.0×恒载＋0.7×汽车荷载＋1.0×人群荷载＋1.0×升(降)温 30℃＋
0.75×风荷载

长期组合＝1.0×恒载＋0.4×汽车荷载＋0.4×人群荷载＋1.0×升(降)温 30℃＋
0.75×风荷载

2.3.1.2 承载能力极限状态计算

1) 主拱长细比

根据规范对主拱的偏心距要求,

对单管主拱: $e_0/r \leqslant 1.55$

对桁式主拱: $e_0/h \leqslant \varepsilon_b$

式中 e_0——组合截面偏心距,$e_0=M/N$;

M——组合构件弯矩设计值;

N——组合构件轴力设计值;

r——钢管混凝土截面半径,$r=D/2=1.32/2=0.66(\text{m})$;

h——在弯矩作用平面内的柱肢重心之间的距离;

ε_b——界限偏心率,根据规范第 4.3.7 条:

$$\varepsilon_{b22}=0.5+\frac{\xi_{22}}{1+\sqrt{\xi_{22}}}=0.5+\frac{0.59}{1+\sqrt{0.59}}=0.83$$

$$\varepsilon_{b34}=0.5+\frac{\xi_{34}}{1+\sqrt{\xi_{34}}}=0.5+\frac{0.94}{1+\sqrt{0.94}}=0.98$$

合江长江一桥单管主拱的内力计算结果及偏心距验算原理,以及桁式主拱的内力计算结果及偏心距验算结果见表 2-5、表 2-6。

表 2-5 合江长江一桥单管主拱内力计算结果及偏心距验算结果

荷载组合	计算截面		工况	N/kN	弯矩/(kN·m)	e_0/m	e_0/r	是否满足规范
基本组合	拱脚截面	上弦管	最大轴力	−43 265.74	1 416.59	0.03	0.05	满足
			最大弯矩	−24 767.28	−3 369.24	0.14	0.21	满足
		下弦管	最大轴力	−55 083.47	−1 734.81	0.03	0.05	满足
			最大弯矩	−43 995.24	−5 114.71	0.12	0.18	满足
	$L/4$ 截面	上弦管	最大轴力	−38 233.43	464.90	0.01	0.02	满足
			最大弯矩	−36 331.52	720.50	0.02	0.03	满足
		下弦管	最大轴力	−33 066.81	−129.52	0.00	0.01	满足
			最大弯矩	−25 340.47	399.62	0.02	0.02	满足
	拱顶截面	上弦管	最大轴力	−47 420.11	1 008.96	0.02	0.03	满足
			最大弯矩	−46 125.44	1 068.53	0.02	0.04	满足
		下弦管	最大轴力	−22 812.36	703.89	0.03	0.05	满足
			最大弯矩	−12 574.71	1 602.43	0.13	0.19	满足
短期组合	拱脚截面	上弦管	最大轴力	−36 485.35	1 660.37	0.05	0.07	满足
			最大弯矩	−20 637.41	−3 335.34	0.16	0.24	满足
		下弦管	最大轴力	−45 064.66	−742.59	0.02	0.02	满足
			最大弯矩	−33 152.36	−4 550.95	0.14	0.21	满足
	$L/4$ 截面	上弦管	最大轴力	−31 387.12	321.60	0.01	0.02	满足
			最大弯矩	−29 877.46	517.17	0.02	0.03	满足
		下弦管	最大轴力	−25 734.31	−85.69	0.00	0.01	满足
			最大弯矩	−20 769.35	258.95	0.01	0.02	满足
	拱顶截面	上弦管	最大轴力	−39 393.65	821.00	0.02	0.03	满足
			最大弯矩	−38 634.50	854.42	0.02	0.03	满足
		下弦管	最大轴力	−18 929.71	555.89	0.03	0.04	满足
			最大弯矩	−9 472.34	1 199.62	0.13	0.19	满足
长期组合	拱脚截面	上弦管	最大轴力	−34 555.09	1 506.20	0.04	0.07	满足
			最大弯矩	−21 650.41	−3 169.17	0.15	0.22	满足
		下弦管	最大轴力	−42 992.87	−515.96	0.01	0.02	满足
			最大弯矩	−31 609.05	−4 239.36	0.13	0.20	满足
	$L/4$ 截面	上弦管	最大轴力	−30 079.59	253.85	0.01	0.01	满足
			最大弯矩	−28 860.86	424.48	0.01	0.02	满足
		下弦管	最大轴力	−24 278.66	−48.62	0.00	0.00	满足
			最大弯矩	−21 213.64	183.48	0.01	0.01	满足
	拱顶截面	上弦管	最大轴力	−37 935.21	783.08	0.02	0.03	满足
			最大弯矩	−37 534.46	801.11	0.02	0.03	满足
		下弦管	最大轴力	−17 912.78	584.88	0.03	0.05	满足
			最大弯矩	−9 644.01	1 044.37	0.11	0.16	满足

注:e_0—单管截面偏心率;r—钢管混凝土的半径。

表 2-6 合江长江一桥主拱组合截面内力计算结果及偏心距验算结果(基本组合工况)

荷载组合	计算截面	工况	轴力/kN	弯矩/(kN·m)	组合轴力/kN	组合弯矩/(kN·m)	e_0/m	h/m	e_0/h	ε_b	是否满足规范
基本组合	拱脚截面	最大轴力	−55 083.75 −51 474.84 −24 220.11 −21 577.66	−1 735.03 −1 358.93 −3 218.15 −2 342.99	−152 356.36	−454 639.52	2.98	14.68	0.203	0.98	满足
		最大弯矩	−43 995.50 −41 952.25 −33 009.94 −31 691.13	−5 114.94 −4 604.20 258.64 948.28	−150 648.82	−164 462.85	1.09	14.68	0.074	0.98	满足
	L/4 截面	最大轴力	−24 039.87 −24 607.58 −37 899.11 −38 233.54	87.60 102.30 464.90 464.90	−124 780.10	127 276.77	1.02	9.18	0.111	0.83	满足
		最大弯矩	−25 547.44 −26 328.96 −35 806.00 −36 331.76	389.97 366.41 643.14 720.52	−124 014.16	95 119.68	0.77	9.18	0.084	0.83	满足
	拱顶截面	最大轴力	−10 385.35 −11 247.56 −46 759.82 −47 420.24	1 255.28 1 254.31 994.24 1 008.96	−115 812.97	246 820.27	2.13	6.68	0.319	0.83	满足
		最大弯矩	−11 911.24 −12 574.62 −44 781.45 −45 295.62	1 551.88 1 602.53 1 022.37 1 056.17	−114 562.93	224 307.59	1.96	6.68	0.293	0.83	满足

注：e_0—组合截面偏心率；h—在弯矩作用平面内的柱肢重心之间的距离；ε_b—界限偏心率。

2）压弯承载力验算

（1）单肢压弯构件验算。根据《公路钢管混凝土拱桥设计规范》对单肢钢管混凝土压弯构件（按桁式截面）承载力的规定，其计算公式为

$$\gamma N \leqslant \varphi_l \varphi_e K_p K_t f_{sc} A_{sc单管}$$

式中　γ——桥梁结构的重要性系数，按规范第 5.1.3 条，取 1.1；

K_p——钢管初应力折减系数，根据规范第 5.2.4 条，取 $K_p = 1.0 - 0.15\omega$，钢管初应力度 $\omega = \sigma_0/f_{sd}$，其中 σ_0 为钢管初应力，规范要求 ω 不宜超过 0.65；

K_d——单肢混凝土脱空折减系数，根据规范第 5.2.5 条，取 0.95；

φ_l——长细比折减系数；

φ_e——弯矩折减系数。

合江长江一桥单肢构件压弯验算基本原理同示例，具体结果见表 2-7。

合江长江一桥拱肋单管压弯验算基本组合工况下，截面验算全部通过。

（2）组合压弯构件计算。根据《公路钢管混凝土拱桥设计规范》对组合构件压弯承载能力的规定，压弯承载力计算公式为

$$\gamma N \leqslant \varphi_l' \varphi_e' \sum (K_p^i K_d^i f_{sc} A_{sc})$$

式中　φ_l'——组合构件换算长细比折减系数，按规范第 5.2.3 条取值；

φ_e'——组合构件弯矩折减系数。

合江长江一桥组合构件均为桁式截面，压弯承载力验算结果见表 2-8。

合江长江一桥组合构件压弯验算全部通过。

3）节点承载力计算

根据规范对空心主管节点承载力验算要求，各条件下节点承载力见表 2-9。

经有限元计算，施工阶段空管受压节点支管最大轴向压力位于拱脚界面内，轴向压力设计值为 672.75 kN，对应轴向拉力设计值为 225.81 kN，空管节点承载力符合规范要求。运营阶段最大支管轴压力设计值为 2 311.72 kN，位于拱顶截面，承载力验算通过。

4）节点及疲劳验算

根据《公路钢管混凝土拱桥设计规范》要求对节点及连接疲劳的要求，疲劳荷载采用等效的车道荷载。集中荷载为 $0.7P_k$，均布荷载为 $0.7q_k$。P_k 和 q_k 按《公路桥涵设计通用规范》取值。

疲劳验算所采用的应力幅 $\Delta\sigma$ 应为钢结构在疲劳荷载作用下的名义应力 $\left(\sigma = \dfrac{N}{A} \pm \dfrac{M}{W}\right)$ 最大变化幅度，验算可按下式计算：

$$\Delta\sigma = |\sigma_{max} - \sigma_{min}| \leqslant \sigma_0$$

式中　$\Delta\sigma$——疲劳应力幅；

σ_{max}、σ_{min}——最大应力和最小应力；

σ_0——疲劳许用应力幅，按规范第 5.7.4 条取 50 MPa。

表 2-7 合江长江一桥单肢构件压弯承载力验算结果

荷载组合	计算截面		工况	轴力/kN	弯矩/(kN·m)	T/mm	ψ_1	欧拉临界力/kN	η	ψ_e	σ_0/MPa	ω	是否满足规范	K_p	f_{sc}	承载力/kN	设计值/kN	验算结果
基本组合	拱脚截面	上弦管	最大轴力	−43 265.74	1 416.59	34	0.94	1 576 961.12	1.545	0.88	118.50	0.40	满足	0.94	61.23	61 387.43	47 592.31	满足规范
			最大弯矩	−24 767.28	−3 369.24	34	0.94	1 576 961.12	1.552	0.63	118.50	0.40	满足	0.94	61.23	44 033.88	27 244.01	满足规范
		下弦管	最大轴力	−55 083.47	−1 734.81	34	0.94	1 576 961.12	1.540	0.88	120.70	0.41	满足	0.94	61.23	61 627.62	60 591.82	满足规范
			最大弯矩	−46 108.01	−3 632.60	34	0.94	1 576 961.12	1.544	0.77	120.70	0.41	满足	0.94	61.23	54 219.42	50 718.81	满足规范
	L/4 截面	上弦管	最大轴力	−38 233.43	464.90	22	0.93	1 300 527.40	1.536	0.95	156.00	0.53	满足	0.92	49.27	52 249.20	42 056.77	满足规范
			最大弯矩	−36 331.52	720.50	22	0.93	1 300 527.40	1.537	0.92	156.00	0.53	满足	0.92	49.27	50 656.85	39 964.67	满足规范
		下弦管	最大轴力	−33 066.81	−129.52	22	0.93	1 300 527.40	1.538	0.98	157.20	0.53	满足	0.92	49.27	54 035.42	36 373.49	满足规范
			最大弯矩	−25 340.47	399.62	22	0.93	1 300 527.40	1.542	0.94	120.70	0.41	满足	0.92	49.27	52 479.31	27 874.52	满足规范
	拱顶截面	上弦管	最大轴力	−42 885.43	858.19	22	0.93	1 300 527.40	1.532	0.91	156.00	0.53	满足	0.92	49.27	49 927.39	47 173.97	满足规范
			最大弯矩	−35 760.5	1 177.95	22	0.93	1 300 527.40	1.532	0.86	156.00	0.53	满足	0.92	49.27	47 184.13	39 336.55	满足规范
		下弦管	最大轴力	−22 812.36	703.89	22	0.93	1 300 527.40	1.543	0.88	157.20	0.53	满足	0.92	49.27	48 477.67	25 093.60	满足规范
			最大弯矩	−12 574.71	1 602.43	22	0.93	1 300 527.40	1.548	0.64	157.20	0.53	满足	0.92	49.27	35 382.67	13 832.18	满足规范
短期组合	拱脚截面	上弦管	最大轴力	−36 485.35	1 660.37	34	0.94	1 576 961.12	1.547	0.84	118.50	0.40	满足	0.94	61.23	58 536.50	40 133.89	满足规范
			最大弯矩	−20 637.41	−3 335.34	34	0.94	1 576 961.12	1.553	0.59	118.50	0.40	满足	0.94	61.23	41 139.17	22 701.15	满足规范
		下弦管	最大轴力	−45 064.66	−742.59	34	0.94	1 576 961.12	1.544	0.93	120.70	0.41	满足	0.94	61.23	65 346.10	49 571.13	满足规范
			最大弯矩	−33 152.36	−4 550.95	34	0.94	1 576 961.12	1.549	0.63	120.70	0.41	满足	0.94	61.23	43 867.78	36 467.60	满足规范
	L/4 截面	上弦管	最大轴力	−31 387.12	321.60	22	0.93	1 300 527.40	1.539	0.96	156.00	0.53	满足	0.92	49.27	52 656.78	34 525.83	满足规范
			最大弯矩	−29 877.46	517.17	22	0.93	1 300 527.40	1.540	0.93	156.00	0.53	满足	0.92	49.27	51 161.95	32 865.21	满足规范
		下弦管	最大轴力	−25 734.31	−85.69	22	0.93	1 300 527.40	1.542	0.99	157.20	0.53	满足	0.92	49.27	54 168.58	28 307.74	满足规范
			最大弯矩	−20 769.35	258.95	22	0.93	1 300 527.40	1.544	0.95	120.70	0.41	满足	0.92	49.27	53 186.25	22 846.29	满足规范
	拱顶截面	上弦管	最大轴力	−39 393.65	821.00	22	0.93	1 300 527.40	1.535	0.92	156.00	0.53	满足	0.92	49.27	50 458.54	43 333.02	满足规范
			最大弯矩	−38 634.50	854.42	22	0.93	1 300 527.40	1.536	0.91	156.00	0.53	满足	0.92	49.27	50 204.80	42 497.95	满足规范
		下弦管	最大轴力	−18 929.71	555.89	22	0.93	1 300 527.40	1.545	0.89	157.20	0.53	满足	0.92	49.27	48 748.31	20 822.68	满足规范
			最大弯矩	−9 472.34	1 199.62	22	0.93	1 300 527.40	1.550	0.65	157.20	0.53	满足	0.92	49.27	35 448.81	10 419.57	满足规范
长期组合	拱脚截面	上弦管	最大轴力	−34 555.09	1 506.20	34	0.94	1 576 961.12	1.548	0.84	118.50	0.40	满足	0.94	61.23	58 941.77	38 010.60	满足规范
			最大弯矩	−21 650.41	−3 169.17	34	0.94	1 576 961.12	1.553	0.61	118.50	0.40	满足	0.94	61.23	42 810.37	23 815.45	满足规范
		下弦管	最大轴力	−42 992.87	−515.96	34	0.94	1 576 961.12	1.545	0.95	120.70	0.41	满足	0.94	61.23	66 548.00	47 292.16	满足规范
			最大弯矩	−31 609.05	−4 239.36	34	0.94	1 576 961.12	1.549	0.63	120.70	0.41	满足	0.94	61.23	44 241.18	34 769.96	满足规范

(续表)

荷载组合	计算截面		工况	轴力/kN	弯矩/(kN·m)	T/mm	ϕ_1	欧拉临界力/kN	η	ψ_e	σ_0/MPa	ω	是否满足规范	K_P	f_{sc}/MPa	承载力/kN	设计值/kN	验算结果
长期组合	$L/4$截面	上弦管	最大轴力	−30 079.59	253.85	22	0.93	1 300 527.40	1.540	0.96	156.00	0.53	满足	0.92	49.27	53 052.12	33 087.55	满足规范
			最大弯矩	−28 860.86	424.48	22	0.93	1 300 527.40	1.540	0.94	156.00	0.53	满足	0.92	49.27	51 701.29	31 746.95	满足规范
		下弦管	最大轴力	−24 278.66	−48.62	22	0.93	1 300 527.40	1.543	0.99	157.20	0.53	满足	0.92	49.27	54 476.41	26 706.53	满足规范
			最大弯矩	−21 213.64	183.48	22	0.93	1 300 527.40	1.544	0.96	120.70	0.41	满足	0.94	49.27	54 033.91	23 335.00	满足规范
	拱顶截面	上弦管	最大轴力	−37 935.21	783.08	22	0.93	1 300 527.40	1.536	0.92	156.00	0.53	满足	0.92	49.27	50 496.28	41 728.73	满足规范
			最大弯矩	−37 534.46	801.11	22	0.93	1 300 527.40	1.536	0.92	156.00	0.53	满足	0.92	49.27	50 356.22	41 287.91	满足规范
		下弦管	最大轴力	−17 912.78	584.88	22	0.93	1 300 527.40	1.546	0.88	157.20	0.53	满足	0.92	49.27	48 138.74	19 704.06	满足规范
			最大弯矩	−9 644.01	1 044.37	22	0.93	1 300 527.40	1.549	0.68	157.20	0.53	满足	0.92	49.27	37 371.22	10 608.41	满足规范

表2-8 合江长江一桥组合构件压弯承载力验算结果（基本组合）

荷载组合	计算截面	工况	轴力/kN	弯矩/(kN·m)	组合轴力/kN	组合弯矩/(kN·m)	i/m	δ	κ	S_0/m	λ_y	λ_{by}	ψ'_1	ψ'_e	σ_0/MPa	ω	K_P	f_{sc}/MPa	承载力/kN	设计值/kN	验算结果
基本组合	拱脚截面	最大轴力	−55 083.75	−1 735.03	−152 356.36	−454 639.52	7.35	1.00	206.89	28.16	39.40	0.84	0.71	120.7	0.41	0.939	61.23	176 924.13	167 592.00	满足规范
			−51 474.84	−1 358.93											157.2	0.53	0.920				
			−24 220.11	−3 218.15											118.5	0.40	0.940				
			−21 577.66	−2 342.99											156.0	0.53	0.921				
		最大弯矩	−43 995.50	−5 114.94	−150 648.82	−164 462.85	7.35				206.89	28.16	0.84	0.87	120.7	0.41	0.939	61.23	216 631.86	165 713.70	满足规范
			−41 952.25	−4 604.20											157.2	0.53	0.920				
			−33 009.94	258.64											118.5	0.40	0.940				
			−31 691.13	948.28											156.0	0.53	0.921				
	拱顶截面	最大轴力	−10 385.35	1 255.28	−115 812.97	246 820.27	3.36	−0.54	0.40	40.97	12.21	25.39	0.88	0.61	120.7	0.41	0.939	49.27	127 333.33	127 394.27	满足规范
			−11 247.56	1 254.31											157.2	0.53	0.920				
			−46 759.82	994.24											118.5	0.40	0.940				
			−47 420.24	1 008.96											156.0	0.53	0.921				
		最大弯矩	−11 911.24	1 551.88	−114 562.93	224 307.59	3.36	−0.73	0.39	40.09	11.94	25.27	0.88	0.63	120.7	0.41	0.939	49.27	131 465.16	126 019.22	满足规范
			−12 574.62	1 602.53											157.2	0.53	0.920				
			−44 781.45	1 022.37											118.5	0.40	0.940				
			−45 295.62	1 056.17											156.0	0.53	0.921				

表 2-9　空管节点承载力

参 照 规 范	节 点 承 载 力
《公路钢管混凝土拱桥设计规范》	受压空管节点承载力 4 006.14 kN 受拉空管节点承载力 3 302.48 kN
《钢结构设计标准》 （GB 50017—2017）	受压支管节点 5 507.67 kN

节点验算结果：有限元计算节点疲劳最小应力幅位置位于拱脚截面斜腹管，$\Delta\sigma_{\min}=|\sigma_{\max}-\sigma_{\min}|=|1.54-(-1.09)|=2.63(\text{MPa})$，有限元计算节点疲劳最大应力幅位置位于拱脚截面斜腹管，$\Delta\sigma_{\max}=|\sigma_{\max}-\sigma_{\min}|=|11.8-(-16.7)|=28.50(\text{MPa})$，符合规范第 5.7.4 条 50 MPa 的限值要求。

5）吊杆计算

根据规范对吊杆及系杆索的要求，中承式钢管混凝土拱桥的吊杆强度应满足以下公式要求：

$$N \leqslant \frac{1}{\gamma_s} f_{pk} A_s$$

式中　N——吊杆、系杆索受轴向力设计值（10^3 kN）；

　　　A_s——吊杆、系杆索钢丝的截面面积（m^2）；

　　　$\sigma=\dfrac{N}{A_s}$——吊杆应力设计值，$\sigma_{\max 短暂}=504.1$ MPa，$\sigma_{\max 长期}=446.8$ MPa；

　　　γ_s——综合系数，依据规范的表 5.8，持久状况取 2.5，短暂状况取 2.0；

　　　f_{pk}——吊杆抗拉强度标准值，取 1 860 MPa，$\dfrac{1}{\gamma_{s短暂}}f_{pk}=930$ MPa，$\dfrac{1}{\gamma_{s长期}}f_{pk}=744$ MPa。

合江长江一桥吊杆强度验算如下：

$$\sigma_{\max 短暂}=504.1\text{ MPa}<\frac{1}{\gamma_{s短暂}}f_{pk}=930\text{ MPa}$$

$$\sigma_{\max 长期}=446.8\text{ MPa}<\frac{1}{\gamma_{s长期}}f_{pk}=744\text{ MPa}$$

故合江长江一桥吊杆强度验算全部通过。

6）结构稳定性分析

根据《公路钢管混凝土拱桥设计规范》对主拱稳定性分析的规定，弹性稳定分析包括使用阶段，计算整体稳定。经有限元软件分析，稳定系数最小值（一阶模态）为 5.063 6。规范要求整体结构的稳定系数不小于 4.0，局部稳定系数不应小于结构整体稳定系数，说明该桥弹性稳定满足规范要求。

根据规范要求，该桥需进行非线性稳定分析，其稳定极限承载力与设计荷载效应的比值不宜小于 1.75。

稳定极限承载力与设计荷载效应的比值计算见表 2-10。

表 2-10 稳定承载力计算结果

钢管混凝土弹性轴向刚度	材料本构关系	活载布置范围	引入缺陷方式	稳定极限承载能力（极限荷载/设计荷载）
$EA = E_{sc}A_{sc}$	统一理论钢管混凝土轴压应力-应变关系曲线	活载满跨布置	1 阶屈曲向量	2.99
			2 阶屈曲向量	2.96
		活载半跨布置	1 阶屈曲向量	2.15
			2 阶屈曲向量	2.15

故该桥非线性稳定分析满足规范要求。

2.3.1.3 正常使用极限状态计算

1) 一般规定

《公路钢管混凝土拱桥设计规范》规定，正常使用极限状态的计算应采用作用的短期效应组合、长期效应组合或短期效应组合并考虑长期效应组合的影响。规范还规定，该桥在正常使用极限状态的计算时应进行变形验算。

2) 主拱变形验算

根据规范，主拱在车道荷载(不计冲击力)作用下的最大竖向挠度(正负挠度绝对值之和)不应大于 $L/1\,000 = 500/1\,000 = 0.5(\mathrm{m})$，桥面板的最大竖向挠度不应大于 $L/800 = 500/800 = 0.625(\mathrm{m})$。

有限元软件采用线弹性方法计算求得主拱在车道荷载作用下的最大竖向挠度为 0.118 m，桥面板的最大竖向挠度为 0.189 m，满足规范要求。

3) 预拱度设置

根据规范，钢管混凝土主拱应设置预拱度，计算预拱度值为恒载累计变形、钢管混凝土徐变挠度和 1/2 活载挠度之和。

经 midas 软件分阶段分析，各阶段恒载+徐变累计挠度效应预拱度值 $\delta_1 = 0.785$ m，1/2 活载效应预拱度值 $\delta_2 = 0.5 \times 0.074 = 0.037(\mathrm{m})$，主拱计算预拱度值为

$$\delta_j = \delta_1 + \delta_2 = 0.785 + 0.037 = 0.822(\mathrm{m})$$

考虑非线性影响后，按以下公式计算：

$$\delta_s = K_y \delta_j = 1.25 \times 0.822 = 1.03(\mathrm{m})$$

式中　δ_s——主拱设计预拱度值；

　　　δ_j——主拱计算预拱度值；

　　　K_y——预拱度非线性修正系数，取 1.25。

合江长江一桥最终设计预拱度为 1.25 m，大于上述设计预拱度的计算值。

4) 失稳模态

合江长江一桥前 10 阶的失稳模态如图 2-42 所示。

合江长江一桥前 10 阶的失稳以横向失稳为主，弹性稳定系数为 5.07，满足规范要求。

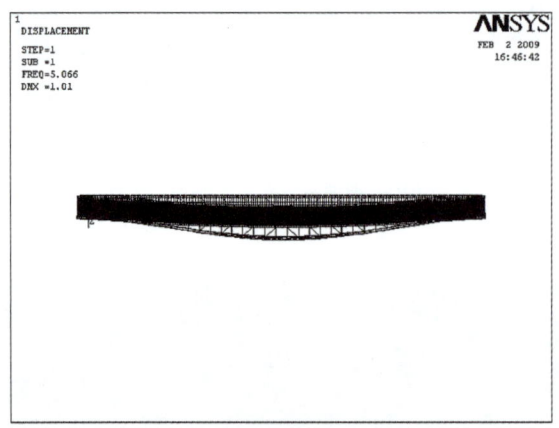

(a) 第1阶失稳

(b) 第2阶失稳

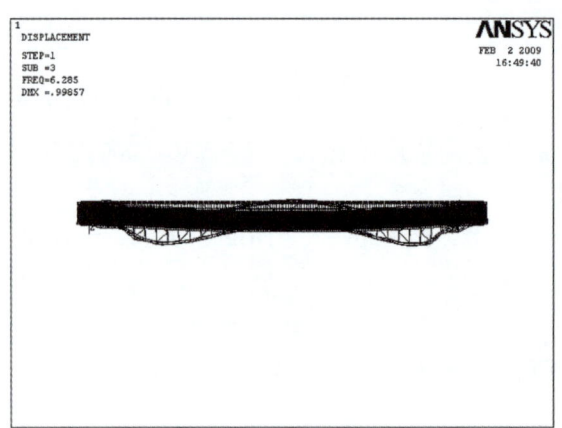

(c) 第3阶失稳

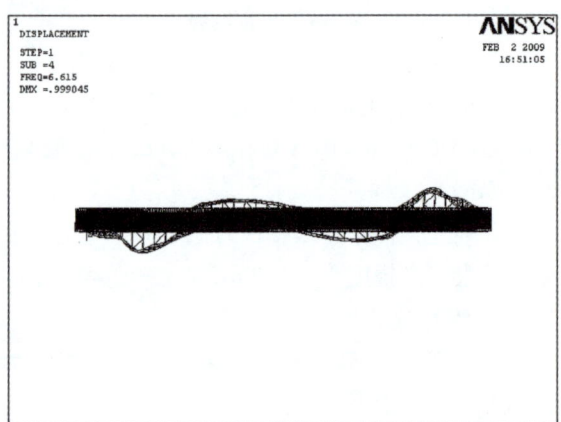

(d) 第4阶失稳

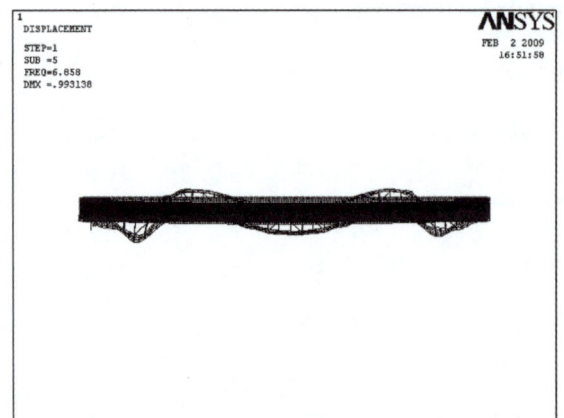

(e) 第5阶失稳

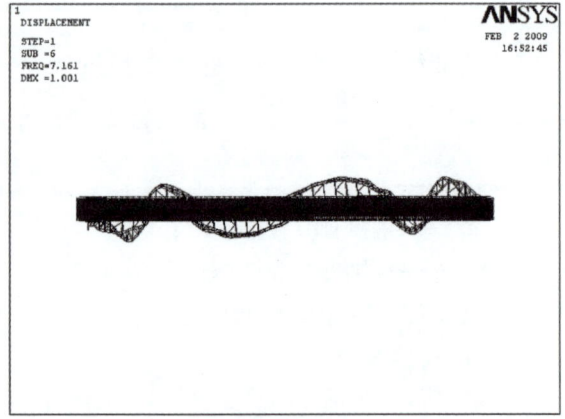

(f) 第6阶失稳

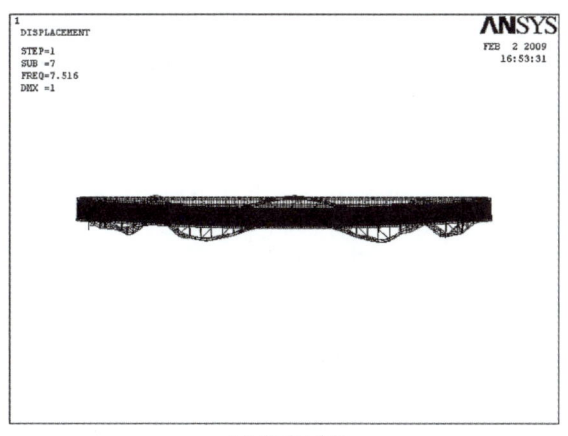
(g) 第7阶失稳

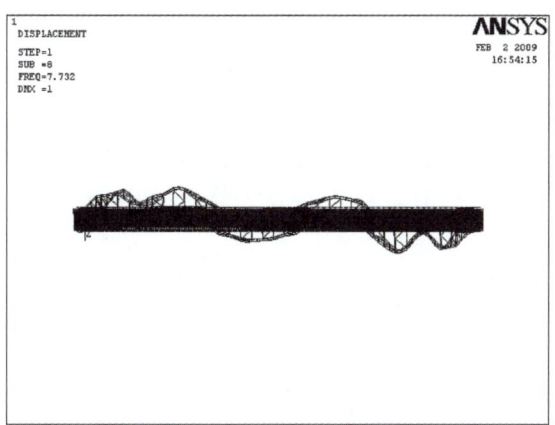
(h) 第8阶失稳

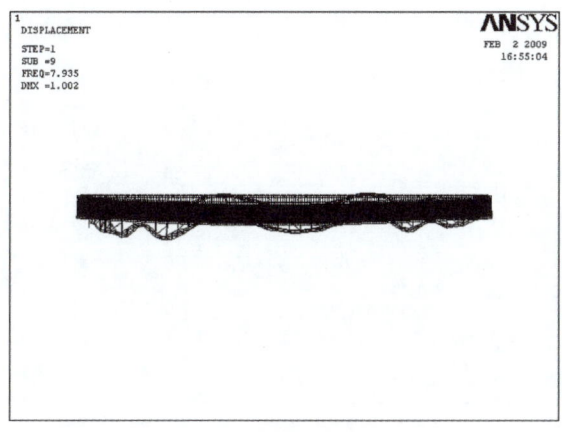
(i) 第9阶失稳

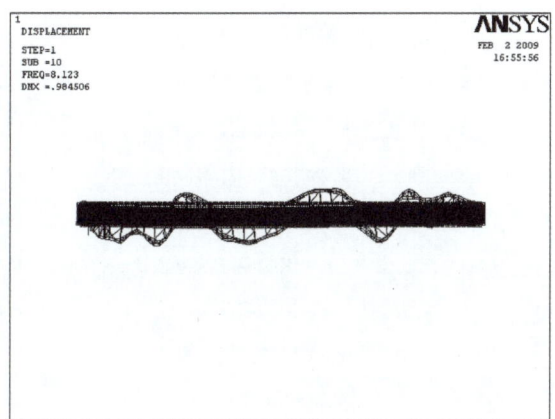
(j) 第10阶失稳

图 2-42 合江长江一桥失稳模态

2.3.1.4 施工过程计算

1) 施工过程

施工阶段从拱圈(拱肋管内混凝土强度已经形成)合龙开始,具体施工阶段见表 2-11。

表 2-11 合江长江一桥施工阶段

施工阶段	施 工 内 容	施工阶段	施 工 内 容
1	拱肋吊装合龙	8	灌注7#拱肋混凝土
2	灌注1#拱肋混凝土	9	灌注8#拱肋混凝土
3	灌注2#拱肋混凝土	10	灌注横联钢管混凝土
4	灌注3#拱肋混凝土	11	安装拱上立柱、交界墩、拱脚外包混凝土
5	灌注4#拱肋混凝土	12	安装格子梁
6	灌注5#拱肋混凝土	13	浇筑桥面板
7	灌注6#拱肋混凝土	14	桥面系等安装

2) 主拱钢管节段架设成拱

该桥钢管节段安装选用斜拉扣挂方法,模型计算同时采用了应力叠加法和统一理论两种模型。在应力叠加模型中,即对施工过程钢管和混凝土的应力进行验算,也验算使用阶段的钢管和混凝土应力。在统一理论模型中,同时对钢管混凝土构件进行内力(承载能力)验算和强度(应力)验算。

施工阶段拱肋钢管应力验算及拱圈联系杆件钢管应力验算见表2-12、表2-13。

表2-12 施工阶段拱肋钢管应力验算结果

施工阶段描述	拱 肋 钢 管		容许值/MPa	是否满足规范
	轴向应力最大值 ($\sigma = N/A$)/MPa	组合应力最大值 ($\sigma = N/A + M/W$)/MPa		
拱圈合龙	64.0	79.5	275.0	满足
1#拱肋灌注混凝土(1#混凝土湿重)	98.4	118.8	275.0	满足
1#拱肋受力+2#拱肋灌注混凝土	100.5	120.7	275.0	满足
1~2#拱肋受力+3#拱肋灌注混凝土	123.7	146.9	275.0	满足
1~3#拱肋受力+4#拱肋灌注混凝土	124.8	147.7	275.0	满足
1~4#拱肋受力+5#拱肋灌注混凝土	143.6	166.0	275.0	满足
1~5#拱肋受力+6#拱肋灌注混凝土	143.8	165.6	275.0	满足
1~6#拱肋受力+7#拱肋灌注混凝土	158.8	180.6	275.0	满足
1~7#拱肋受力+8#拱肋灌注混凝土	159.4	181.2	275.0	满足
1~8#拱肋受力+横联钢管混凝土灌注混凝土	164.1	193.9	275.0	满足
安装拱上立柱、交界墩、拱脚外包混凝土	167.7	207.5	275.0	满足
安装格子梁	176.0	186.6	275.0	满足
浇筑第一列桥面板	181.8	192.5	275.0	满足
浇筑第二列桥面板	185.5	196.3	275.0	满足
浇筑第三列桥面板	193.5	204.4	275.0	满足
浇筑第四列桥面板	195.6	206.6	275.0	满足
桥面系、二期恒载	208.4	219.7	275.0	满足
收缩徐变完成(3 600 d)	233.8	245.7	275.0	满足

表2-13 施工阶段拱圈联系杆件应力验算结果

施工阶段描述	拱圈联系杆件钢管		容许值/MPa	是否满足规范
	轴向应力最大值 ($\sigma = N/A$)/MPa	组合应力最大值 ($\sigma = N/A + M/W$)/MPa		
拱圈合龙	23.6	29.5	210.0	满足
1#拱肋灌注混凝土(1#混凝土湿重)	30.4	38.3	210.0	满足

(续表)

施工阶段描述	拱圈联系杆件钢管		容许值/MPa	是否满足规范
	轴向应力最大值 ($\sigma=N/A$)/MPa	组合应力最大值 ($\sigma=N/A+M/W$)/MPa		
1#拱肋受力+2#拱肋灌注混凝土	30.7	38.7	210.0	满足
1~2#拱肋受力+3#拱肋灌注混凝土	39.5	50.2	210.0	满足
1~3#拱肋受力+4#拱肋灌注混凝土	39.7	50.3	210.0	满足
1~4#拱肋受力+5#拱肋灌注混凝土	45.5	63.4	210.0	满足
1~5#拱肋受力+6#拱肋灌注混凝土	41.3	52.6	210.0	满足
1~6#拱肋受力+7#拱肋灌注混凝土	44.1	56.2	210.0	满足
1~7#拱肋受力+8#拱肋灌注混凝土	44.0	56.2	210.0	满足
1~8#拱肋受力+横联钢管混凝土灌注混凝土	53.4	68.0	210.0	满足
安装拱上立柱、交界墩、拱脚外包混凝土	62.1	79.5	210.0	满足
安装格子梁	63.8	81.8	210.0	满足
浇筑第一列桥面板	64.6	82.9	210.0	满足
浇筑第二列桥面板	65.0	83.6	210.0	满足
浇筑第三列桥面板	66.2	85.2	210.0	满足
浇筑第四列桥面板	66.4	85.4	210.0	满足
桥面系、二期恒载	68.0	87.6	210.0	满足
收缩徐变完成(3 600 d)	74.3	96.2	210.0	满足

合江长江一桥除了对施工阶段构件承载能力进行验算外,在主拱安装过程中也进行了线形拟合设计,满足规范中对于主拱安装的要求。

3) 管内灌注混凝土

《公路钢管混凝土拱桥设计规范》中对管内混凝土灌注过程中主拱钢管最大初应力、拱轴线偏位等进行了严格要求。合江长江一桥主拱灌注混凝土采用 C60 高性能混凝土,以泵压法自拱脚向拱顶、按设计的横桥向灌注顺序和纵桥向"三级接力灌注法"灌注主拱钢管内混凝土,灌注混凝土时分不同阶段张拉设计制定的扣索和索力。先灌注的混凝土达到设计强度且龄期大于 4 d 后,才灌注下一根主管,同时也对主拱初应力、拱轴线线形进行了验算,满足规范要求。

2.3.2 合江长江三桥

2.3.2.1 计算概述

1) 材料

合江长江三桥钢管混凝土构件钢管、桥面格子梁采用 Q345 钢材,主拱及边拱管内混凝土采用

C70自密实混凝土;吊杆采用 $\phi 15.2$ mm 环氧喷涂钢绞线挤压成型为吊杆索体,钢绞线极限抗拉强度为1 960 MPa;系杆采用 $\phi 15.2$ mm 环氧喷涂钢绞线成品索体,极限抗拉强度为1 960 MPa。

按照规范规定,主拱采用统一理论对钢管混凝土材料进行模拟,相关参数见表2-14。

表2-14 钢管混凝土参数(统一理论)

构件尺寸/mm	轴心抗压强度设计值/MPa	弹性模量/MPa	抗剪强度设计值/MPa	剪切弹性模量/MPa
1 300×22	53.97	49 942	20.84	14 512
1 300×26	57.95	53 200	22.93	15 702
1 300×30	62.01	56 436	25.06	17 003

2) 结构

合江长江三桥为跨径组合(80.5+507+80.5) m 的中承式钢管混凝土系杆拱桥,主跨为中承式钢管混凝土主拱,边跨为钢管混凝土劲性骨架外包混凝土拱桥;主孔跨径507 m,净矢跨比1/4,拱轴系数为1.5。主拱、边拱、桥面梁、吊杆等结构参数如下:

(1) 主拱。采用 $\phi 1 300 \times 22(26、30、32)$ mm、内灌C70混凝土的钢管混凝土桁式弦管,腹管采用 $\phi 660 \times 12$ 钢管,主拱弦管通过横联钢管 $\phi 760$ 和竖向两根腹管 $\phi 660$ 钢管连接构成;拱顶截面径向高为7.0 m;拱脚截面径向高为14.0 m,肋宽为4.0 m。吊杆和拱上立柱间距13.0 m,吊杆和立柱处的主拱两支管间设置横隔,加强主拱拱肋的横向联系。主拱标准段的一般构造如图2-43所示。

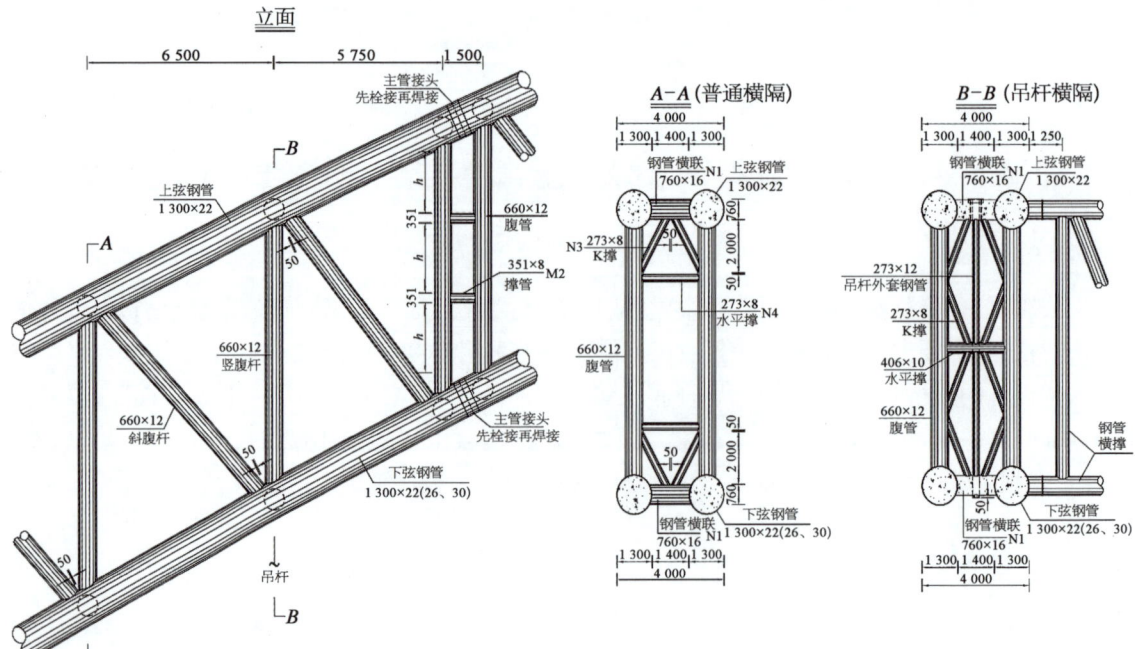

图2-43 主拱标准节段一般构造

(2) 主拱横撑。主拱肋中距为25.3 m,主拱桥面以上主拱的上弦平面设置K形钢管斜撑,在吊杆处的上下弦采用I形钢管竖撑,通过K形钢管斜撑与I形钢管竖撑构成组合式主拱横撑,结构构造如图2-37、图2-38所示;桥面以下的主拱段设置钢管混凝土组合加劲桁式横撑,包括上下弦平面各两个组合K撑;主拱与桥面交叉处设置肋间横梁,支撑桥面梁兼作肋间横撑,如图2-44所示。

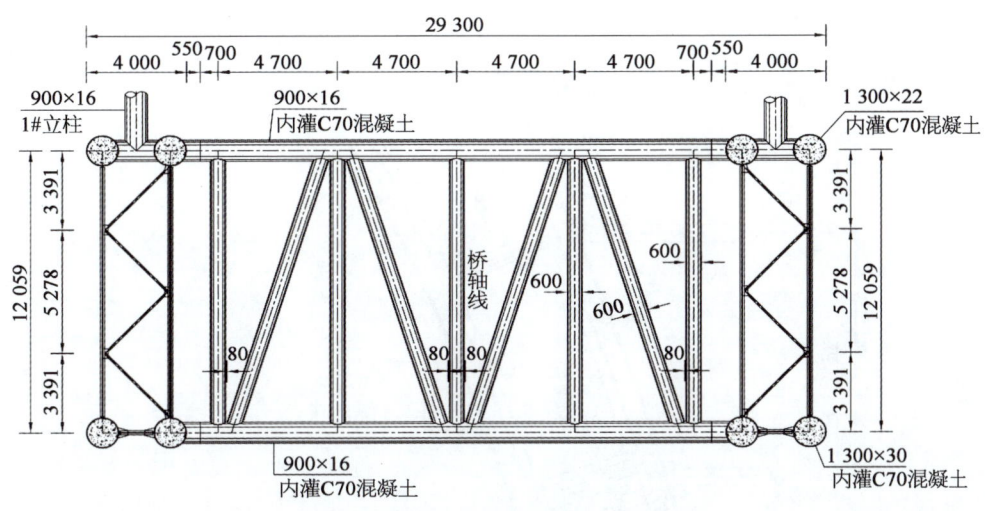

图2-44 主拱桥面以下横撑构造示意图

(3) 边拱及横撑。边拱采用钢管混凝土劲性骨架箱形拱肋,横撑采用型钢骨架外包钢筋混凝土成为箱形结构,边拱拱肋间各设置一道中横撑和端横撑,边拱交界墩侧的端部设置系杆索的张拉、检修和换索平台。边拱构造示意如图2-45所示。

(4) 吊杆。采用φ15.2 mm环氧喷涂钢绞线挤压成型为吊杆索体,两端采用分别锚固在主拱上弦上缘和主横梁的下翼缘,钢绞线极限抗拉强度为1 960 MPa,人行道以上5 m范围内的吊杆外套哈佛管保护和装饰。

(5) 系杆索。采用φ15.2 mm环氧喷涂钢绞线成品索体,极限抗拉强度为1 960 MPa,每个主拱肋采用55φ15.2 mm的索共计12根,全宽桥梁系杆索共计24根。主桥系杆索设置于主拱肋与边拱肋对应位置的桥面纵横格子梁上,在主、次横梁上设置专用系杆索支架支撑系杆索,系杆索的两端采用定型耐久性锚具。系杆索布置如图2-46所示。

(6) 桥面梁。桥面梁采用钢格子梁的钢-混凝土组合桥面,桥面钢格子梁由两道主纵梁(吊杆处)、二道次纵梁与吊杆处的主横梁及三道次横梁组成;钢格子梁均采用工字形截面。钢-混凝土组合结构的桥面底面钢板厚8 mm,桥面板标准总厚度(含混凝土板和钢底板)为15 cm,承托处的总厚度为26 cm;桥面铺装为5 cm厚改性沥青混凝土。桥面梁构造示意如图2-47所示。

(7) 主墩。符阳路岸主墩采用桩基、承台、桥墩和拱座的重力式构造,承台采用分幅式结构,承台宽11.25 m,长30 m,高4.5 m,采用C30混凝土,承台底面置于卵石层内约2.5 m。上下游承台间设置两道同高度的钢筋混凝土横向连接撑梁,形成框架承台结构体系;每半幅承台下设10根直径250 cm钻孔灌注桩基,承台钢筋混凝土横向连接撑梁下面各设置两根直径250 cm钻孔灌注桩基,

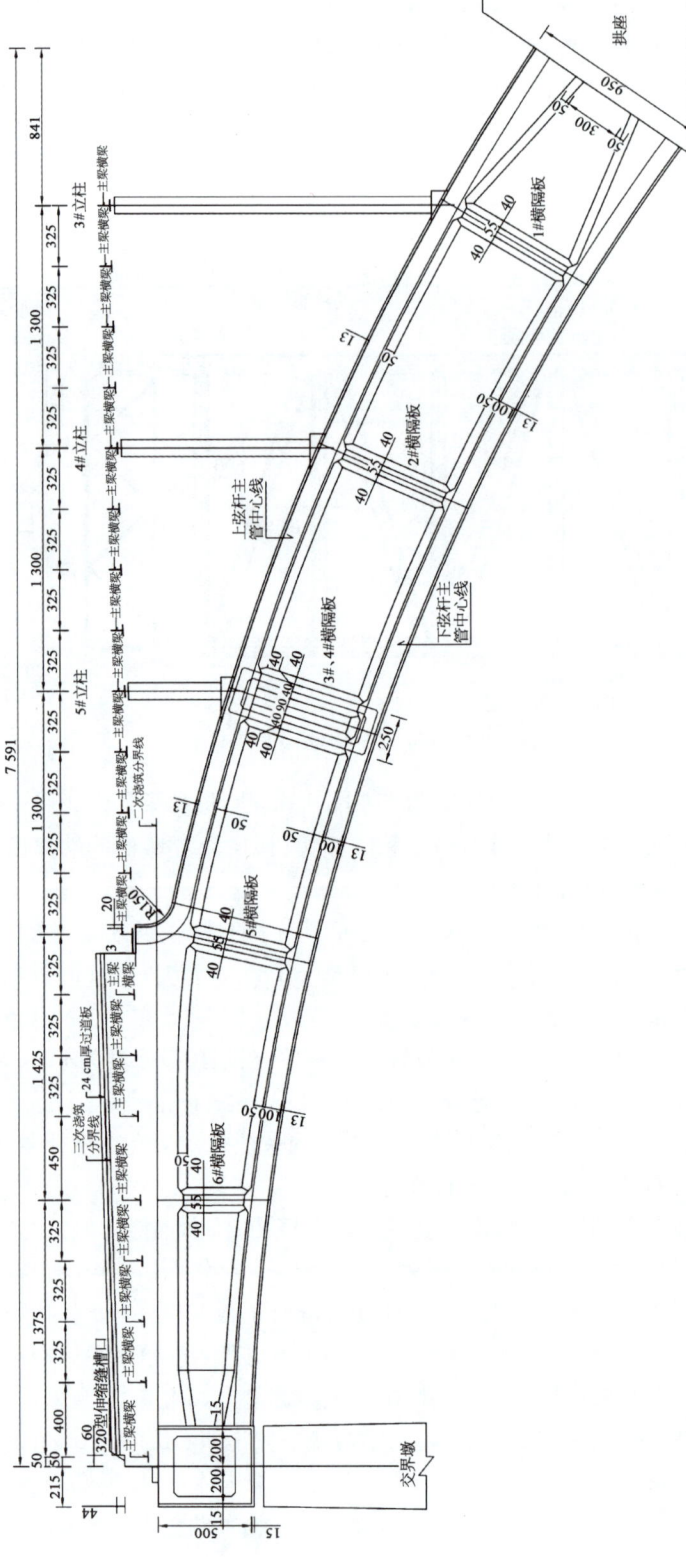

图 2-45 主桥边拱一般构造

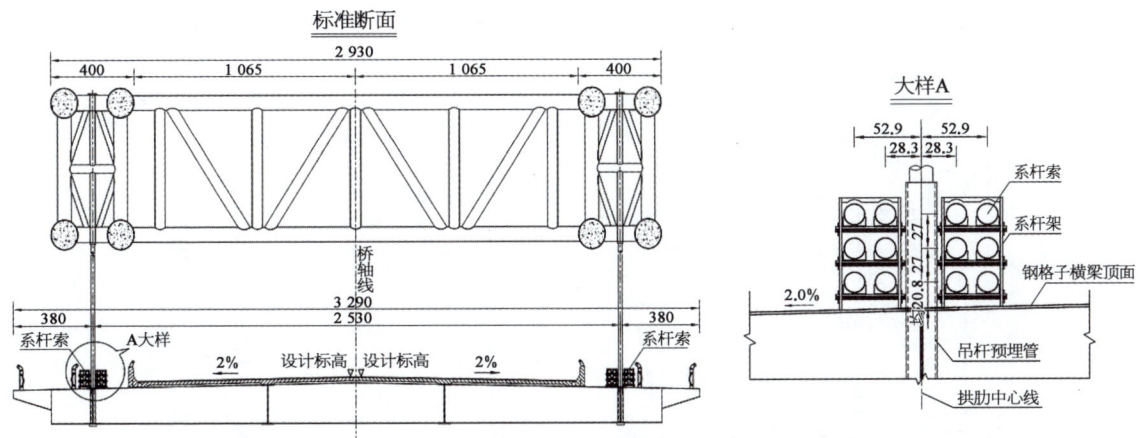

图 2-46 系杆索总体布置示意图

均采用 C30 水下混凝土。符阳路岸主桥桥墩构造示意如图 2-48 所示。

开发区岸主墩采用扩大基础、桥墩和拱座的重力式构造。桥墩采用上下游分离式 C30 钢筋混凝土结构,每个墩宽 9.85 m,长 25.10 m;桥墩中部靠近承台处设置了泄洪孔,减少阻水面积;除桥墩前缘因地基应力较高,需要设置基础禁边外,桥墩墩身的侧面与后部与桥墩同尺寸,与地基形成锚固结构直接嵌入基岩。桥墩顶部设置两道钢筋混凝土拱形横梁连接,拱形横梁内各设置两束预应力钢束。开发区岸主桥桥墩构造示意如图 2-49 所示。

3) 计算基本规定

(1) 一般规定。根据《公路钢管混凝土拱桥设计规范》要求,该算例进行了钢管混凝土拱桥的强度、刚度、稳定验算和动力性能分析。该桥跨度大于 300 m,应计入双重(材料、几何)非线性影响。

采用 midas Civil 建立三维有限元杆系计算模型对合江长江三桥进行分析,如图 2-50 所示。在计算模型中,采用梁单元模拟主拱拱肋、边拱拱肋、纵梁结构,桁架单元模拟吊杆和系杆。

(2) 计算参数。计算参数依照《公路桥涵设计通用规范》《公路钢管混凝土拱桥设计规范》规定,参数取值见表 2-15。

表 2-15 计算参数取值

参 数 内 容	参 数 取 值 说 明
活载冲击系数	0.05
体系温差	升温 30℃,降温 30℃
温度梯度	$T_1=15℃, T_2=0℃$
徐变内力	主拱降温 15℃考虑徐变影响

(3) 设计荷载及荷载组合。设计荷载包括自重、活载、温度荷载和混凝土收缩徐变。自重为结构自重、二期恒载。其中二期恒载考虑桥面铺装、人行道、防撞栏杆以及桥面其他附属设施。

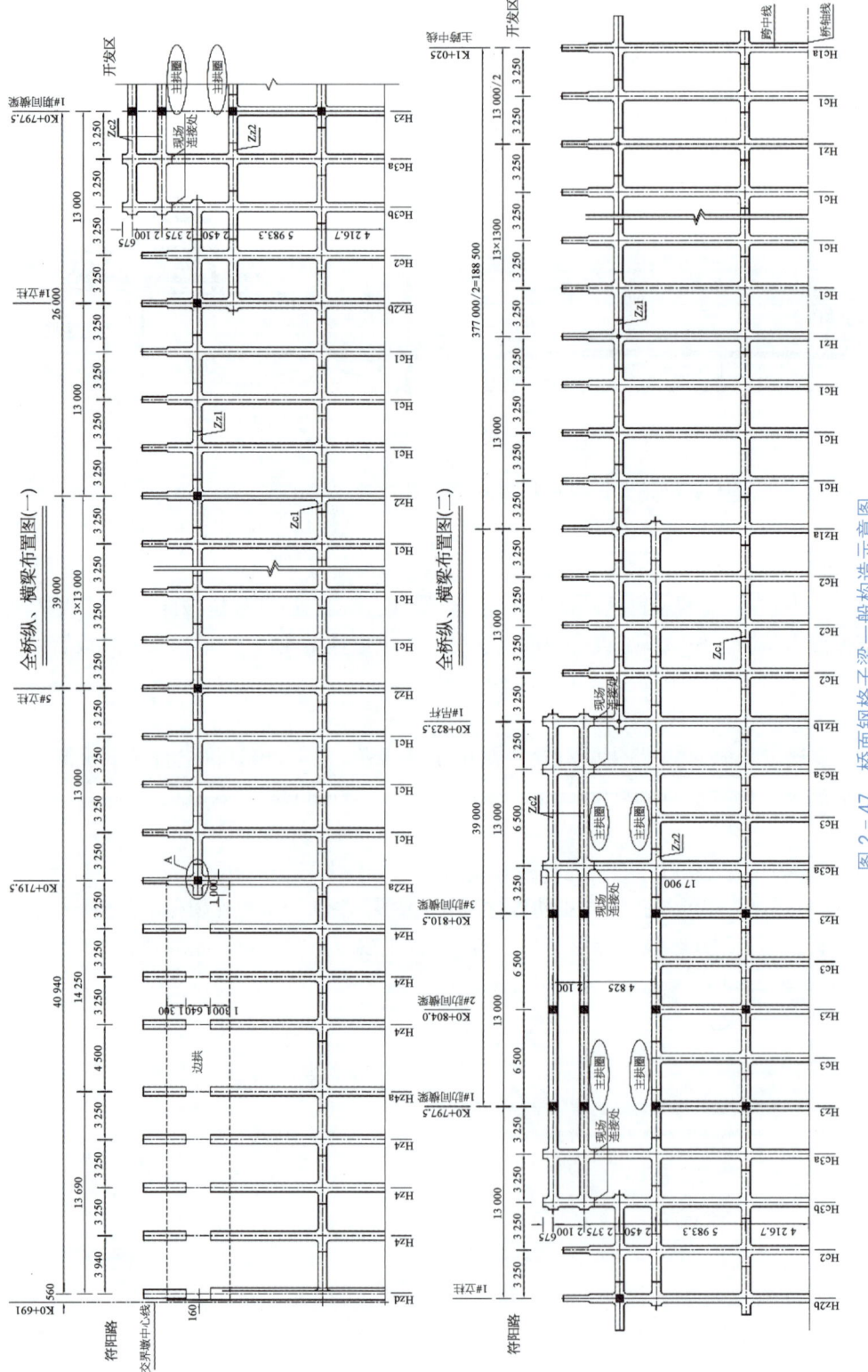

图 2-47 桥面钢格子梁一般构造示意图

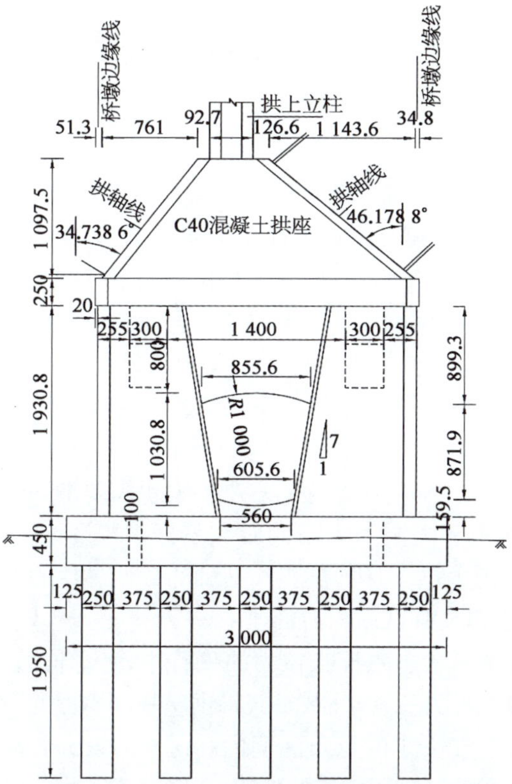

图 2-48 符阳路岸主桥桥墩构造示意图 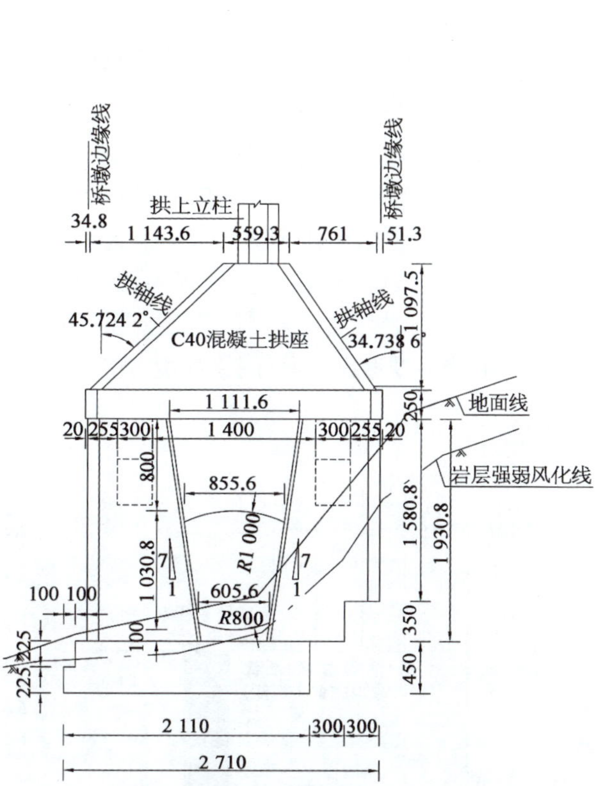　　图 2-49 开发区岸主桥墩构造示意图

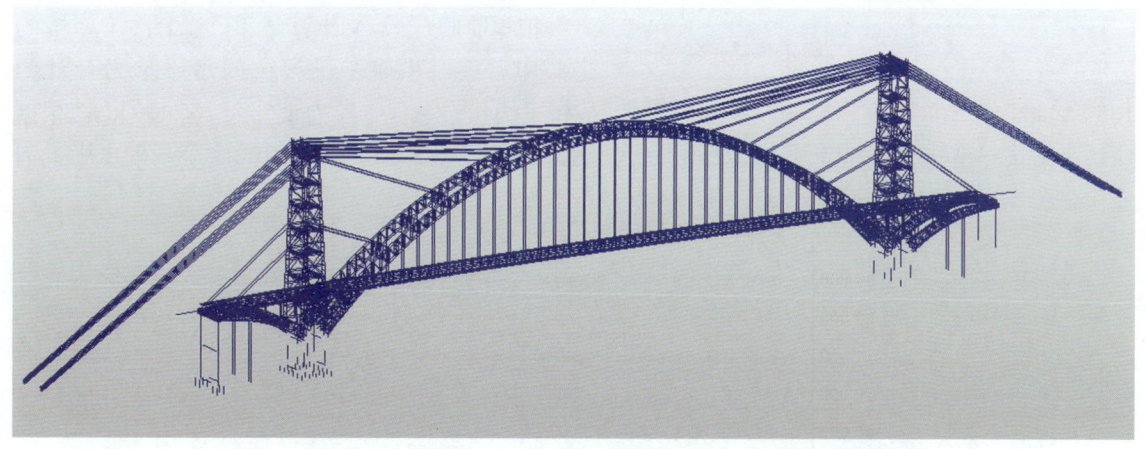

图 2-50 合江长江三桥有限元计算模型

根据《公路桥涵设计通用规范》的规定,针对拱肋主要考虑以下几种荷载组合:

基本组合=1.2×恒载+1.4×汽车荷载+0.6×1.4×[人群荷载+升(降)温 30℃]+
　　　　　0.6×1.1×风荷载

短期组合=1.0×恒载+0.7×汽车荷载+1.0×人群荷载+1.0×升(降)温 30℃+
　　　　　0.75×风荷载

长期组合＝1.0×恒载＋0.4×汽车荷载＋0.4×人群荷载＋1.0×升(降)温30℃＋0.75×风荷载

2.3.2.2 成桥平衡状态系杆张拉力的确定

合江长江三桥为跨径组合(80.5＋507＋80.5) m 的飞燕式钢管混凝土系杆拱桥,其为外部超静定结构,包括主拱、边拱、系杆、拱座及基础五大部分组成,各部分相互影响,结构设计参数众多、受力复杂,总体设计的关键在于使这五大部分形成有机、受力合理的结构。飞燕式系杆拱桥的系杆充当纽带作用,将主拱、边拱、拱座连接起来,因此系杆的张拉力直接影响成桥平衡状态。合江长江三桥的成桥平衡状态主要考虑因素有主拱和边拱内力、拱座弯矩、拱座基础水平推力、交界墩顶支反力等。

合江长江三桥的恒载在总荷载中占相当大的比重,是系杆张拉设计中需要考虑的主要荷载;其次,活载作用对拱座产生的水平推力也需要纳入系杆张拉设计中进行考虑;同时在系杆张拉设计时,必须考虑主拱、边拱、拱座和基础的截面参数的匹配协调,以使其截面内力合理化。

在成桥状态系杆张拉力的设计中,考虑恒载、活载及系杆力三者共同作用,将拱座基础承担的弯矩值控制在一定的正负区间内。这样的设计思路减小了拱座基础所承受的弯矩,同时考虑了拱座基础受力的合理性及设计的经济性(图2-51)。

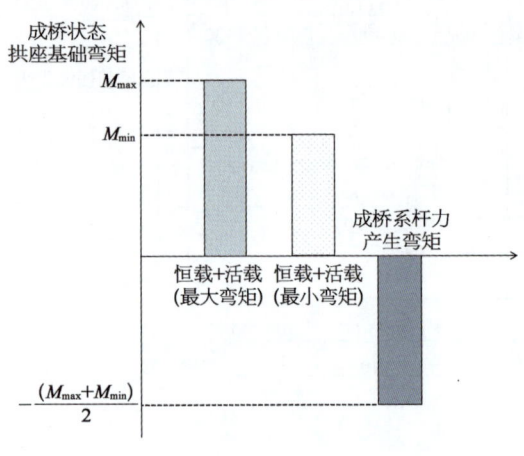

图2-51 合江长江三桥成桥平衡状态系杆张拉力的确定思路

根据有限元软件计算结果,合江长江三桥的恒载和活载对拱座基础产生的水平推力合计为 135 800 kN;考虑施工过程影响以及安全系数,成桥平衡状态系杆张拉力设计为 165 400 kN。根据成桥平衡状态系杆设计张拉力,在成桥后一次性张拉系杆,得到施工过程中的拱座基础水平推力变化如图2-52所示。

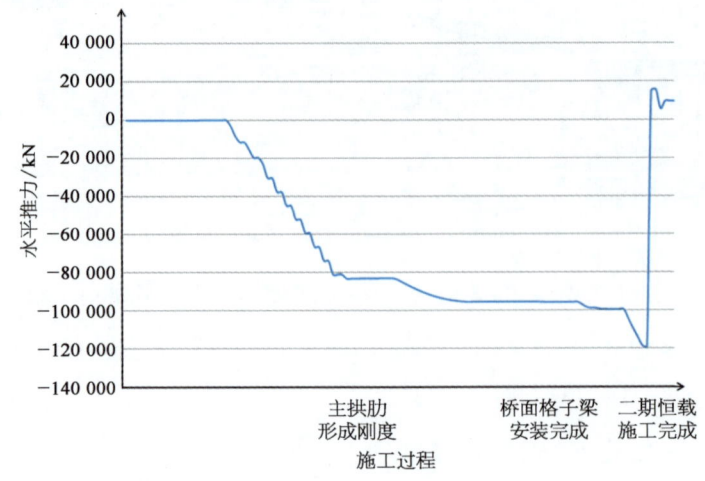

图2-52 成桥一次张拉系杆拱座基础水平推力

由图 2-52 可见，随着施工过程的进行，拱座基础的水平推力不断增大，呈阶段式增长。第一阶段为主拱及拱内混凝土灌注阶段，拱座基础水平推力增长迅速；第二阶段为桥道梁吊装阶段，拱座基础水平推力逐步缓慢增长；第三阶段为桥面铺装、护栏等附属结构施工阶段，工作基础水平推力少量增长。而在进行一次张拉系杆后，系杆张拉力能够平衡恒载产生的全部推力，而且还具有一定的压应力储备。

2.3.2.3　系杆安装分阶段张拉力的确定

根据合江长江三桥的恒载和活载作用，考虑施工过程影响和安全系数，其成桥平衡状态的系杆张拉力设计为 165 400 kN。但对于飞燕式系杆拱桥，其拱座基础的水平推力、拱座基础弯矩是随施工阶段的进行而不断增大的。因此根据施工过程的结构内力变化进行系杆张拉，通过系杆张拉力来调整拱座基础水平推力和拱座基础弯矩，以使得结构截面设计更加经济。

系杆安装分阶段张拉力确定的原则如下：以拱座基础弯矩值作为系杆分阶段张拉设计的控制指标；以拱座基础弯矩值最小且张拉次数最少为张拉目标；并综合考虑主拱和边拱的结构受力。

合江长江三桥的系杆安装分阶段张拉力设计考虑到构造细节、施工便利性和张拉风险等因素，系杆张拉分为三个阶段进行，张拉条件和张拉力见表 2-16。

表 2-16　合江长江三桥系杆分阶段张拉方案

方　案	张拉力/kN	张　拉　条　件
第一次张拉系杆	55 133.33	主拱管内混凝土达到设计强度
第二次张拉系杆	55 133.33	格子梁安装完成
第三次张拉系杆	55 133.33	桥面板达到设计强度

第一次张拉系杆条件为主拱管内混凝土达到设计强度，该状态为主拱安装完成，将系杆索临时悬挂在拱肋下进行张拉，此次系杆张拉将拱座基础弯矩调整到 −743 179 kN·m，减小 60.5%；第二次张拉系杆条件为格子梁和系杆架安装完成，系杆索置于系杆架上进行张拉，此次系杆张拉将拱座基础弯矩调整到 −389 534 kN·m，减小 76.1%；第三次张拉系杆条件为桥面板达到设计强度，此次系杆张拉将拱座基础弯矩调整到 681 458 kN·m，消除负弯矩并提供了一定的负弯矩储备。

根据表 2-16 的合江长江三桥系杆安装分阶段张拉设计，施工过程的拱座基础水平推力如图 2-53 所示。通过系杆分阶段张拉设计，使得拱座基础的受力得到大幅改善。

合江长江三桥在成桥平衡状态下，主拱轴力全为压力，没有拉力出现；主拱的弯矩较小，且分布合理。

2.3.2.4　计算结论

根据表 2-16 的合江长江三桥系杆安装分阶段张拉设计，该桥成桥使用阶段的主拱、边拱、拱座基础计算结果如下。

1) **主拱截面验算**

(1) 主拱单肢压弯构件验算。使用阶段主拱圈主要截面单肢内力见表 2-17。

使用阶段主拱圈 $L/4$ 及拱脚截面组合主拱内力见表 2-18。

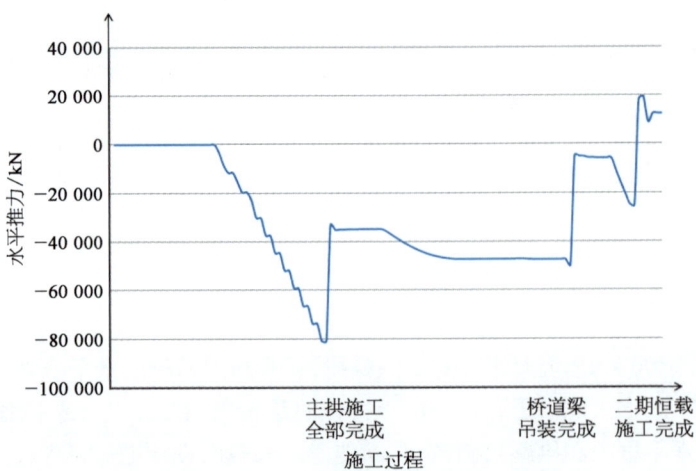

图 2-53 分阶段张拉系杆拱座基础水平推力

表 2-17 使用阶段主拱圈主要截面单肢内力

截面位置	拱肋编号	恒载 轴力/kN	弯矩/(kN·m)	拱肋编号	基本组合(升温) 轴力/kN	弯矩/(kN·m)	拱肋编号	基本组合(降温) 轴力/kN	弯矩/(kN·m)
1/8L	19033	−31 936.2	−112.2	19033	−41 253.6	−443.3	19033	−47 371.1	−495.7
2/8L	18431	−26 762.5	−69.9	18431	−39 370.8	−347.3	18431	−40 902.4	−383.0
3/8L	18444	−20 780.1	313.8	18444	−31 807.0	104.2	18505	−36 220.2	322.8
拱顶	18329	−25 285.6	981.1	18519	−35 045.8	1 018.9	18519	−38 674.4	1 166.4
5/8L	18824	−20 821.5	312.3	18824	−31 855.6	102.9	18885	−36 143.1	319.2
6/8L	18811	−26 829.1	−72.2	18811	−39 412.8	−348.4	18811	−41 054.3	−388.3
7/8L	19121	−32 016.3	−114.7	19121	−41 269.2	−444.3	19121	−47 525.4	−501.3

表 2-18 使用阶段主拱圈 L/4 及拱脚截面组合主拱内力

截面位置	工况类型	恒载 轴力/kN	弯矩/(kN·m)	工况类型	基本组合(升温) 轴力/kN	弯矩/(kN·m)	工况类型	基本组合(降温) 轴力/kN	弯矩/(kN·m)
1/4L	N_{max}	−83 458.9	−38 565.6	N_{max}	−109 418.4	−119 331.7	N_{max}	−108 651.6	−148 037.1
	M_{max}	−83 458.9	−38 565.6	M_{max}	−109 660.1	−117 535.9	M_{max}	−108 893.3	−146 241.3
拱脚	N_{max}	−81 187.9	−360 251	N_{max}	−95 737.02	−470 219.2	N_{max}	−133 372.7	−738 493.121 5
	M_{max}	−81 187.9	−360 251	M_{max}	−93 804.16	−460 899.4	M_{max}	−131 439.84	−729 173.251 5
拱脚变截面	N_{max}	−103 885.7	−120 058	N_{max}	−145 980.0	−279 665.6	N_{max}	−148 204.5	−499 932.0
	M_{max}	−103 885.7	−120 058	M_{max}	−143 333.0	38 755.4	M_{max}	−145 557.4	−181 510.9

使用阶段主拱圈主要截面拱肋单肢承载能力验算见表 2-19。

(2) 主拱组合压弯构件计算。使用阶段主拱圈主要截面拱肋组合受压构件验算见表 2-20。

使用阶段主拱圈拱脚变截面组合受压构件验算见表 2-21。

使用阶段主拱圈主要截面拱肋在相应组合下的内力见表 2-22。

使用阶段主拱圈主要截面拱肋应力以及强度验算见表 2-23。

第 2 章　500 米级钢管混凝土拱桥设计

表 2-19　使用阶段主拱圈主要截面单肢承载力验算

截面位置	γ	a_s	$\lambda=4l_e/D$	φ_1	e_0	r	$e_0/r\leqslant 1.55$	N_E/kN	N/kN	η	φ_e	K_p	K_d	ξ_0	f_{cd}/MPa	f_{sc}/MPa	A_{sc}/mm^2	承载力/kN	安全系数
荷载值																			
1/8L	1.1	0.099	22.052	0.922	0.004	0.65	是	1 292 277.6	31 936.2	1.010	0.990	0.933	0.95	0.959	30.5	62.010	1 327 323	66 568.0	1.9
2/8L	1.1	0.071	22.148	0.918	0.003	0.65	是	1 133 713.5	26 762.5	1.010	0.993	0.933	0.95	0.690	30.5	53.973	1 327 323	57 840.6	2.0
3/8L	1.1	0.071	20.559	0.929	0.015	0.65	是	1 315 634.5	20 780.1	1.006	0.959	0.933	0.95	0.690	30.5	53.973	1 327 323	56 508.5	2.5
拱顶	1.1	0.071	2.308	1.000	0.039	0.65	是	104 422 758.8	25 285.6	1.000	0.901	0.933	0.95	0.690	30.5	53.973	1 327 323	57 151.2	2.1
5/8L	1.1	0.071	20.559	0.929	0.015	0.65	是	1 315 634.5	20 821.5	1.006	0.959	0.933	0.95	0.690	30.5	53.973	1 327 323	56 524.6	2.5
6/8L	1.1	0.071	22.148	0.918	0.003	0.65	是	1 133 713.5	26 829.1	1.010	0.992	0.933	0.95	0.690	30.5	53.973	1 327 323	57 827.6	2.0
7/8L	1.1	0.099	22.052	0.922	0.004	0.65	是	1 292 277.6	32 016.3	1.010	0.990	0.933	0.95	0.959	30.5	62.010	1 327 323	66 554.9	1.9
基本组合（升温）																			
1/8L	1.1	0.099	22.052	0.922	0.011	0.65	是	1 292 277.6	41 253.6	1.013	0.970	0.933	0.95	0.959	30.5	62.010	1 327 323	65 220.0	1.4
2/8L	1.1	0.071	22.148	0.918	0.009	0.65	是	1 133 713.5	39 370.8	1.014	0.975	0.933	0.95	0.690	30.5	53.973	1 327 323	56 827.6	1.3
3/8L	1.1	0.071	20.559	0.929	0.003	0.65	是	1 315 634.5	31 807.0	1.010	0.991	0.933	0.95	0.690	30.5	53.973	1 327 323	58 402.8	1.7
拱顶	1.1	0.071	2.308	1.000	0.029	0.65	是	104 422 758.8	35 045.8	1.000	0.924	0.933	0.95	0.690	30.5	53.973	1 327 323	58 612.5	1.5
5/8L	1.1	0.071	20.559	0.929	0.003	0.65	是	1 315 634.5	31 855.6	1.010	0.991	0.933	0.95	0.690	30.5	53.973	1 327 323	58 410.6	1.7
6/8L	1.1	0.071	22.148	0.918	0.009	0.65	是	1 133 713.5	39 412.8	1.014	0.975	0.933	0.95	0.690	30.5	53.973	1 327 323	56 824.7	1.3
7/8L	1.1	0.099	22.052	0.922	0.011	0.65	是	1 292 277.6	41 269.2	1.013	0.970	0.933	0.95	0.959	30.5	62.010	1 327 323	65 216.0	1.4
基本组合（降温）																			
1/8L	1.1	0.099	22.052	0.922	0.010	0.65	是	1 292 277.6	47 371.1	1.015	0.971	0.933	0.95	0.959	30.5	62.010	1 327 323	65 267.4	1.3
2/8L	1.1	0.071	22.148	0.918	0.009	0.65	是	1 133 713.5	40 902.4	1.015	0.974	0.933	0.95	0.690	30.5	53.973	1 327 323	56 740.2	1.3
3/8L	1.1	0.071	20.472	0.930	0.009	0.65	是	1 326 840.5	36 220.2	1.011	0.975	0.933	0.95	0.690	30.5	53.973	1 327 323	57 514.8	1.4
拱顶	1.1	0.071	2.308	1.000	0.030	0.65	是	104 422 758.8	38 674.4	1.000	0.921	0.933	0.95	0.690	30.5	53.973	1 327 323	58 445.7	1.4
5/8L	1.1	0.071	20.472	0.930	0.009	0.65	是	1 326 840.5	36 143.1	1.011	0.975	0.933	0.95	0.690	30.5	53.973	1 327 323	57 528.0	1.4
6/8L	1.1	0.071	22.148	0.918	0.009	0.65	是	1 133 713.5	41 054.3	1.015	0.973	0.933	0.95	0.690	30.5	53.973	1 327 323	56 725.1	1.3
7/8L	1.1	0.099	22.052	0.922	0.011	0.65	是	1 292 277.6	47 325.4	1.015	0.970	0.933	0.95	0.959	30.5	62.010	1 327 323	65 252.0	1.2

表 2-20 使用阶段主拱圈 L/4 组合截面承载力验算

D/m	I_j/m^4	I_k/m^4	$(I_k/I_j)^{1/3}$	J	I_{eq}	i_i	i_{eq}	S_0	λ_{eq}
1.3	43.686	214.645	1.700	0.099	146.532	0.325	5.253	201.585	38.372

		γ	a_s	λ_{eq}	φ'_1	e_0	h	ξ	ε_b	N_E/kN	N/kN	η	φ'_e	K_p	K_d	ξ_0	f_{cd}/MPa	f_{sc}/MPa	A_{sc}/mm^2	承载力/kN	安全系数
1/4L N_{max}	恒载	1.1	0.071	38.372	0.820	0.462	7.405	0.553	0.817	1 510 754	83 458.85	1.047	0.884	0.933	0.95	0.690	30.5	53.973	1 327 323	184 026.7	2.0
1/4L N_{max}	基本组合(升温)	1.1	0.071	38.372	0.820	1.091	7.405	0.553	0.817	1 510 754	109 418.4	1.063	0.762	0.933	0.95	0.690	30.5	53.973	1 327 323	158 461.5	1.3
1/4L N_{max}	基本组合(降温)	1.1	0.071	38.372	0.820	1.362	7.405	0.553	0.817	1 510 754	108 651.6	1.063	0.719	0.933	0.95	0.690	30.5	53.973	1 327 323	149 587.9	1.3
1/4L M_{max}	恒载	1.1	0.071	38.372	0.820	0.462	7.405	0.553	0.817	1 510 754	83 458.85	1.047	0.884	0.933	0.95	7.166	30.5	53.973	1 327 323	184 026.7	2.0
1/4L M_{max}	基本组合(升温)	1.1	0.071	38.372	0.820	1.072	7.405	0.553	0.817	1 510 754	109 660.1	1.063	0.765	0.933	0.95	0.690	30.5	53.973	1 327 323	159 109.7	1.3
1/4L M_{max}	基本组合(降温)	1.1	0.071	38.372	0.820	1.343	7.405	0.553	0.817	1 510 754	108 893.3	1.063	0.722	0.933	0.95	0.690	30.5	53.973	1 327 323	150 186.8	1.3

注：所有 $e_0/h \leqslant \varepsilon_b$ 均为"是"。

第 2 章 500 米级钢管混凝土拱桥设计

表 2-21　使用阶段拱脚变截面组合截面承载力验算

D/m	$I_\mathrm{j}/\mathrm{m}^4$	$I_\mathrm{k}/\mathrm{m}^4$	$(I_\mathrm{k}/I_\mathrm{j})^{1/3}$	J	I_eq	i_i	i_eq	S_0	λ_eq
1.3	43.686	214.645	1.700	0.099	146.532	0.325	5.253	201.585	38.372

拱脚变截面	γ	a_s	λ_eq	φ'_l	e_0	h	ξ	ε_b	N_E/kN	N/kN	η	φ'_e	K_p	K_d	ξ_0	$f_\mathrm{cd}/\mathrm{MPa}$	$f_\mathrm{sc}/\mathrm{MPa}$	$A_\mathrm{sc}/\mathrm{mm}^2$	承载力/kN	安全系数
恒载　$N_{\max}$	1.1	0.099	38.372	0.820	1.005	11.1	0.768	0.909	1510754.2	100330.09	1.058	0.839	0.933	0.95	0.959	30.5	62.010	1327323	200657.6	1.8
基本组合(升温)　$N_{\max}$	1.1	0.099	38.372	0.820	1.708	11.1	0.768	0.909	1510754.2	137460.78	1.081	0.750	0.933	0.95	0.959	30.5	62.010	1327323	179402.4	1.2
基本组合(降温)　$N_{\max}$	1.1	0.099	38.372	0.820	3.186	11.1	0.768	0.909	1510754.2	136431.77	1.080	0.617	0.933	0.95	0.959	30.5	62.010	1327323	147582.9	1.0
恒载　$M_{\max}$	1.1	0.099	38.372	0.820	1.005	11.1	0.768	0.909	1510754.2	100330.09	1.058	0.839	0.933	0.95	0.959	30.5	62.010	1327323	200657.6	1.8
基本组合(升温)　$M_{\max}$	1.1	0.099	38.372	0.820	0.034	11.1	0.768	0.909	1510754.2	137713.53	1.081	0.993	0.933	0.95	0.959	30.5	62.010	1327323	237476.5	1.6
基本组合(降温)　$M_{\max}$	1.1	0.099	38.372	0.820	1.427	11.1	0.768	0.909	1510754.2	136684.52	1.080	0.783	0.933	0.95	0.959	30.5	62.010	1327323	187101.6	1.2

表 2-22 使用阶段主拱圈主要截面内力

截面位置	恒载			短期组合一			短期组合二			长期组合一			长期组合二		
	拱肋编号	轴力/kN	弯矩/(kN·m)	拱肋编号	轴力/kN	弯矩/(kN·m)	拱肋编号	轴力/kN	弯矩/(kN·m)	拱肋编号	轴力/kN	弯矩/(kN·m)	拱肋编号	轴力/kN	弯矩/(kN·m)
1/8L	19033	−31 936.2	−112.2	19011	−25 968.9	−211.0	19011	−38 116.0	−337.1	19011	−25 154.9	−171.6	19033	−31 787.8	−250.1
2/8L	18431	−26 762.5	−69.9	18431	−30 896.1	−230.8	18431	−32 096.6	−263.8	18431	−29 902.1	−200.8	18431	−29 902.1	−200.8
3/8L	18444	−20 780.1	313.8	18444	−24 796.1	388.7	18444	−28 304.2	558.2	18505	−23 855.2	340.1	18505	−25 184.0	354.1
拱顶	18329	−25 285.6	981.1	18519	−27 059.7	1 083.3	18519	−30 770.8	1 216.7	18519	−26 139.4	1 043.0	18519	−26 139.4	1 043.0
5/8L	18824	−20 821.5	312.3	18824	−24 834.2	388.1	18824	−28 231.2	555.4	18824	−23 892.9	339.4	18885	−25 166.3	353.3
6/8L	18811	−26 829.1	−72.2	18811	−30 933.1	−231.8	18811	−32 237.7	−268.8	18811	−29 942.2	−202.0	18811	−29 942.2	−202.0
7/8L	19121	−32 016.3	−114.7	19099	−26 007.3	−213.0	19099	−38 255.7	−342.4	19099	−25 194.3	−173.7	19121	−31 797.2	−251.3

表 2-23 使用阶段主拱圈主要截面应力及强度验算

截面位置	恒载			短期组合一			短期组合二			长期组合一			长期组合二			钢管混凝土规格	组合轴压强度设计值 f_{sc}/MPa	是否满足规范
	拱肋编号	轴向 $\sigma = N/A$/MPa	组合 $\sigma = N/A + M/W$/MPa	拱肋编号	轴向 $\sigma = N/A$/MPa	组合 $\sigma = N/A + M/W$/MPa	拱肋编号	轴向 $\sigma = N/A$/MPa	组合 $\sigma = N/A + M/W$/MPa	拱肋编号	轴向 $\sigma = N/A$/MPa	组合 $\sigma = N/A + M/W$/MPa	拱肋编号	轴向 $\sigma = N/A$/MPa	组合 $\sigma = N/A + M/W$/MPa			
1/8L	19033	24.1	24.6	19011	19.6	20.5	19011	28.7	30.3	19011	19.0	19.7	19033	23.9	25.1	ϕ1 300×30 灌 C70 混凝土	67.6	满足
2/8L	18431	20.2	20.5	18431	23.3	24.3	18431	24.2	25.4	18431	22.5	23.5	18431	22.5	23.5	ϕ1 300×22 灌 C70 混凝土	58.8	满足
3/8L	18444	15.7	17.1	18444	18.7	20.5	18444	21.3	23.9	18505	18.0	19.5	18505	19.0	20.6	ϕ1 300×22 灌 C70 混凝土	58.8	满足
拱顶	18329	19.1	23.6	18519	20.4	25.4	18519	23.2	28.8	18519	19.7	24.5	18519	19.7	24.5	ϕ1 300×22 灌 C70 混凝土	58.8	满足
5/8L	18824	15.7	17.1	18824	18.7	20.5	18824	21.3	23.8	18824	18.0	19.6	18885	19.0	20.6	ϕ1 300×22 灌 C70 混凝土	58.8	满足
6/8L	18811	20.2	20.5	18811	23.3	24.4	18811	24.3	25.5	18811	22.6	23.5	18811	22.6	23.5	ϕ1 300×22 灌 C70 混凝土	58.8	满足
7/8L	19121	24.1	24.7	19099	19.6	20.6	19099	28.8	30.4	19099	19.0	19.8	19121	24.0	25.1	ϕ1 300×30 灌 C70 混凝土	67.6	满足

使用阶段主拱圈拱顶在不同荷载工况下挠度见表2-24。

表2-24 拱顶挠度

截面位置	荷载工况	恒载	汽车荷载	人群荷载	L/1 000	刚度是否满足
拱顶	单位	cm	cm	cm	cm	满足
	挠度值	41.9	8.1	2.7	48	

2) 边拱截面验算

使用阶段边拱外包段承载能力验算根据《公路钢筋混凝土及预应力混凝土桥涵设计规范》(JTG D62—2004)按钢筋混凝土构件验算。拱圈截面承载力由几部分构成,第一部分是扣除钢管混凝土的钢筋混凝土截面承载力,第二部分是钢管混凝土劲性骨架承载力。考虑到钢管面积有限,所能提供的承载力较小,验算时将该部分作为安全富余不予考虑,仅验算混凝土拱圈承载力,见表2-25。

表2-25 边拱混凝土构件验算

截面位置	工况类型	基本组合 内力值 轴力/kN	基本组合 内力值 弯矩/(kN·m)	r_{Nd}/kN	N_μ/kN	是否满足规范
拱顶	N_{max}	−106 545.1	−25 616.5	117 199.6	150 880.0	满足
	M_{max}	−105 499.5	−24 012.4	116 049.5	153 360.0	满足
3/8L	N_{max}	−132 856.2	108 126.4	146 141.8	303 320.0	满足
	M_{max}	−131 482.5	101 682.4	144 630.8	307 450.0	满足
1#立柱下方	N_{max}	263 688.5	123 239.2	290 057.3	338 670.0	满足
	M_{max}	18 444.7	34 947.9	20 289.2	193 260.0	满足
2#立柱下方	N_{max}	−145 137.2	−141 862.4	159 651.0	306 660.0	满足
	M_{max}	−143 642.3	−145 793.5	158 006.5	302 910.0	满足
3#立柱下方	N_{max}	−152 819.1	−240 161.3	168 101.0	271 190.0	满足
	M_{max}	−124 449.9	−261 781.9	136 894.9	217 660.0	满足
拱脚	N_{max}	−156 854.5	−323 953.7	172 539.9	243 190.0	满足
	M_{max}	−121 120.3	−456 315.7	133 232.4	243 190.0	满足

3) 符阳岸拱座基础

符阳岸拱座基础承载能力验算,根据《公路桥涵地基与基础设计规范》(JTG D63—2007)进行验算。合江长江三桥符阳岸拱座基础设计为24根群桩基础,设计轴力最大值按62 000 kN计算,中风化砂岩及中风化泥岩单轴抗压强度按地勘报告推荐值26.39 MPa和8.01 MPa考虑,得到符阳岸群桩基础中ZK16~ZK21钻孔位置的桩基承载力见表2-26、表2-27:

$$[R_a] = c_1 A_P f_{rk} + \mu \sum_{i=1}^{m} c_{2i} h_i f_{rki} + \frac{1}{2} \zeta_s \mu \sum_{i=1}^{n} l_i q_{ik}$$

表 2-26　施工阶段 ZK16~ZK21 位置桩基承载力

孔号	C_1	A_p/ m²	f_{rk}/ MPa	μ/ m	C_2	h_i/ m	岩层	f_rk_i/ MPa	R_a/ kN	设计值/ kN	安全系数
ZK16	0.3	4.908 739	26.39	7.853 982	0.024	2.5	细砂岩	26.39	103 862.5	43 548	2.4
						0.5	泥岩	8.01			
						1	细砂岩	26.39			
						2	泥岩	8.01			
						4	细砂岩	26.39			
						2.3	泥岩	8.01			
						4.11	细砂岩	26.39			
ZK17	0.3	4.908 739	26.39	7.853 982	0.024	4.7	细砂岩	26.39	101 851.1	43 563.7	2.3
						1.3	泥岩	8.01			
						1.3	细砂岩	26.39			
						1.4	泥岩	8.01			
						2.2	细砂岩	26.39			
						1.2	泥岩	8.01			
						1.9	细砂岩	26.39			
						2.5	泥岩	8.01			
						0.62	细砂岩	26.39			
ZK18	0.3	4.908 739	26.39	7.853 982	0.024	1.9	细砂岩	26.39	98 670.96	33 884.9	2.9
						3.1	泥岩	8.01			
						2.4	细砂岩	26.39			
						0.3	泥岩	8.01			
						0.3	细砂岩	26.39			
						0.7	泥岩	8.01			
						3.3	细砂岩	26.39			
						0.7	泥岩	8.01			
						1	细砂岩	26.39			
						1.8	泥岩	8.01			
						1.12	细砂岩	26.39			
ZK19	0.3	4.908 739	26.39	7.853 982	0.024	2.7	细砂岩	26.39	90 425.73	33 531.7	2.7
						2.7	泥岩	8.01			
						0.9	细砂岩	26.39			
						4.6	泥岩	8.01			
						4.55	细砂岩	26.39			
ZK20	0.3	4.908 739	26.39	7.853 982	0.024	7.6	泥岩	8.01	108 388.6	40 498	2.7
						11.67	细砂岩	26.39			
ZK21	0.3	4.908 739	26.39	7.853 982	0.024	2.5	细砂岩	26.39	103 108.7	40 487.3	2.5
						1.8	泥岩	8.01			
						3.5	细砂岩	26.39			
						5.4	泥岩	8.01			
						4.73	细砂岩	26.39			

表 2-27 使用阶段 ZK16～ZK21 位置桩基承载力

孔号	C_1	A_p/m²	f_{rk}/MPa	μ/m	C_2	h_i/m	岩层	$f_r k_i$/MPa	R_a/kN	设计值/kN	安全系数
ZK16	0.3	4.908 739	26.39	7.853 982	0.024	2.5	细砂岩	26.39	103 862.5	62 484.1	1.7
						0.5	泥岩	8.01			
						1	细砂岩	26.39			
						2	泥岩	8.01			
						4	细砂岩	26.39			
						2.3	泥岩	8.01			
						4.11	细砂岩	26.39			
ZK17	0.3	4.908 739	26.39	7.853 982	0.024	4.7	细砂岩	26.39	101 851.1	62 329.5	1.6
						1.3	泥岩	8.01			
						1.3	细砂岩	26.39			
						1.4	泥岩	8.01			
						2.2	细砂岩	26.39			
						1.2	泥岩	8.01			
						1.9	细砂岩	26.39			
						2.5	泥岩	8.01			
						0.62	细砂岩	26.39			
ZK18	0.3	4.908 739	26.39	7.853 982	0.024	1.9	细砂岩	26.39	98 670.96	47 335.1	2.1
						3.1	泥岩	8.01			
						2.4	细砂岩	26.39			
						0.3	泥岩	8.01			
						0.3	细砂岩	26.39			
						0.7	泥岩	8.01			
						3.3	细砂岩	26.39			
						0.7	泥岩	8.01			
						1	细砂岩	26.39			
						1.8	泥岩	8.01			
						1.12	细砂岩	26.39			
ZK19	0.3	4.908 739	26.39	7.853 982	0.024	2.7	细砂岩	26.39	90 425.73	38 080.7	2.4
						2.7	泥岩	8.01			
ZK19	0.3	4.908 739	26.39	7.853 982	0.024	0.9	细砂岩	26.39	90 425.73	38 080.7	2.4
						4.6	泥岩	8.01			
						4.55	细砂岩	26.39			
ZK20	0.3	4.908 739	26.39	7.853 982	0.024	7.6	泥岩	8.01	108 388.6	45 651.5	2.4
						11.67	细砂岩	26.39			
ZK21	0.3	4.908 739	26.39	7.853 982	0.024	2.5	细砂岩	26.39	103 108.7	45 587	2.3
						1.8	泥岩	8.01			
						3.5	细砂岩	26.39			
						5.4	泥岩	8.01			
						4.73	细砂岩	26.39			

4) 开发区岸拱座基础

开发区岸拱座基础承载能力验算根据《公路桥涵地基与基础设计规范》进行验算。合江长江三桥符阳岸拱座基础设计为扩大基础,基底内力验算分为施工阶段与使用阶段。在施工阶段,最大轴力为 $N=-360\,504.15$ kN,相应最大弯矩为 $M_y=-420\,699.13$ kN·m, $M_z=-103\,720.45$ kN·m。在使用阶段,正常使用极限状态的短期效应组合下(可变作用的频遇值系数均取为1.0),轴力最不利时设计值为 $N=-388\,709.41$ kN, $M_y=-935\,620.03$ kN·m, $M_z=-729\,851.6$ kN·m;弯矩最不利时设计值为 $N=-366\,005.36$ kN, $M=-1\,532\,239.50$ kN·m, $M_z=-909\,169.63$ kN·m(表2-28)。根据《公路桥涵地基与基础设计规范》,基底应力为 $\sigma_{max}=\dfrac{N}{A}+\dfrac{M_y}{W_y}+\dfrac{M_z}{W_z}$, $\sigma_{min}=\dfrac{N}{A}-\dfrac{M_y}{W_y}-\dfrac{M_z}{W_z}$,计算得到的基底最大应力及最小应力见表2-29。

表2-28 施工与使用阶段基底内力

施工阶段	轴力 N/kN	弯矩 M_y/(kN·m)	弯矩 M_z/(kN·m)
	−360 504.15	−420 699.13	−103 720.45
使用阶段	轴力 N/kN	弯矩 M_y/(kN·m)	弯矩 M_z/(kN·m)
N_{max}	−388 709.41	−935 620.03	−729 851.6
M_{max}	−366 005.36	−1 532 239.50	−909 169.63

表2-29 施工与使用阶段基底应力验算

	承台宽度/m	承台长度/m	承台面积 s/m²	抗弯截面系数 W_y/m³	抗弯截面系数 W_z/m³	基底应力$_{min}$/MPa	基底应力$_{max}$/MPa	抗力系数 γ_R	承载力容许值 $[f_a]$/MPa	是否满足规范
施工阶段	11.85	27.10	321.14	1 450.46	634.24	1.58	0.67	1.25	11.10	满足
使用阶段	11.85	27.10	321.14	1 450.46	634.24	3.01 3.63	0.59 1.35	1.25	11.10	满足 满足

经过结构验算,合江长江三桥的主拱、边拱、系杆、拱座及基础的强度、刚度、稳定性满足规范要求,且主拱、边拱全为压应力,没有出现拉应力的情况,边拱交界墩支座受压,结构受力均匀合理。

2.4 受力机理探讨

2.4.1 材料参数对承载能力的影响

钢管混凝土由钢材和混凝土两种材料组成,其承载能力受到钢材和混凝土强度等级和截面面积的影响,并反映在含钢率、径厚比、约束效应系数等材料参数。为保证钢管与钢管内部混凝土有统一的力学性能和变形协调能力,并能满足桥梁结构受力性能的需要,材料参数的选取应满足规范要求。

混凝土材料强度等级提升,使得核心混凝土承载能力提升;钢材强度等级提高,截面承载能力上升,钢材对混凝土材料的紧箍力也有所提升。但是单方面提升钢材或混凝土的强度等级,对于钢管混凝土承载能力不一定是经济有效的方式,应对钢材与混凝土材料强度等级进行匹配设计。

在钢管混凝土中采用高强度钢材和高强度混凝土有一定的优势,然而需要注意的是,采用高强混凝土会使钢管混凝土的脆性增大,而高强薄壁钢管的应用会导致钢管局部稳定问题突出。

钢管混凝土拱桥的常用管径在600 mm以上,钢管制作一般选用成品钢管、卷制螺旋焊缝钢管和卷制直缝焊接钢管,《公路钢管混凝土拱桥设计规范》中规定"卷制焊接钢管径厚比不宜小于40"。如果钢管径厚比过小,即钢管壁厚过厚,将导致管壁应力分布不均匀,以及核心混凝土所承担的荷载比例下降,其力学性能与薄壁钢管有所不同。

约束效应系数反映了钢管混凝土截面的材料参数影响,在一定参数范围内,可以反映钢管对混凝土约束作用的大小,以及核心混凝土在钢管约束作用下的强度与延性的提高程度,进而影响钢管混凝土在承载力峰值点后的不同趋势,如图2-54所示。

当约束效应系数标准值$\zeta > 1$时,约束效应大,混凝土纵向承载力的增大值超过钢管纵向承载力的下降值,逐渐形成强化阶段;

当约束效应系数标准值$\zeta \approx 1$时,两者的纵向承载力的增大值和下降值接近相等,就出现水平塑性阶段;

当约束效应系数标准值$\zeta < 1$时,上述纵向承载力的增大值小于下降值,就出现下降段;

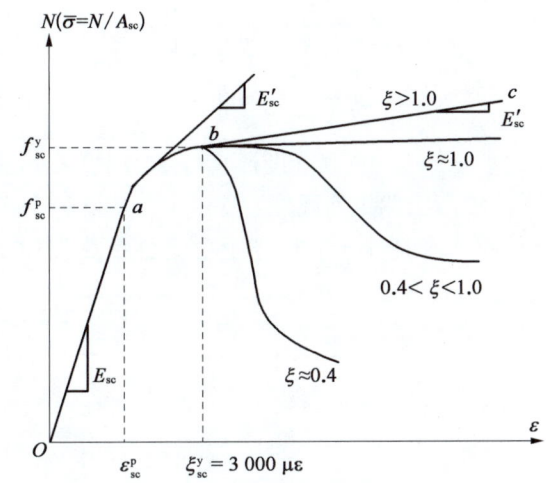

图2-54 不同约束效应系数范围下钢管混凝土的N-ε曲线

当约束效应系数标准值$\zeta \approx 0.4$时,约束效应太小,不出现塑性段,曲线在约$3\,000\,\mu\varepsilon$时陡然下降,随后曲线趋于平缓。

2.4.2 长细比对承载能力的影响

长细比对钢管混凝土构件承载能力的影响显著,计算钢管混凝土构件承载能力时,通常用长细比折减系数计入,并依据不同强度等级的钢材和混凝土以及长细比取定。《公路钢管混凝土拱桥设计规范》[4]、《特殊钢管混凝土构件设计规程》(CECS 408—2015)[5]、《公路钢筋混凝土及预应力混凝土桥涵设计规范》[6]、《公路钢结构桥梁设计规范》(JTG D64—2015)[7]和《钢管混凝土结构技术规程》(CECS 28—2012)[8]中关于长细比折减系数(或整体稳定性系数)的计算方法均有所不同。下面将列出五种不同规范的计算方法,用于计算钢管混凝土长细比折减系数时的计算取值结果:

(1)《公路钢管混凝土拱桥设计规范》中,对长细比折减系数以表格形式列出,构件长细比不超过 100。

(2)《特殊钢管混凝土构件设计规程》中,对轴心受压构件稳定系数采用下列公式进行计算:

$$\varphi = \frac{1}{2\bar{\lambda}_{sc}^2}[\bar{\lambda}_{sc}^2 + (1+\varepsilon_{sc}) - \sqrt{[\bar{\lambda}_{sc}^2 + (1+\varepsilon_{sc})]^2 - 4\bar{\lambda}_{sc}^2}]$$

式中 $\bar{\lambda}_{sc}$ ——构件的正则长细比,按下式进行计算:

$$\bar{\lambda}_{sc} = \frac{\lambda_{sc}}{\pi}\sqrt{\frac{f_{sc}}{E_{sc}}}$$

λ_{sc} ——构件的长细比,$\lambda_{sc} = L_0/i_{sc}$;
L_0 ——构件的计算长度;
i_{sc} ——构件的回转半径;
f_{sc} ——构件的抗压强度设计值;
E_{sc} ——构件的弹性模量;
ε_{sc} ——构件的等效初始偏心率,$\varepsilon_{sc} = K\bar{\lambda}_{sc}$;
K ——等效初始弯曲系数,对于高强钢管混凝土,K 取 $0.25 \times \left(\frac{235}{f_y}\right)^{0.8}$,$f_y$ 为高强钢管抗压强度设计值,对其他构件,K 取 0.25。

(3)《公路钢筋混凝土及预应力混凝土桥涵设计规范》中,对整体稳定性系数以表格形式列出。当构件长细比小于 7 时,整体稳定性系数取 1.0,见表 2-30。

表 2-30 钢筋混凝土的轴心受压构件的稳定系数

$l_0/2r$	≤7	8.5	10.5	12	14	15.5	17	19	21	22.5	24
φ	1.0	0.98	0.95	0.92	0.87	0.81	0.75	0.70	0.65	0.60	0.56
$l_0/2r$	26	28	29.5	31	33	34.5	36.5	38	40	41.5	43
φ	0.52	0.48	0.44	0.40	0.36	0.32	0.29	0.26	0.23	0.21	0.19

注:1. l_0—构件计算长度;r—圆形截面半径。
2. 当构件两端固定时,构件计算长度 l_0 取 $0.5l$;当一端固定一端为不移动的铰时,l_0 取 $0.7l$;当两端均为不移动的铰时,l_0 取 l;当一端固定一端自由时,l_0 取 $2l$。l 为构件两支点间距离。

(4)《公路钢结构桥梁设计规范》中,整体稳定折减系数采用下列公式进行计算:

$\bar{\lambda} \leq 0.2$ 时, $\chi = 1$

$\bar{\lambda} > 0.2$ 时, $\chi = \frac{1}{2}\left\{1 + \frac{1}{\bar{\lambda}^2}(1+\varepsilon_0) - \sqrt{\left[1 + \frac{1}{\bar{\lambda}^2}(1+\varepsilon_0)\right]^2 - \frac{4}{\bar{\lambda}^2}}\right\}$

式中 $\bar{\lambda}$ ——相对长细比,按下式计算:

$$\bar{\lambda} = \sqrt{\frac{f_y}{\sigma_{E,cr}}} = \frac{\lambda}{\pi}\sqrt{\frac{f_y}{E}}$$

$$\varepsilon_0 = \alpha(\bar{\lambda} - 0.2)$$

$$\sigma_{E,cr} = \frac{\pi^2 E}{\lambda^2}$$

$\sigma_{E,cr}$——轴心受压构件弹性稳定欧拉应力；

λ——轴心受压构件长细比；

α——参数。

(5)《钢管混凝土结构技术规程》中，对于长细比折减系数的计算采用下列公式进行：

当 $L_e/D > 4$ 时， $\varphi_l = 1 - 0.115\sqrt{L_e/D - 4}$

当 $L_e/D \leqslant 4$ 时， $\varphi_l = 1$

式中 D——钢管的外直径；

L_e——构件的等效计算长度。

以上五部规范针对钢管混凝土构件长细比折减系数均有不同的规定，通过选取相同的材料参数(Q345钢材、C80混凝土)、截面尺寸(钢管采用600 mm外径、16 mm壁厚)，计算得到各自的长细比折减系数，如图2-55所示。

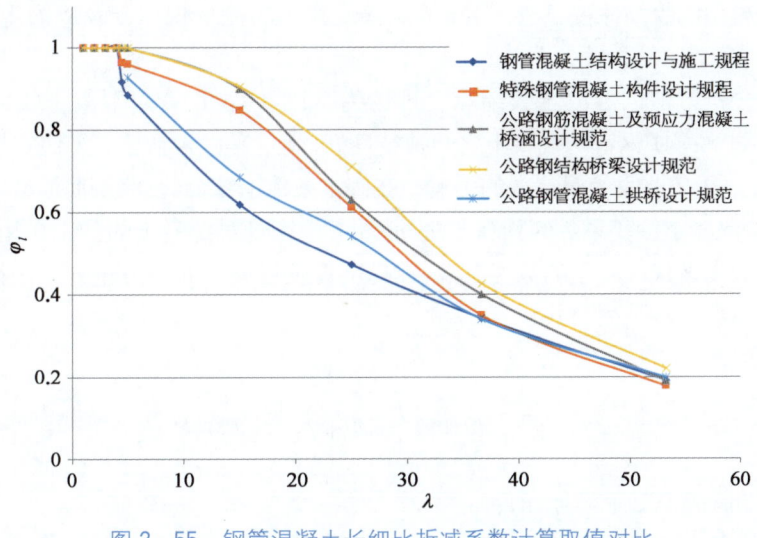

图2-55 钢管混凝土长细比折减系数计算取值对比

通过对比以上五部规范，《钢管混凝土结构技术规程》须将 L_e/D 限定在80以下，否则其计算结果是奇异的。《特殊钢管混凝土构件设计规程》是在《公路钢结构桥梁设计规范》基础上，引入新的参数得到的，两者的走向趋势相同但前者的长细比折减系数更小。另外，《公路钢管混凝土拱桥设计规范》所规定的长细比折减系数计算方法，其计算结果比较适中，并且总体偏于安全。考虑到钢管混凝土拱桥设计与结构计算时一般采用"以折代曲"的形式，即拱圈按多段直线钢管混凝土杆件进行计算，拱圈整体或拱圈构件的几何非线性影响较大，所以在计算钢管混凝土拱桥的长细比折减系数时，推荐采用《公路钢管混凝土拱桥设计规范》。

长细比对钢管混凝土拱桥的承载能力的影响总体表现为长细比越大，承载能力越低。但是对于单肢、双肢、三肢和四肢截面形式的拱圈而言，长细比对其变形破坏形式又有所不同。双肢截面形式在没有面外约束的情况下,其面外刚度将低于面内刚度,致使变形以面外变形为主,面内变形相对较小;三肢和四肢截面形式的变形特征受长细比影响较大,对于长细比较小的情况,变形以局部变形为主,整体变形规律不明显,随着长细比的增加,变形的整体性越发显著。

因此单肢、双肢钢管混凝土拱圈,应注重横向稳定设计,特别是横撑构造设计对拱圈整体稳定的影响;三肢、四肢钢管混凝土拱圈应同时注重纵向、横向的整体稳定性设计和计算论证[9]。

2.4.3 徐变对承载能力的影响

随着钢管混凝土拱桥技术发展和技术突破,世界最大跨径钢管混凝土拱桥——平南三桥已于2018年开工建设,该桥主拱主管直径为1.4 m,单根主拱管内混凝土用量为958 m³,管内混凝土的徐变影响已不容忽视。

目前,钢管混凝土的徐变计算方法主要有参数计算方法和分段常数计入法。

2.4.3.1 参数计算方法

四川省公路规划勘察设计研究院有限公司等单位通过对C60混凝土7 d、14 d、28 d、90 d四个龄期以及C50混凝土7 d、28 d、90 d三个龄期进行徐变、收缩试验,测得了相应的徐变收缩系数;另外还进行了节段模型的收缩徐变试验,得到了钢管混凝土的徐变规律以及应力重分布规律,提出了两种理论分析方法。

第一种理论分析方法以混凝土收缩徐变理论为基础,考虑钢管对混凝土收缩徐变的约束作用。其基本假定如下:① 钢管与混凝土之间黏结良好,满足平截面假定;② 假定模型为轴心受压构件,且压力恒定;③ 忽略收缩对徐变的影响。在假定条件下结合《公路钢筋混凝土及预应力混凝土桥涵设计规范》混凝土徐变系数的计算方法,通过考虑钢管对混凝土的约束作用,用考虑钢管约束的徐变调整系数来替代混凝土的徐变系数,计算钢管及混凝土的应力重分布规律。考虑钢管约束的混凝土徐变系数可按下列公式计算:

$$\varphi'(t, t_0) = \frac{\varphi(t, t_0)}{1 - \frac{E_s}{E_c}[1 + \rho\varphi(t, t_0)]k}$$

式中 t_0——加载时的混凝土龄期(d);

t——计算考虑时刻的混凝土龄期(d);

$\varphi(t, t_0)$——混凝土的徐变系数,可根据《公路钢筋混凝土及预应力混凝土桥涵设计规范》附录F取值;

k——参数,$k = -\dfrac{A_s}{A_c}$;

ρ——参数,$\rho = \dfrac{1}{1 - e^{-\varphi(t, t_0)}} - \dfrac{1}{\varphi(t, t_0)}$;

E_s、E_c——钢管和混凝土材料弹性模量;

A_s、A_c——钢管和混凝土截面面积。

利用钢管约束的混凝土徐变系数,钢管与混凝土应力重分布值按下列公式计算:

压应力:
$$\Delta\sigma^s = \frac{\sigma_0^c}{E_c}\varphi'(t, t_0)E_s$$

拉应力:
$$\Delta\sigma^c = \frac{\sigma_0^c}{E_c}\varphi'(t, t_0)E_s k$$

式中 $\Delta\sigma^s$——钢管的应力重分布值;
$\Delta\sigma^c$——混凝土的应力重分布值;
σ_0^c——加载时混凝土的应力值。

对于轴心受压构件,第二种理论分析方法采用钢筋混凝土的分析思路来进行分析,将钢管等效为一根处于混凝土截面中心的钢筋,设混凝土的徐变(不受钢筋约束的情况下)为 $\Delta\varepsilon_0^c$。由于受到黏结的钢筋的约束,在钢筋水平处的混凝土实际徐变应变为 $\Delta\varepsilon^s$,经过推导得到,钢管的重分布应力为

$$\Delta\sigma^s = E_s\Delta\varepsilon^s = E_s(1-\alpha)\Delta\varepsilon_0^c(\text{压})$$

$$\Delta\varepsilon_0^c = \frac{\sigma_0^c}{E_c}\varphi(t, t_0)$$

混凝土的重分布应力为

$$\Delta\sigma^c = E_c(\Delta\varepsilon_0^c - \Delta\varepsilon^s) = E_c\alpha\Delta\varepsilon_0^c$$

也可得到新的考虑钢管约束的徐变系数:

$$\varphi'(t, \tau_0) = (1-\alpha)\varphi(t, t_0)$$

对于上述两种分析理论的比较,第一种在计算钢管的重分布应力比较准确,而第二种在计算钢管混凝土的混凝土徐变增量方面比较准确。就总体而言,第一种比第二种更精确,因此推荐采用第一种理论分析方法中的徐变系数进行分析。

2.4.3.2 分段常数计入法

通过大量模型试验,确定钢管混凝土徐变影响与轴压比的关系,提出钢管混凝土徐变折减系数。对于钢管混凝土轴压和 $e/r_c \leqslant 0.3$ 的偏压构件,将组合强度设计值乘以徐变折减系数 K_c,见表 2-31,表内中间值是采用插入法求得。

表 2-31 徐变折减系数 K_c 值

构件长细比 λ	永久荷载引起的轴心力占全部轴心力的比例/%		
	30	50	$\geqslant$70
$50 \leqslant \lambda \leqslant 70$	0.90	0.85	0.80
$70 < \lambda \leqslant 120$	0.85	0.80	0.75

当该表不能满足计算要求时,也可按下列公式计算:

当 $m \leqslant 0.4$ 时, $K_c = l^{2.5m}(0.2m^2 - 0.4m + 1)[1 + 0.3m(1-n)]$

当 $0.4 < m \leqslant 1.2$ 时, $K_c = l(0.2m^2 - 0.4m + 1)\left(1 + \dfrac{1-n}{7.5 + 5.5m^2}\right)$

当 $m > 1.2$ 时,
$$K_c = 0.808l\left(1 + \frac{1-n}{7.5+5.5m^2}\right)$$

其中,$l = \xi^{0.05}$,$m = \lambda/100$,$n = (1+e/r)^{-2}$,e 为荷载偏心距,$r = D/2$。

通过对钢管混凝土构件在不同含钢率、偏心率下的徐变特性研究表明:含钢率越大,构件徐变越小;外荷载越大,构件徐变越大;偏心率越大,构件徐变越大,且在小偏心受压状态下,徐变随偏心率增大的速率大于大偏心受压状态下徐变随偏心率增大的速率;在构件截面积相同的情况下,随着含钢率的增大,徐变引起的钢管与核心混凝土的应力重分布影响将有所减小。含钢率、偏心率对钢管混凝土构件的徐变影响在计算公式中同样有体现:对于参数计算方法,徐变系数计算中参数 k 即含钢率的体现,k 越大,构件徐变越小;对于分段常数计入法,徐变折减系数计算公式中 l、n 也分别体现了含钢率和偏心率的影响。总的来说,在进行钢管混凝土结构设计时,从徐变引起的截面应力重分布方面考虑,应尽量增大构件含钢率。

2.4.4 脱空对承载能力的影响

对于钢管混凝土的脱空表现,在实验室中制备的试件与在实际桥梁结构是有所不同的。实验室内研究钢管混凝土短柱的工作性能时,制作的试件短,在灌注混凝土时,将钢管杆件竖直放置,并使用振捣器振动密实,养护时一般为竖直状态养护。所以在实验室内能够较好地确保钢管与混凝土结合密实,即使有脱空,其量值也较小。但是在实际工程中,钢管拱圈灌注的混凝土方量较大,钢管拱圈呈倾斜状态,且角度不同,为确保可灌性,往往要求是高流动性自密实混凝土;同时受到材料制备与施工工艺的影响,导致实际工程的钢管拱圈存在的脱空值较实验室更不可控。正因如此,在进行钢管混凝土拱桥设计时,考虑管内混凝土收缩导致的钢管混凝土脱空现象对承载能力的影响是客观要求。

通过大量现场工程检测数据分析,钢管混凝土桥梁不同结构部位的脱空类型各不相同,各类脱空缺陷总结起来包括局部凹陷脱空、球冠型脱空、月牙球冠型脱空、半圆周边脱空和周边脱空等,如图2-56所示。而对于钢管混凝土拱桥的拱圈来说,脱空缺陷主要表现为球冠形脱空和月牙球冠形脱空。

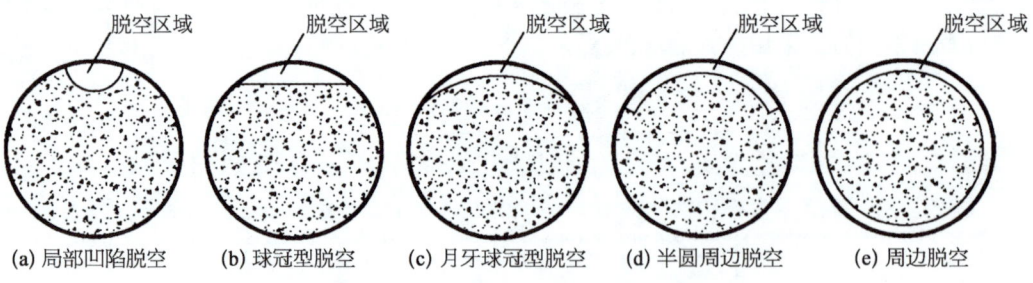

图2-56 钢管混凝土各类脱空示意图

球冠型脱空构件的破坏过程总体上和无脱空构件较为接近,两者在达到峰值荷载前的弹性及弹塑性阶段,刚度十分接近,且达到峰值荷载前都未有明显破坏现象,超过峰值荷载后荷载下降,构件轴向变形增大,局部鼓区明显,整体挠度增大;均匀脱空构件的破坏过程则与无脱空构件有较大差别,其达到极限承载能力时,管内混凝土被压碎,荷载下降明显,随后管内压碎的混凝土和钢管内壁发生接触,在钢管对混凝土约束效应作用下,构件的荷载又缓慢回升。两类脱空构件的轴向荷载(N)-轴向位移(Δ)曲线如图2-57所示。

球冠型脱空对于钢管混凝土构件初始弹性抗弯刚度的影响较小,而对于构件割线刚度的影响则较为显著;在脱空率相同的情况下,均匀脱空对于钢管混凝土构件极限承载能力和刚度的影响较球冠型脱空更为显著。

钢管混凝土脱空率的大小对钢管混凝土极限承载能力的影响是不同的,其影响规律符合高次抛物线,当钢管混凝土脱空率小于0.6%时,其对钢管混凝土刚度和极限承载能力的影响是很小的,可以忽略不计;当钢管混凝土脱空率大于0.6%时,核心混凝土支撑钢管的作用减弱,对钢管混凝土承载能力和刚度影响较大。

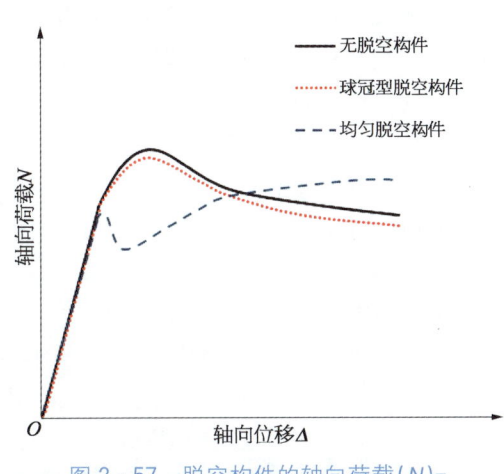

图2-57 脱空构件的轴向荷载(N)-轴向位移(Δ)曲线

《公路钢管混凝土拱桥设计规范》规定,钢管混凝土承载能力极限状态验算时,应计入钢管内混凝土脱空影响,脱空折减系数K_d取值0.95,并符合下列要求:

(1)当钢管混凝土球冠型脱空率大于0.6%,或脱空高度大于5 mm时,应对钢管内混凝土脱空缺陷进行修补灌注。

(2)钢管混凝土拱圈不得出现周边均匀型脱空的缺陷。

此外,钢管混凝土脱空对承载能力的影响,还与钢管混凝土的脱空率、脱空形式、套箍系数、钢管壁厚、混凝土强度、长细比等因素有关。

2.4.5 初应力对承载能力的影响

钢管混凝土桥梁是一种典型的自架设体系桥梁,这正是钢管混凝土桥梁的优越性之一。在形成钢管混凝土桥梁之前,空钢管已被安装架设成结构,成为随后施工构架,承受自重和管内混凝土重量,不可避免地产生初始应力。通常在形成钢管混凝土结构前,空钢管中存在的应力称之为钢管初始应力δ,并用β表示初应力占钢材屈服应力f的比例,即$\beta=\delta/f$,称为初应力系数。由于钢管存在初应力,使钢管混凝土工作性能发生了变化。试验研究表明,初应力对钢管混凝土构件的极限承载能力和变形的影响不可忽视,特别是大跨和高墩的钢管混凝土结构,非线性对承载能力的影响显著,在计算考虑初应力后的拱、柱承载能力时,其稳定系数应进行材料和几何双重非线性分析[10]。

单肢钢管混凝土拱桥在相同跨径、不同含钢率α下,拱桥承载能力影响系数K_p随钢管初应力系数β的变化规律为K_p随β的增大而减小。但在相同跨径下,含钢率α变化引起的承载能力影响系数K_p差异不大。对不同的含钢率,当其增大时,拱桥承载能力相应增大,这是由于随着含钢率的增加,钢管套箍混凝土的能力越强,同时钢管更多地承担了外力的缘故。但不论何种初应力系数,承载能力降低的趋势是一致的。单肢钢管混凝土拱桥承载能力影响系数K_p在相同含钢率、不同初应力系数下的变化规律。可以看出,随着含钢率α的增大,拱桥承载能力影响系数K_p随初应力系数增加而减小。工程上常以钢管初应力引起的承载能力下降不超过10%为界限,其初应力系数β应控制在0.3。而调查表明,单肢钢管混凝土拱桥的初应力系数较小,大致在0.15～0.35。大矢跨比的拱桥承载能力要比小矢跨比的拱桥承载能力大,除矢跨比本身对拱桥承载能力有影响外,矢跨比对承载能力的影响系数K_p很小,可忽略不计[11]。

初应力对哑铃形钢管混凝土拱桥承载能力也有负面影响,且降低值几乎与初应力系数呈正比,但降低幅度没有单肢钢管混凝土拱桥大。此外,跨径越大,承载能力影响系数K_p越小,即承载能力降低越小,这也是材料、几何非线性共同作用的结果。在初应力系数相同的条件下,不同跨径拱桥的承载能力随含钢率α增大几乎呈线性增加,这与单肢钢管混凝土拱桥的规律是一致的。钢管内混凝土不同灌注顺序对哑铃形拱桥承载能力也有影响,但不同灌注顺序对拱桥承载能力影响系数K_p的影响很小,可以忽略不计,且在$\beta=0.6$时,$K_p \geqslant 0.9$。

初应力同样使四肢格构型钢管混凝土拱桥承载能力降低,其降低趋势与哑铃形拱桥相似,即与初应力系数近似成直线降低,降低幅度也没有单肢钢管混凝土拱桥大。大跨径拱桥承载能力影响中,几何非线性占有很大比例,初应力系数对承载能力影响不是十分显著,同时受到钢管初应力施加方式的影响,实际钢管截面应力是偏大的,因此仍可把初应力系数控制在0.6。在初应力系数相同的条件下,不同跨径拱桥的承载能力随含钢率α增大几乎呈线性增加,这与单肢和哑铃形钢管混凝土拱桥的规律是一致的。

另外,通过对单肢、哑铃形和四肢格构型钢管混凝土拱桥考虑钢管初应力的极限承载能力分析,应用回归分析法得到了三种截面形式下的承载能力影响系数计算公式。

单肢钢管混凝土拱桥用回归分析法求出的承载能力影响系数$K_p=1.0-0.1680\beta-0.2875\beta^2$。回归分析后的结果与理论计算值吻合良好,除个别点误差在5%以外,其余均小于5%。考虑钢管初应力对极限承载能力分析计算,单肢钢管混凝土拱桥初应力系数β应控制在0.3。

哑铃形钢管混凝土拱桥与单肢钢管混凝土拱桥相似,用回归分析法求出的承载能力影响系数$K_p=1.0-0.1429\beta$。考虑钢管初应力对极限承载能力分析计算,哑铃形钢管混凝土拱桥初应力系数β控制在0.6。

四肢格构型钢管混凝土拱桥与单肢和哑铃形钢管混凝土拱桥类似,用回归分析法求出的承载能力影响系数$K_p=0.948-0.1148\beta$。四肢格构型钢管混凝土拱桥初应力系数β控制在0.6。

通过对单肢、哑铃形和四肢格构型钢管混凝土拱桥在不同初应力系数、不同含钢率、不同跨径下的承载能力的研究结果表明:

(1) 初应力对单肢钢管混凝土拱桥承载能力影响最大,哑铃形截面次之,四肢格构型截面影响最小。

(2) 以拱桥承载能力降低控制在10%为界限,单肢拱初应力系数应控制在0.3,哑铃形和四肢格构型拱初应力系数控制在0.6。这也表明目前我国钢管混凝土拱桥设计中把初应力系数控制在0.6是合适的,不会对拱桥承载能力产生很大影响。

(3) 在开展初应力对钢管混凝土拱桥承载能力计算时,必须考虑几何非线性的影响,即应同时按材料非线性和几何非线性分析,否则结果偏大。

关于初应力的影响,《公路钢管混凝土拱桥设计规范》规定如下:

钢管混凝土钢管初始应力大于$0.35f$且小于$0.6f$时,应按以下计算公式计入初始应力对钢管混凝土极限承载能力的影响:

$$K_p = 1.0 - 0.15\omega$$

式中　ω——钢管初应力度，$\omega = \dfrac{\sigma_0}{f_{sk}}$，$\omega$ 不宜超过 0.65；

　　　σ_0——钢管初应力，取拱圈钢管截面初应力的最大值；

　　　f_{sk}——钢材的强度标准值。

试验研究表明，初应力对钢管混凝土刚度的影响大于对钢管混凝土承载能力的影响，拱圈预拱度计算时采用修正系数。

钢管混凝土拱圈应设置预拱度，计算预拱度值为恒载累计变形、钢管混凝土徐变挠度和 1/2 恒活载挠度之和；预拱度线形考虑非线性影响后，按下列公式计算：

$$\delta_s = K_y \delta_j$$

式中　δ_s——拱圈设计预拱度值；

　　　δ_j——拱圈计算预拱度值；

　　　K_y——预拱度非线性修正系数，主跨在 50～100 m，取 1.05，主跨在 100～150 m，取 1.11，主跨在 150～220 m，取 1.16，主跨在 220～340 m，取 1.20，主跨大于 340 m，取 1.25。

对于小跨度拱桥，未做预拱度计算时，拱圈预拱度宜设置在 $\left(\dfrac{1}{600} \sim \dfrac{1}{400}\right)L$ 范围内。

2.4.6　非线性对承载能力的影响

考虑到在实际工程条件中，不可避免地存在钢管初始应力和管内混凝土脱空的问题，钢管初始应力和管内混凝土脱空对钢管混凝土构件的刚度和极限承载力都有一定影响。因此通过理论计算和模型试验验证，在"统一理论"的基础上对其组合弹性模量以及应力-应变曲线进行 0.85 的折减，如图 2-58 所示。另外由于施工安装误差的存在，计算中还应引入结构"初始缺陷"对安装误差进行模拟分析。

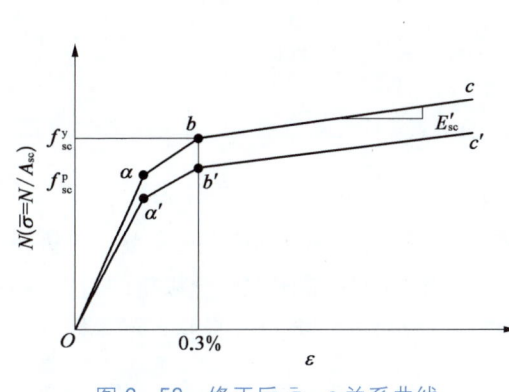

图 2-58　修正后 σ-ε 关系曲线

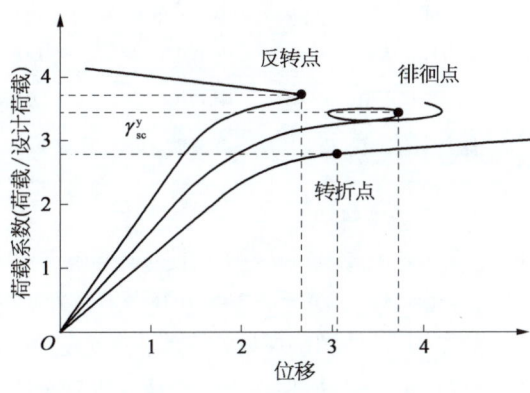

图 2-59　极限荷载特征点

在稳定极限承载能力有限元分析中，极限荷载的确定方法不同，可能也会导致计算结果有所不同。在双重非线性分析时，可认为当材料的切线弹性模量少于或等于 0 时，结构被压溃，计算中断,此阶段的荷载作为极限荷载。在切线弹性模量少于或等于0的计算中断之前,可能曲线已经出现"拐点",之后的曲线出现了平坦或反转段,甚至是曲线点徘徊,如图2-59所示。根据位移-荷载曲线,可根据以下几种情况来确定极限荷载(或荷载系数):

(1) 曲线转折点。当曲线经过转折点后,斜率大幅下降。曲线表明,当外荷载增加很少的情况下,拱的位移急剧增大,说明拱实际上已经被压溃。

(2) 曲线反转点。当曲线经过反转点后,位移转向反方向。当外荷载作用下,拱上某点的位移沿一个方向移动,突然位移转向另一个方向,表明拱出现失稳。

(3) 曲线徘徊点。当曲线经过徘徊点后,荷载增加微小,位移也增加微小,在一个很小的区段内,出现很多曲线点。说明拱已经不能继续承受更大的荷载,有限元程序反复在一个小区域内搜索有效解。

2.4.7 动力性能的宏观评价

钢管混凝土拱桥拱圈的动力特性包括横向、竖向自振频率和振型,反映了桥梁的总体刚度。拱圈跨径大于或等于150 m,或宽跨比小于或等于1/20的钢管混凝土拱桥,拱圈纵向或横向较柔,在地震、风荷载和车辆等动荷载作用下,振动明显,影响桥梁的使用。当设有人行道时,宜使结构频率避开人感频率,人感频率范围可取2.5~3.5 Hz。

钢管混凝土拱桥的基频一般间于柔性结构(悬索桥和斜拉桥)与传统的钢筋混凝土拱、石板拱等刚性结构之间。统计国内主孔跨度大于300 m钢管混凝土拱桥的成桥阶段动力弯曲基频和扭转基频,见表2-32。

表2-32 国内部分钢管混凝土拱桥特性一览表

桥名	类别	主跨/m	弯曲自振频率/Hz	扭转自振频率/Hz
丫髻沙大桥	中承式	360	0.33	0.82
茅草街大桥	中承式	360	0.24	
支井河大桥	上承式	430	0.21	1.20
巫山长江大桥	上承式	492	0.17	0.45
合江长江三桥	中承式	507	0.18	0.36
合江长江一桥	下承式	530	0.17	0.34
平南三桥	下承式	575	0.15	

随着钢管混凝土拱桥跨径增加,其自振频率逐渐降低。已建三座500米级钢管混凝土拱桥,其弯曲自振频率较低,介于0.15~0.18,与已建成并能正常使用的大跨径钢筋混凝土拱桥的自振频率相比,其值相近,能够确保结构正常使用。通过敏感度指标计算可以判断,第1阶振动频率振动时,人能感觉到桥梁晃动,但没有不舒适或不安全的感觉。

由于大跨径钢管混凝土拱桥的低阶振型均表现为面外弯曲,对于大跨径钢管混凝土拱桥,应重点关注其面外刚度,例如通过拱圈内横隔、拱圈横撑、拱圈悬吊结构体系等合理匹配设计,增加横向面外刚度,但同时也应注意横向稳定问题。

参考文献

[1] 陈宝春.钢管混凝土拱桥[M].北京:人民交通出版社,2007:66-68.
[2] 四川省质量技术监督局.钢筋混凝土箱型拱桥技术规程:DB51/T 1992—2015[S].2015.
[3] 牟廷敏.巫山县巫峡长江大桥技术进步研究[J].西南公路,2006(3):34-37.
[4] 中华人民共和国交通运输部.公路钢管混凝土拱桥设计规范:JTG/T D65-06—2015[S].北京:人民交通出版社,2015.
[5] 中国工程建设标准化协会轻型钢结构委员会.特殊钢管混凝土构件设计规程:CECS 408—2015[S].北京:中国计划出版社,2015.
[6] 中华人民共和国交通运输部.公路钢筋混凝土及预应力混凝土桥涵设计规范:JTG 3362—2018[S].北京:人民交通出版社,2018.
[7] 中华人民共和国交通运输部.公路钢结构桥梁设计规范:JTG D64—2015[S].北京:人民交通出版社,2015.
[8] 中国工程建设标准化协会.钢管混凝土结构技术规程:CECS 28—2012[S].北京:中国计划出版社,2012.
[9] 廖彦波.钢管混凝土格构柱轴压性能的试验研究与分析[D].北京:清华大学,2009:56-70.
[10] 牟廷敏.《公路钢管混凝土桥梁设计与施工技术指南》的技术发展[J].中国科技成果,2009,10(22):33-36.
[11] 韩林海.钢管混凝土结构——理论与实践[M].北京:科学出版社,2016:723-726.

第 3 章

拱桁节段制造与运输

钢管混凝土拱桥在施工过程中不可避免地会产生各种施工误差,其中拱肋成桥线形与设计线形的偏差称为拱轴线误差。随着钢管混凝土拱桥跨径的增大,整体刚度降低,施工误差增大,拱轴线误差与拱轴力的耦合作用可能在拱肋节段中产生较大的弯矩,使混凝土承受较大拉力,节点受力更加复杂,威胁拱肋整体安全,因此为了使成桥后的受力状态与设计预期相吻合,必须尽可能地减少施工误差。本章主要从拱桁节段制造与运输两个方面介绍降低拱桥施工误差的关键技术,实现拱桁节段高效、高品质地架设。

3.1 拱桁节段误差分析与控制

3.1.1 拱桁节段施工误差限值

国内主要施工规范对钢管混凝土拱桥拱肋制作和安装施工精度做了较为详细的规定,制作和安装阶段的质量检测标准见表 3-1。可见,表中的两本规范对拱肋制作和安装误差的规定基本相同,但《钢管混凝土拱桥技术规范》规定得更加细致,增加了节段平面度、竖杆节间长度、对称点高差等规定,同时对钢管构件外形尺寸允许偏差、管肢组合和缀件组合允许偏差、节段预拼装允许偏差提出要求,其中节段预拼装允许偏差要求见表 3-2。对预拼装的节段水平长度、预拼总长、拱肋内弧线偏离等指标做了严格规定。

表 3-1 钢管拱肋制作和安装质量规定 单位:mm

项 目	《公路桥涵施工技术规范》 (JTG/T F50—2011)	《钢管混凝土拱桥技术规范》 (GB 50923—2013)
内弧偏离设计弧线	8.0	8.0
每段拱肋内弧长	0,−10.0	0,−10.0
钢管直径	$\pm D/500$ 及 ± 5.0	± 5.0

(续表)

项　目	《公路桥涵施工技术规范》 (JTG/T F50—2011)	《钢管混凝土拱桥技术规范》 (GB 50923—2013)
轴线横向偏位	$L/6\,000$	$L/6\,000$
拱肋接缝错边	0.2 壁厚，且≤2.0	0.1 壁厚，且≤2.0
节段平面度		3.0
竖杆节间长度		±2.0
拱圈高程	符合设计要求	$\pm L/3\,000$
对称点高差		$L/3\,000$

表 3-2　钢管拱肋节段预拼装允许偏差　　　　　　　　　　　　　　单位：mm

项　目	允　许　偏　差
节段水平长度	±5.0
预拼总长	±5.0
拱肋内弧线偏离	±8.0
节段端口环缝对接错边量	0.1 壁厚，且不大于 2.0
缝口间隙	2.0
坡口角度	±5°

按照目前国家标准和行业标准，拱肋制作和安装的允许误差大多不是随着钢管混凝土拱桥跨径的增大而增大的，是限制在一定范围内，这对于 500 米级钢管混凝土拱桥的拱肋施工精度提出了极高的要求。有必要深入研究拱肋节段的安装和运输技术，从而为实现拱肋的高精度架设奠定基础。

3.1.2　拱桁节段施工精度控制

拱桁节段的拼装工艺、焊接工艺和关键部位制造精度直接影响拱桁节段整体的施工质量。误差种类包括以下几种：

(1) 测量误差。测量误差可分为系统误差和偶然误差。系统误差即测量仪器本身的误差，产生的主要原因之一是由于仪器设备制造不完善，其大小和符号均相同或按一定的规律变化。在拱肋拼装地样放样时，用于测量的全站仪本身仪器精度造成的误差即系统误差。偶然误差为用经纬仪测角时的照准误差，或钢尺量距时的读数误差等，误差出现的大小和符号均不一定。

(2) 焊接收缩误差。拱肋拼装过程中，腹杆与上下弦杆需进行焊接，因焊缝冷却收缩造成结构尺寸变化产生的误差。

(3) 加工误差。如弦管加工的弧度或弦管自身径向尺寸产生的误差，腹杆下料长度、组对的角度等产生的误差，以及法兰盘面板加工平整度的误差。

(4) 温度误差。拱肋拼装过程中，相邻拱肋节段或者不同的腹杆由于安装时先后不同的气温差异，热胀冷缩效应造成安装后相邻节段或杆件变形不协调产生的误差。先期制造的节段与后期制造的节段由于季节气温不同，两者之间也会产生误差。

针对以上四种误差来源，分别介绍误差的控制理论：

(1) 测量误差控制。系统误差通过校准仪器的方法予以控制；偶然误差可采取反复多次观测，计算平均值的方法予以消除。

(2) 焊接收缩变形控制。控制焊缝坡口间隙：控制杆件下料长度准确性和开坡口的准确性，由于腹杆与弦管间是相贯线焊缝，则相贯线切割就成为关键，其线形须控制准确。焊接顺序及方法控制：减小焊缝截面积；优先采用热输入较小的焊接方法；尽可能采用多层多道焊代替单层焊；减少焊接热输入；合理布置焊缝的焊接顺序。

(3) 法兰盘加工与安装精度控制。加工控制主要控制变形和面板加工精度，检查其预拼线形满足要求后，进行腹杆与主弦管间相贯线焊缝的焊接。待焊缝收缩完成后，将法兰盘一头安装到一端的拱肋弦管上，调整其位置符合要求后，焊接法兰盘加劲板与主弦管间的焊缝，让法兰盘跟着焊缝自由收缩变形。重新检查和调整拱肋各个分段的整体线形，然后将另一端拱肋的法兰盘安装至弦管上，观察和调整法兰盘贴合情况，再用冲钉和工装螺栓紧固接头法兰盘，在无应力状态下焊接法兰盘的加劲板与弦管间的焊缝。焊缝冷却后，解除法兰盘的紧固螺栓，将拱肋分段吊下，胎架保存。为使拱肋总拼焊接过程中节段可以自由收缩变形，在胎架上设外侧卡板，内侧则不设。当所有腹杆与主弦管间相贯线焊缝焊接完毕后，割除主弦管与胎架间的焊点，拆除斜支撑，使拱肋可以在胎架上自由完成变形。

3.2 拱桁节段制造与工厂试拼装

根据现场施工条件和运输条件，有不同的拱桁节段制作和运输方式。当现场施工条件允许时，可以在桥址附近搭建临时钢结构加工厂，可以减少拱桁节段长距离运输成本，降低施工风险。当现场施工条件受限时，或临时钢结构加工厂难以满足拱桁节段高精度加工时，一般在大型钢结构加工厂进行制造，并分节段运输至现场吊装，如果运输条件也有所限制时，无法进行大节段水运，可以将拱桁节段拆分为上下弦杆和腹杆，分开运输至现场组装后进行吊装。

拱桁节段的制作方式可分为短线法和长线法。长线法是将半拱的节段一起在胎架上匹配拼装，焊接完成后再吊离胎架，其优点是工期较短，但随着拱桥跨度的增大，长线法往往受到实际制造和运输条件的限制。相比之下，短线法一次预拼的节段一般为3～4段，拼装完一轮后，需留一个节段，与下一轮拼装的拱肋进行匹配，其缺点是需进行多轮预拼，工期较长，但能够很好地满足大跨度拱桥的建设要求。合江长江一桥的建设经验表明，拱桁节段的短线法卧式制造工艺能够实现拱桁节段的高精度、低风险预拼装。

在制作时，拱桁节段的拼装方式可以分为立式制造和卧式制造。但跨径超过500 m的钢管混凝土拱桥，其单个钢管拱桁吊装单元重量将达到或超过200 t，常规的立式耦合制造方法(图3-1)因经济和安全问题不再适用。为此，基于500米级钢管混凝土拱桥实际建设需求，研发了大体量钢管拱桁节段卧式"3+1"耦合制造技术，如图3-2所示。

以下着重介绍卧式和立式耦合制造技术在合江长江一桥中的应用。合江长江一桥拱肋拱顶截面径向高为8.0 m，拱脚截面径向高为16.0 m，肋宽为4.0 m；主管直径1 320 mm，壁厚分为22 mm、

第 3 章 拱桁节段制造与运输

图 3-1 拱肋立式制作

图 3-2 拱肋卧式制造

26 mm、30 mm 和 34 mm 四种;横联钢管直径 762 mm,壁厚 16 mm;竖向腹杆直径 660 mm,壁厚 12 mm(图 3-3)。主拱肋最大截面高度为 16 m,最大节段长度达 45 m,最大分段重量达 192 t。

组装如此庞大的构件,并且必须保证安装后各拱肋分段 4 根弦管对接顺利,接缝错位不大于 2 mm,各拱肋分段在标高正确的情况下法兰盘密贴度必须控制在 0.02 mm 以内,难度非常大。要保证拱肋精度,必须进行全过程变形控制,控制指标主要是弦管轴线偏移值及分段支撑面标高,控制手段主要是拼装精度控制和焊接变形控制。

合江长江一桥主拱肋制造总体施工工艺方案为筒节制造→单元件制造→弦管片装分段制造→单侧主拱肋卧拼装→主拱肋立拼→涂装。筒节、单元件在专用平台上制造工序为筒节制造→筒节按桥线形对接组装成弦管单元件。弦管片装分段制造在专用胎架上制造,分上弦片装分段和

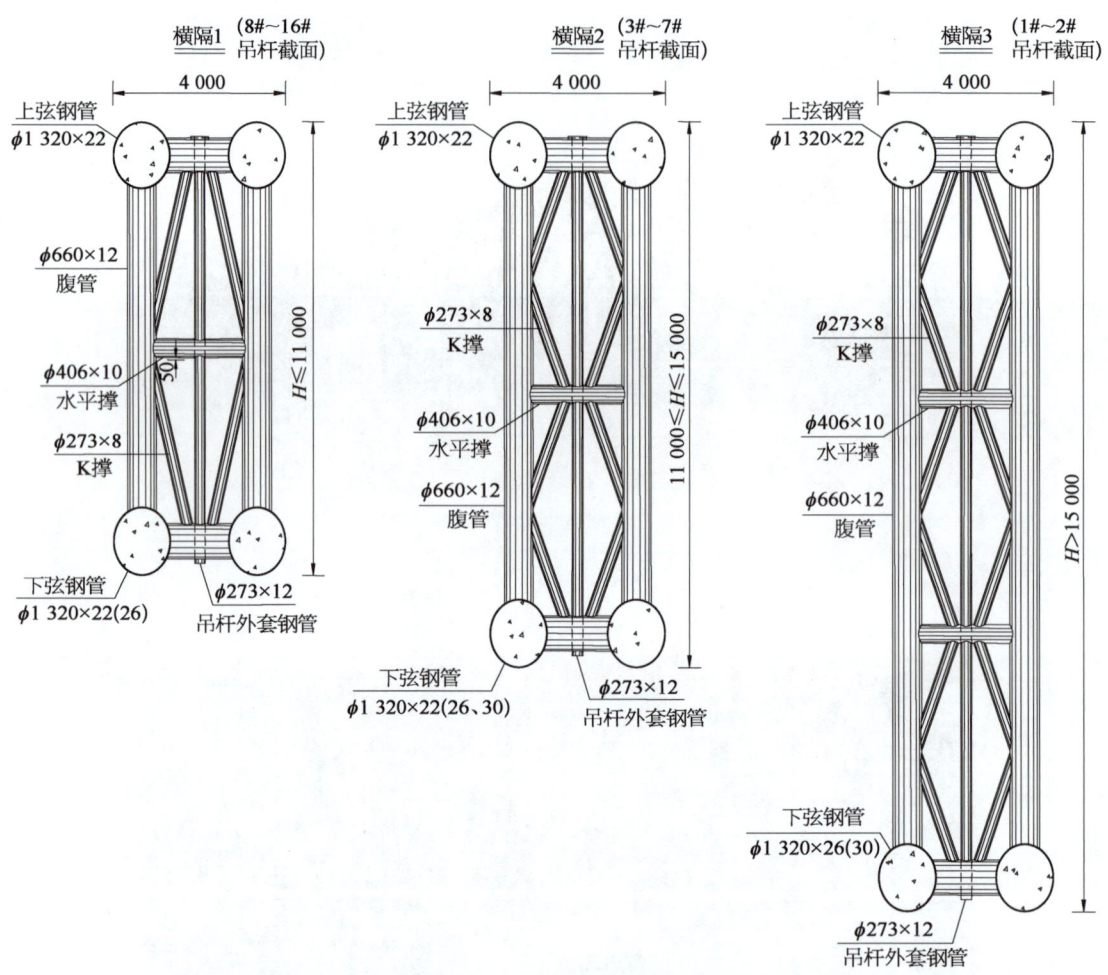

图 3-3 合江长江一桥吊杆处拱桁节段断面图

下弦片装分段制造。主拱肋卧拼采用"3+1"预拼工艺方案,在卧拼胎架上完成主拱肋预拼、腹杆相贯线焊接及接头连接件的安装工作。主拱肋立拼采用单侧"2+1"个分段拼装的工艺方案。

3.2.1 卧式制造

3.2.1.1 图纸转化

合江长江一桥主拱肋为一空间桁架结构,拱脚至拱顶为变截面,杆件繁多,每一杆件的几何参数、空间位置各异。精确制作的前提是获取准确的几何参数。传统的放样方式为平面、立面量取、校核,对工艺员的空间思维要求高。采用三维立体模型是目前已知最好的解决方案。该桥采用 AutoCAD 制图软件建立全桥主拱三维模型(1:1),经校核模型中各杆件无误后,读取杆件各项参数并按规范要求布置焊缝的位置。

按照设计坐标进行建模,模型中将预拱度值加入到对应的坐标值中。从模型中得到的杆件参数仅为理论值,不能用于指导生产,应考虑工艺补偿量。工艺补偿量主要包含各杆件单位焊接收缩量、切割设备精度以及装配误差等。

1) 主弦管

该桥采用平行拱肋设计,左右对称、跨中对称,因此以一侧拱肋为研究对象。主弦管为一悬链线,直径达 1.32 m,采取以折代曲的制作工艺(相对弧形管,无弯管产生的残余应力)。根据曲率的大小及卷管能力,筒节长度控制在 2~3 m。筒节划分时,将筒节分为三种类型,分别是通用筒节、斜筒节和过渡筒节,长度和数量根据具体划分需要进行调整。对筒节进行编号、标注方向,以上步骤均能在 AutoCAD 中完成。

将以上的筒节划分方式与传统的单一直筒节划分进行对比,见表 3-3。

表 3-3 筒节划分方式对比

对比项目	单一直筒节划分	通用筒节、斜筒节和过渡筒节划分
工艺操作性	简单,划分为不同长度的直筒节,基本编号	复杂,划分工作烦琐,斜筒节及过渡筒节需软件展开为平面图,详细编号
下料设备	半自动切割机或数控切割机	数控切割机
卷管工艺、设备	油压机、三轴辊床	油压机、三轴辊床
倒管对接坡口	管对接过程中全方位切割机配合手工倒坡口,精度差	卷管前,半自动切割机开坡口,效率高、精度高
管对接制作虾弯管	在胎架上按线形切割余量,人为控制,对接间隙起伏大	按照编号对接,对接缝间隙基本为 0
焊接性能	差,坡口不规则,不易清洁,易产生内部缺陷	优,坡口规整,易操作

从表 3-3 可以看出,筒节一次到位的方案在不受下料设备影响的条件下,各方面均优于单一的筒节划分方式。合江长江一桥钢结构在工厂制作,均满足以上条件。

布置筒节纵缝位置时,除满足相邻筒节纵缝错开至少 90°外,尚应避免腹杆或横联管相贯线焊缝相交,错开距离应大于 50 mm。布置纵缝应该从与腹杆相交的筒节开始,此筒节纵缝宜布置在腹杆的对立面,其余筒节类推。斜筒节的展开图为哑铃形,将纵缝布置在最长或最短边利于卷管和焊接。主弦管的加工补偿量加在两端的筒节中,为 150 mm。

2) 横联管、腹杆、横撑管

横联管直径为 762 mm,横撑管直径为 711 mm,均采用钢板卷制,且工艺与主弦管筒节一致。腹杆直径为 660 mm,全桥所有腹杆长度之和达 900 余米,均为直管,采用成品直缝管加快生产效率。在首批成品管材进厂后进行抽检,长度、椭圆度均符合要求,但对焊缝进行超声检测时,发现局部焊缝存在缺陷,需进行返工处理。因此材料抽检是必须坚持的。

腹杆采用相贯线切割机下料。在卧拼装过程中,出现了管两端相贯线扭曲,即趾部或根部不在同一面上,造成相贯线焊缝间隙超宽,无法焊接。在进行相贯线切割机下料时,应先让机器画出印迹,检查印迹符合要求后再进行切割。

3.2.1.2 筒节制作

筒节制作的工序为压头→卷管→装配→纵缝焊接→矫圆(表 3-4、图 3-4~图 3-6)。压头即将筒节长度方向的两端压出一定的圆弧,宽度约200 mm,可根据直径大小确定。未经压头的钢板,在卷管后接口处易形成凸角,压过火则形成钝角,均不利于后期的装配、焊接及矫圆。压头需要的模具弧度与管经弧度一致。应制作首制件验证工艺的可行性。

表3-4 筒节制作工序

序号	工序	示意图	具体过程
1	筒节放样、下料		用计算机放样,在数控钻割机上完成,坡口在专用平台上切割
2	筒节预压头		板材两端在2 500 t油压机上进行压制,用样板检查弧形
3	筒节卷制		用样板检查筒节内径
4	筒节纵缝装焊		筒节装配在平台上进行,焊接在固定专用胎架上进行。焊接采用埋弧自动焊
5	筒节焊后矫圆		在三芯辊床上完成
6	焊缝无损检测		对焊缝进行100%超声波探伤检查,并抽取纵缝接头5%进行X线探伤检查。对筒节尺寸和焊缝外观进行检验
7	标记		标记编号,并将筒节0°、90°、180°、270°分度线划好

图3-4 筒节卷制

第 3 章 拱桁节段制造与运输

图 3-5 筒节纵缝装焊

图 3-6 筒节焊后矫圆

3.2.1.3 单元件制作

单元件制作工序见表 3-5,如图 3-7 所示。

表 3-5 单元件制作工序

序号	工 序	示意图	具体过程
1	选取筒节		选取单元件所需相应编号的筒节
2	环缝对接		按施工设计图纸要求,对齐筒节分度线。纵缝均错开 90°以上。在单元件胎架上按弦杆线形点焊拼接,接头内侧点焊马板固定以控制线形

(续表)

序号	工序	示意图	具体过程
3	环缝焊接		内部采用 CO_2 气体保护焊,外侧清根后采用埋弧自动焊
4	焊缝检测		焊缝需100%超声波探伤检查,并抽取环缝接头5%进行X线检查。且对焊缝外观进行检查
5	检验线形、校正		在单元件胎架上复核焊接后线形,对不满足设计要求的弦杆进行火工校正
6	完工检验		对单元件尺寸和焊缝外观进行检验

图3-7 单元件制作

3.2.1.4 卧装组焊

卧装组焊工序见表3-6。

表3-6 卧装组焊工序

序号	工序	示意图	具体过程
1	胎架制造		钢管拱在厂内进行卧拼装。在地上将钢管拱线形放样,按线形进行胎架制造,材料采用钢墩和型钢。胎架用激光经纬仪检查水平度

(续表)

序号	工序	示意图	具体过程
2	弦管片装分段上胎架定位		弦管片装分段按编号顺序上胎架定位
3	对弦管片装分段端口进行匹配并临时固定		对各分段端口进行匹配修正,并临时固定
4	安装腹杆		按地样上地标划出的腹杆中心线并依次吊装腹杆、横隔单元件
5	焊接弦管与腹杆相贯线		按顺序焊接腹杆与弦管间的相贯线角焊缝(全位置焊接)
6	装焊横撑短接头和吊杆套管		
7	装焊法兰盘接头连接件		按图纸尺寸,划线切割弦管端头余量并装焊弦管接头连接件

3.2.2 立式拼装

立式拼装即按照拱肋正常使用时的立面状态进行拼装的方案(图 3-1)。该方案能直观反映拱肋安装过程中的实际状态,易于发现和解决加工中存在的问题。对于大跨径桁架式拱肋,它不能独立存在,必须先对拱肋进行卧式拼装,再进行立式拼装,原因是直接进行立式拼装的措施费、安全风险均将成倍增加。因此立式拼装更多的是对卧式拼装的一种完善、检测和验证,这种检测和验证对降低现场的安装风险是有益的。该桥的立式拼装主要检测指标为拱肋轴线偏位、法兰盘密贴情况。

3.2.2.1 立拱胎架设计

合江长江一桥最大分段尺寸为 40 683 mm×16 053 mm×7 000 mm,最大重量 226 t,分段立置后,最大高度达17.5 m。胎架选用4根直径508 mm、壁厚8 mm的钢管作为立柱支架,上部安装22a工字钢作为分配梁,立柱间角钢连接,下部用地脚螺栓锚于地面;2根立柱用于支撑分段,2根用于安放千斤顶进行调节。胎架设计两组,中间设置4座6根直径508 mm、壁厚8 mm的立柱靠架,为立置的分段提供横向支持,保证结构安装。

3.2.2.2 分段翻身立置

临时租用两台160 t龙门吊对分段进行翻身立置及纵向运输。分段尺寸大、自重大,对其进行翻身是个艰难的过程。一般构件在龙门吊下翻身,当重心变化的瞬间往往会产生较大的晃动。对于上百吨的分段,这种晃动对龙门吊而言是毁灭性的。为减小重心变化带来的晃动,设计了台阶型翻身胎架。翻身作业时,两个主钩分别挂在分段上弦的两端,缓缓提升,分段将以下弦管为轴转动。主钩提升的同时,移动起重小车,保持主钩的竖直状态,减小龙门吊的横向力。分段翻转至两根下弦管均落在胎架上时,逐次降低台阶高度,使分段缓慢立置,有效减少分段的晃动。完成翻身后,将分段纵向运至立拼胎架上定位。

3.2.2.3 立拼定位

龙门吊将立拼分段纵向运输至胎架上方后,调整分段姿态与胎架一致,下方粗略定位,安装止推装置,防止分段纵向滑移。使用全站仪进行控制点测量,龙门吊配合胎架上的千斤顶进行微调,到位后用钢丝绳系在靠架上,带约5 t的力,防止分段倾覆。挂垂线复核分段立置的垂直度,若偏差,可通过靠架上的钢丝绳调整。第一个立拼分段定位完成后,起吊第二个节段。第二个节段输运至胎架上时,缓慢下放,避免法兰盘碰撞,当分段落在胎架上后,利用龙门吊缓慢使法兰贴合,千斤顶微调配合。将2~3根冲钉打入法兰盘,使螺栓孔对位,上螺栓栓紧。后续分段重复上述步骤。

3.2.2.4 立拼测量

测量均安排在清晨6点,气温稳定。安装监控点处的棱镜,连续观测2 d。将立拼的总长作为跨径长度,计算轴线偏位的精度应该为$L/6\,000=10\,205/6\,000=17$(mm)。从实测结果来看,每一分段的各个控制点中,90%的控制点偏移值小于10 mm,最大值为16 mm,均满足要求。只要卧拼精度达到±3 mm内,立拼时就可达到规范要求。

3.2.2.5 法兰盘密贴检查

使用塞尺检查法兰盘密贴情况,塞尺厚度选用0.2 mm,记录能塞入的长度。依据《铁路钢桥制造规范》(TB 10212—2009)要求,塞入面积应不超过25%。根据测量结果可知,法兰盘的密贴情况均符合要求。测量及检测均合格后,焊接法兰盘GJ端的肋板。GJ端肋板不在卧拼时焊接是基于下列情况考虑:假设立拼后检测出轴线偏位或法兰贴面积不符合规范或设计要求时,可通过调节法兰盘GJ端肋板与弦管焊接的相对位置,达到较小误差的目的。

合江长江一桥拱肋在卧式拼装状态时,分段的轴线偏位均在±3 mm内(通过测量支撑面标高可知),在立置后仍在规范要求以内。可见只要卧拼精度达到±3 mm内,立拼时就可达到规范要求。所以高精度控制的卧拼制作也是完全可以满足大跨度拱肋要求的,所以合江长江一桥后面1/3拱肋就没有进行立拼这道工序,安装完成的整体质量精度也未下降,证明了卧拼制作的可行性。因此通过实践验证,只要把拼装节段的误差控制在3 mm内,就可以用卧式耦合匹配代替风险大、费用高的立式匹配。

3.3 拱桁节段焊接

拱圈桁架钢结构的焊接工作是影响整座钢管混凝土拱桥质量的重要环节之一。若拱桁节段焊接质量得不到保证,会留下安全隐患,有可能导致安全事故发生。面对拱桁节段制造现场的复杂情况,有必要采取合理的工艺和针对性分析,才能保证拱桁节段的焊接质量和结构整体性安全。下面以合江长江一桥为背景,介绍关于焊接工艺评定和焊接工艺方法以及相关要求。

3.3.1 焊接工艺评定

在进行钢结构正式焊接前进行焊接工艺评定,依据工艺评定结果选用焊材及焊缝破口形式、焊接工艺等,具体如下:

(1) 焊接工艺评定试板的材质与产品的材质一致,根据材料化学成分 C、S、P 的含量,选用偏上限者进行试验。

(2) 焊接工艺评定试验中对焊接坡口、根部间隙等参数模拟实际工况中可能的极限值,使焊接工艺评定试验的结果具有广泛代表性。

(3) 在进行工艺评定试验前,对焊材进行复验,选用合格材料用于试验。

3.3.2 焊接方法及相关要求

合江长江一桥钢结构的腹杆、横联管与主拱肋弦杆间相贯线焊缝采用药芯焊丝气体保护焊,钢管纵环焊缝及格子梁采用 CO_2 气体保护焊＋自动埋弧焊的焊接方法。根据焊接工艺评定试验结果确定焊接材料,并满足"低组配"原则。

在大桥方案比选阶段,交通运输部主持的风险评估中包括两个Ⅳ级风险:钢管混凝土施工及质量方面;焊缝缺陷严重。对于焊缝缺陷,一大顾虑是担心在钢管拱施工阶段焊缝产生缺陷未被发现处理,在运营阶段由于荷载疲劳等影响出现破坏等损伤,最突出的表现就是节点疲劳破坏。

为避免由于焊接施工导致的疲劳破坏,在施工管理上采取如下措施:

(1) 严格按焊接工艺评定施工。

(2) 严格焊工考试、持证上岗。

(3) 严格控制焊接施工条件。

(4) 采取焊后修磨措施。焊缝焊接完成后用砂轮机对其进行打磨,将焊缝的咬边、毛刺、余高超标部分修磨匀顺;对拱肋斜腹管与弦管的相贯焊缝等应力较大部位,用高转速的砂轮机打磨焊缝趾部,打磨深度在 0.5~0.8 mm。

在设计文件中,对特殊部位的焊缝特别注明要求对焊缝进行焊后修磨,且要求该焊缝的施工工人必须达到三级焊接水平,对焊缝修磨工艺必须在施工组织设计及钢结构加工制造设计文件中立专项内容论证说明其实施工艺,验收表格中应增添专项栏目进行记录,焊缝修磨不合格者,不能进入下道工艺,必须返工整理。特别要求修磨部位主要是桥面格子纵横梁下翼缘与腹板焊缝的倒角处、纵梁下翼缘与横梁腹板焊接处、拱肋部分腹管与弦管相贯焊缝处等部位。

根据巫山长江大桥及以前的研究结果可知,节点焊接接头良好的话,可以达到更高的疲劳强度,满足设计使用寿命要求。合江长江一桥设计上充分考虑了上述研究结论,在施工上严格按钢结构制作规程和设计要求进行控制,并严格落实焊后修磨措施,做到即使是空钢管节点也能达到设计要求,因而钢管混凝土节点的安全耐久性更有保障。

3.3.3 实际应用效果

在合江长江一桥的实际拱桁钢结构现场焊接施工中,严格按照本书措施进行焊接质量控制,取得了良好效果。以控制难度最大的拱肋高空对接焊为例,超声波无损检测表明,焊缝一次性检测合格率为 98.6%,返修后达到 100%,有效保障了成桥质量,也为大桥运营阶段的安全性和耐久性奠定了良好的基础。通过对合江长江一桥拱桁钢结构的焊接工艺分析表面,在正式焊接前需要进行合理的焊接工艺评定,确定不同焊接项目的不同焊接方法以及焊缝返修方法,执行过程中通过严控工艺流程、人员资格、焊接环境等方面的管理,采取具体焊后修磨措施,保障焊缝的抗疲劳和耐久性,并对关键部位采取特定的焊接变形控制措施,避免局部应力集中,保证大桥成桥线形质量。

3.3.4 自动焊接技术应用

随着焊接机器人技术的发展,全自动焊接成为拱桁节段连接的未来趋势,正在建设的世界最大跨钢管混凝土拱桥平南三桥正在探索采用拱肋焊接机器人的可能性。平南三桥钢管直径为 1 400 mm,焊缝厚度分为 26 mm、30 mm、34 mm 三种,焊缝类型为单面 V 形带垫板焊缝,拱肋接头形式为内法兰形式,法兰盘间用高强螺栓等强度连接,相邻拱肋节段靠搭接套管连在一起,对搭接套管焊缝进行现场焊接,如图 3-8 所示。自动化焊接技术能够有效保证焊缝的质量。管焊缝的质量等级要求是 I 级,100% 进行超声波探伤以及 10% 的射线探伤。

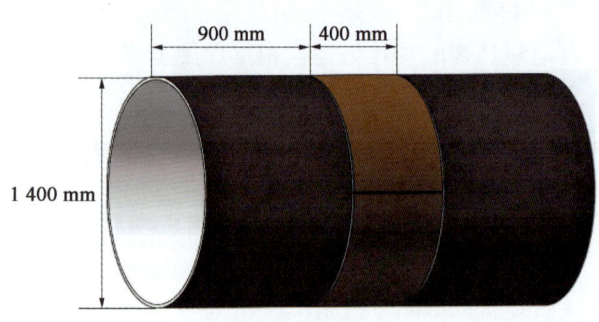

图 3-8 搭接套筒示意图

3.4 法兰盘和拱铰轴制作

3.4.1 法兰盘制作

法兰盘除承担着连接、传力的作用外,最为重要的是拱肋的线形控制。合江长江一桥跨径超过 500 m,偏差 1°轴线偏位就将达到 4 m。为保证合龙精度,法兰盘精度必须控制在 0.02 mm(密贴度)。该桥法兰盘的特点是肋板多、板厚,因此焊缝的填充量大,法兰处易产生角变形及平面的波浪变形,对于该桥来说是致命的。控制变形主要从工艺上考虑,一是制作工艺,二是焊接工艺。

如图3-9所示,全桥共128对法兰盘,共32种角度,用两套等径的钢管做模具,放1∶1大样,法兰盘下料后两两匹配点焊形成刚性固定,钻孔,铣导管孔。装配法兰时,先装固定法兰的肋板,临时固定法兰,调整,严格控制法兰贴合面在地样线正上方,装其余肋板。最后编号,标明方向。

图3-9 法兰盘的制作

焊接工艺上,采取的措施如下:肋板开双面坡口,在同等受力情况下减小焊角尺寸;选用线能量较低的CO_2气体保护焊,多层多道,降低、分散能量输入;提高构件初始温度,即焊前预热、焊后保温,减小温度应力造成的变形;对称焊接,先象限角,后1/2象限角。

焊接变形是客观存在的,以上采取的措施仅起到较小变形的目的。在焊缝自然冷却至常温后,将刚性固定的法兰打开,法兰面的平整度达1~2 mm,与0.2 mm的要求相差甚远。要消除该处细小的变形,需将法兰面进行机加工(上铣床)。因此在装配的环节,将密贴线向两侧各偏移了两条相距5 mm的机加工线(内侧)和检查线(外侧),用于机加工。

3.4.2 拱脚轴制作

铰轴由铰轴钢管和铰座两部分组成:铰轴钢管为单一直缝钢管;铰座由弧形板、加劲板、支撑板和底钢板组合焊接而成。要求铰轴钢管能在铰座中自由转动,且与弧形板面均匀接触,避免应力集中将铰轴压坏。因其焊接变形控制难度很大,之前大桥一般加工精度都不理想,其局部间隙都达到10~15 mm,致使拱脚位置安装标高降低,导致安装精度大大下降,因此必须高度重视拱铰轴的施工。

3.4.2.1 铰轴钢管制作

铰轴钢管的制作工序为下料→卷管→焊接接缝→矫圆→接长,要求焊缝不高出母材,将高出部分修磨平整。

3.4.2.2 铰座制作

在底钢板上定好支撑钢板的定位线,安装支撑钢板,并进行焊接。安装加劲板,并焊接定位。将弧形板紧贴在已完成的铰轴钢管上固定,再将弧形板与铰轴钢管一并安放在支撑钢板上,定位符合要求后,将支撑钢板与弧形板焊接。待所有焊接工作结束后,做好标记,可将铰轴钢管脱出,送往预拼装场地拼装,铰座矫正后制作完成。

3.4.2.3 焊接质量控制

铰座结构的特点是钢板厚且需熔透焊,形状为头轻脚重不规则,极易产生过大的焊接变形,因此焊接质量关键控制点为焊接变形。针对上述特点,在制作过程通过以下方式给予控制。

1) 刚性固定

铰座为非对称结构,全桥共有4个,将它们两两背靠背固定在一起,形成对称结构,通过对称焊接的方式减小焊接变形。具体做法是将两块钢底板叠放在一起,在预留螺栓孔的位置安装螺栓并拧紧,板四周缝隙间断点焊固定,使两钢底板固定为一个整体,再进行支撑钢板、加劲板及弧形板的安装焊接(图3-10)。

弧形板与铰轴钢管匹配紧贴工序中,弧形板与钢管初步紧贴后,在弧形板及钢管上钻孔安装螺栓固定。将弧形板四周固定焊缝清除,再次对螺栓进行施拧,使弧形板中部也与钢管紧贴。待弧形板与钢管完全紧贴后,在弧形板四周再次点焊固定。将固定好的弧形板组合体安装在完成焊接的支撑板上,两侧对称焊接。所有焊缝均采用CO_2气体保护焊,两名焊工同时对称焊接。焊接完成24 h后,进行超声波检测,将不合格部分返工至合格。

2) 热矫正

通过刚性固定完成所有装配、焊接工作后,需要进行热矫正,进一步减小焊接变形。热矫正分

图 3-10 拱铰轴制作——两两背靠背固定焊接

两次进行,第一次热矫正在焊缝检查合格后底钢板刚性固定解除前,对焊缝位置进行应力消除,该过程需两人同时操作,对称进行。完成应力消除后送到存放区域存放,让其自然应力释放。第二次热矫正在刚性固定解除后进行。将背靠背固定的铰座打开后,底钢板处及弧形板处仍存在超过标准的变形,此时需要针对变形部位进行二次热矫正(非焊缝位置),矫正温度控制在 600~800℃,全程温度计监控。先进行底钢板平整度矫正,矫正位置与支撑钢板位置相对应,根据每处变形的大小确定火焰矫正位置的长度,呈直线布置;弧形板的矫正通过加热相应的支撑板进行,矫正区呈侧面三角形和板厚方向直线布置。矫正应少量多次,保证足够的间隔冷却时间,边矫正边测量,忌大面积、多次对同一区域加热(图 3-11)。

图 3-11 拱铰轴制作——热矫正

矫正结束后,将铰座送至预拼装场地与制作完成的铰轴分段进行试装,确保铰轴和铰座密贴检验合格后才可送往工地安装(图 3-12)。

图 3-12 拱铰轴制作——铰轴和铰座试装

3.5 拱桁节段运输

根据拱桁节段重量、加工厂位置和运输条件,确定的拱桁节段运输方式包括陆运和水运。当加工厂在桥址附近时,一般采用陆地运输,技术较为成熟,例如马滩红水河特大桥;而当拱桁节段是在钢结构加工厂生产时,节段一般需要水运到现场进行吊装,例如合江长江一桥、平南三桥等,此时拱桁节段重量和体型大,对水运条件有严格要求。对于部分山区地带,受限于现场施工条件和水运条件,一般采用拱肋桁片的陆地车运。以下分别对上述运输方式进行介绍。

3.5.1 现场预制平车运输

当现场施工条件允许时,拱桁节段在现场预制并采用平车运至吊装地点(图 3-13)。马滩红水河特大桥中钢管杆件及弦管片装采用 16 m 长的平板拖车运输,其中拱脚段分为两段运。钢管在拖车上按两层叠放,用手拉葫芦配合钢丝绳捆绑固定。

3.5.2 拱桁节段整体水运

当拱肋节段是在工厂进行整体预制时,拱桁节段的重量可达 200 t,可通过水运至吊装地点,直接进行水上起吊,如图 3-14 所示。

对于山区等运输条件和现场施工条件有严格限制时,可在工厂预制拱桁上下弦桁片,采用汽车陆运至现场,进行腹杆和连接部件的安装。

如上所述,在拱桁节段制造方面,经过系列研究和实践,开发了 200 吨级钢管拱桁节段卧式"3+1"耦合制造技术,在制造中考虑了各杆件焊接收缩量、切割设备精度、装配误差等因素,通过逐级匹配制造消除误差累积,节段制造误差控制在 3 mm 内。卧式耦合制造技术解决了大体量(长 40 m、高 16 m、宽 4 m)拱桁节段高精度制作难题。工程应用表明,在法兰盘间未采用任何垫片且

图 3-13 平车运输拱肋

图 3-14 拱桁节段水运

1 024个吊装节段接头的法兰盘螺栓孔未做任何扩孔的情况下,顺利完成了全部拱肋节段的安装,且合龙时拱肋轴线偏位均控制在 10 mm 以内(规范要求不大于 50 mm),实现了高精度制造安装。相关研究成果也引入到《钢管混凝土拱桥技术规范》中。

　　拱桁节段根据现场施工条件和运输条件可采用水运或陆运,当拱桁节段在现场预制时,可采用有轨平车进行搬运,当拱桁节段在距离桥址较远的工厂预制时,可采用水运至吊装地点,而如果水运不能实现,可将拱桁节段进行拆分,利用汽车运至现场再组装。可见拱桁节段的制作和运输方式较多,具有良好的适用性。

第 4 章

斜拉扣挂体系设计与施工

斜拉扣挂作为大跨度拱桥最常用的施工方法,常与转体、拱上吊机等施工法配合使用。目前采用斜拉扣挂法成功修建的桥梁,其斜拉扣挂体系的设计与施工技术通常由施工单位完成,尚未形成理论总结,缺乏明确的分解与分类体系。本章针对斜拉扣挂体系设计,首次进行详细的分解和分类,并开展选型研究。

4.1 概述

4.1.1 斜拉扣挂技术应用简况

1968 年,我国第一座无支架施工双曲拱桥——跨径 46 m 的三里江桥在广西灵山建成通车,首创了钢丝绳斜拉扣挂松索合龙工法。该工法适合跨径 100 m 左右,拱肋分 5 段以内的悬拼施工,在全国普遍推广。1992 年建设跨径 312 m 的钢管混凝土劲性骨架拱桥,显然用钢丝斜拉扣挂松索合龙工法难以保证安全。为此,广西壮族自治区交通厅成立了"邕宁邕江大桥 SRC 拱桥设计与施工技术研究"课题组,在 1968 年首创的"钢丝绳斜拉扣挂松索合龙工法"的基础上创立了千斤顶、钢绞线斜拉扣挂悬拼拱骨架,合龙松索技术和连续浇筑拱骨架外包混凝土技术。采用该技术于 1996 年建成了主跨为 312 m 的广西邕宁邕江大桥钢管混凝土劲性骨架拱桥;于 1998 年建成了跨径 270 m 的三岸邕江钢管混凝土拱桥和跨径 180 m 的来宾磨东钢筋混凝土箱拱桥。采用此工艺,对扣索力的调整只需张拉和放松千斤顶就可实现,可以做到无应力状态下合龙拱肋,使拱肋分段吊装的段数大大增加,解决了拱圈多段悬臂施工的安全性、准确性等难题[1]。目前,斜拉扣挂是拱桥拱圈悬臂施工的最常用技术,见表 4-1。在多年的工程实践应用中,斜拉扣挂技术随着拱桥跨径的增长而发展,而且由于施工方案制定和施工单位传统、现有材料、施工条件不同,而导致其形式呈现出多样性[2-11]。

在斜拉扣挂施工过程中,随着拱肋节段安装,悬臂长度和扣索力合力越来越大,施工安全风险也逐渐加大。大跨度钢管拱肋斜拉扣挂法施工主要存在如下问题:

第 4 章　斜拉扣挂体系设计与施工

表 4-1　采用钢绞线斜拉扣挂技术悬臂施工的大跨径拱桥(不完全统计)

序号	桥梁名称	桥梁类型	跨径/m	建成年份
1	太平湖大桥	钢管混凝土	336	2007
2	支井河大桥	钢管混凝土	430	2009
3	巫山长江大桥	钢管混凝土	492	2005
4	合江长江一桥	钢管混凝土	530	2012
5	菜园坝长江大桥	钢箱	420	2007
6	卢浦大桥	钢箱	550	2003
7	南广铁路西江特大桥	钢箱	450	2012
8	南宁大桥	钢箱	300	2009

（1）扣索力合力过大,通常接近几千吨,且对地锚而言,扣索力方向为斜向上方受拉,无法进行地锚加载试验,地锚为主要受力构件,一旦失效,将引发连锁反应,因此需严格控制地锚的设计施工。

（2）扣挂施工越接近合龙风险越大,拱肋一旦开始安装,必须一气呵成,否则一旦扣索、扣塔等临时结构的安全性储备不足,如扣索断丝、大风、地震等问题出现,将严重影响桥梁整体安全。

（3）常用钢管混凝土拱桥斜拉扣挂施工优化方法计算过程烦琐、约束条件多、计算效率较低、各扣索索力均匀性较差、施工过程线形难以控制,难以满足工程施工要求。

此外,随着拱桥跨径的不断增大,斜拉扣挂形式呈现出多样性,若对斜拉扣挂体系认识不够深刻、细节问题处理不善,将可能导致大悬臂拱肋整体垮塌。因此为促进该技术的合理应用与发展,有必要对斜拉扣挂体系的各种形式进行系统研究。

典型的斜拉扣挂体系通常由扣塔、地锚、扣索及其相应的扣点、转点、锚点等几部分组成,如图 4-1 所示。

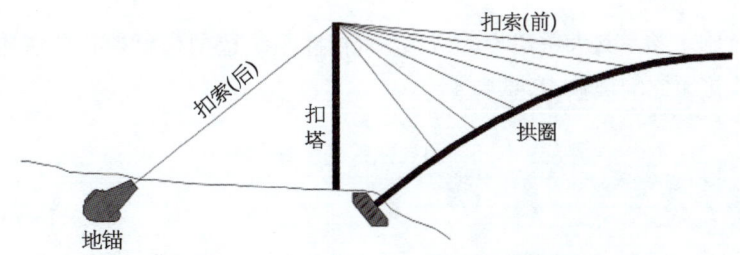

图 4-1　典型的拱桥斜拉扣挂体系

而扣索按在塔上是否断开,分为通长式扣索和塔上断开式扣索,其组成部分和张拉位置如图 4-2、图 4-3 所示。

4.1.2　扣挂体系分类

按目前常用形式,从扣塔塔脚是否固结和扣索是否在塔上断开区分,扣挂体系可以分为四个类别:扣塔固结扣索断开;扣塔铰接扣索通长;扣塔固结扣索通长;扣塔铰接扣索断开(表 4-2)。

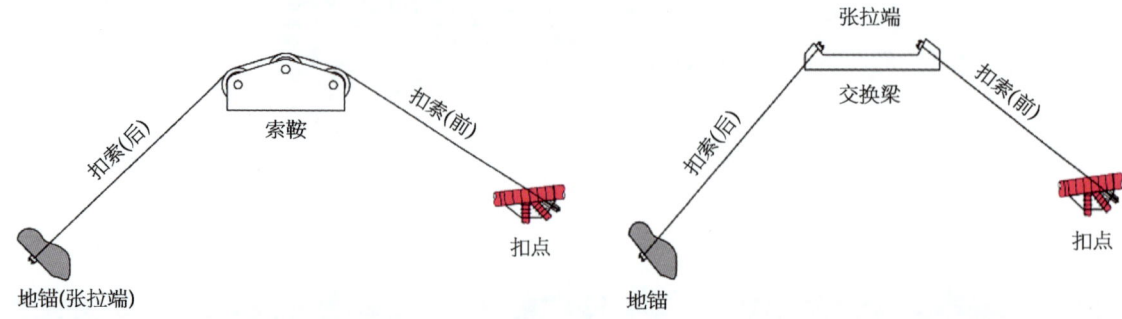

图 4-2 通长式扣索　　　　　　　图 4-3 塔上断开式扣索

表 4-2 采用不同扣挂体系的大跨径拱桥(不完全统计)

序号	桥梁名称	桥梁类型	跨径/m	建成年份/年	扣挂体系类别
1	卢浦大桥	钢箱	550	2003	扣塔固结扣索断开
2	杭州钱江四桥	钢管混凝土	190	2004	扣塔铰接扣索通长
3	南宁永和大桥	钢管混凝土	346.7	2004	扣塔铰接扣索断开
4	巫山长江大桥	钢管混凝土	492	2005	扣塔固结扣索通长
5	太平湖大桥	钢管混凝土	336	2007	扣塔铰接扣索通长
6	南宁大桥	钢箱	300	2009	扣塔固结扣索断开
7	合江长江一桥	钢管混凝土	530	2012	扣塔固结扣索断开
8	六景大桥	钢管混凝土	265	2018	扣塔铰接扣索通长
9	马滩红水河特大桥	钢管混凝土	336	2018	扣塔固结扣索通长

4.1.3 扣挂体系类别的优缺点

钢管拱肋安装施工关系到大桥建设的成败,而扣挂系统选型是斜拉扣挂法施工的首要问题。扣挂体系的特点决定了它的优缺点,见表 4-3。

表 4-3 扣挂体系类别的优缺点

类别名称	特　点	优　点	缺　点
1	扣塔固结、扣索断开、扣索在塔上张拉	扣塔脚结构简洁,无须做复杂的铰;扣索钢绞线均为直向张拉,无须弯折,受力明确,塔前后扣索数量按需设置,材料节约;控制塔顶位移较易;扣挂施工快;扣挂体系整体稳定性好;适于实现"吊扣合一"	塔脚固结,塔顶变位允许值较小,控制要求高;塔上锚点(锚箱)受力大,与扣塔连接处理困难,结构复杂;扣索断开多两个连接点,增加1倍锚具及收放工作量,控制点增多;塔上张拉,人员设备要上塔,扣索松索时容易滑索,安全风险较大
2	扣塔铰接、扣索通长、扣索在地面张拉	扣塔顶位移允许量大、控制较易实现;扣索地面张拉,无高空作业,较为安全,检查方便;塔上扣索转向索鞍受力较小,容易处理;松索较安全	扣塔铰接,受力集中,结构较复杂;为减少不平衡水平力,前后塔扣索与水平面夹角不能差异过大,布置难度较大,要额外设置平衡索

(续表)

类别名称	特　点	优　点	缺　点
3	扣塔固结、扣索通长、扣索在地面张拉	塔架偏位对扣索体系以及拱圈线形影响很小；扣塔脚结构简洁，无须做复杂的铰；扣索地面张拉，无高空作业，较为安全，检查方便；塔上扣索转向索鞍受力较小，容易处理	塔脚固结，塔顶变位允许值较小，扣索不能参与扣塔定位，常需另外设定位索，控制难度较大
4	扣塔铰接、扣索断开、扣索在塔上张拉	扣塔顶位移允许量大，控制难度较小；扣索钢绞线均为直向张拉，无须弯折，受力明确，塔前后扣索数量按需设置，材料节约；控制塔顶位移较易；扣挂施工快	扣塔铰接，受力集中，结构较复杂；塔上锚点（锚箱）受力大，与扣索连接处理困难，结构复杂；扣索断开多两个连接点，增加1倍锚具及收放工作量，控制点多；塔上张拉，人员设备要上塔、扣索松索容易滑索，安全风险较大

4.1.4　扣挂体系的选择

从表4-3可以看出，近年来扣塔铰接扣索通长、扣塔固结扣索通长的应用数量上具有显著优势，即扣索采用通索。总结起来有以下几方面原因：

(1) 对于大跨度拱桥，扣索采用通索，塔架偏位对扣索体系以及拱圈线形影响很小，对拱圈安装线形控制有利。

(2) 扣索采用通索，扣索张拉均在地面操作，无高空作业，减小施工安全隐患且检查方便。

(3) 扣索采用通索，塔架扣索转向索鞍处受力较小，容易处理。

基于以上论述，塔架最好的结构体系为塔底铰接或固结，扣索为连续通索的结构形式。这在马滩红水河特大桥和平南三桥的施工中可以体现出来。

4.2　扣挂体系组成部分

4.2.1　扣索

采用低松弛预应力钢绞线，每根张拉力控制在100 kN，最大不超过120 kN。宜选用延展性好的钢绞线，选用优质锚板和夹片，最好采用名牌工具锚板和夹片，并在锚固和张拉端都采用保险措施。合江长江一桥在锚固端采用前放P锚后放夹片锚的措施，夹片锚受力，P锚起保险作用；在张拉端设置压板防止夹片松脱。扣索张拉一般采用单根多点对称张拉。拆除或松张扣索钢绞线操作必须注意安全，防止钢绞线脱出，特别是千斤顶放张完毕，采用卷扬机或其他设备继续放松出去时更应注意安全，必须将影响范围内工作暂停，以确保施工安全。

4.2.2　扣点、转点

拱肋扣点常采用反力梁的方式，扣点设置在拱肋桁架节点处。当扣索角度过小，在拱肋背部设置转点，即弧形转索鞍，以增大反力梁的布置角度，同时让扣索避开拱肋的缀杆（图4-4）。扣点也可采用其他形式，如南宁永和大桥的抱箍式（图4-5）和日本广岛空港大桥的吊耳式（图4-6），但反力梁方式比较简单，经济实用。

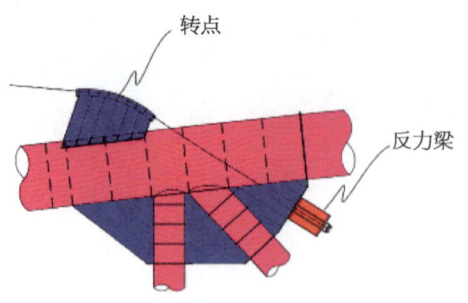

图 4-4 马滩红水河特大桥扣点

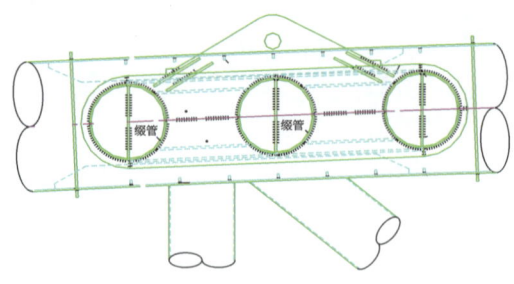

图 4-5 南宁永和大桥扣点

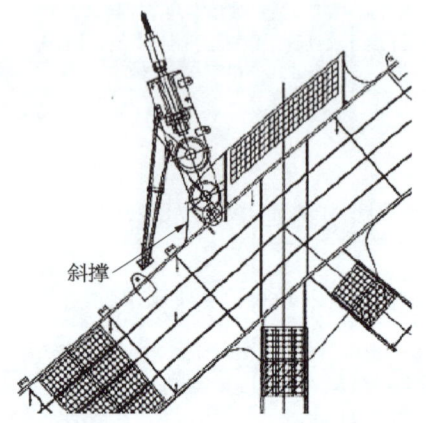

图 4-6 日本广岛空港大桥扣点

图 4-7 马滩红水河特大桥索鞍

4.2.3 塔上索鞍或交换梁

通长式扣索采用索鞍,常用二轮、三轮和多轮式,传递给塔架只有竖向压力和水平推力(图4-7、图4-8)。

断开式扣索采用交换梁,可分外部交换梁和内部交换梁。外部交换梁如按南宁永和大桥(图4-9)和日本广岛空港大桥模式(图4-10),不参与塔架受力,只传递给塔架支点处竖向压力和整体水平推力,受力明确。内部交换梁如按合江长江一桥模式,则参与塔架

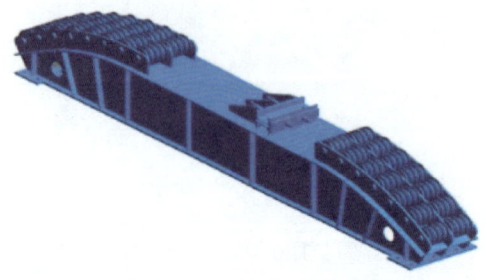

图 4-8 平南三桥索鞍

受力,对塔架有水平向外拉力,受力较复杂。比较两者,采用外部交换梁虽然材料用量较大,但受力简洁明确,更好处理。

4.2.4 扣塔

扣塔是斜拉扣挂系中的主要受力结构,用于支承扣索,可称为扣挂系统中的"主心骨"。而扣挂施工开始后,拱肋处于不断加长的悬臂状态,如果有问题就很难处理,又因为受力太大且是逐渐加载,无法像吊装系统一样进行荷载试验,所以其设计施工必须高度重视。

4.2.4.1 扣塔结构形式及材料选择

按塔架底部支承边界条件的不同,主要分为固结塔架和铰接塔架两种;按扣塔组成材料来分,主

第 4 章　斜拉扣挂体系设计与施工

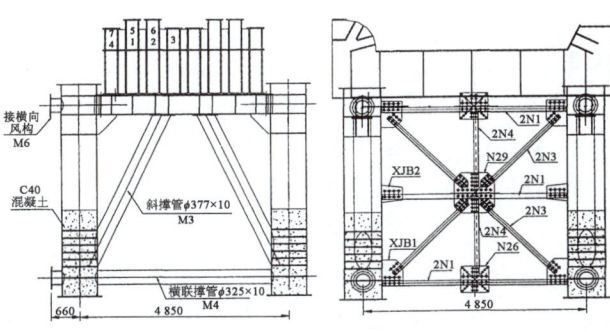

图 4-9　南宁永和大桥交换梁

图 4-10　日本广岛空港大桥交换梁

要分为钢管扣塔、钢管混凝土扣塔和万能杆件扣塔(表 4-4)。具有代表性的几座桥扣塔如图 4-11～图 4-13 所示。

表 4-4　部分大跨径拱桥扣塔

序号	桥梁名称	拱肋类型	跨径/m	扣塔支承	两岸扣塔高度/m	扣塔材料	每吨钢材承载压力/kN
1	南宁永和大桥	钢管混凝土	346.7	铰接	120	钢管	42
2	太平湖大桥	钢管混凝土	352	铰接	86	万能杆件	18
3	支井河大桥	钢管混凝土	430	固结	82.6	利用永久墩	
4	巫山长江大桥	钢管混凝土	492	固结	94.5/119.5	钢管混凝土	34
5	合江长江一桥	钢管混凝土	530	固结	148.5/134.6	钢管混凝土	26
6	南宁大桥	钢箱	300	固结	126/136	钢管	18
7	菜园坝长江大桥	钢箱	420	固结	133	万能杆件	18
8	南广铁路西江特大桥	钢箱	486	固结	142/124	钢管	20
9	卢浦大桥	钢箱	550	固结	128	钢构件	28

注：扣塔材料计算每吨钢材承载力时，管内混凝土按 4 m³ 折合 1 t 钢材。南宁大桥扣塔材料每吨承载力偏低，是由于拱肋外倾，扣塔宽度达 109 m，大大宽于常规设计。

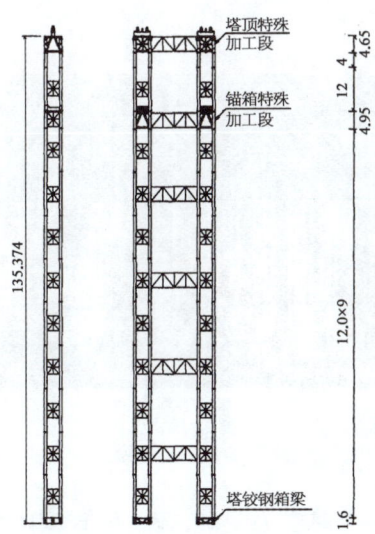

图 4-11　南宁永和大桥扣塔

图 4-12　南宁大桥扣塔

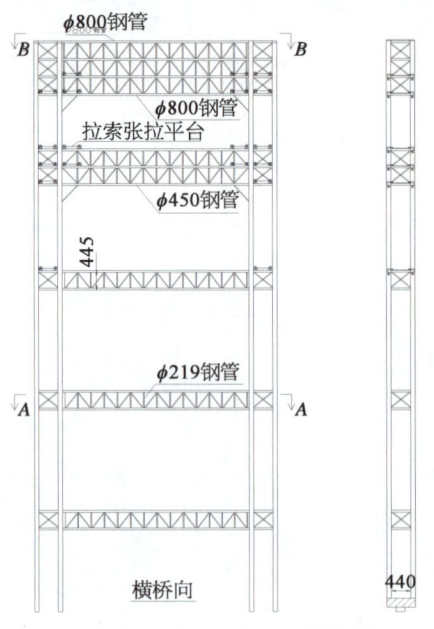

图 4-13 菜园坝长江大桥扣塔

从表 4-4 可以看出：

(1) 扣塔宜采用塔脚固结形式，这样结构刚度较大，塔脚处理简单，且可以分散塔架基础受力。通过加强缆风设置和严密监控可以保证塔顶偏位不超限。

(2) 大跨度拱桥中下承式较多，拱高度大，其扣索竖向压力合力大，且塔高都在 80 m 以上，采用万能杆件数量较大，技术合理性下降，经济指标较差。扣塔的材料宜采用南宁永和大桥结构模式，从表中可见，其每吨扣塔钢材承载力达到 42 kN，在几座大桥中达到第一位，即主体为空钢管，做成可周转使用的标准件，受力复杂位置钢结构加强，且局部灌注管内混凝土，保证局部受力稳定。钢管混凝土塔架每吨承载力也较大，但其周转利用性较差，虽然一次投入少，但长期考虑则经济指标差。

(3) 如为上承式拱桥，应该尽量直接利用交界墩作为扣塔。如支井河大桥和日本广岛空港大桥，当然这是最节省的，但要桥位合适才行(图 4-14、图 4-15)。

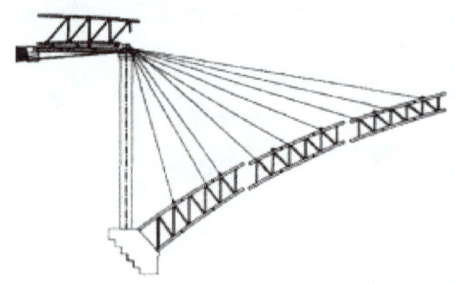
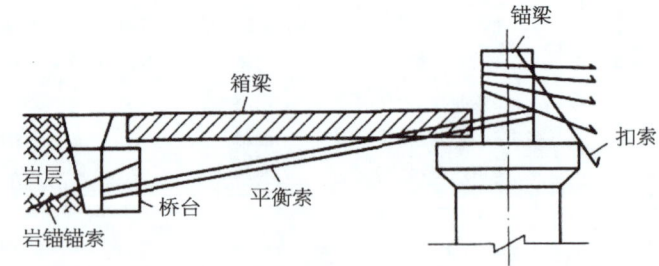

图 4-14 支井河大桥

图 4-15 支井河大桥实景

4.2.4.2 吊装系统与扣挂系统通盘考虑时的扣塔选择

(1) 对于中小跨拱桥，缆索吊装系统与扣挂系统相互独立时受力明确，施工互不影响，且拱肋合龙后扣挂系统能马上拆除，降低成本，故对于 200 m 左右的中小跨径拱桥吊装还在沿用。

(2) 对于大跨度拱桥,其扣索竖向力较大,基本达到 20 000 kN 左右,扣塔都非常强大,故在其上设置吊塔,其传下来的竖向压力相对较小,所以基本都采用"吊扣合一"模式。之前由于担心吊装系统吊、运、放的过程中,吊塔水平力变化引起扣塔变位,从而引起已安装好悬臂拱肋的标高和轴线变化,导致其安装精度降低,为保险起见,一般都采用"吊扣合一,中间设铰"的形式。但对于特大跨拱桥,由于扣塔自身很高,立在上面的吊塔又很矮,如合江长江一桥扣塔 148 m,吊塔 30 m,加上塔顶索鞍等,吊塔顶离地面高 180 m,控制吊塔偏位在一定范围内是非常困难的,因此采用"塔脚固结,吊扣塔完全合一,中间不设铰"模式,应是较好选择。

4.2.5 地锚

地锚主要有三种形式:重力式地锚、桩式地锚、预应力岩锚。重力式地锚主要依靠自重产生足够的地锚抗倾覆性,同时依靠与基底的摩擦力和地锚前墙土体的土抗力来抵抗绳索对地锚产生的水平拉力,重力式地锚由于主要依靠自身重量来抵抗索道的拉力,因此一般体积比较庞大[3]。桩式地锚主要应用于岩石完整性较好的地层,依靠地锚下的基桩和土体的土抗力来平衡拉力作用。桩式地锚通常体积较小,施工也比较方便、快捷,与重力式地锚相比,可缩短施工周期,节省施工材料,更经济划算[3]。岩锚是采用预应力锚索锚固于深处岩层中,可以节省钢筋混凝土用量,通常可以利用已有的墩台基础作为与扣索的交换梁,这样可以节省一定费用,在锚索受力巨大时更具有经济性。支井河大桥及合江长江一桥、南广铁路西江特大桥都采用了预应力岩锚,显示出其经济合理性(图 4-16、图 4-17)。而且支井河大桥、合江长江一桥锚碇设计与桥台相结合,充分发挥永久桥台重量及基础的嵌固作用,实现了永久结构兼作临时结构的合理化设计。

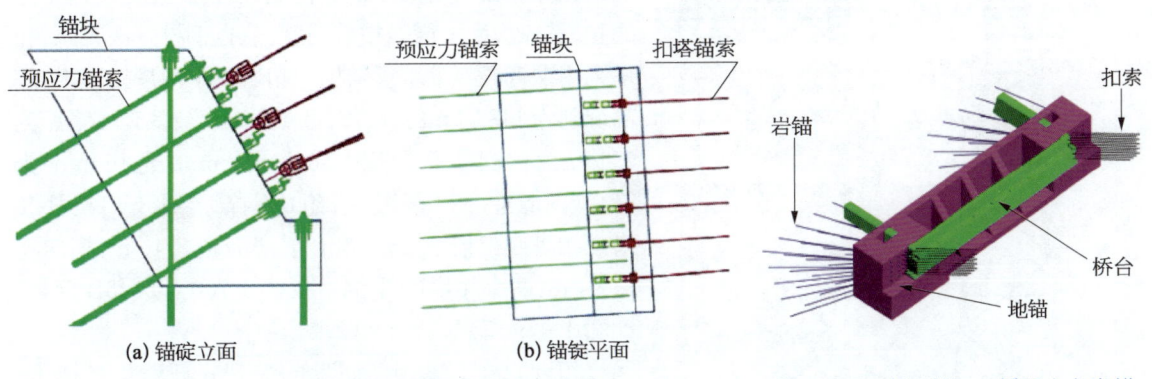

图 4-16 南广铁路西江特大桥预应力岩锚　　图 4-17 合江长江一桥预应力岩锚

4.3 合江长江一桥斜拉扣挂体系

4.3.1 斜拉扣挂体系设计

4.3.1.1 总体布置设计

合江长江一桥主拱圈钢管桁架斜拉扣挂体系由锚固点、张拉锚箱、扣塔、锚碇及扣索五大结构部分组成。扣塔位于两岸拱座上,塔距 554 m,扣塔为钢管混凝土塔式结构。扣索采用塔顶张拉方式,位于扣塔顶张拉端的锚箱由钢板与钢管组装焊接而成,并与扣塔组成共同受力的结构体系。两岸地质情况良好,均为完整弱风化砂岩,地锚为预应力岩锚。重庆岸地锚设置在引桥 0 号桥台处,尾索跨距 191 m,宜宾岸地锚设置在石匠湾大桥 0 号桥台处,尾索跨距 151 m,如图 4-18 所示。

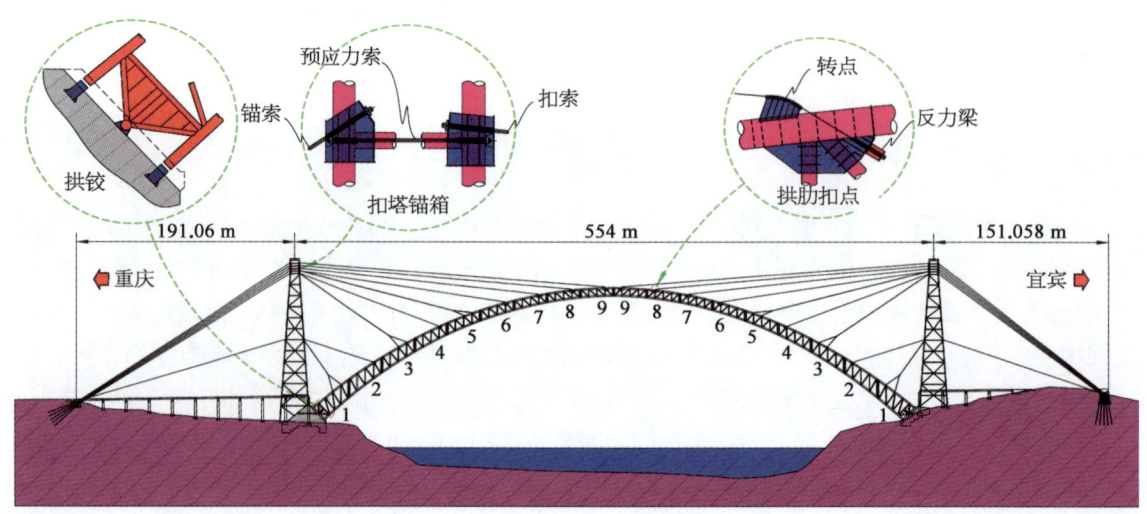

图 4-18　合江长江一桥斜拉扣挂体系

4.3.1.2　扣塔设计

合江长江一桥两岸地势较低,使得斜拉扣挂体系中的扣塔较高,为了增强扣塔刚度,节省钢材一次投入,扣塔采用钢管混凝土塔式结构。扣塔位于两岸拱座上,塔高分别为 148.51 m(重庆岸)和 134.6 m(宜宾岸),塔距为 554 m,立柱钢管采用 8 根 $\phi 660 \times 12$ mm(或 16 mm)钢管,管内灌注 C50 混凝土,组成钢管混凝土格构柱扣塔。扣塔底部桁宽 25.46 m,顶部桁宽 8.46 m,横向宽 31.94 m,两个扣塔的用钢量仅为 1 700 t Q345B 钢材,如图 4-19 所示。

扣塔的施工采用新研发的提升式摇臂组塔技术,实现塔架分节段安装,提高施工效率,降低施工成本,减小安全风险。立柱钢管内混凝土采用高抛混凝土新施工工艺,采用高黏聚性自密实混凝土,用泵机泵送至立柱钢管顶部管口直接抛填入钢管内,利用混凝土的下落冲击压力,以达到混凝土密实。由于混凝土的高黏聚性,不会出现混凝土离析现象。

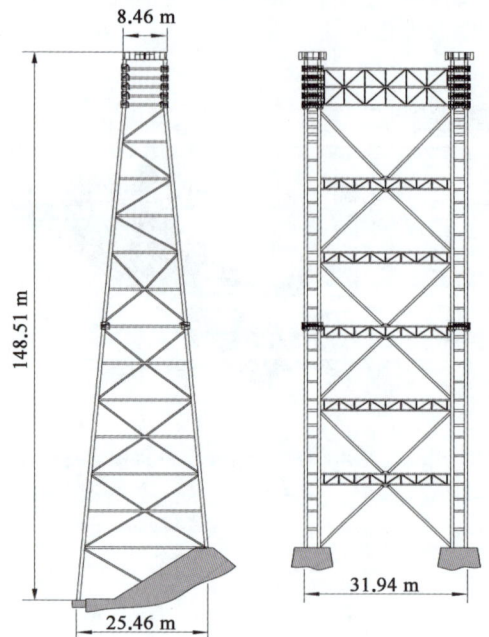

图 4-19　合江长江一桥扣塔设计

4.3.1.3　扣索及扣、锚点设计

拱圈的第 2、4、6、7、8、9 段拱肋为正式扣索,每组扣索由 8 束钢绞线组成;第 1、3、5 段拱肋的扣

索为临时扣索,每组临时扣索由 4 束钢绞线组成,临时扣索在下一段拱肋扣索安装张拉完成后即可拆除。扣索配索根数、长度及索力见表 4-5。单束扣索由多根 $\phi15.2$ 低松弛高强度钢绞线组成,扣索锚固端采用挤压锚具,张拉端采用可调索低应力夹片锚具,如图 4-20 所示。

表 4-5 扣索配索根数、长度及控制索力

扣索编号	扣索规格-钢绞线根数	根数	长度/m	单根控制索力/kN	单岸侧控制索力总和/kN
临时 1	15-8	8	54.29	625	2 500
1	15-7	16	69.08	487.5	3 900
临时 2	15-8	8	114.34	625	2 500
2	15-7	16	136.29	560	4 480
临时 3	15-8	8	156.80	800	3 200
3	15-10	16	186.97	828.75	6 630
4	15-10	16	214.82	760	6 080
5	15-12	16	243.21	1 017.5	8 140
6	15-12	16	271.96	1 160	9 280

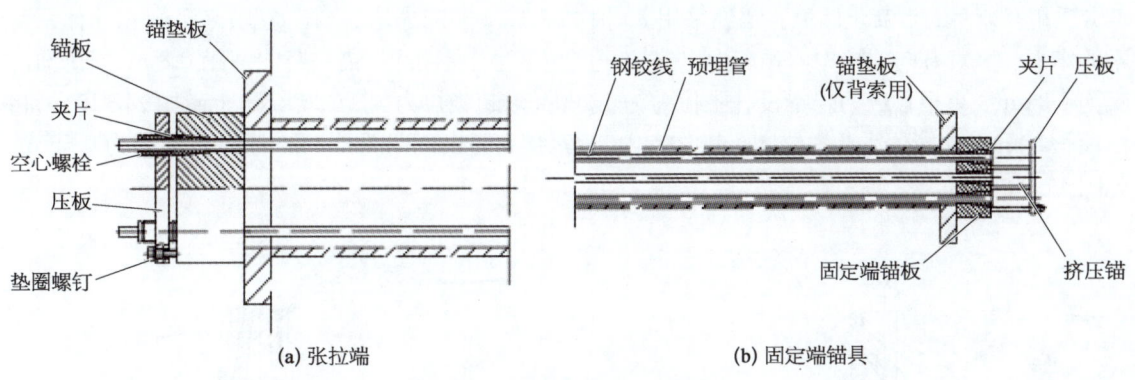

图 4-20 扣索张拉端与锚端

扣索采用塔上张拉、前后索分离,分别锚固于前后锚箱上。扣索在扣塔上分层锚固,为了增大锚固区的刚度,将扣塔顶部截面设计较宽,为 8.46 m。扣点处不易设置交换梁,故采用了锚箱的方式,单个扣塔共有 12 个锚箱,由钢板与钢管组装焊接成箱形结构,并与扣塔组成共同受力的结构体系。前后锚箱设有 2 束预应力钢绞线将其连接起来,以实现前后索力的交换。

拱肋扣点采用反力梁的方式,扣点设置在拱肋桁架节点处,当扣索角度过小,在拱肋背部设置了弧形转索鞍,以增大反力梁的布置角度,同时让扣索避开拱肋的缀杆,如图 4-21 所示。

4.3.1.4 地锚设计

锚碇设计与桥台相结合,充分发挥桥台重量及基础的嵌固作用,实现永久结构兼作临时结构的合理技术。锚碇扩大基础置于完整的弱风化细砂岩内,要求基底容许应力 $[\sigma_a] \geqslant 1.5$ MPa。预应力岩锚 10 m 长的锚固段应置于完整的弱风化细砂岩内。

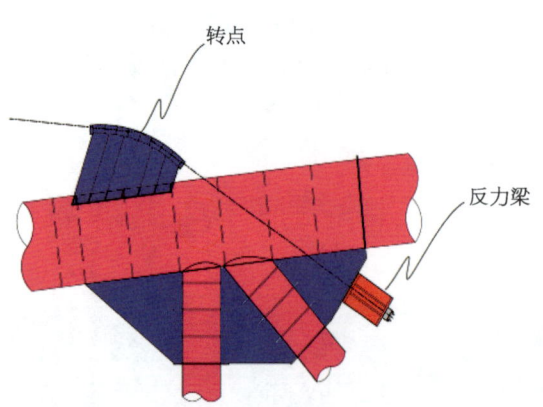

图 4-21 拱肋扣点

1) 重庆岸地锚

重庆岸锚碇设置于重庆岸桥台上下游端，位于拱肋轴线上，并适当加宽桥台背墙作为锚碇的交换墙。扣塔体系背索拉力通过锚座及预应力岩锚传递至稳定岩体中，锚座高 7.7 m，底部纵桥向宽 6.56 m，顶部纵桥向宽 5.0 m，横桥向宽 8.25 m。两侧锚座之间通过基础和背墙连接，背墙与基础间共设三道肋板，基础、背墙、肋板厚度均 1.0 m。锚座内部设 2.65 m×1.5 m 的操作室，锚座间的空腔部分采用 C20 片石混凝土回填。锚碇采用 50 根 $12\phi_s15.2$ 预应力岩锚（拉力型）来平衡扣挂体系背索的水平和竖直方向的拉力。预应力岩锚按一定角度呈伞形布置，锚头竖向间距 0.8 m，横桥向间距为 1.35 m。单根预应力岩锚设计张拉力为 1 200 kN，超张拉力为 1 320 kN，内锚固段长 10 m，自由段长 20 m。扣挂体系背索锚固于操作室内，背索锚具竖向间距为 0.8 m，横桥向间距为 0.55 m，如图 4-22 所示。

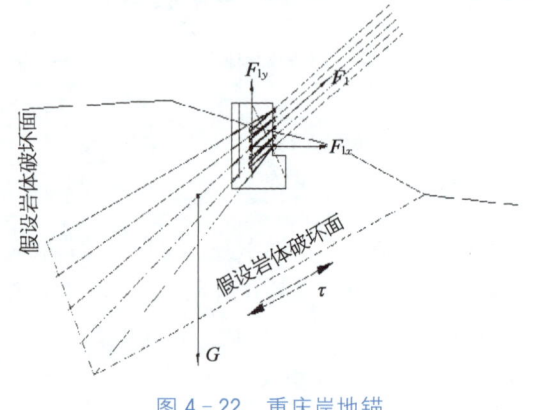
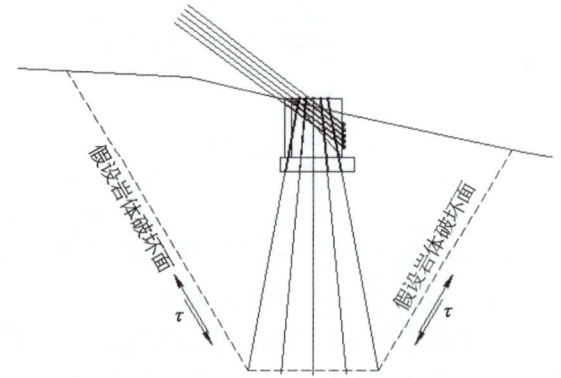

图 4-22 重庆岸地锚　　　　　图 4-23 宜宾岸地锚

2) 宜宾岸地锚

宜宾岸锚碇设置于石匠湾大桥 0 号桥台上下游端，位于拱肋轴线上。扣挂体系背索拉力通过锚座、预应力岩锚传递稳定岩体中，锚座高 10.5 m，底部纵桥向宽 10.634 m，顶部纵桥向宽 8.0 m，横桥向宽 9.0 m。两侧锚座之间通过基础和背墙连接，背墙与基础间共设三道肋板，基础、背墙、肋板厚度均 1.0 m，锚座间的空腔部分采用 C20 片石混凝土回填。锚碇采用 46 根 $12\phi_s15.2$ 预应力岩锚

(拉力型)来平衡扣挂体系背索的竖直方向的拉力,利用锚碇摩擦力和背墙后部岩(土)体抗力来平衡背索水平方向拉力。预应力岩锚按一定角度呈伞形布置,锚头纵桥向及横桥向间距均为1.0 m。单根预应力岩锚设计张拉力为1 200 kN,超张拉力为1 320 kN,内锚固段长10 m,自由段长30 m。扣挂体系背索锚固于锚座前侧,背索锚具竖向间距为0.8 m,横桥向间距为0.55 m(图4-23)。

锚碇设计与桥台相结合,充分发挥桥台重量及基础的嵌固作用,实现永久结构兼作临时结构的合理技术。这样省去了大方量混凝土结构锚碇,仅用96束30 m长的$12\phi_s15.2$拉力型预应力锚索就替代了约5 000方的混凝土,不仅加快了施工进度,其经济效益也十分显著。

4.3.2 斜拉扣挂体系计算

4.3.2.1 扣塔计算

(1)扣塔偏位控制。在吊装过程中,扣塔偏位均控制在±5 cm以内。各工况塔顶偏位如图4-24所示。图中正值表示向宜宾岸变位,负值表示向重庆岸变位。

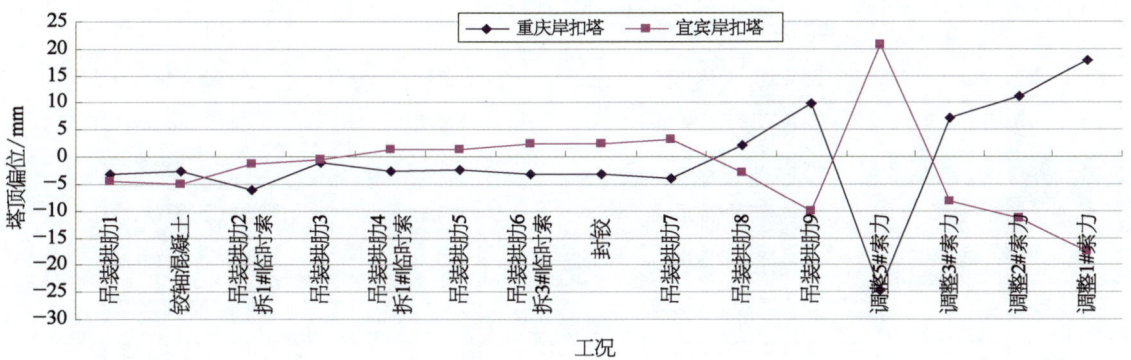

图4-24 塔顶偏位

由于重庆岸扣塔与宜宾岸结构对称,只是重庆岸扣塔底部多延伸出斜脚13.91 m,故此处只列出重庆岸扣塔的偏位分析结果,见表4-6。

表4-6 各工况扣塔位移计算情况汇总

工况	名 称	顺桥向最大位移/mm	位 置	横桥向最大位移/mm	位 置
工况一	安装第一节段拱肋	4.9	J10支点	1.4	主钢管顶部
工况二	安装第二节段拱肋	5.9	J10支点	1.4	主钢管顶部
工况三	安装第三节段拱肋	5.7	J10支点	1.4	主钢管顶部
工况四	安装第四节段拱肋	9.5	1-1#锚箱位置处	1.5	1-1#锚箱下部钢管
工况五	安装第五节段拱肋	10.4	J10支点	1.6	2-2#锚箱下部钢管
工况六	安装第六节段拱肋	9.7	J10支点	1.8	2-2#锚箱下部钢管
工况七	安装第七节段拱肋	13.4	J10支点	2.0	2-2#锚箱下部钢管
工况八	安装第八节段拱肋	18.9	J10支点	2.2	2-2#锚箱下部钢管

（续表）

工况	名称	顺桥向最大位移/mm	位置	横桥向最大位移/mm	位置
工况九	安装第九节段拱肋	32.2	2-1#锚箱下部主钢管	2.5	2-2#锚箱下部钢管
工况十	合龙前＋横桥向风荷载	40.9	2-1#锚箱下部主钢管	60.2	主钢管顶部
工况十一	合龙前＋顺桥向风荷载	37.0	6-1#锚箱位置处	2.3	2-2#锚箱下部钢管

从表中可以看出：在各工况下，扣塔位移满足规范要求；考虑合龙前横桥向风荷载情况下，顺桥向位移最大 40.9 mm，横桥向位移最大 60.2 mm，均是发生在主钢管顶部。

（2）扣塔应力分析。此处只列出重庆岸扣塔应力分析结果，见表 4-7。

表 4-7 各工况扣塔应力计算情况汇总

工况	名称	最大应力/MPa	位置
工况一	安装第一节段拱肋	−90.6	主管下部横联腹杆
工况二	安装第二节段拱肋	−92.8	主管下部横联腹杆
工况三	安装第三节段拱肋	−104.9	主管下部横联腹杆
工况四	安装第四节段拱肋	−111.3	主管下部横联腹杆
工况五	安装第五节段拱肋	−125.1	主管下部横联腹杆
工况六	安装第六节段拱肋	−136.2	主管下部横联腹杆
工况七	安装第七节段拱肋	−154.0	主管下部横联腹杆
工况八	安装第八节段拱肋	−180.2	主管下部横联腹杆
工况九	安装第九节段拱肋	−210.1	主管下部横联腹杆
工况十	合龙前＋横桥向风荷载	242.0	6-1#锚箱对应的主钢管
工况十一	合龙前＋顺桥向风荷载	250.9	6-1#锚箱对应的主钢管

从表 4-7 可以看出：在各工况下，扣塔主要杆件受力满足强度要求；主管下部横联腹杆（Q235）受到的压应力在后面几个工况下，应力较大；在合龙前考虑风荷载的作用下，6-1#锚箱对应处的主钢管（Q345）受到的拉应力较大。

（3）扣塔稳定性分析。分别对主拱合龙前考虑横桥向风荷载和主拱合龙前考虑顺桥向风荷载进行分析，并提取扣塔前四阶弹性屈曲结果，见表 4-8。

表 4-8 扣塔整体稳定性验算汇总

名称		失稳状态	稳定系数	小结
主拱合龙前考虑横桥向风荷载作用	模态 1	主管根部侧向失稳	12.98	稳定系数均大于 4，整体稳定性满足要求
	模态 2	下部横联及斜撑纵向失稳	13.84	
	模态 3	下部横联及斜撑纵向失稳	14.07	
	模态 4	主管下部侧向失稳	14.41	

第 4 章 斜拉扣挂体系设计与施工

(续表)

名　　称	失稳状态	稳定系数	小　　结
主拱合龙前 考虑顺桥向 风荷载作用	模态 1	主管下部侧向失稳	14.44	稳定系数均大于 4,整体 稳定性满足要求
	模态 2	下部横联及斜撑纵向失稳	14.94	
	模态 3	主管下部侧向失稳	15.11	
	模态 4	主管上部侧向失稳	15.62	

4.3.2.2 锚箱计算

1) 锚箱概况

锚箱位于两岸扣塔扣、背索锚固处,由钢板和钢管焊接组装而成,内部构造复杂,与扣塔组成共同受力的结构体系。全桥共有 48 个锚箱,其中 1、2、3 号锚箱由于临时扣索的作用,既有临时扣索锚固板,也有永久扣索锚固板。另外根据扣、背索角度的不同,48 个锚箱共分为 6 组,具体位置布置如图 4-25 所示(图中仅示出 1-1 锚箱空间位置)。1-1 锚箱三维构造如图 4-26 所示。

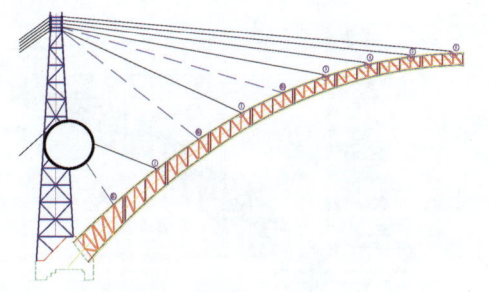

图 4-25 锚箱位置立面图

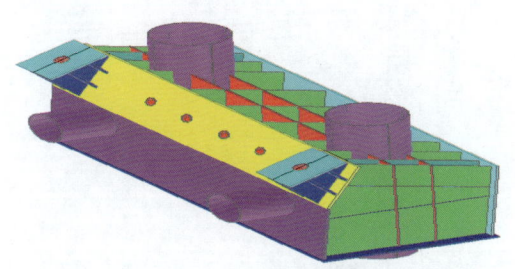

图 4-26 1-1 锚箱三维构造

2) 锚箱分析结果

针对合江长江一桥扣塔的 1-1、2-1、3-1、3-3、6-1 号钢锚箱,建立有限元计算模型,其中 1-1、2-1 和 3-1 锚箱分析分为两种工况——正式扣索力和临时扣索力作用工况,3-3(宜宾岸背索锚箱)和 6-1 锚箱只分析扣索作用下锚箱的受力情况。现将结论概括如下:

(1) 经过模拟钢锚箱在拱肋吊装过程中所受拉力荷载的作用,钢板传力途径明确,应力水平均能满足规范和设计文件要求,锚箱整体性能良好,各个钢锚箱均能满足施工要求。

(2) 通过计算发现,除主管预应力张拉位置和扣索锚下位置外,其他地方应力水平较低,位移也较小。

① 1-1 锚箱在正式扣索力作用下,最大拉应力是 139 MPa,最大压应力是 127 MPa。

② 1-1 锚箱在临时扣索力作用下,最大拉应力是 32.7 MPa,最大压应力是 46.1 MPa。

③ 2-1 锚箱在正式扣索力作用下,最大拉应力是 87.8 MPa,最大压应力是 123 MPa。

④ 2-1 锚箱在临时扣索力作用下,最大拉应力是 80.8 MPa,最大压应力是 84 MPa。

⑤ 3-1 锚箱在正式扣索力作用下,最大拉应力是 122 MPa,最大压应力是 185 MPa。

⑥ 3-1 锚箱在临时扣索力作用下,最大拉应力是 79.2 MPa,最大压应力是 109 MPa。

⑦ 3-3 锚箱最大拉应力是 145 MPa,最大压应力是 144 MPa。

⑧ 6-1 锚箱最大拉应力是 174 MPa，最大压应力是 260 MPa。

（3）由于模型模拟预应力张拉和实际情况存在一定差异，无法精确模拟预应力锚具对预加力的扩散作用，导致在张拉端出现局部应力集中。

（4）容易发生应力集中的地方，应采取可行的措施提高锚箱的安全性。

3）稳定性计算

（1）全桥结构在自重下的稳定性。全桥结构在自重作用下提取前四阶弹性屈曲结果，见表 4-9，如图 4-27 所示。

表 4-9　自重时稳定系数

阶　数	1	2	3	4
稳定系数	13.311	16.571	16.703	16.786

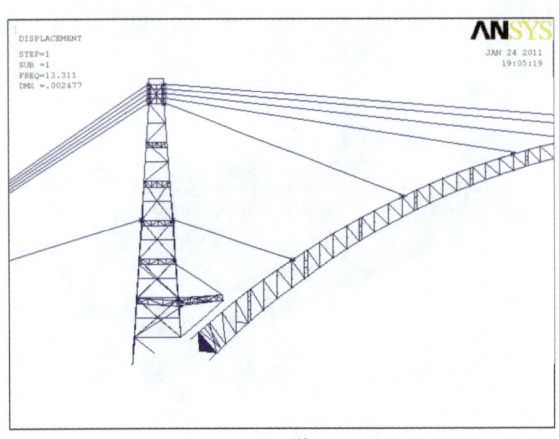

(a) 1阶

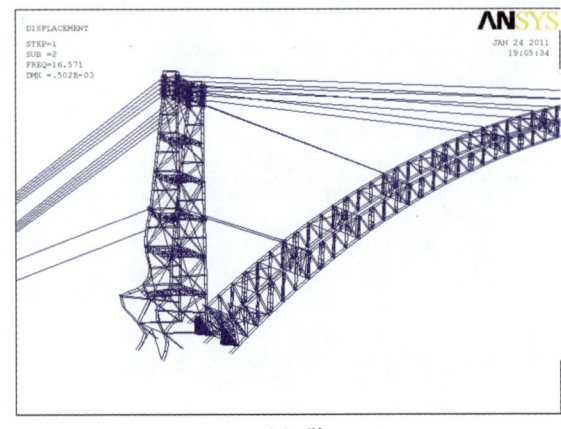

(b) 2阶

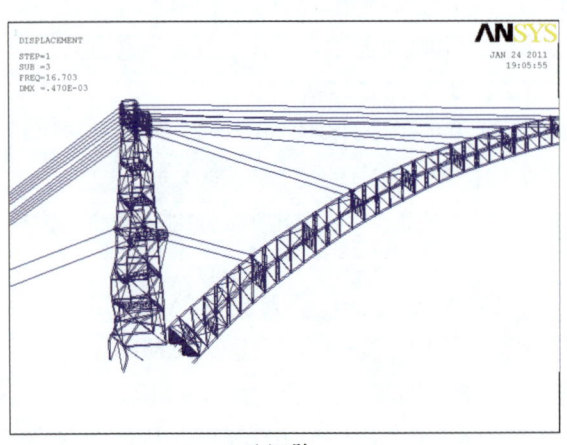

(c) 3阶

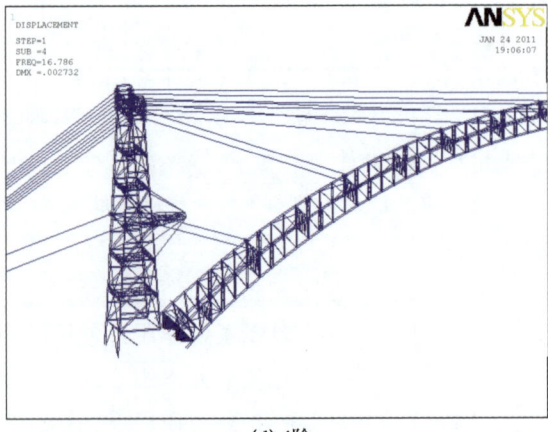

(d) 4阶

图 4-27　在自重作用下前四阶屈曲模态

由图 4-27 可以看出，全桥结构在自重作用下主要是扣塔失稳。

（2）钢管吊装至最大悬臂时的稳定性。钢管吊装至最大悬臂时提取前四阶弹性屈曲结果，见表 4-10，如图 4-28 所示。

表 4-10　最大悬臂时稳定系数

阶　　数	1	2	3	4
稳定系数	25.741	26.644	28.323	28.599

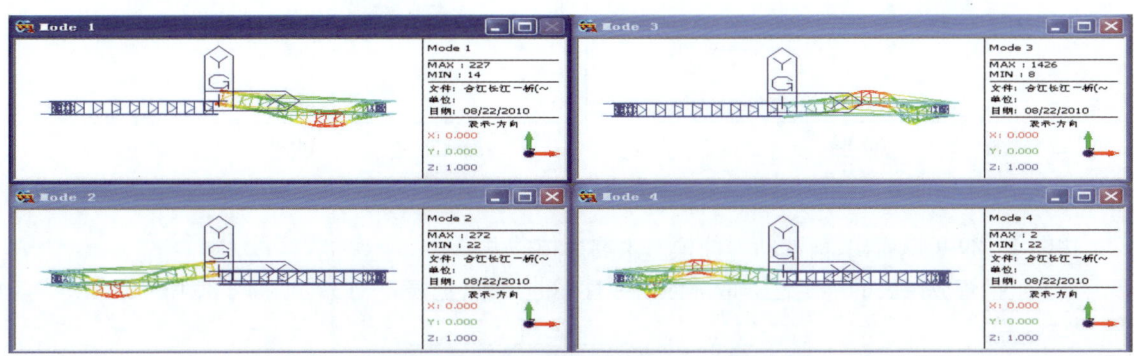

图 4-28　最大悬臂时前四阶屈曲模态

由图 4-28 可以看出，合龙前前四阶屈曲模态均为面外失稳。

（3）最大悬臂时在横向风荷载作用下的稳定性。钢管吊装至最大悬臂时，在横向风荷载作用下，提取前四阶弹性屈曲结果，见表 4-11，如图 4-29 所示。

表 4-11　最大悬臂+横向风荷载时稳定系数

阶　　数	1	2	3	4
稳定系数	11.363	13.425	13.653	14.624

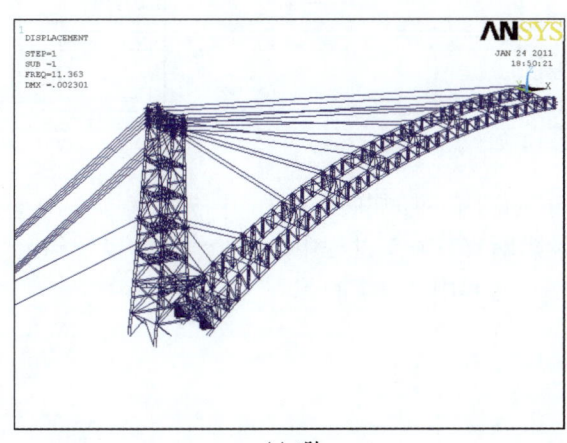

(a) 1阶

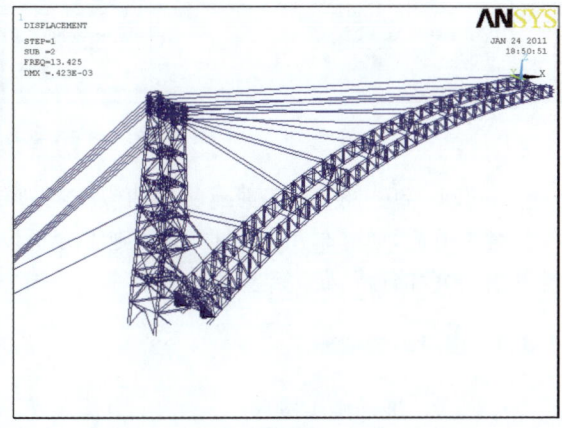

(b) 2阶

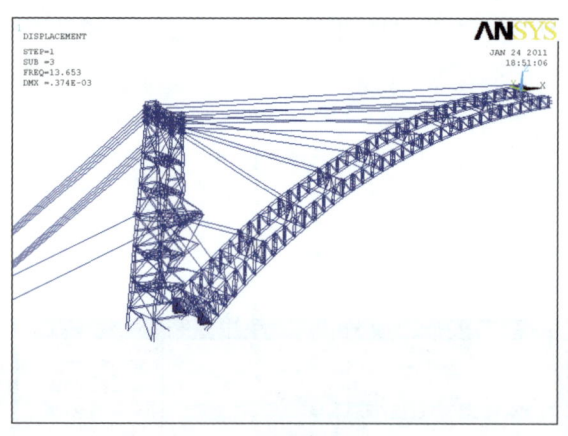
(c) 3阶

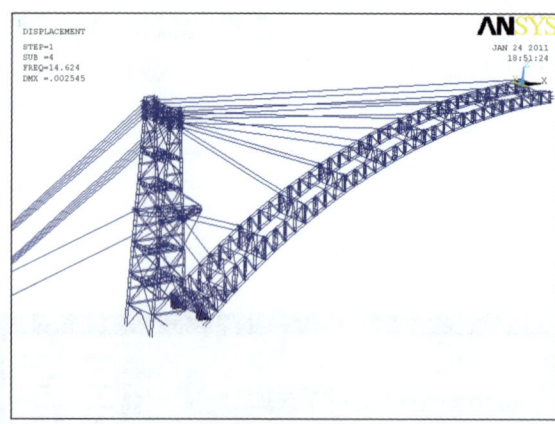
(d) 4阶

图 4-29　最大悬臂＋横向风荷载前四阶屈曲模态

由图 4-29 可以看出，前四阶屈曲模态主要为扣塔失稳。

（4）空钢管成拱后的稳定性。取前四阶弹性屈曲结果，见表 4-12，如图 4-30 所示。

表 4-12　空钢管成拱时稳定系数

阶　数	1	2	3	4
稳定系数	14.971	17.773	22.205	24.017

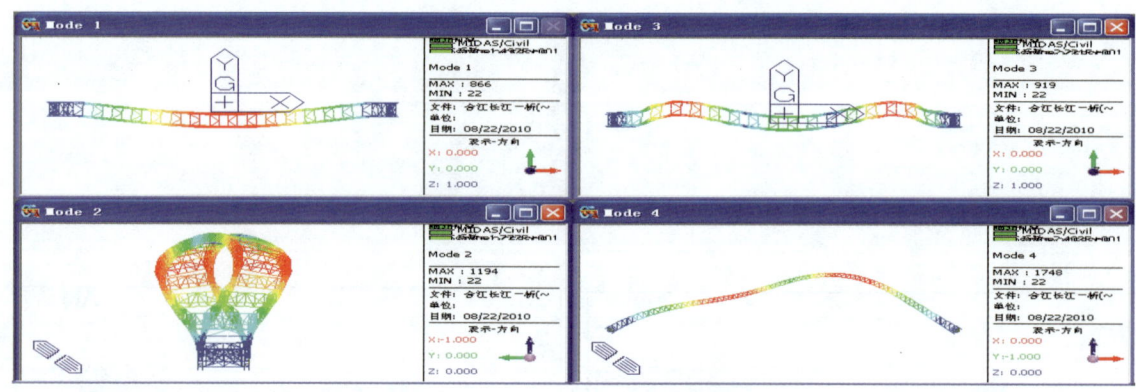

图 4-30　空钢管成拱时前四阶屈曲模态

由图 4-30 可以看出，前三阶屈曲模态均为面外失稳，第四阶屈曲模态为面内失稳。

综上所述，通过对扣塔施工、锚箱施工分析以及拱圈安装施工过程中的各扣索索力以及稳定性开展研究和分析，研究结果表明合江长江一桥在施工过程中是安全的。

4.3.3　预应力岩锚施工

4.3.3.1　地锚施工顺序

正式施工前必须在相邻的地质、地形条件相似部位进行一根预应力岩锚的拉拔试验，以试验成果作为正式施工工艺、施工控制及检验的依据。

(1) 基坑开挖。基坑开挖时,只允许放小炮,接近基底和周边 2 m 的范围内应严禁放炮。锚碇基坑开挖过程中,对于泥质砂岩或粉砂质泥岩等遇水软化的岩层,应立即采用 1 cm 厚的水泥砂浆对开挖表面进行封闭;同时设必要的排水措施,防止基坑积水。

(2) 预应力岩锚的钻孔及安装。按试验成果提供的施工工艺进行锚索的钻孔及安装,采用定位钻孔法,必须保证定向钻孔目标位置精度控制在 30 cm 以内。

(3) 锚碇施工。锚碇施工时应注意预埋背索管道及预应力岩锚管道。

(4) 回填。锚座间空腔部分采用 C20 片石混凝土回填,回填达到 85% 以上设计强度后,才能进行锚索张拉。

(5) 预应力岩锚张拉。锚索采用分 6 级对称张拉,每级张拉吨位为 200 kN。

锚索施工前应进行预应力岩锚拉拔试验,试验按照规范进行,试验结果应及时反馈设计单位确认,试验完成锚固力达到设计要求后,经监理工程师同意才能进行预应力锚索全面施工。

4.3.3.2 地锚施工注意事项

(1) 锚碇基坑按设计尺寸开挖(不超挖),采用不立模(临空面除外)直接现浇混凝土,以保证锚碇面与基岩紧密结合,使锚碇与岩体形成共同体。浇筑混凝土前,应仔细清除已松动的岩块,如基面有裂隙,应首先压浆封闭。

(2) 锚碇基础底面必须放置于完整的弱风化细砂岩上,若实际开挖情况与现有地勘资料相差较大,则基底标高可视实际情况适当调整。

(3) 由于锚碇内背索与锚索交叉设置,受力复杂,钢筋密集,预埋管件多,故应在混凝土配合比设计及浇筑工艺设计中采取有效措施,确保混凝土浇筑密实。

(4) 基础开挖到位后,当有可见节理及裂隙时,应进行压浆封闭;并设必要排水措施,防止基坑积水。

(5) 锚碇背后设截水沟,并可采用水泥护面等措施,避免雨水渗入锚碇基础。

(6) 重庆岸锚碇操作室上方应设雨篷,周边应设 10 cm×10 cm 挡水坎,孔口四面应设置 1% 纵向排水坡,以防止雨水流入;同时需备用抽水设备,用于及时排水。

(7) 拱肋吊装完成,拆除背索、释放岩锚锚索预应力。再在锚碇的基础上按照原桥台施工图进行两岸桥台施工,实现原桥台设计构造要求。

(8) 锚索分级对称张拉,分级张拉吨位按照设计吨位的 1/6 进行。

(9) 拱肋吊装过程中,应注意对锚碇变位、受力及关键部位的应力等情况进行及时观测,如有异常情况应立即通报。

(10) 岩锚钻孔时,应采用定向孔钻进法以确保钻孔角度的精度。

(11) 岩锚拉拔试验时应特别注意采取措施保证施工安全。

4.3.4 塔架安装与拆除

4.3.4.1 塔架安装
1) 提升式摇臂组塔技术的提出

在输电铁塔的安装中,有一种落地式摇臂抱杆分解组塔的施工方法,如图 4-31 所示。其基本原理是在铁塔的中心有一根立柱,立柱的顶部有四副摇臂,当其中一副摇臂进行吊重时,将另外三副摇臂的起重滑车组锚固于地面上,平衡工作摇臂的起重力矩,保持整个摇臂抱杆结构体系的稳定。摇臂抱杆的力矩平衡原理使得立柱承受的弯矩较小,并且摇臂是桁杆结构,主要承受轴力,易于实现较大起重量。合江长江一桥扣塔的安装吸收了输电铁塔安装的技术,并结合扣塔自身的结构特点和桥梁施工现有装备,开发了实用的"提升式摇臂组塔技术"进行扣塔安装。

2) 提升式摇臂的技术原理及特点

(1) 技术原理。在扣塔的中心设置一根万能杆件立柱,立柱顶部布置四幅起重摇臂,横桥向两副摇臂用于起重钢管桁架节段及锚箱,纵桥向两幅摇臂用于起重横联桁架。当其中一副摇

图 4-31 落地式摇臂抱杆分解组装输电铁塔

臂进行起重时,另外三副摇臂的起重滑车组锚固于地面的平衡重块上,以平衡起重摇臂的起重力矩。摇臂与立柱通过套架连接,套架可沿立柱上下滑动,使得四副摇臂可沿立柱提升与下降。当摇臂进行起重时用十字形钢梁将套架支承于立柱上,将摇臂的作用力传递至立柱。扣塔的基本安装节段为 20 m 高,首节段采用汽车吊在原位组立,其余节段和横联均在摇臂下方地面制作成节段后用摇臂起重至空中进行安装。每安装完 20 m,将立柱接高 20 m,摇臂沿立柱提升 20 m,进行下一节段的安装。扣塔拆除时,每拆除 20 m,就将摇臂下降 20 m。摇臂立柱的稳定通过柔性拉线附着于扣塔上,拉线分腰缆与斜拉线,腰缆每隔 20 m 设置一层,平拉于扣塔立柱上,斜拉线设置在下套架上,斜拉于扣塔立柱的顶部,如图 4-32 所示。

(2) 技术特点。提升式摇臂组塔施工的技术特点如下:

① 起重摇臂的起重力矩通过非工作摇臂的起重滑车组锚固于地面来平衡,可以通过调整锚固的起重滑车组钢丝的松紧来控制立柱的偏位,减小立柱承受的弯矩。

② 起重摇臂可以沿立柱往上提升或下降,扣塔安装一节,将摇臂往上提升一节,进行下一节段的安装;或扣塔拆除一节,将摇臂下降一节,进行下一节段的拆除。

③ 摇臂立柱通过柔性拉线附着在扣塔上,实现扣塔与摇

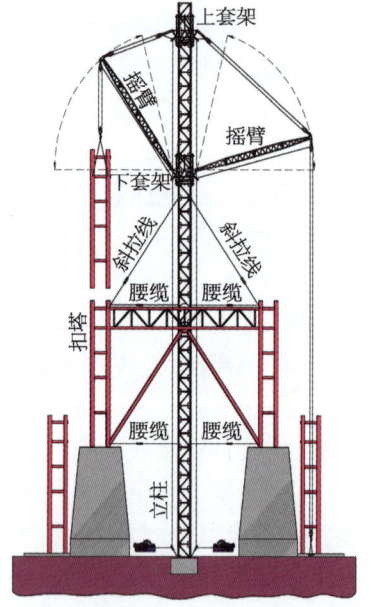

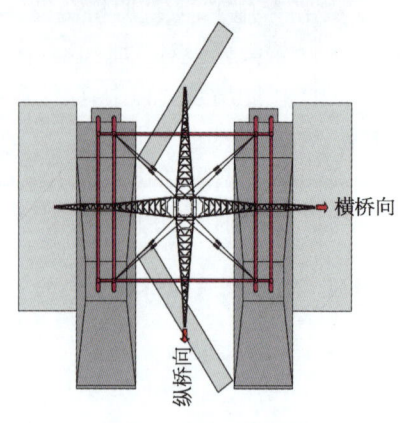

图 4-32 提升式摇臂扣塔安装系统

臂立柱的结构耦合,充分利用扣塔刚度来增强摇臂系统的稳定。

3) 扣塔吊装节段划分

提升式摇臂塔架安装系统由立柱、摇臂、套架、起重机构、变幅机构、提升机构、斜拉线与腰缆以及平衡地锚等组成。考虑了节段长度、吊装重量及吊装能力等因素后,扣塔吊装节段按最大 21 m 一段进行划分,其中锚箱部分因锚箱重量较大单独划分成一小段,那么节段的最大吊装重量为 34.9 t。扣塔第一吊装节段在拱座上采用吊车单根杆件起吊安装,形成一个框架节段。首节段安装完毕后,在首段扣塔上安装抱杆式扒杆,进行后续节段的起吊安装。扣塔各节段的长度和重量划分见表 4-13。

表 4-13 扣塔各节段长度、重量划分情况

节段编号	高度/m	段 数	重量/kg	备 注
第 1 段:格构柱	35.448	2	42 619.7	用汽车吊单件组立
第 2 段:格构柱	21	2	34 914.6	横桥向摇臂吊装
第 3 段:格构柱	18.48	2	29 628	横桥向摇臂吊装
第 4 段:锚箱	3.729	2	31 744	横桥向摇臂吊装
第 5 段:格构柱	19.741	2	29 882	横桥向摇臂吊装
第 6 段:格构柱	21	2	27 035	横桥向摇臂吊装
第 7 段:格构柱	18.93	2	22 020	横桥向摇臂吊装
第 8 段:锚箱	2.009	2	28 129	横桥向摇臂吊装
第 9 段:锚箱	2.084	2	26 594	横桥向摇臂吊装
第 10 段:锚箱	2.002	2	22 564	横桥向摇臂吊装
第 11 段:锚箱	2.002	2	22 581	横桥向摇臂吊装
第 12 段:锚箱	3.722	2	29 443	横桥向摇臂吊装

4) 安装步骤

利用提升式摇臂进行扣塔安装的施工步骤如下:

(1) 用汽车吊组立扣塔的首节,首节高度大于 20 m。

(2) 在首节扣塔上安装摇臂系统,其安装顺序为万能杆件立柱和拉线→套架→摇臂→起重、变幅机构。

(3) 扣塔节段与横联在地面用汽车吊组拼,扣塔节段在两侧立装,横联在前后卧装,然后用摇臂依次将扣节段与横联起吊至空中进行安装并焊接,然后进行立柱钢管混凝土灌注。

(4) 将万能杆件立柱接高 20 m,万能杆件立柱拼装采用小拔杆起吊安装。

(5) 安装摇臂的提升系统,将摇臂提升 20 m,到位后用十字形钢梁将上下套架与立柱固定。

(6) 安装顶部斜拉线,按步骤(3)进行扣塔节段的安装,安装完一层后,进行立柱钢管混凝土灌注,重复步骤(4)~(6),直至扣塔顶。

4.3.4.2 塔架拆除

结合合江长江一桥的实际施工,其主要工程数量见表 4-14。

表 4-14 主要工程数量

重庆岸			宜宾岸		
材质	规格	合计/kg	材质	规格	合计/kg
Q345B	$\phi 660\times16$	40 663.0	Q345B	$\phi 660\times16$	40 663.0
	$\phi 660\times12$	181 880.1		$\phi 660\times12$	171 607.3
	$\phi 500\times14$	23 961.8		$\phi 500\times14$	23 961.8
	$\phi 500\times10$	91 832.2		$\phi 500\times10$	80 650.9
	$\phi 350\times10$	174 580.8		$\phi 350\times10$	167 075.1
Q235B	$\phi 500\times10$	64 475.8	Q235B	$\phi 500\times10$	60 139.1
	$\phi 168\times6$	25 873.9		$\phi 168\times6$	25 873.9
	$\phi 108\times6$	5 690.0		$\phi 108\times6$	5 690.0
C50 管内混凝土：351.7 m³			C50 管内混凝土：334.0 m³		

1）拆除节段划分原则

(1) 单节吊重不超过摇臂吊机起吊能力 35 t。
(2) 底部框架结构单节吊重可采用汽车吊完成。
(3) 节段间的切割面尽量少。
(4) 节段的自身刚度满足吊运要求。

2）划分结果

扣塔主要分为立柱部分与横联部分两大类。立柱部分为钢管混凝土结构，横联部分为钢结构。现将两大部分进行分离考虑，如图 4-33 所示。

(1) 立柱部分的节段划分结果。重庆岸扣塔单侧立柱部分划分为 38 个节段，节段高度在 2.5～10 m。第 1～33 节段采用摇臂抱杆吊机拆除，其最重节段为第 7 节段，吊重 34.61 t；最轻节段为第 1 节段，吊重 8.15 t。第 34～38 节段采用汽车吊拆除，其最重节段为 38＃节段，吊重 29.98 t；最轻节段为第 36、37 节段，吊重 1.094 t，见表 4-15、表 4-16。

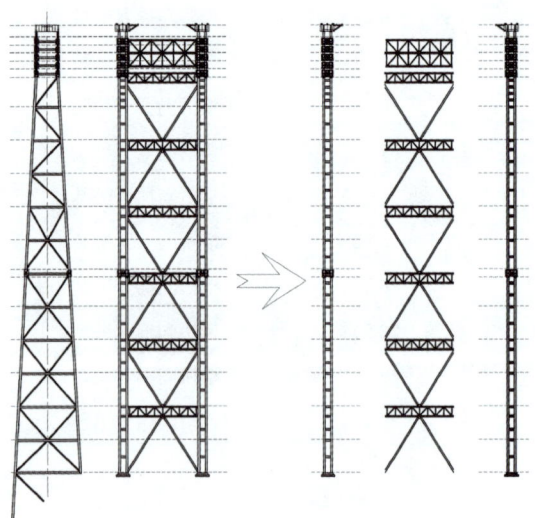

图 4-33 扣塔区域划分

表 4-15 重庆岸扣塔立柱节段划分

起重机具	图示	
摇臂吊机拆除	①② ③ ④ ⑤ ⑥	②① ③ ④ ⑤ ⑥

第 4 章　斜拉扣挂体系设计与施工

（续表）

起 重 机 具	图　　示	
摇臂吊机拆除	⑦	⑦
	⑧ ⑨	⑧ ⑨
	⑩ ⑪	⑩ ⑪
	⑫ ⑬	⑫ ⑬
	⑭ ⑮	⑭ ⑮
	⑯ ⑰	⑯ ⑰
	⑱ ⑲	⑱ ⑲
	⑳ ㉑	⑳ ㉑
	㉒ ㉓	㉒ ㉓
	㉔ ㉕	㉔ ㉕
	㉖ ㉗	㉖ ㉗
	㉘ ㉙	㉘ ㉙
	㉚ ㉛	㉚ ㉛
	㉜ ㉝	㉜ ㉝
汽车吊拆除	㉞ ㉟ ㊲ ㊱ ㊳	㉞ ㉟ ㊱ ㊲ ㊳

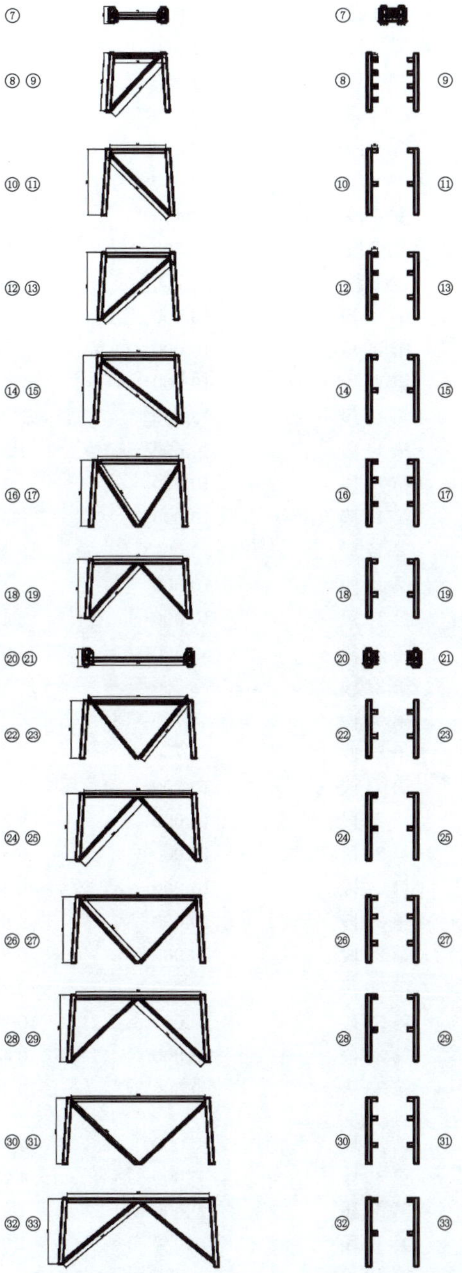

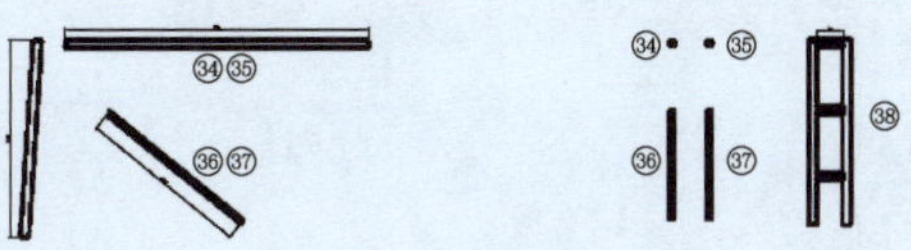

表 4-16　重庆岸扣塔拆除节段重量统计(单侧立柱)

起重机具	节段名称	节段高度/m	钢结构重量/kg	混凝土重量/kg	节段总重/kg
摇臂吊机拆除	第 1 段	2.000	8 147.40	0.00	8 147.40
	第 2 段	3.550	25 678.48	4 947.88	30 626.36
	第 3 段	2.450	23 132.81	7 820.85	30 953.66
	第 4 段	2.450	23 050.91	7 820.85	30 871.76
	第 5 段	2.450	23 030.71	7 820.85	30 851.55
	第 6 段	2.450	24 488.67	7 820.85	32 309.52
	第 7 段	2.450	26 790.37	7 820.85	34 611.21
	第 8 段	8.700	6 008.93	14 090.24	20 099.16
	第 9 段	8.700	6 008.93	14 090.24	20 099.16
	第 10 段	10.000	6 668.98	16 195.67	22 864.65
	第 11 段	10.000	6 668.98	16 195.67	22 864.65
	第 12 段	10.000	7 068.66	16 195.67	23 264.34
	第 13 段	10.000	7 068.66	16 195.67	23 264.34
	第 14 段	10.000	7 317.92	16 195.67	23 513.59
	第 15 段	10.000	7 317.92	16 195.67	23 513.59
	第 16 段	10.000	8 307.19	16 195.67	24 502.87
	第 17 段	10.000	8 307.19	16 195.67	24 502.87
	第 18 段	10.000	8 428.27	16 195.67	24 623.95
	第 19 段	10.000	8 428.27	16 195.67	24 623.95
	第 20 段	2.500	15 310.34	4 048.92	19 359.26
	第 21 段	2.500	15 310.34	4 048.92	19 359.26
	第 22 段	8.700	8 276.92	14 090.24	22 367.16
	第 23 段	8.700	8 276.92	14 090.24	22 367.16
	第 24 段	10.000	9 236.93	16 195.67	25 432.61
	第 25 段	10.000	9 236.93	16 195.67	25 432.61
	第 26 段	10.000	9 572.17	16 195.67	25 767.84
	第 27 段	10.000	9 572.17	16 195.67	25 767.84
	第 28 段	10.000	9 888.78	16 195.67	26 084.46
	第 29 段	10.000	9 888.78	16 195.67	26 084.46
	第 30 段	10.000	10 224.36	16 195.67	26 420.04
	第 31 段	10.000	10 224.36	16 195.67	26 420.04
	第 32 段	9.800	10 444.60	15 871.76	26 316.36
	第 33 段	9.800	10 444.60	15 871.76	26 316.36
汽车吊拆除	第 34 段	0.000	4 282.10	0.00	4 282.10
	第 35 段	0.000	4 282.10	0.00	4 282.10
	第 36 段	0.000	1 094.33	0.00	1 094.33
	第 37 段	0.000	1 094.33	0.00	1 094.33
	第 38 段	14.708	6 161.76	23 820.60	29 982.36
	合　计	152.21	404 742	455 597	860 339
	最大值	14.71	26 790	23 821	34 611
	最小值		1 094	0	1 094

第 4 章　斜拉扣挂体系设计与施工

宜宾岸扣塔单侧立柱部分划分为 33 个节段,节段高度在 2.5～10 m,均采用摇臂吊机拆除。最重节段为第 7 节段,吊重 34.39 t;最轻节段为第 1 节段,吊重 8.15 t,见表 4-17、表 4-18。

表 4-17　宜宾岸扣塔立柱节段划分

起　重　机　具	图　　　　　示
摇臂吊机拆除	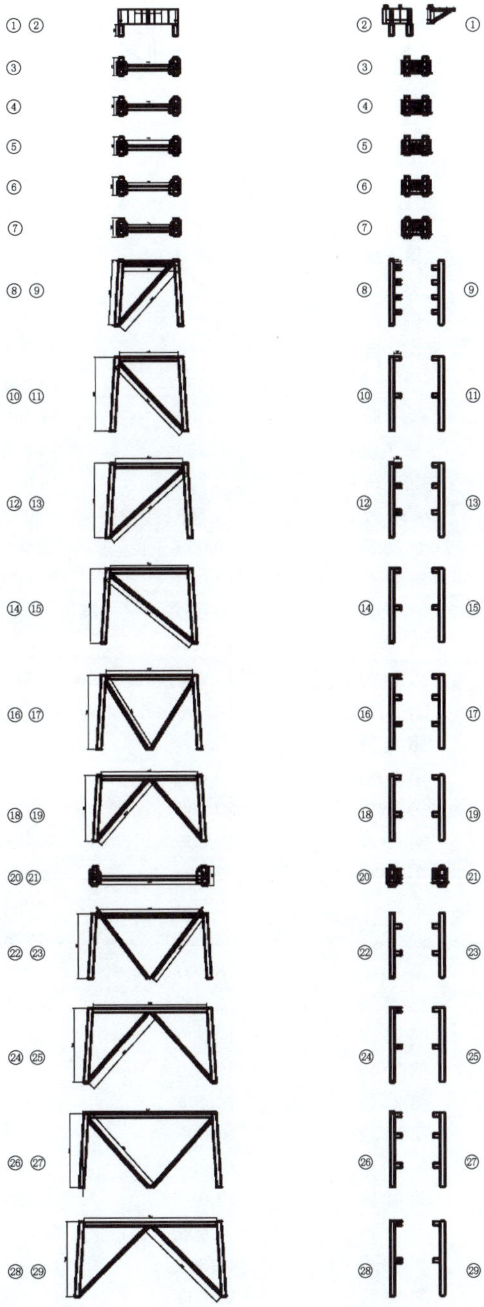

(续表)

起重机具	图示
摇臂吊机拆除	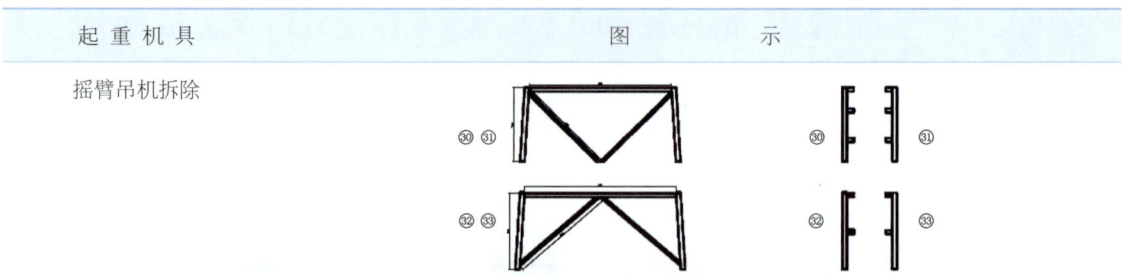

表4-18 宜宾岸扣塔拆除节段重量统计(单侧立柱)

起重机具	节段名称	节段高度/m	钢结构重量/kg	混凝土重量/kg	节段总重/kg
摇臂吊机拆除	**第1段**	2.000	8 147.40	0.00	**8 147.40**
	第2段	3.550	25 678.48	4 947.88	30 626.36
	第3段	2.450	23 037.07	7 820.85	30 857.92
	第4段	2.450	22 951.37	7 820.85	30 772.22
	第5段	2.450	22 934.44	7 820.85	30 755.28
	第6段	2.450	24 362.15	7 820.85	32 183.00
	第7段	2.450	26 568.38	7 820.85	**34 389.23**
	第8段	8.700	6 008.93	14 090.24	20 099.16
	第9段	8.700	6 008.93	14 090.24	20 099.16
	第10段	10.000	6 668.98	16 195.67	22 864.65
	第11段	10.000	6 668.98	16 195.67	22 864.65
	第12段	10.000	7 068.66	16 195.67	23 264.34
	第13段	10.000	7 068.66	16 195.67	23 264.34
	第14段	10.000	7 317.92	16 195.67	23 513.59
	第15段	10.000	7 317.92	16 195.67	23 513.59
	第16段	10.000	8 307.19	16 195.67	24 502.87
	第17段	10.000	8 307.19	16 195.67	24 502.87
	第18段	10.000	8 428.27	16 195.67	24 623.95
	第19段	10.000	8 428.27	16 195.67	24 623.95
	第20段	2.500	15 364.62	4 048.92	19 413.54
	第21段	2.500	15 364.62	4 048.92	19 413.54
	第22段	8.700	8 276.92	14 090.24	22 367.16
	第23段	8.700	8 276.92	14 090.24	22 367.16
	第24段	10.000	9 236.93	16 195.67	25 432.61
	第25段	10.000	9 236.93	16 195.67	25 432.61
	第26段	10.000	9 572.17	16 195.67	25 767.84
	第27段	10.000	9 572.17	16 195.67	25 767.84
	第28段	10.000	9 888.78	16 195.67	26 084.46
	第29段	10.000	9 888.78	16 195.67	26 084.46
	第30段	10.000	10 224.36	16 195.67	26 420.04
	第31段	10.000	10 224.36	16 195.67	26 420.04
	第32段	10.300	10 636.79	16 681.54	27 318.34
	第33段	10.300	10 636.79	16 681.54	27 318.34

(续表)

起重机具	节段名称	节段高度/m	钢结构重量/kg	混凝土重量/kg	节段总重/kg
	合　计	138	387 680	433 396	821 076
	最大值	10.30	26 568	16 682	34 389
	最小值		6 009	0	8 147

（2）横联部分的节段划分结果。横联部分采用以往安装时的节段划分即可。横联部分全为钢管结构,内部无混凝土灌注。横联部分的划分如图4-34所示。

（3）扣塔拆除顺序。

① 在竖直方向上,从上到下,依次拆除。

② 在水平方向上,先拆横联,再拆立柱。

（4）立柱及锚箱拆除方法。钢管混凝土立柱采用的截断方法为广西路桥工程集团有限公司第一次采用,属于新技术、新工艺。现对其操作步骤具体说明如下(图4-35)：

氧割切断钢管壁：在扣塔上进行高空作业,空间小、环境差,需要快速方便地进行钢管壁切割施工。拟选择采用碳弧气刨来熔断扣塔立柱的钢管壁。

混凝土分裂机分裂：岩石和混凝土分裂机是根据卓有成效的楔块原理来设计的——在最狭窄的孔中向外能够释放出极大的分裂力。通常岩石和混凝土具有极高的外部抗压强度,因此传统的拆除设备如风镐/液压镐、液压锤和液压钳不可能做到任意精确定位、定向拆除。与此相反,岩石和混凝土从内部向外的抗拉强度却很小,通常是其抗压强度的10%。因此分裂机可以做到十分轻松地将岩石和混凝土从内部精确定位、定向地分裂开,如图4-36所示。

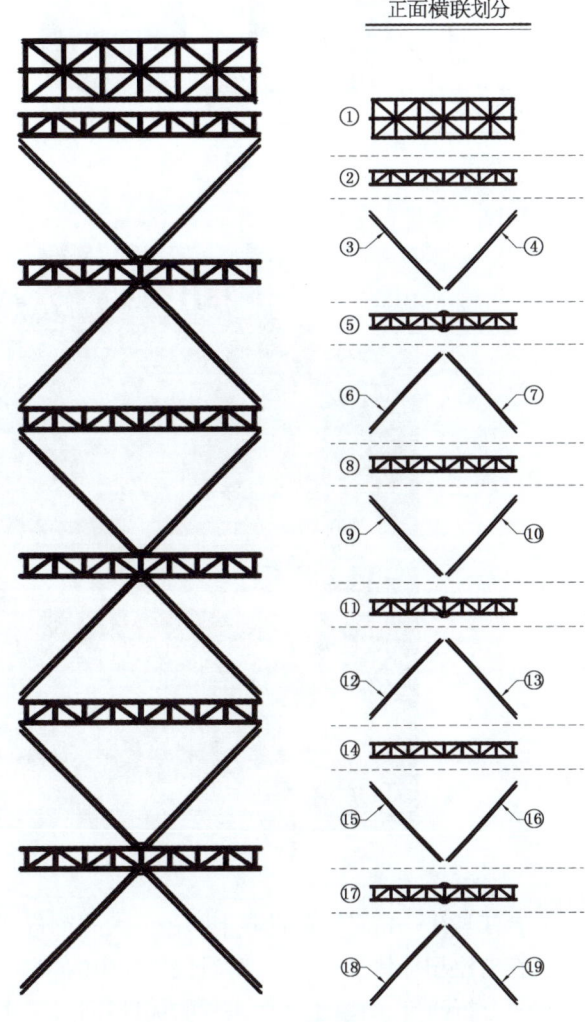

图4-34　扣塔横联部分节段划分

（5）横联拆除方法。横联采用氧割直接切断,采用摇臂吊机下放。与施工顺序相反,捆绑方式及下放方式一致。

（6）节段再分解。大段节段下放到地面以后,立即安排人手采用氧割的方法进行节段再分解,横联、水平管及斜管的单根长度分切为小于10 m。要求节段分解后能够方便装车、卸车与运输,分解后的节段需要暂时运至空旷场地(原扣塔钢结构预制场地)进行整齐码放。

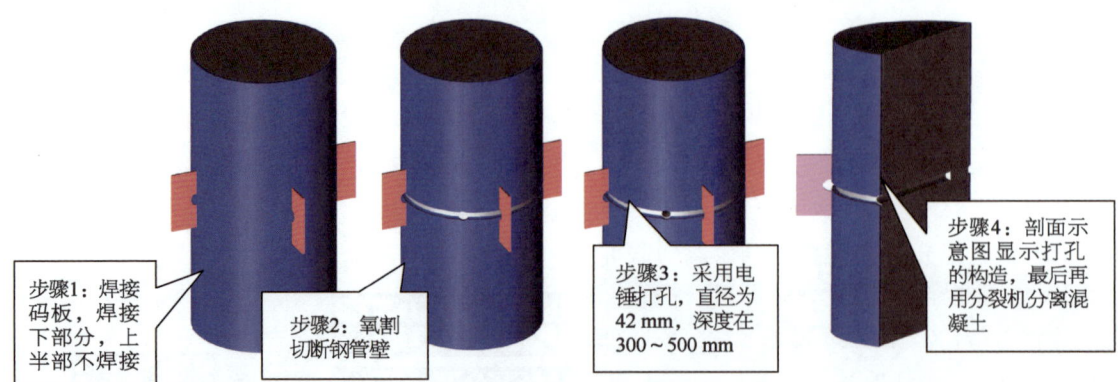

图 4-35 立柱节段分割步骤

图 4-36 混凝土分裂机现场分离混凝土立柱

合江长江一桥是目前世界上跨径最大的钢管混凝土拱桥,斜拉扣挂是拱圈悬臂施工的关键技术。在斜拉扣挂体系设计中,对斜拉扣挂中的扣索、扣塔、预应力岩锚、拱圈施工、塔架安装拆除等进行了分析研究,借鉴了其他工程的优良经验,在实际应用中取得了良好效果,进一步推进了大跨径拱桥的施工技术。

提升式摇臂组塔技术开创了桥梁塔式结构安装的一种新施工方法,提升式摇臂塔架安装系统具有爬升功能和与塔架结构的耦合性,满足不同高度塔架的安装施工。其力矩平衡原理容易实现较大起重量,能实现分节段组塔安装施工,结构受力合理,具有良好的经济性。如对摇臂爬升、立柱接高、摇臂回转等技术继续深入研究,实现提升式摇臂塔架安装系统的装备技术化,推广应用于桥梁高塔、高墩的安装工程中,符合国家节能降耗的环保要求,具有广泛的应用前景。

4.4 平南三桥斜拉扣挂体系

4.4.1 斜拉扣挂体系设计

4.4.1.1 总体布置设计

大桥斜拉扣挂系统由锚拉板扣点、分配梁、前锚点、扣索、扣索鞍、后张拉锚固点构件等组成。南岸地质条件较好,岩层主要为中风化灰岩,北岸主要为中风化泥灰岩,局部发育溶洞,岩体较完整。扣地锚均采用重力式结构,南岸扣地锚 A 和扣地锚 B 距离南岸塔架中心距离分别为 237 m 和 117.5 m,北岸扣地锚 A 和扣地锚 B 距离北岸塔架中心距离分别为 292 m 和 62.5 m(图 4-37)。

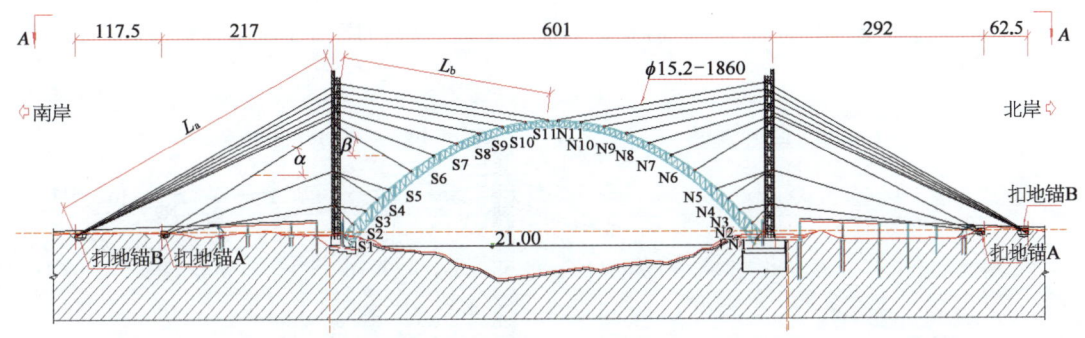

图 4-37 平南三桥斜拉扣挂体系

4.4.1.2 扣塔设计

平南三桥塔架采用大型钢管搭设,竖向主承重管采用 $\phi 610 \times 14$、$\phi 610 \times 16$ 及 $\phi 610 \times 20$ 钢管,立面斜杆采用 $\phi 219 \times 6$ 钢管,水平横杆和斜杆采用 $\phi 168 \times 5$ 钢管,横联采用 $\phi 245 \times 7$ 水平钢管和 $\phi 219 \times 6$ 斜撑钢管。立柱主管的纵向间距为 4 m,横向间距为 4.9 m,竖向每个节间的高度也为 4 m,拱肋两肋中心间距 30.1 m。

南北两岸塔架对称,总高 200 m,横桥向塔底总宽 41.12 m,塔顶总宽 48.04 m,顺桥向塔底总宽 12 m,塔顶总宽 4 m。塔架构造如图 4-38 所示。

4.4.1.3 扣索及扣、锚点设计

平南三桥采用斜拉扣挂法施工,斜拉扣挂系统由扣索、水平力调节索两部分组成。设计时考虑了扣索施工的安全便捷性,采用前后索相通、地面张拉的布置形式。水平力调节索主要考虑平衡塔架受到的不平衡水平力,将塔架偏位控制在较小范围,减少吊装段对已扣挂段标高的影响;水平力调节索分主动调节和主动平衡扣索水平力两种构造形式(图 4-39)。

全桥共 44 个吊装节段、1 个合龙节段,采用"吊扣合一"式塔架

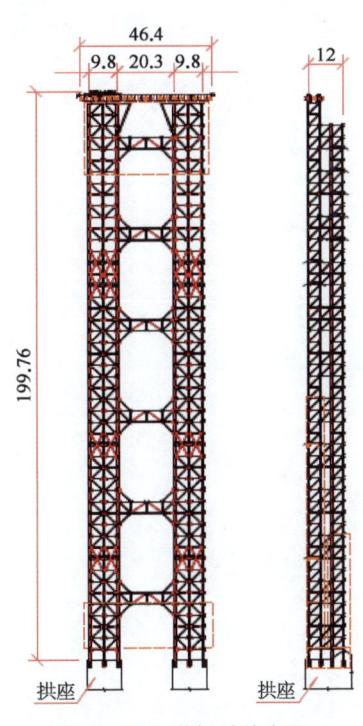

图 4-38 塔架总体布置

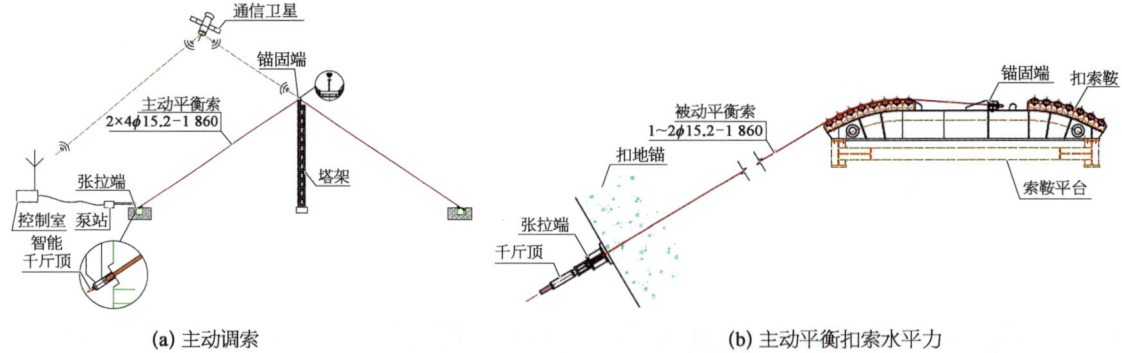

(a) 主动调索 (b) 主动平衡扣索水平力

图 4-39 平南三桥塔架纠偏系统

结构,扣索采用 1 860 MPa ϕ15.2 高强度低松弛钢绞线,弹性模量 $E=1.95\times10^8\,\mathrm{kN/m^2}$,锚固端采用低回缩锚具,采用文献[12]的方法计算各扣索索力。平南三桥南岸扣挂体系及配索如图 4-40 所示,见表 4-19。

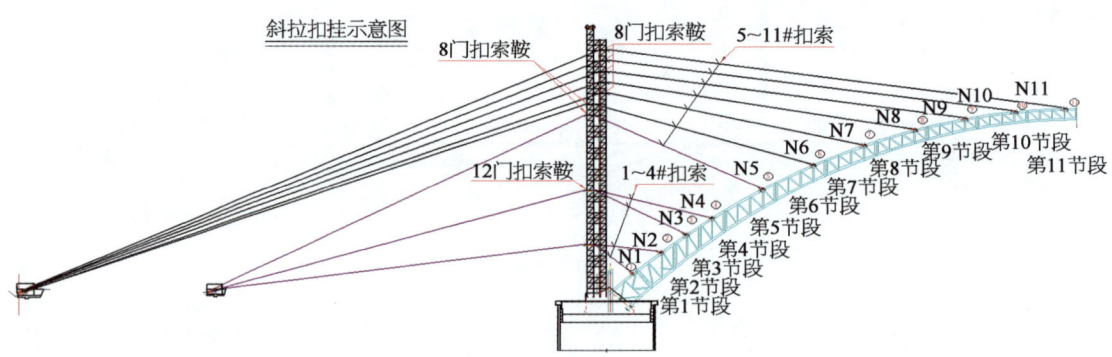

图 4-40 南岸斜拉扣挂体系

表 4-19 配索情况

扣索编号	1/2拱肋束数	单束根数	全桥根数	单根安装张力/kN	单根最大张力/kN	安全系数
1#	2	4	32	79	83	3.16
2#	2	7	56	77	84	3.10
3#	2	6	48	78	88	2.96
4#	2	8	64	71	91	2.87
5#	4	6	96	80	90	2.88
6#	4	6	96	80	88	2.94
7#	4	7	112	78	85	3.05
8#	4	7	112	78	82	3.17
9#	4	8	128	88	91	2.85
10#	4	10	160	92	95	2.75
11#	4	12	192	93	93	2.80
汇总	36	80	1 080			

主拱肋悬臂拼装扣挂体系采用通索设计,即前扣索与尾扣索相连,前端扣、中部挂、尾端拉。扣挂系统主要由锚拉板扣点、扣点分配横梁、扣索、扣索转向索鞍、索鞍平台、地锚等组成。扣索转向索鞍由钢板组焊而成,位于塔架内部,与扣塔索鞍平台栓接,如图4-41、图4-42所示。

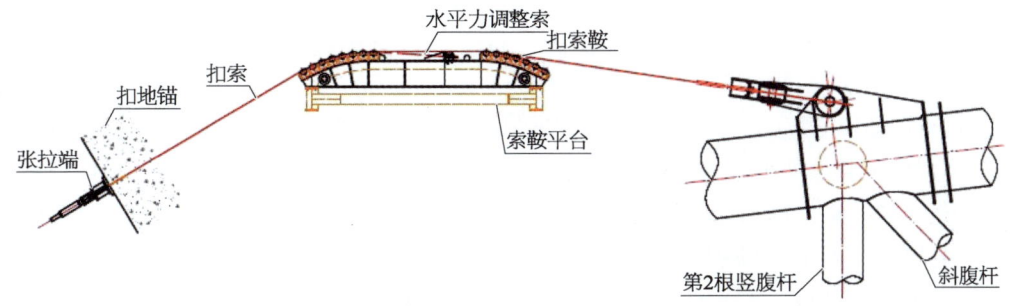

图4-41 斜拉扣挂布置

4.4.1.4 地锚设计

地锚均采用重力式地锚结构。地锚埋深控制在6 m内,便于基坑开挖施工。地锚主要由地锚、锚固肋板、压重块三大部分组成;底板配置底层抗裂钢筋网,锚固肋板配置构造钢筋,在锚固区域内配置加强钢筋网片,其余部位采用素混凝土结构。

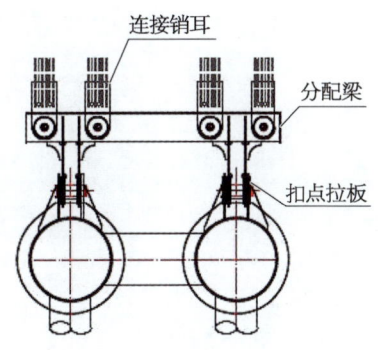

图4-42 锚拉板式扣点

地锚长36 m、宽15.5 m、高11 m。底板厚1.5 m,设一排高度为1 m、宽2 m、长36 m的钢筋混凝土齿条,提高地锚的抗滑移安全系数。锚固块高4.5 m,肋宽1 m,为钢筋混凝土结构,肋板前端设半圆形挡块,起转向作用。压重块由两部分组成:定压重块高4 m、宽10.5 m;前压重块高与肋板同高,采用混凝土满槽浇筑。地锚设10个承载索预留槽、4个缆风索预留槽,每个预留槽锚固2根承载索或2束缆风索。

地锚设计时考虑以下外部荷载:主索承载索拉力;工作索承载索拉力;塔架缆风索张力;起重、牵引索拉力。计算结果见表4-20。

表4-20 地锚计算结果

序号	项目	安全系数	容许安全系数
1	抗倾覆	3.5	2
2	抗滑移	2.1	2
3	抗拔	10.8	2

地锚锚固肋前端依据牵引、起重绳转向及辅助绳索锚固需要设置预埋件。预埋件选用25#工字钢,预埋部分设钢筋剪力键;预埋方向根据索的受力方向进行确定。

4.4.2 斜拉扣挂体系计算

4.4.2.1 塔架结构设计与计算

1) 塔架构造设计

平南三桥塔架结构主要由立柱主管、水平杆、斜腹杆、水平斜撑、水平横撑、扣索锚固平台、塔顶结构及缆风索构成。

塔架拼装阶段需要适当在塔架上设置塔架缆风索,以便塔架在架设过程及吊装拱肋和格子梁阶段通过缆风索调整塔架垂直度并增加塔架稳定性。平南三桥塔架两端各布置 4 束缆风索,各束间平行布置,后缆风索为每束 12 根钢绞线,前缆风索为每束 10 根钢绞线。缆风索采用直径 $\phi15.2$ 的钢绞线,强度等级为 1 860 MPa,整个塔架共 16 束缆风索。在进行 midas Civil 有限元分析时,塔架两端各布置 2 束缆风索,各束间平行布置,后缆风索为每束 24 根钢绞线,前缆风索为每束 20 根钢绞线。塔架缆风索纵桥向布置如图 4-43 所示。

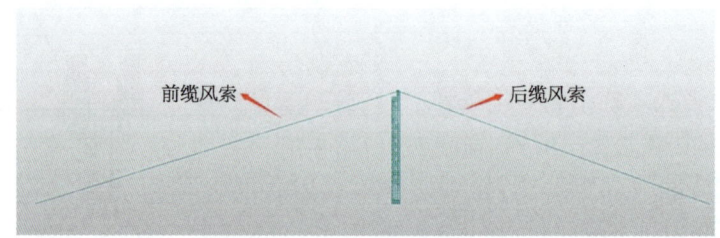

图 4-43 塔架缆风索布置

2) 塔架结构计算

塔架工作中会承受各种荷载的作用,对于塔架正常工作状态的计算,考虑结构自重+主索力(吊重)+扣挂荷载+正常工作状态风荷载+缆风初拉力;而对于塔架非正常工作状态的计算,考虑结构重力+主索力(空载)+扣挂荷载+非正常工作状态风荷载+缆风初拉力。另外对于可能存在的其他荷载,例如地震荷载、温度荷载等暂时没有予以考虑。

(1) 荷载。

① 主索荷载。主索荷载计算参照平南三桥缆索起重机计算书。

② 扣索荷载。拱肋采用斜拉扣挂法悬臂施工,拱肋分 11 节段安装,扣挂拱肋时拱肋质量会通过扣索对塔架扣挂点产生力的作用形成扣挂荷载。斜拉扣挂系统构造及扣索索力计算如图 4-44 所示。

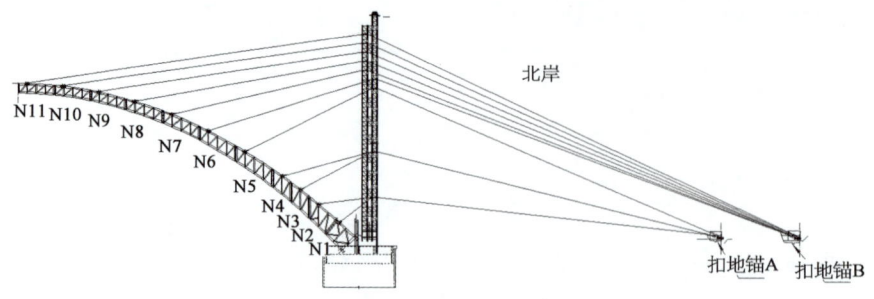

图 4-44 斜拉扣挂计算简图

缆索起重机扣挂拱肋节段会引起塔顶的偏位,为保障施工安全,采取主动平衡扣索力原理的方法来对塔架偏位进行控制。主动平衡扣索力原理为在扣索鞍上安装平衡钢绞线,平衡扣索前后角度不一致造成的水平力。主动平衡扣索水平力仅在 N9~N11 扣索实施。

通过"过程最优,结果可控"一次张拉施工优化计算方法得出塔架扣点处扣索力大小和方向。扣索分力计算原理如图 4-45 所示,扣索分力计算结果见表 4-21。

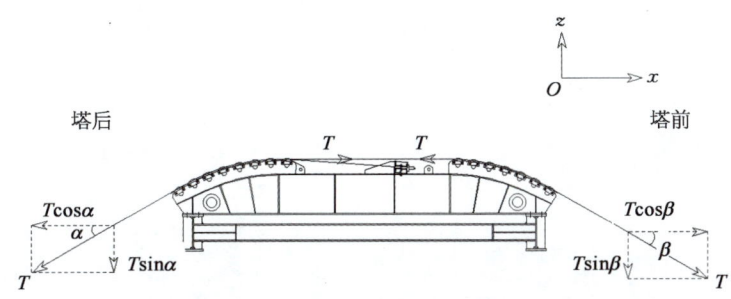

图 4-45 索力计算原理

表 4-21 扣索力计算结果   单位:kN

索 力	塔 前			塔 后			合 力	
	角度/°	F_x	F_z	角度/°	F_x	F_z	F_x	F_z
329.8	42.2	85.5	−221.6	8.0	−3.2	−45.9	82.3	−267.5
585.6	7.9	5.5	−80.1	8.0	−5.7	−81.5	−0.2	−161.6
525.0	29.9	70.0	−261.9	17.0	−23.0	−153.6	47	−415.5
719.9	16.1	28.1	−199.2	17.0	−31.5	−210.6	−3.4	−409.8
533.8	28.1	62.7	−251.0	27.8	−61.5	−248.7	1.2	−499.7
517.0	18.5	26.7	−164.2	21.5	−35.9	−189.4	−9.2	−353.4
583.8	13.7	16.6	−138.1	22.1	−43.0	−220.0	−26.4	−358.1
549.9	10.5	9.2	−100.2	23.2	−44.3	−216.3	−35.1	−316.5
702.6	9.0	8.6	−109.7	24.2	−2.2	−314.2	6.4	−423.9
918.2	8.5	10.1	−135.7	25.2	−21.6	−441.2	31.7	−576.9
1 113.1	8.7	12.9	−169.1	26.1	−12.0	−551.7	24.9	−720.8

设节段扣索力为 T,扣索为通索,仅考虑二维平面,背索与塔架水平夹角为 α,前索与塔架水平夹角为 β,则塔前扣索力水平分力 $F_x = T(1-\cos\beta)$,竖向分力 $F_y = T\sin\beta$;塔后扣索力水平分力 $F_x = T(1-\cos\alpha)$,竖向分力 $F_y = T\sin\alpha$;平衡后水平力为 $T(\cos\alpha - \cos\beta)$,索力方向根据实际情况定义。基于表 4-21 的计算结果,得到表 4-19 的配索。

③ 风荷载。风荷载依据《起重机设计规范》(GB/T 3811—2008)计算,工作状态的阵风风速值取为 10 min 时距平均风速的 1.5 倍;非工作状态的阵风风速值取为 10 min 时距平均风速的 1.4 倍。工作状态计算风压取为 150 N/m²,其对应的计算风速为 10.3×1.5=15.5(m/s)。查平南三桥三阶

段施工图设计文件可得设计风速为 24 m/s,取非工作状态的计算风压为 705 N/m²,则对应的计算风速为 24 m/s×1.4=33.6 m/s,大于平南地区的极大风速 29.3 m/s。为简化计算,风荷载作用在塔架立柱主管及塔顶钢梁上。工作状态风荷载及非工作状态风荷载计算结果见表 4-22~表 4-25。

表 4-22　工作状态纵向风荷载计算结果

序号	高度 Z/m	迎风轮廓面积 A_1/m^2	桁架榀数 n	充实率 φ	挡风折减系数 η	体型系数 C_w	迎风面积 A/m^2	风压高度变化系数 k_h	工作状态风荷载 P_{w_2}/kN	线荷载/$(kN \cdot m^{-1})$
1	19.5	489.57	4	0.3	0.32	1.00	213.7	1.22	39.17	0.33
2	59.5	916.38	4	0.3	0.32	1.00	400.0	1.71	102.46	0.43
3	91.5	749.82	4	0.3	0.32	1.00	327.3	1.94	95.39	0.50
4	123.5	749.82	4	0.3	0.32	1.00	327.3	2.13	104.37	0.54
5	155.5	749.82	4	0.3	0.32	1.00	327.3	2.28	111.84	0.58
6	187.5	749.82	4	0.3	0.32	1.00	327.3	2.41	118.30	0.62
7	196.35	267.84	2	0.3	0.32	1.00	106.1	2.44	38.87	0.73
8	198.6	108	2	1	0.1	1.95	118.8	2.45	85.18	0.30

表 4-23　非工作状态纵向风荷载计算结果

序号	高度 Z/m	迎风轮廓面积 A_1/m^2	桁架榀数 n	充实率 φ	挡风折减系数 η	体型系数 C_w	迎风面积 A/m^2	风压高度变化系数 k_h	工作状态风荷载 P_{w_2}/kN	线荷载/$(kN \cdot m^{-1})$
1	19.5	489.57	4	0.3	0.32	1.00	213.7	1.22	184.10	1.57
2	59.5	916.38	4	0.3	0.32	1.00	400.0	1.71	481.57	2.01
3	91.5	749.82	4	0.3	0.32	1.00	327.3	1.94	448.34	2.34
4	123.5	749.82	4	0.3	0.32	1.00	327.3	2.13	490.55	2.55
5	155.5	749.82	4	0.3	0.32	1.00	327.3	2.28	525.66	2.74
6	187.5	749.82	4	0.3	0.32	1.00	327.3	2.41	556.01	2.90
7	196.35	267.84	2	0.3	0.32	1.00	106.1	2.44	182.67	3.44
8	198.6	108	2	1	0.1	1.95	118.8	2.45	400.34	1.39

表 4-24　工作状态横向风荷载计算结果

序号	高度 Z/m	迎风轮廓面积 A_1/m^2	桁架榀数 n	充实率 φ	挡风折减系数 η	体型系数 C_w	迎风面积 A/m^2	风压高度变化系数 k_h	工作状态风荷载 P_{w_2}/kN	线荷载/$(kN \cdot m^{-1})$
1	19.5	393.4	3	0.3	0.32	1.00	167.89	1.22	30.77	0.39
2	59.5	807.0	3	0.3	0.32	1.00	344.38	1.71	88.20	0.55
3	91.5	645.6	3	0.3	0.32	1.00	275.50	1.94	80.29	0.63
4	123.5	645.6	3	0.3	0.32	1.00	275.50	2.13	87.85	0.69

(续表)

序号	高度 Z/m	迎风轮廓面积 A_1/m^2	桁架榀数 n	充实率 φ	挡风折减系数 η	体型系数 C_w	迎风面积 A/m^2	风压高度变化系数 k_h	工作状态风荷载 P_w/kN	线荷载/$(kN\cdot m^{-1})$
5	155.5	645.6	3	0.3	0.32	1.00	275.50	2.28	94.13	0.74
6	187.5	645.6	3	0.3	0.32	1.00	275.50	2.41	99.57	0.78
7	196.35	65.3	3	0.3	0.32	1.00	27.86	2.44	10.21	0.58
8	198.6	12.4	1	1	0.1	1.95	12.38	2.45	8.87	0.53

表 4-25 非工作状态横向风荷载计算结果

序号	高度 Z/m	迎风轮廓面积 A_1/m^2	桁架榀数 n	充实率 φ	挡风折减系数 η	体型系数 C_w	迎风面积 A/m^2	风压高度变化系数 k_h	工作状态风荷载 P_w/kN	线荷载/$(kN\cdot m^{-1})$
1	19.5	393.4	3	0.3	0.32	1.00	167.89	1.22	144.61	1.85
2	59.5	807.0	3	0.3	0.32	1.00	344.38	1.71	414.56	2.59
3	91.5	645.6	3	0.3	0.32	1.00	275.50	1.94	377.35	2.95
4	123.5	645.6	3	0.3	0.32	1.00	275.50	2.13	412.87	3.23
5	155.5	645.6	3	0.3	0.32	1.00	275.50	2.28	442.42	3.46
6	187.5	645.6	3	0.3	0.32	1.00	275.50	2.41	467.97	3.66
7	196.35	65.3	3	0.3	0.32	1.00	27.86	2.44	47.97	2.71
8	198.6	12.4	1	1	0.1	1.95	12.38	2.45	41.70	2.48

④ 自重。midas Civil 用单元体积和密度自动计算模型自重。桁架、只受拉、只受压或梁单元的自重等于"截面"和"材料"输入的截面面积和比重乘以单元长度；平面应力、板、墙、平面应变和轴对称单元的自重按集中荷载作用在连接节点处，该荷载等于单元面积、厚度和比重的乘积，并按各节点的面积比分配给各节点；实体单元的自重按集中荷载作用在连接节点上，该荷载等于单元体积和比重的乘积，并按各节点的体积比分配给各节点。

(2) 塔架计算模型。采用 midas Civil 建立塔架的空间计算模型，因两岸塔架基本对称，故建模计算时取一侧塔架计算。所需各单元类型、材料名称和截面形状尺寸见表 4-26。

表 4-26 杆件截面统计

材 料	杆 件 名 称	截面形状	截面尺寸/mm	单元类型
立柱钢管 Q345	立柱弦管 D610×14	管形截面	$Dt_w=610\times14$	梁单元
	立柱弦管 D610×16	管形截面	$Dt_w=610\times16$	梁单元
	立柱弦管 D610×20	管形截面	$Dt_w=610\times20$	梁单元
Strand1860	前缆风索(20根钢绞线/束)	实腹圆形截面	$D=59.7$	桁架单元
	后缆风索(24根钢绞线/束)	实腹圆形截面	$D=65.4$	桁架单元

(续表)

材　料	杆　件　名　称	截面形状	截面尺寸/mm	单元类型
塔架腹杆系 Q345	GS01 标准斜腹杆 D219×6	管形截面	Dt_w=219×6	桁架单元
	GS02 标准水平杆 D168×5	管形截面	Dt_w=168×5	桁架单元
	GS03 标准水平斜撑 D168×5	管形截面	Dt_w=168×5	桁架单元
	GS04 水平横隔斜撑 D114×5	管形截面	Dt_w=114×5	桁架单元
	GS05 扣索锚固斜撑管 D219×6	管形截面	Dt_w=219×6	桁架单元
	GS07 横联弦管 D245×7	管形截面	Dt_w=245×7	桁架单元
	GS11 横联斜杆 D245×7	管形截面	Dt_w=245×7	桁架单元
扣索平台 Q345	扣索索鞍支撑梁	工字形截面	HW=428×240×18/24	梁单元
	扣索平台索鞍梁	工字形截面	HW=200×100×7/11.4	梁单元
塔顶结构 Q345	塔顶主梁	箱形截面	HB=2 000×950×16×25	梁单元
	塔顶连系梁 1	箱形截面	HB=1 335×750×16×16	梁单元
	塔顶连系梁 2	工字形截面	HW=670×250×16/16	梁单元
	塔顶斜撑杆 D559×14	管形截面	Dt_w=559×14	梁单元
塔脚	钢管混凝土	管形截面	HB=610×16	梁单元

(3) 各荷载组合下塔架受力分析。塔架在结构重力、主索力、扣索力、缆风索力以及风力的组合荷载作用下，重点考察最不利荷载组合作用下塔架的内力、应力、位移、反力、张力情况，分析结果是否符合行业现行有关标准要求，并做出改进建议。

施工阶段受风荷载作用，缆索吊装系统存在工作状态和非工作状态两种情况，所有可能出现的不利荷载组合见表 4-27。

表 4-27　荷载组合说明

工况	荷　载　组　合	备　　注
0	自重+缆风索初拉力	初始状态
1	自重+主索力(工作)+扣挂荷载+工作状态纵向风荷载+缆风索初拉力	缆索吊机工作状态，风由岸向河
2	自重+主索力(工作)+扣挂荷载+工作状态纵向风荷载+缆风索初拉力	缆索吊机工作状态，风由河向岸
3	自重+主索力(工作)+扣挂荷载+工作状态横向风荷载+缆风索初拉力	缆索吊机工作状态，风横桥与缆索水平力一致
4	自重+主索力(非工作)+扣挂荷载+非工作状态纵向风荷载+缆风索初拉力	缆索吊机非工作状态，风由岸向河
5	自重+主索力(非工作)+扣挂荷载+非工作状态纵向风荷载+缆风索初拉力	缆索吊机非工作状态，风由河向岸
6	自重+主索力(非工作)+扣挂荷载+非工作状态横向风荷载+缆风索初拉力	缆索吊机非工作状态，风横桥与缆索水平力一致

注：工况 0 用于分析缆风索的安装张力；工况 1~6 用于分析最不利荷载组合作用下塔架的内力、应力、位移、反力及缆风索张力等情况。

① 塔架腹杆系内力。塔架腹杆系 Q345 内力所有荷载组合分析结果见表 4-28。

表 4-28　塔架腹杆系 Q345 内力　　　　　　　　　　　　　　　　　　　单位：kN

荷载工况	GS01-D219×6		GS02-D168×5		GS03-D168×5		GS04-D114×5	
	max	min	max	min	max	min	max	min
荷载组合 1	203.0	−340.2	153.3	−118.5	57.8	−63.4	47.5	−38.8
荷载组合 2	226.8	−320.4	151.1	−120.4	52.0	−61.8	44.3	−61.1
荷载组合 3	208.8	−328.2	165.2	−142.7	54.5	−67.0	49.3	−45.6
荷载组合 4	**275.7**	−307.3	135.1	−99.7	66.5	−56.0	56.2	−51.7
荷载组合 5	255.1	−274.4	138.0	−149.9	41.0	**−93.0**	61.5	90.9
荷载组合 6	232.8	**−436.1**	195.0	**−210.6**	75.7	−70.9	46.2	−38.0
容许内力	532	500	519	343	266	230	177	137
是否满足	是	是	是	是	是	是	是	是

荷载工况	GS05-D219×6		横联弦杆-D245×7		横联斜杆-D245×7	
	max	min	max	min	max	min
荷载组合 1	201.0	−326.6	194.6	−305.1	209.7	−238.2
荷载组合 2	196.0	−315.7	193.2	−297.2	209.0	−239.0
荷载组合 3	207.2	−331.4	258.8	−320.5	292.7	−323.0
荷载组合 4	198.0	−305.0	141.2	−230.0	114.0	−139.6
荷载组合 5	174.8	−288.0	166.1	−193.0	110.9	−143.0
荷载组合 6	**227.3**	**−425.2**	**417.3**	**−441.0**	**486.1**	**−516.7**
容许内力	532	532	532	532	532	532
是否满足	是	是	是	是	是	是

② 立柱钢管应力。塔架立柱钢管内力、应力所有荷载组合分析结果见表 4-29、表 4-30。

表 4-29　立 柱 内 力　　　　　　　　　　　　　　　　　　　　　　　　单位：kN

荷载工况	立柱弦管 D610×14		立柱弦管 D610×16		立柱弦管 D610×20	
	max	min	max	min	max	min
荷载组合 1	224.1	**−2 648.2**	43.8	−2 950.1	**−1 955.8**	−3 472.5
荷载组合 2	143.1	−2 488.3	25.0	−2 746.7	−1 807.5	−3 081.3
荷载组合 3	178.5	−2 539.6	24.1	−2 840.0	−1 866.2	−3 346.1
荷载组合 4	**379.4**	−2 552.2	**245.5**	−3 003.5	−1 133.7	−3 903.6
荷载组合 5	−0.8	−2 291.0	161.8	−3 282.5	−751.7	3 911.5
荷载组合 6	165.2	−2 174.2	−26.0	**−3 623.3**	−717.2	**−4 307.7**

表 4-30　立柱钢管应力　　　　　　　　　　　　　　　　　　　　　　　　　单位：MPa

荷载工况	立柱弦管 D610×14		立柱弦管 D610×16		立柱弦管 D610×20	
	max	min	max	min	max	min
荷载组合 1	13.0	−118.0	6.3	−117.2	**−54.0**	−104.8
荷载组合 2	9.4	−117.2	7.8	−121.8	−49.0	−94.7
荷载组合 3	11.0	**−119.6**	6.1	−120.3	−51.6	−102.3
荷载组合 4	**34.0**	−112.3	**26.1**	−112.0	−31.0	−117.7
荷载组合 5	−0.7	−104.2	14.2	−133.2	−21.9	−130.0
荷载组合 6	16.7	−115.1	−2.7	**−142.4**	−23.7	**−139.2**
容许应力	203	203	203	203	197	197
是否满足	是	是	是	是	是	是

③ 扣索索鞍支撑梁应力。塔架扣索平台扣索索鞍支撑梁应力所有荷载组合分析结果见表 4-31。

表 4-31　扣索锚固结构应力　　　　　　　　　　　　　　　　　　　　　　　单位：MPa

荷载工况	扣索索鞍支撑梁	
	max	min
荷载组合 1	106.7	−97.3
荷载组合 2	115.4	−104.7
荷载组合 3	112.7	−102.2
荷载组合 4	90.3	−83.9
荷载组合 5	**120.6**	**−99.2**
荷载组合 6	97.9	−108.3
容许应力	203	203
是否满足	是	是

④ 塔顶结构应力。塔架塔顶结构应力所有荷载组合分析结果见表 4-32。

表 4-32　塔顶结构应力　　　　　　　　　　　　　　　　　　　　　　　　　单位：MPa

荷载工况	塔顶主梁		塔顶连系梁 1		塔顶连系梁 2		塔顶斜撑杆 D559×14	
	max	min	max	min	max	min	max	min
荷载组合 1	**40.2**	**−65.9**	56.0	−28.5	32.6	**−25.2**	31.9	−50.4
荷载组合 2	36.1	−62.3	50.8	−23.3	29.5	−23.7	29.5	−48.2
荷载组合 3	38.7	−65.1	53.4	−25.9	31.1	−24.3	**34.5**	**−52.8**
荷载组合 4	34.9	−46.4	**63.4**	−27.5	27.6	−18.1	20.1	−35.9

(续表)

荷载工况	塔顶主梁		塔顶连系梁 1		塔顶连系梁 2		塔顶斜撑杆 D559×14	
	max	min	max	min	max	min	max	min
荷载组合 5	32.3	−29.7	59.4	**−30.1**	26.3	−21.2	16.8	−31.2
荷载组合 6	35.3	−34.6	47.8	−15.1	20.5	−14.0	32.3	−47.1
容许应力	203	203	203	203	203	203	203	203
是否满足	是	是	是	是	是	是	是	是

⑤ 塔脚内力。塔架塔脚钢管混凝土内力结果见表 4-33。

表 4-33 塔 脚 内 力　　　　　　　　　　　　　单位：kN

荷载工况	钢 管 混 凝 土	
	max	min
荷载组合 1	−1 923.5	−3 505.0
荷载组合 2	−1 820.3	−3 172.1
荷载组合 3	−1 852.0	−3 378.6
荷载组合 4	−1 029.1	−4 064.3
荷载组合 5	−764.6	−4 344.1
荷载组合 6	−703.8	**−4 399.4**
容许内力	9×10^4	
是否满足	是	是

注：钢管混凝土构件轴心受压承载力根据《钢管混凝土结构技术规范》(GB 50936—2014)中公式 $N_u = 0.9 A_c f_c (1 + \sqrt{\theta} + \theta)$ 计算，其中 θ 为套箍系数，经计算得 $N_u = 1.8 \times 10^4$ kN，容许内力取 2 倍安全系数，即 1.8×10^4 kN/2 = 9×10^3 kN。

⑥ 塔架位移。塔架塔顶位移所有荷载组合分析结果见表 4-34。

表 4-34 塔 架 位 移　　　　　　　　　　　　　单位：mm

荷载工况	DX(顺桥向)位移 最大绝对值	DY(横桥向)位移 最大绝对值	DZ(竖向)位移 最大绝对值
荷载组合 1	−149.0	55.5	**−75.7**
荷载组合 2	−87.0	55.5	−75.2
荷载组合 3	−117.5	98.1	−73.3
荷载组合 4	**−226.5**	31.7	−66.8
荷载组合 5	128.4	31.9	−65.2
荷载组合 6	−72.3	**222.8**	−65.9
容许位移	334	334	334
是否满足	是	是	是

⑦ 缆风索张力。平南三桥塔架两端各布置 4 束缆风索,各束间平行布置,后缆风索每束为 12 根钢绞线,前缆风索每束为 10 根钢绞线。缆风索采用直径 $\phi15.2$ 的钢绞线,强度等级为 1 860 MPa,整个塔架共 16 束缆风索。用 midas Civil 软件对塔架进行建模,通过分析计算,可以得出缆风索的张力值,见表 4-35。

表 4-35 缆风索张力　　　　　　　　　　　　　　　　　　　　单位: kN

荷载工况	前缆风索(10 根钢绞线)		后缆风索(12 根钢绞线)	
	安装张力	最大张力	安装张力	最大张力
荷载组合 0	789.7	789.7	784.7	784.7
荷载组合 1	789.7	753.8	784.7	859.1
荷载组合 2	789.7	778.8	784.7	825.0
荷载组合 3	789.7	766.0	784.7	842.5
荷载组合 4	789.7	713.4	784.7	**899.1**
荷载组合 5	789.7	**831.2**	784.7	738.7
荷载组合 6	789.7	771.1	784.7	821.1
允许张力	1 000		1 200	
是否满足	是	是	是	是

⑧ 塔架稳定性分析。在最大悬臂阶段,运用 midas Civil 屈曲分析计算程序,分别开展各个荷载组合作用下的稳定验算,失稳模态均是侧弯失稳。计算结果见表 4-36。

表 4-36 屈曲特征

荷载工况	荷载组合 1	荷载组合 2	荷载组合 3	荷载组合 4	荷载组合 5	荷载组合 6
1 阶模态	21.9	22.0	21.9	23.6	23.2	24.0
2 阶模态	23.5	23.5	23.8	24.8	24.2	26.4
3 阶模态	24.7	23.7	24.3	27.0	25.2	27.3

六种荷载工况对应下的 1 阶模态如图 4-46 所示。

对塔架在六种荷载工况作用下进行整体稳定性分析,其最小临界荷载系数为 21,塔架整体稳定性良好。

基于以上塔架的计算分析,结论如下:

在正常工作状态下(荷载组合 1~3),塔架腹杆系内力满足设计要求;在非工作状态下(荷载组合 4~6),塔架腹杆系内力也能满足设计要求。

在正常工作状态下(荷载组合 1~3),扣索索鞍支撑梁满足设计要求;在非工作状态下(荷载组合 4~6),扣索索鞍支撑梁也能满足设计要求。

在正常工作状态下(荷载组合 1~3),塔顶结构应力满足设计要求;在非工作状态下(荷载组合 4~6),塔顶结构应力也能满足设计要求。

第 4 章 斜拉扣挂体系设计与施工

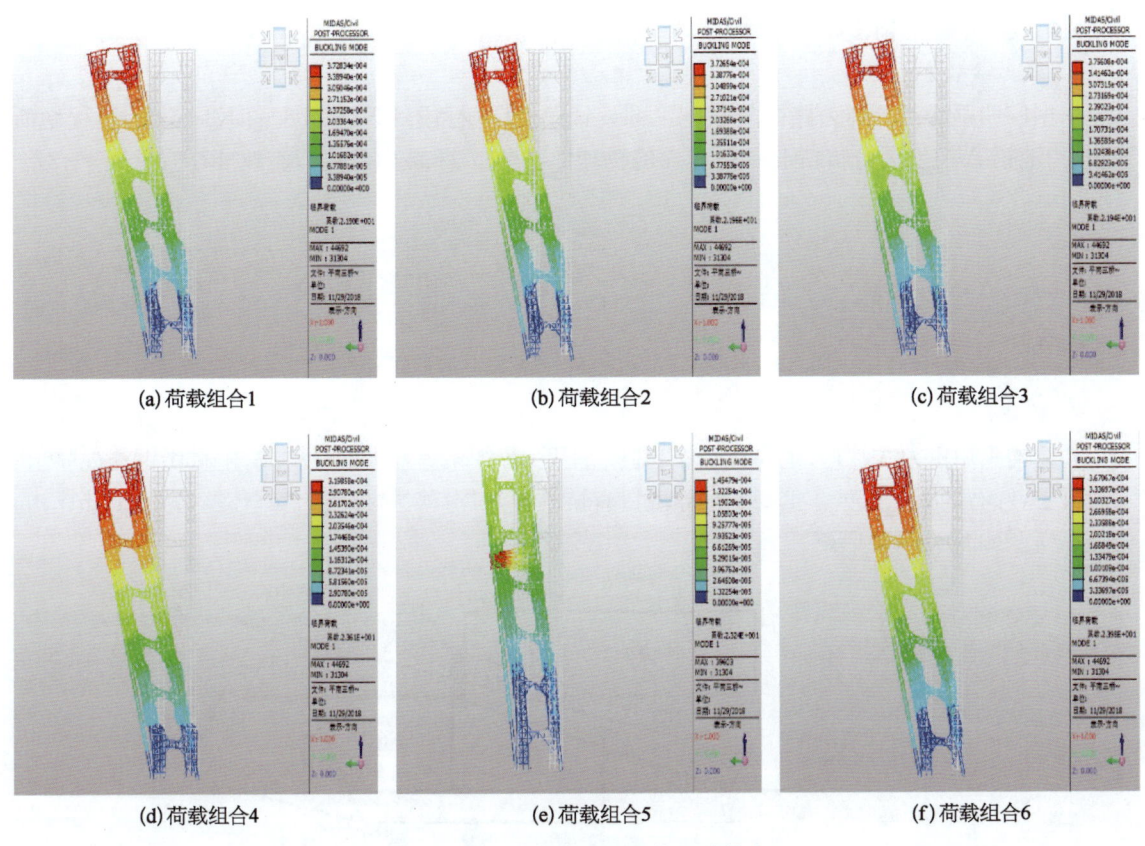

(a) 荷载组合1　　　　　(b) 荷载组合2　　　　　(c) 荷载组合3

(d) 荷载组合4　　　　　(e) 荷载组合5　　　　　(f) 荷载组合6

图 4-46　各荷载工况下的 1 阶模态

在正常工作状态下(荷载组合 1~3),立柱钢管构件应力和内力满足设计要求;在非工作状态下(荷载组合 4~6),立柱钢管构件应力和内力也能满足设计要求。

塔架位移容许值取为 $L/600=200\,000/600=334(\text{mm})$,在正常工作状态下(荷载组合 1~3),塔架最大偏位移为 DX 方向 149.0 mm,为塔高的 $0.75/1\,000$;在非工作状态下(荷载组合 4~6),塔架最大偏位移为 DX 方向 226.5 mm,为塔高的 $1.13/1\,000$;塔架位移均小于 334 mm,故塔架位移满足设计要求。

在正常工作状态下(荷载组合 1~3),塔脚钢管混凝土轴力满足设计要求;在非工作状态下(荷载组合 4~6),塔脚钢管混凝土轴力也能满足设计要求。

塔架两端各布置 4 束缆风索,各束间平行布置,后缆风索每束为 12 根钢绞线,前缆风索每束为 10 根钢绞线,整个塔架共 16 束缆风索。在进行有限元分析时,塔架两端各布置 2 束缆风索,各束间平行布置,后缆风索每束为 24 根钢绞线,前缆风索每束为 20 根钢绞线。每根钢绞线容许承载力为 100 kN,因此前缆风索每束缆风索的承载力为 $100\times20=2\,000(\text{kN})$,后缆风索每束缆风索的承载力为 $100\times24=2\,400(\text{kN})$。在正常工作状态下(荷载组合 1~3)和非工作状态下(荷载组合 4~6),前缆风索最大值为 1 662.3 kN<2 000 kN,后缆风索最大值 1 798.1 kN<2 400 kN,均能满足设计要求。

对塔架在六种荷载工况作用下进行整体稳定性分析,其最小临界荷载系数为 21,塔架整体稳定性良好。

4.4.2.2 地锚结构设计与计算

1) 岩土参数

依据广西荔浦至玉林公路两阶段施工图设计第 TJ10 标段（LK2+485～LK3+520）工程地质报告，扣地锚 A 桥址区粉质黏土层 $Q^{al+pl-3}$ 的物理性质参数、承载力及抗剪参数推荐值见表 4-37。

表 4-37 粉质黏土参数推荐值

土层	容重 γ/(kN·m^{-3})	黏聚力 c/kPa	内摩擦角 φ/°	基底摩擦系数 μ
粉质黏土	19.4	30	10	0.25

2) 荷载计算

扣地锚采用重力式结构，主要有底板、肋板、压重、锚固梁等九大部分构成，主材由钢筋混凝土、素混凝土、片石混凝土三类。主要的计算项目有抗倾覆、抗滑移、抗拉拔的安全性。为便于计算，简化计算模型如图 4-47 所示。

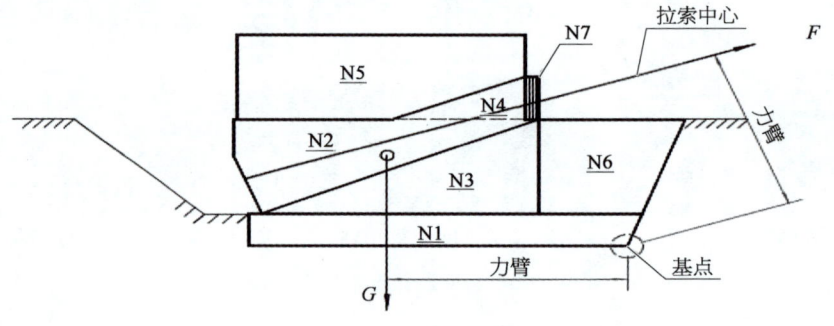

图 4-47 简化计算模型

重力相关参数计算见表 4-38。

表 4-38 地锚参数计算

序号	名称	材质	力臂/cm	γ/(N·m^{-3})	V/m^3	G/kN	M_G/(kN·m)	$F_{\mu 1}$/kN
N1	底板	C30	505	24	151	3 636	18 362	909
N2	肋板	C30	531	25	426	10 642	56 529	2 660
N3	肋间填充	C15	352	24	53	1 277	4 490	319
N4	压重1	C15	320	24	109	2 553	8 175	638
N5	压重2	C15	702	24	251	5 895	41 360	1 474
N6	前压重	C15	−40	24	61	1 445	−578	361
N7	导向块	C15	64	24	4	94	60	24
	合计				1 055	25 541	128 398	6 385

扣地锚受到的外荷载主要为扣索力，扣索索力值取扣索合力最大的工况。各荷载参数计算见表 4-39。

表 4-39 荷载参数计算

序号	荷载类型	F/kN	束数	夹角/°	力臂/cm	M_F/(kN·m)	F_s/kN	F_v/kN	F_{p2}/kN
1	1#扣索	330	2	8.14	502	3 312	653	93	−23
2	2#扣索	586	2	8.14	502	5 882	1 159	166	−41
3	3#扣索	525	2	17.68	519	5 454	1 000	319	−80
4	4#扣索	720	2	17.68	519	7 478	1 372	437	−109
5	5#扣索	534	4	28.95	730	15 590	1 868	1 033	−258
	合计					37 715	6 053	2 049	−512

被动土压力计算见表 4-40。

表 4-40 被动土压力计算

序号	r/(kN·m^{-3})	c/kPa	φ/°	H/m	W/m	K_p	P_p/kN	E_p/kN	M_{Ep}/(kN·m)
1	19.4	30	10	4.5	12.35	1.42	602	7 437	11 156

依据上述各项参数计算结果,计算地锚的抗倾覆、抗滑移及抗拉拔安全系数。安全系数结算结果见表 4-41。

表 4-41 安全系数计算结果

序号	项目		安全系数
1	抗倾覆	$(M_G + M_{Ep})/M_F$	3.7
2	抗滑移	$(F_{p1} + F_{p2} + E_p)/F_s$	2.2
3	抗拉拔	G/F_v	12.47

从上述结果可知,扣地锚 A 的安全系数均大于 2,满足要求。

同理,其他各扣地锚计算过程与扣地锚 A 相同,安全系数均大于 2,满足要求。

4.4.2.3 主拱肋安装过程索力与变形计算

采用"结果最优"的计算方法,忽略了各拱肋吊装施工过程线形的偏差,导致在各吊装施工阶段中前后段拱肋实际位移与目标位移有一些较大偏差,需对钢材的应力和各扣索索力进行容许应力约束,进而造成约束条件多等问题。

基于传统的"结果最优"计算方法存在的问题,提出了"过程最优,结果可控"[12]施工优化计算方法。所谓"结果可控"是指为实现"吊装完成后拱肋线形与设计线形相符",将其定义为约束条件,"过程最优"是指在各拱肋吊装施工过程中拱肋控制点位移与目标位移最小化。

1)"过程最优,结果可控"一次张拉施工优化计算方法流程图

基于"过程最优,结果可控"的 CFST 拱桥斜拉扣挂施工优化一次张拉方法具体计算流程如图 4-48 所示。

2)各扣索索力和线形

拱肋悬臂端控制点位移与目标线形的对比如图 4-49 所示,见表 4-42。

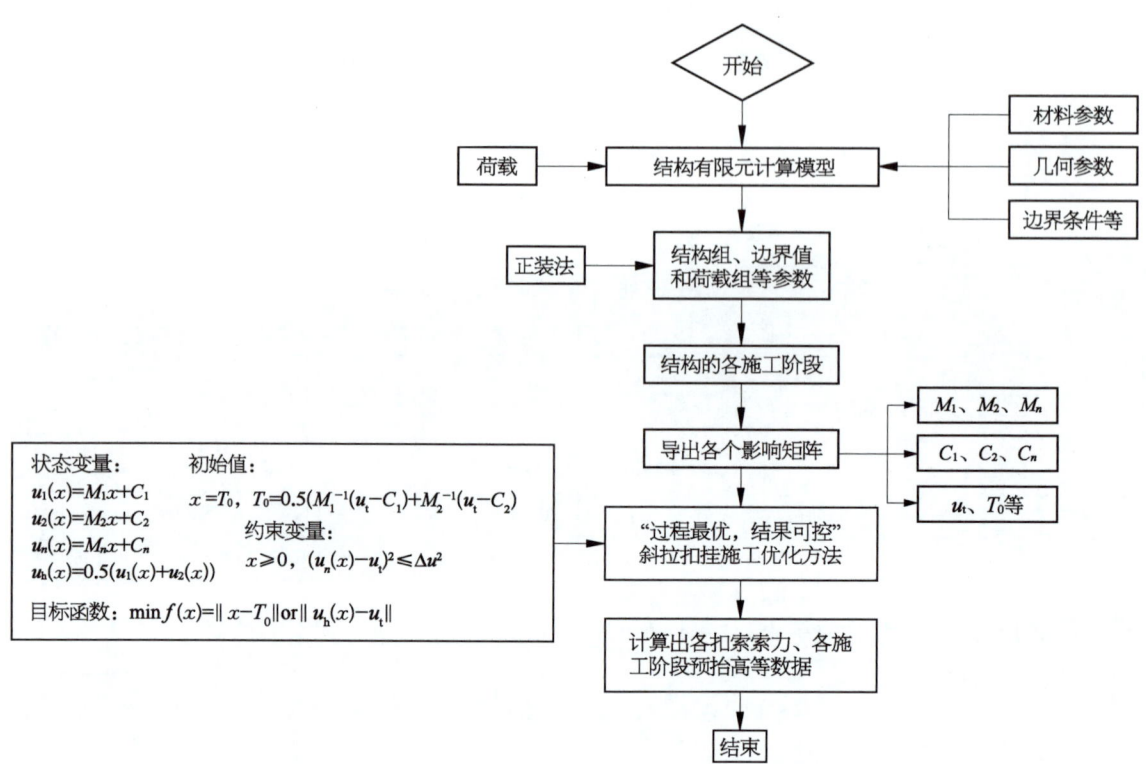

图 4-48 CFST 拱桥斜拉扣挂施工优化流程

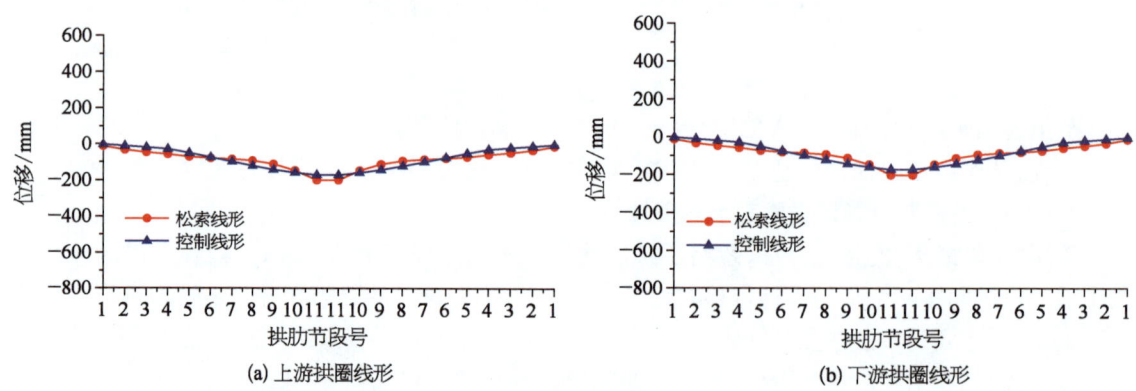

(a) 上游拱圈线形　　　　　　　　　　　(b) 下游拱圈线形

图 4-49 拱圈线形

表 4-42 上游、下游线形　　　　　　　　　　　　　　　　　　　　　单位：mm

上游线形				下游线形			
节段号	松扣线形 A	控制线形 B	A−B	节段号	松扣线形 A	控制线形 B	A−B
1	−14.9	−4.5	−10.4	1	−14.7	−4.5	−10.2
2	−35.6	−12.5	−23.1	2	−35.4	−12.5	−22.9

第 4 章 斜拉扣挂体系设计与施工

(续表)

节段号	上 游 线 形			节段号	下 游 线 形		
	松扣线形 A	控制线形 B	A-B		松扣线形 A	控制线形 B	A-B
3	−49.1	−20.5	−28.6	3	−49.0	−20.5	−28.5
4	−60.0	−30.0	−30.0	4	−59.9	−30.0	−29.9
5	−73.7	−51.4	−22.3	5	−73.9	−51.4	−22.5
6	−81.5	−76.0	−5.5	6	−81.8	−76.0	−5.8
7	−86.4	−100.3	13.9	7	−86.8	−100.3	13.5
8	−94.2	−122.6	28.4	8	−94.7	−122.6	27.9
9	−113.3	−143.3	30.0	9	−113.3	−143.3	30.0
10	−148.6	−160.6	12.0	10	−147.5	−160.6	13.1
11	−202.6	−172.6	−30.0	11	−202.6	−172.6	−30.0
11	−202.6	−172.6	−30.0	11	−202.6	−172.6	−30.0
10	−148.6	−160.6	12.0	10	−147.5	−160.6	13.1
9	−113.3	−143.3	30.0	9	−113.3	−143.3	30.0
8	−94.2	−122.5	28.3	8	−94.7	−122.5	27.8
7	−86.3	−100.2	13.9	7	−86.8	−100.2	13.4
6	−81.4	−75.9	−5.5	6	−81.8	−75.9	−5.9
5	−73.7	−51.3	−22.3	5	−73.9	−51.3	−22.6
4	−59.9	−29.9	−30.0	4	−59.9	−29.9	−30.0
3	−49.1	−20.5	−28.6	3	−49.1	−20.5	−28.6
2	−35.6	−12.5	−23.1	2	−35.4	−12.5	−22.9
1	−14.8	−4.5	−10.4	1	−14.7	−4.5	−10.2

注：松扣线形是指合龙松索后线形；控制线形是目标线形，这里指裸拱自重作用下的线形。

根据计算得到的各扣索索力，进一步得到每束扣索的最大扣索力和各束所需的钢绞线数量，见表 4-43。

表 4-43 上游、下游各扣索索力及配索   单位：kN

节段号	上 游		节段号	下 游	
	最大拉力/束	扣索/(根·束⁻¹)		最大拉力/束	扣索/(根·束⁻¹)
1	330.1	4	1	330.4	4
2	587.8	7	2	588.8	7
3	528.2	6	3	529.9	6
4	727	8	4	729.8	8
5	542.4	6	5	511.0	6

(续表)

上游			下游		
节段号	最大拉力/束	扣索/(根·束⁻¹)	节段号	最大拉力/束	扣索/(根·束⁻¹)
6	530.6	6	6	543.2	6
7	598.5	7	7	604.9	7
8	568.0	7	8	576.7	7
9	730.1	8	9	732.2	8
10	946.9	10	10	946.7	10
11	1 114.6	12	11	1 162.8	12

4.4.3 锚拉板式扣点

4.4.3.1 构造设计

每一拱肋吊装节段前端第二根竖腹杆与上弦管相交处(第一段例外)设置一组锚拉板式扣点，每组两个，每个有两个锚拉板，全桥共计44组。锚拉板采用厚度为26 mm的Q345C钢板，与主弦管全熔透焊接，焊缝超声波检验等级为B级，质量等级为Ⅰ级，探伤为焊缝全长。锚拉板两端设环形加劲板，中部设三角形加劲板；加劲板焊缝形式为角焊缝，焊脚高度满足$2t/3$要求(t为较薄板厚)。锚拉板扣点角度依据扣索角度进行调整，各零部件相应调整。扣点布置时，充分考虑了与相对横撑管、焊缝的相对距离及影响。销轴直径取$\phi170$ mm，材质为45♯钢，采用锻造工艺制造。南岸扣点布置如图4-50所示。

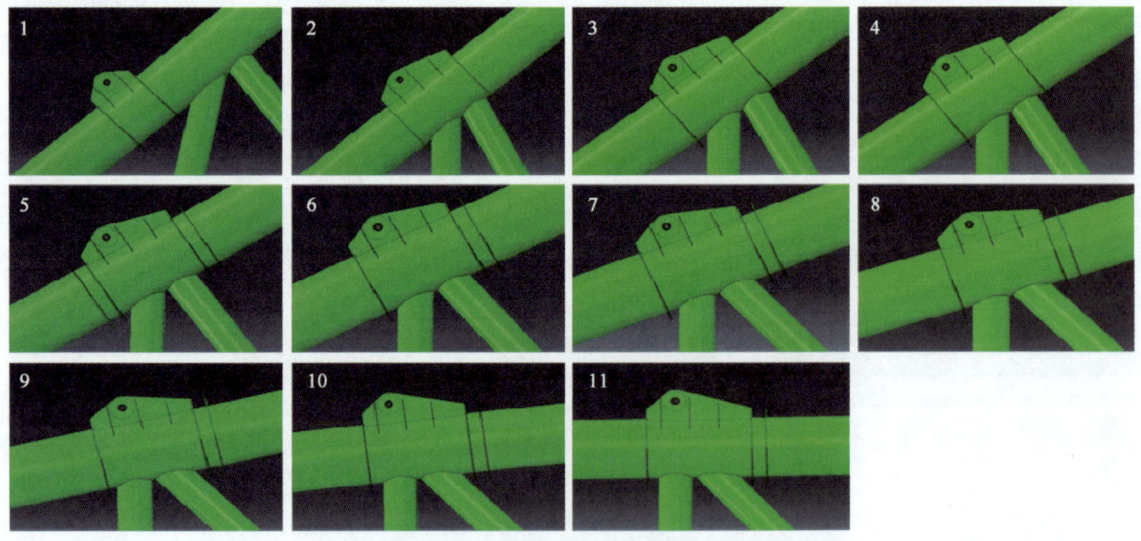

图4-50 南岸1♯~11♯扣点布置

4.4.3.2 容许承载力设计

结合文献[12]的方法计算各扣索索力，采用$\phi15.2-1\,860$ MPa低松弛预应力钢绞线，单根极限承载拉力 260 kN,考虑扣索施工过程损伤、锈蚀、振动及工程特性,容许值取 120 kN,安全储备系数 2.17。第 1~4 节段,每段布置 2 束扣索;第 5~11 节段,每段布置 4 束扣索。每束扣索最大考虑 12 根钢绞线,单束容许承载力为 1 440 kN。每节段锚拉板扣点容许承载力设计值见表 4-44。

表 4-44 扣点容许承载力设计值

扣点编号	单弦管束数	单束根数	容许承载力/kN	最大张力/kN	扣点编号	单弦管束数	单束根数	容许承载力/kN	最大张力/kN
1#	1	4	480	330.10	7#	2	7	1 680	1 196.90
2#	1	7	840	587.80	8#	2	8	1 920	1 136.00
3#	1	7	840	528.20	9#	2	9	2 160	1 460.10
4#	1	9	1 080	727.00	10#	2	12	2 880	1 893.80
5#	2	6	1 440	1 084.80	11#	2	12	2 880	2 229.20
6#	2	6	1 440	1 061.10					

4.4.3.3 结构计算

取容许承载力最大的 10# 扣点进行强度验算。采用有限元软件 Abaqus 对锚拉板扣点结构进行建模分析,扣索荷载取 2 880 kN。计算结果表明,除销轴孔外,结构应力均小于 130 MPa,满足安全要求。计算结果如图 4-51 所示。

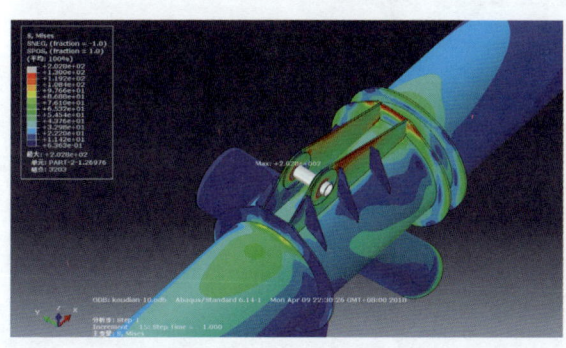

图 4-51 10# 扣点应力云图

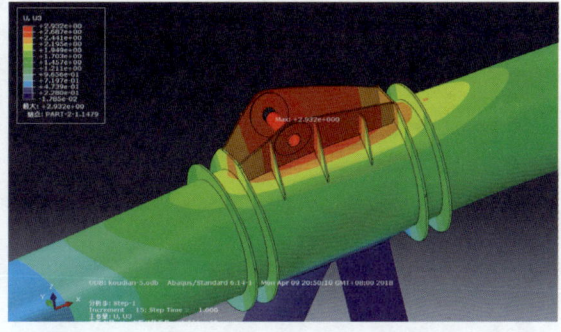

图 4-52 5# 扣点应力云图

取扣索相对弦管夹角最大的 5# 扣点进行刚度复核计算,施加该扣点的容许荷载 1 440 kN,锚拉板变形最大值为 3 mm。计算结果如图 4-52 所示。

同理,采用 Abaqus 有限元软件对各种工况下扣点分配横梁、扣索连接销耳等进行受力分析,其应力均满足规范要求。

4.4.4 扣点分配横梁

4.4.4.1 构造设计

扣点分配横梁为扣点锚拉板与扣索连接的过渡结构。横梁前端设置两个连接杆,与锚拉板进行销接；正对连接杆两侧，分别设置两个扣索连接销耳，与横梁采用销轴连接，销耳内部设扣索锚固板。分配横梁内的前后两个销孔轴线相互垂直，保证分配横梁可绕锚拉板前后转动、扣索鞍销耳可绕横梁左右转动，便于扣索角度的调整。

分配梁采用箱形梁设计，长 4 300 mm，梁高 550 mm，宽 240 mm。横梁上预留扣索销耳轴孔，中心间距为 900 mm+1 900 mm+900 mm。扣点销耳长 1 635 mm，宽 342 mm，高 440 mm，两销耳中心间距 2 800 mm；销耳拉板设计为整体式，横梁穿过销耳拉板，连接处采用熔透焊缝；拉板与横梁夹角处设圆弧形加劲板，改善焊缝处的应力分布。扣索连接销耳长 950 mm，宽 339 mm，高 400 mm，设置多孔锚垫钢板。

4.4.4.2 结构计算

采用 Abques 有限元软件分别对扣点分配横梁、扣索连接销耳进行计算。偏于安全考虑，每束扣索考虑 12 根钢绞线，荷载取值为 1 440 kN，按照以下三个工况分别进行计算，结果如图 4-53 所示。

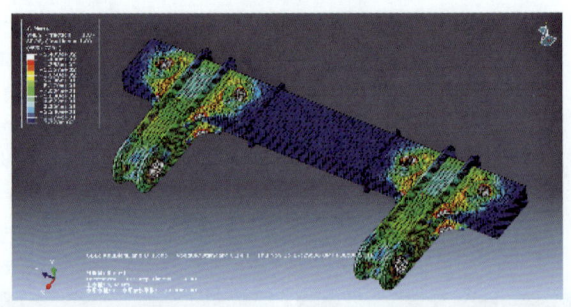

(a) 工况一

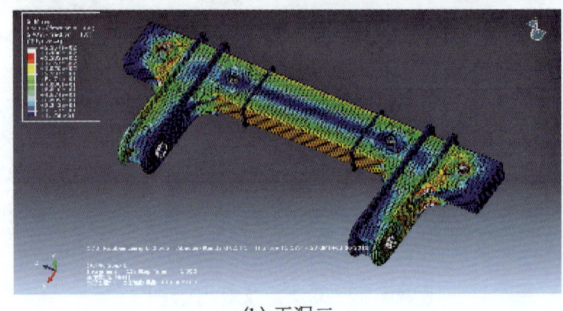

(b) 工况二

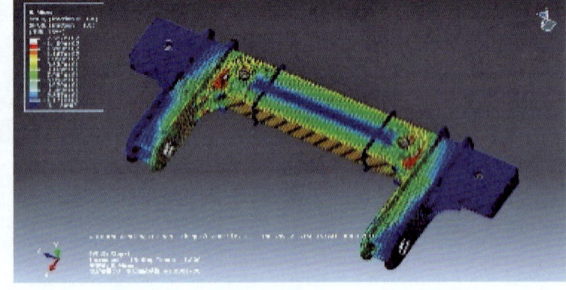

(c) 工况三

图 4-53　各工况扣点分配横梁应力云图

工况一：布置 4 束扣索，总荷载为 5 760 kN，最大应力为 140 MPa，发生在加劲板处。
工况二：外侧布置 2 束扣索，总荷载为 2 880 kN，最大应力为 140 MPa，发生在加劲板处。
工况三：内侧布置 2 束扣索，总荷载为 2 880 kN，最大应力为 140 MPa，发生在加劲板处。
计算结果表明，除了销轴孔和角隅连接板外，应力均不超 140 MPa，满足安全要求。
扣索连接销耳分析时，偏于安全考虑，布满 12 根钢绞线，总荷载为 1 440 kN，应力均不超 140 MPa，如图 4-54 所示。

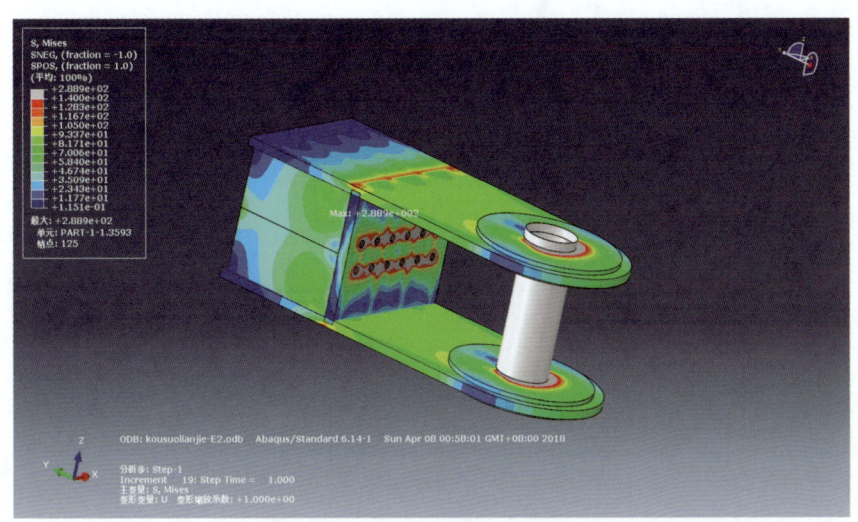

图 4‑54　扣索连接销耳应力云图

计算结果表明,除销轴连接孔和锚具承压处以外,其余应力均不超 140 MPa,满足安全要求。

4.4.5　钢绞线转向索鞍

依据配索情况,1♯～4♯扣索采用双轮 12 门滑轮式扣索鞍(简称 12 门索鞍),5♯～11♯扣索采用多轮 8 门索鞍。扣索鞍顺桥向安装最大水平偏角为 5°。转向索鞍安装在索鞍平台上,通过螺栓连接。索鞍如图 4‑55 所示。

为进一步确定转向索鞍的应用效果,采用 Abaqus 有限元软件对三种不同弯折(0°、5°和 30°弯折)情况下的扣索索力承载力分析。计算结果如图 4‑56、图 4‑57 所示。

由图 4‑57 可知,当扣索绕过转向索鞍产生不同角度的弯曲时,与原扣索承载力(0°弯折)相比,其承载力降低不显著,由此表明本章提出的钢绞线转向索鞍效果良好。

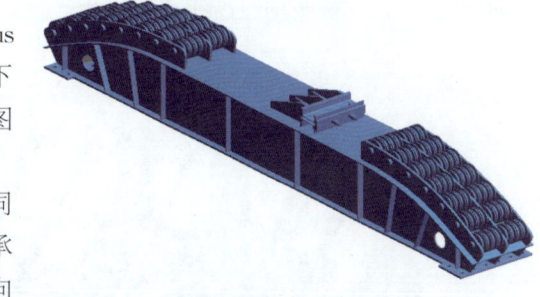

图 4‑55　扣索转向索鞍

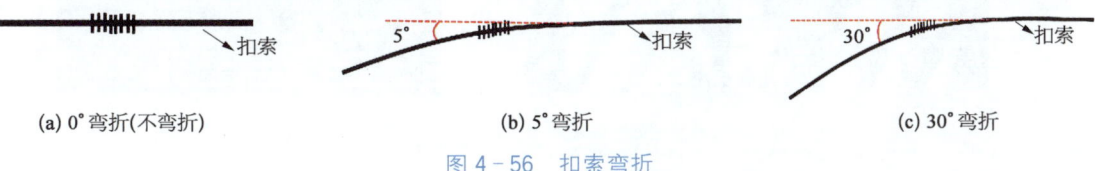

(a) 0°弯折(不弯折)　　(b) 5°弯折　　(c) 30°弯折

图 4‑56　扣索弯折

4.4.6　扣索平台

4.4.6.1　构造设计

索鞍平台采用型钢框架式结构设计,横桥向设置工字形钢梁,梁高 428 mm,宽 240 mm,翼缘

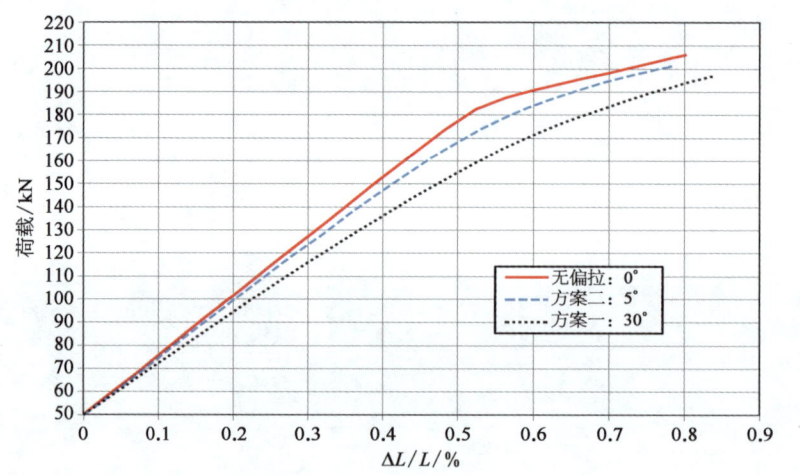

图 4-57　三种不同弯折程度下扣索承载力对比

板厚 24 mm，腹板厚 18 mm；上翼缘板预留扣索鞍、拉杆安装螺栓孔，下翼缘预留支撑杆连接螺栓孔。横梁与立柱间采用栓接连接。索鞍平台设计时，考虑了扣索不平衡水平力的影响，提高抗扭刚度，在纵桥向设 6 根工字形纵梁，梁高 200 mm，纵梁间设置连接钢板，形成封闭的施工平台。结构设计时，考虑平台的安装与运输，将一个平台划分为两个对称的构件，安装时通过节点板进行连接。

索鞍平台两端横梁中部上下翼缘处均设置八字形斜腹杆，与立柱相连，提高横梁的竖向刚度。斜腹杆与平台、立柱间均通过 T 形节点板连接。上斜腹杆两侧横梁上安装扣索转向索鞍，如图 4-58 所示。

 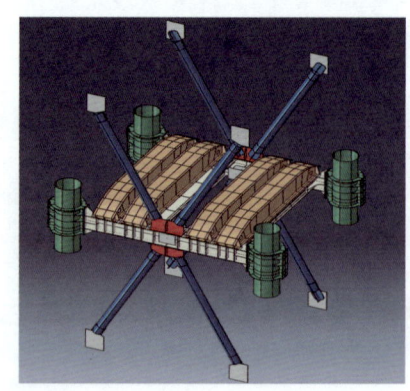

图 4-58　扣索平台

4.4.6.2　结构计算

采用 Abaqus 有限元软件分别对扣索鞍平台、立柱及支撑结构建立整体模型。模拟扣索鞍时，忽略索鞍滑轮，将扣索荷载直接施加在索鞍结构上。荷载加载时，考虑索鞍平台承受的不平衡水平力，对荷载方向进行调整，前索考虑 10°的夹角，尾索考虑 30°的夹角。计算结果如图 4-59 所示，见表 4-45。

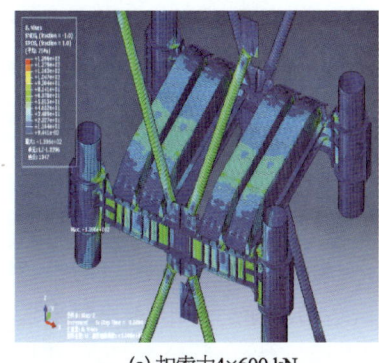 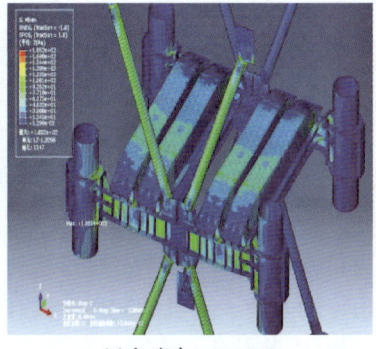 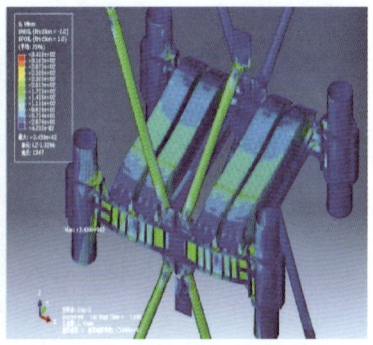

(a) 扣索力4×600 kN　　　　　(b) 扣索力4×800 kN　　　　　(c) 扣索力4×1 600 kN

图 4-59　扣索平台应力云图

表 4-45　不同荷载工况下的计算结果

荷载工况	扣索束数	单束根数	单束张力/kN	应力/MPa	位移/mm
最大计算索力	4	6	600	139.6	1.4
1.33 倍最大索力	4	8	800	185.2	1.9
3 倍最大索力	4	8	1 800	329.4	4.2

综上所述,可得到以下结论:
(1) 扣索鞍满布钢绞线时,即 1.33 倍做大计算索力荷载下,平台及支撑结构是安全的。
(2) 3 倍最大索力荷载下,平台及支撑结构才进入屈服状态,安全系数大于 2。

此外,由图 4-60 计算结果表明,当扣索力达到 4×1 600 kN 时,结构发生破坏,应力最大点位于立柱节点环板处,立柱节点先于端板螺栓接头屈服。由此说明本节设计的扣索平台具有良好的承载力。

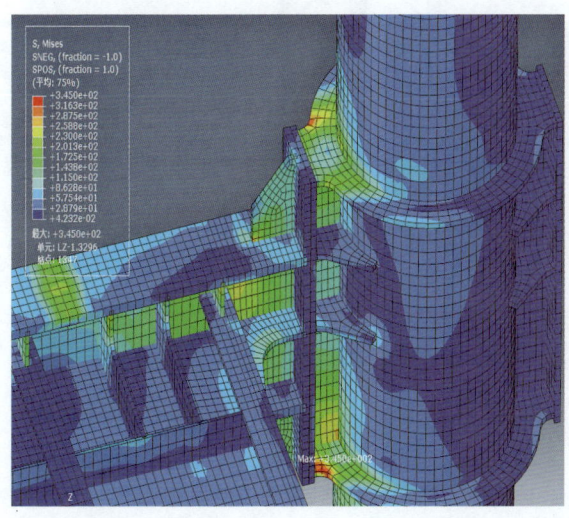 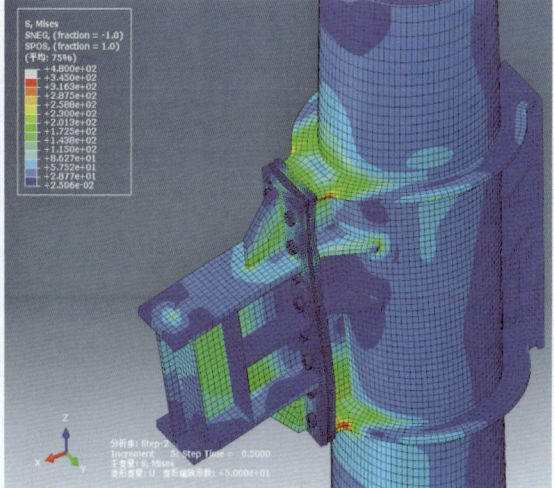

图 4-60　扣索平台应力云图

4.4.7 塔架安装与拆除

4.4.7.1 塔架安装

1) 塔脚施工

塔脚施工包括预埋钢筋笼、安装定位骨架、预埋塔脚钢管、浇筑管内混凝土。

2) 塔身安装

塔架安装使用机械配合人工进行安装。南、北岸分别安装两台 C7036 型塔吊,采用塔吊进行立柱钢管、水平杆、斜杆、横联、塔顶等的安装。随着塔架高度的升高,塔吊也随之爬升,直至整个塔架安装结束。塔架的安装应认真进行,安装前应认真对各种杆件、节点板、螺栓进行检查,防止有损伤的构件被用到塔架上。安装应严格按照设计进行,螺栓要按数量上足上紧,在吊装过程中,还需要定期检查。安装步骤如下:

(1) 在拼装区拼装好立柱段,用塔吊将第一个 8 m 立柱段吊装至塔脚预埋立柱上,如图 4-61 所示。

图 4-61 吊装立柱单元

(2) 安装第一个 8 m 节段钢管立柱之间的水平杆、水平斜杆及立面斜杆,如图 4-62 所示。

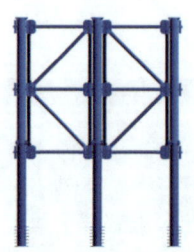 

图 4-62 安装水平杆及斜杆

(3) 重复前面的安装步骤,直到安装完第三个 8 m 节段钢管立柱,如图 4-63 所示。

(4) 装第一道横联。先在拼装区拼装好横联处拼装单元,然后吊装就位,上螺栓,安装第一道横联剩余水平杆、水平斜杆和竖向斜杆,如图 4-64 所示。

(5) 安装第四个 8 m 节段钢管立柱,安装除扣索平台外的水平杆、水平斜杆、竖向斜杆,如图 4-65 所示。

(6) 在拼装区拼装好扣索平台拼装单元,吊装就位,安装扣索锚固斜撑管,如图 4-66 所示。

(7) 重复以上步骤,直到安装至最顶层 8 m 钢管立柱及塔顶斜撑管,如图 4-67、图 4-68 所示。

第 4 章 斜拉扣挂体系设计与施工

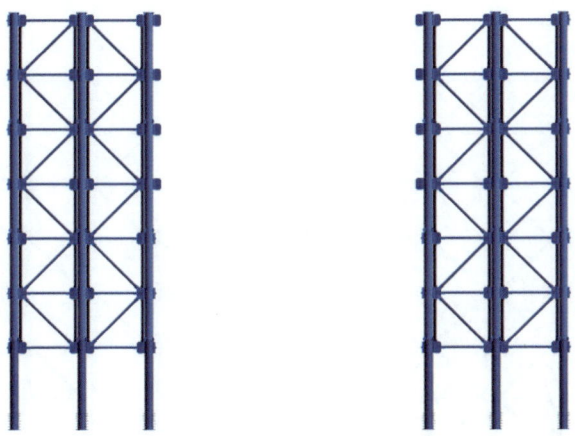

图 4-63 安装完第三个 8 m 节段

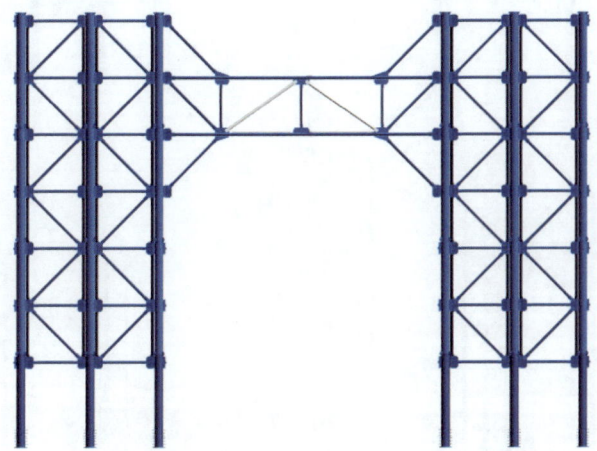

图 4-64 安装横联单元

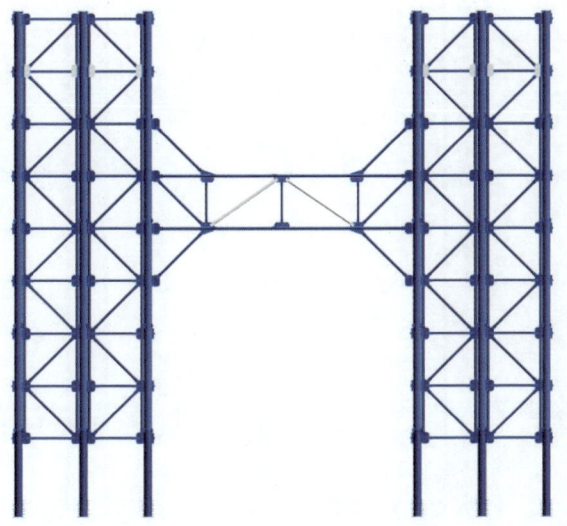

图 4-65 安装第四个 8 m 节段

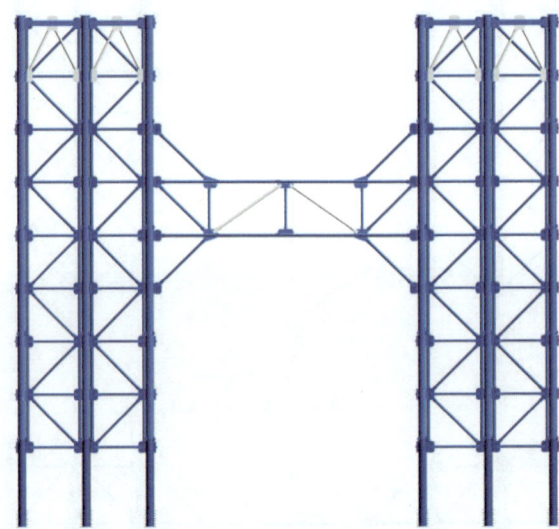

图 4-66 安装扣索平台及斜撑

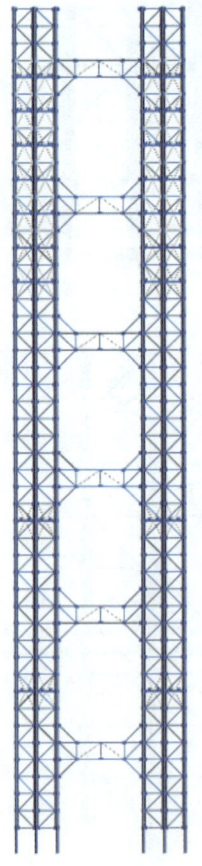

图 4-67 安装顶层 8 m 节段

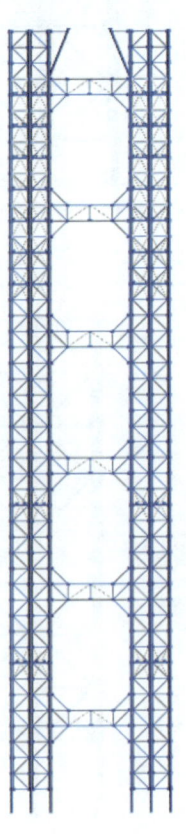

图 4-68 安装塔顶斜撑

3) 塔顶安装

塔顶横梁单元运送至现场存放区后,先在存放区进行预拼,预拼无问题后,将其拆分成塔顶 A、塔顶 B、塔顶 C、塔顶 D、纵梁 A、纵梁 B。每个塔顶单元有两种,如塔顶 A 分为 A1 和 A2,A1、A2 相互对称,重量相同,中间由纵梁连接。将拆分好的单元运送至拱座区域,用塔吊逐个将单元吊装至最顶端钢管立柱。安装步骤如图 4-69 所示。

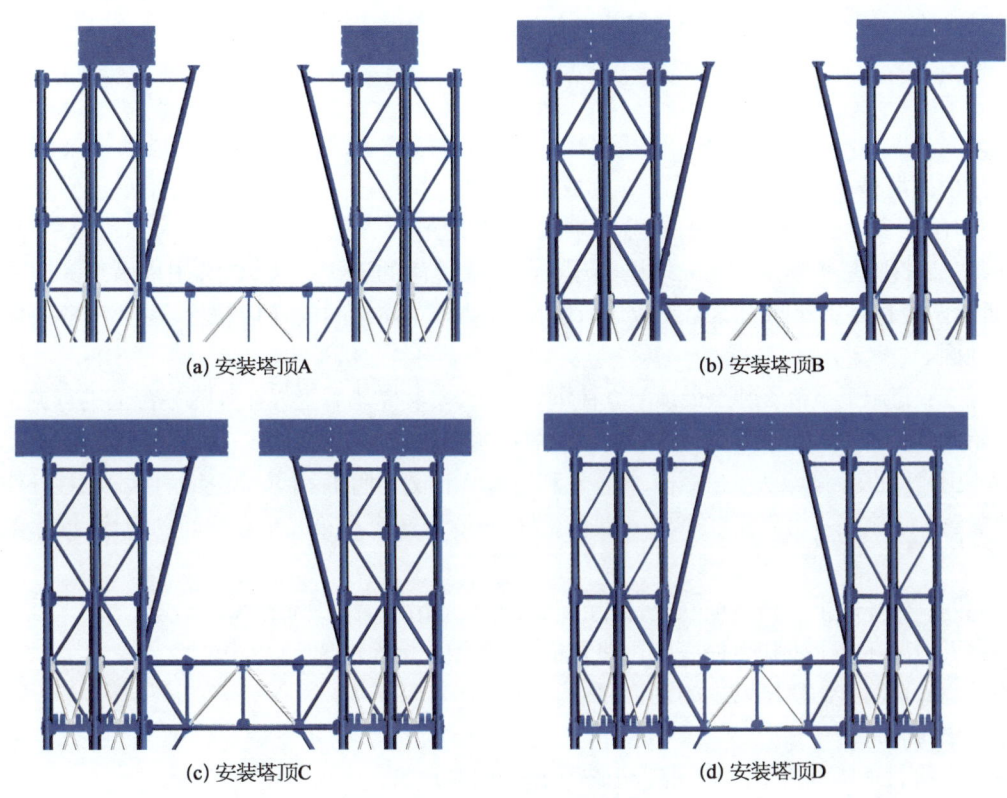

(a) 安装塔顶A (b) 安装塔顶B

(c) 安装塔顶C (d) 安装塔顶D

图 4-69 塔顶安装

4) 缆风安装

(1) 临时缆风。在塔架搭设到第 2、4、6 道横联高度时,拉设临时缆风,确保塔架的纵向稳定性。缆风采用钢丝绳,捆绑在立柱主管的节点处,用卡环固定。南、北岸各设置两个临时缆风地锚,用于锚固第 2 道横联的临时缆风绳,其余固定在之前预埋在承台、桥台、拱座、地锚处的圆钢预埋件处。

(2) 永久缆风。永久缆风包括侧缆风和前后永久缆风。侧缆风采用 $\phi 28$ 钢丝绳,捆绑在第 6 道横联处立柱主管的节点处,用卡环固定,下方锚固在临时地锚上。侧缆风安装方法同第 1 道临时缆风。前后永久缆风采用钢绞线,前永久缆风每束有 10 根钢绞线,每个塔架有 8 束;后永久缆风每束有 12 根钢绞线,每个塔架有 8 束。前永久缆风张拉端在拱座上,后缆风张拉端在主地锚上,锚固端均在塔顶横梁 A 处。

4.4.7.2 塔架拆除

1) 拆除塔顶永久缆风

首先将缆风逐级松张,再将缆风塔架侧锚头绑于塔吊吊点,随后预紧塔吊吊点,拆除塔架侧缆风锚头,而后利用吊点将缆风放至地面。在拆除缆风时按照设计索力对其逐级松张,依次将缆风索力松张设计值的30%、80%及100%,并利用千斤顶于锚头处对称松张,待松张完预留长度后使用卷扬机配合滑车组将缆风整束退出锚具。

为确保塔架在塔顶缆风拆除后的稳定性,在第2、4道横联处各设一道临时缆风。临时缆风全部拉好后,才能松正式缆风。临时缆风随塔架立柱杆件的拆除而逐步拆除。塔架缆风拆除顺序如下:拆除塔顶永久缆风→拆除侧缆风→拆除第3道临时缆风→拆除第2道临时缆风→拆除第1道临时缆风。

2) 拆除塔架

塔架采用两台塔吊进行拆除,采用汽车吊辅助分解、装车,汽车吊于拆除塔顶横梁前一周进场。塔架根据塔吊不同距离的起重能力分成不同的块,用塔吊吊放到地面后,用车运到安全区域外,用汽车吊配合人工分解,再将杆件分类堆放,装车运走。

步骤一:拆除塔顶横梁之间的螺栓、节点板,拆除之间的连接纵梁A、B,用塔吊将其逐个吊至地面,拆除两个横梁单元间的螺栓、节点板,拆除横梁与立柱之间的连接螺栓,逐个将塔顶横梁单元吊至地面。

步骤二:将施工平台安装至最顶层立柱钢管之上,安装完毕后工人在升降平台上进行施工。自塔顶开始,拆除第一个8 m钢管立柱之间的水平杆、水平斜杆及立面斜杆。各杆件之间通过法兰盘连接,工人使用气动扳手解除法兰盘螺栓,将杆件利用塔吊下放至地面后于安全区域内拆分立柱杆件。

步骤三:降施工平台至第二个8 m钢管立柱,拆除第一个和第二个立柱间的螺栓,拆除第一个8 m立柱。

步骤四:循环以上步骤至横联处,拆除横联,拆除塔吊附着杆,降塔吊。

步骤五:循环以上步骤至最底层预埋立柱,其间相应拆除塔架临时缆风。

步骤六:切割露出拱座以上的钢管立柱。

3) 拆除地锚

使用炮机将地锚混凝土凿碎,混凝土碎块用于路基填筑。

4.4.8 扣索荷载试验

平南三桥为跨径达575 m的钢管混凝土拱桥,主拱肋悬臂拼装扣挂重量大,扣挂体系必须安全可靠。因此在正式施工前,开展扣挂体系实体模型试验,试验目的有检验扣索鞍平台的承载能力、测定扣索鞍轮处的摩阻力、验证扣索鞍的适用性。试验布置如图4-70所示。

扣索荷载试验布置在北岸主地锚上,浇筑地锚时预埋反力架及塔架预埋件。塔架安装一个标准扣挂平台节段,布置4个8门扣索鞍。扣挂两端的夹角设置考虑覆盖了全桥扣索安装角度,具有一定的代表性。扣索布置时,考虑钢绞线正对索鞍轮和偏载两种工况,共安装32根钢绞线,两侧扣索鞍由外向内各安装8根,中间两个扣索鞍各安装8根。每根钢绞线的最大试验拉力分4级加载至100 kN。试验过程中测量塔架、扣索鞍平台、扣索鞍钢绞线的应力应变值。

平南三桥跨径575 m,建成后是世界上跨径最大的拱桥,缆索调运斜拉扣挂是拱圈悬臂施工的关键技术。该工程具有以下几点重要创新:

(1) 新型跑车和支索器。起重、牵引绳和支索器连接绳空间布置不相互干扰;支索器行走轮有

第 4 章 斜拉扣挂体系设计与施工

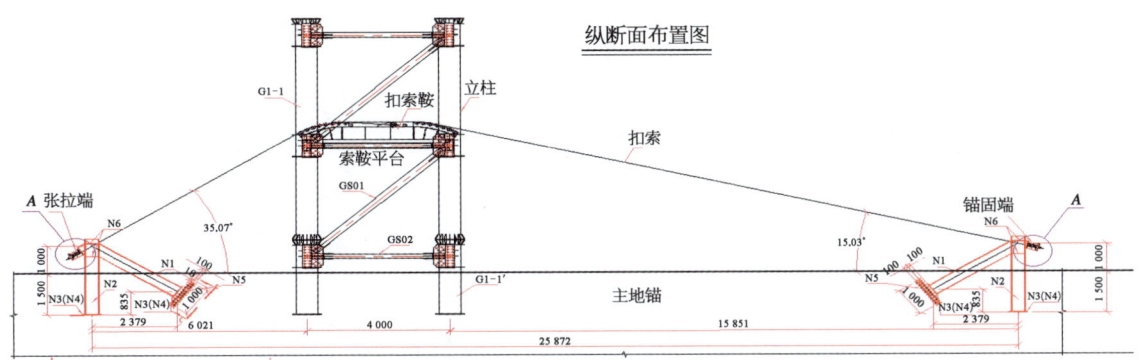

图 4-70 扣索荷载试验

反压轮,防止起重、牵引绳在紧张情况下抬升支索器。

(2) 索鞍横移新技术。索鞍横移系统与索鞍分离设计,布置在索鞍下方;设置缆索吊机工作时的专用索鞍锚固装置。

(3) 斜拉扣挂新体系。扣索在拱背上安装,直接插打销轴,操作方便、快速、安全。

(4) 索力优化新方法。采用"过程最优,结果可控"的优化计算方法实现扣索一次张拉,提高安装效率和质量,降低施工过程中的风险。

参考文献

[1] 郑皆连.特大跨径 RC 拱桥悬拼合龙技术的探讨[J].中国公路学报,1999,12(1):42-49.
[2] 王铭琪,张佐安,汪平云.特大跨径钢管混凝土拱桥钢管拱肋的吊装施工[J].公路,2003(11):7-11.
[3] 周孝余,徐利军,黄岗,等."空中翻身小竖转、多节段少扣索悬拼"缆索吊装施工技术——南宁永和邕江大桥拱肋吊装施工技术[C]//中国公路学会桥梁和结构工程分会 2004 年全国桥梁学术会议论文集.昆明:中国公路学会,2004:7.
[4] 谢功元,刘军,袁长春,等.支井河钢管混凝土拱桥施工关键技术[J].桥梁建设,2009(5):57-59,73.
[5] 新西海橋の施工技術委員会,架設小委員会.CFT 部材を使用した長大橋の架設技術報告[R].
[6] 甘林坤,冯玉涛,王民,等.大跨径钢箱提篮拱缆、扣塔一体化分析[J].中外公路,2011,31(1):123-126.
[7] 相澤一義,阿部浩志.広島空港大橋(仮称)アーチ部上部工工事:大規模アーチ橋のケーブルエレクション・斜吊工法による架設[J].JSSC:日本鋼構造協会機関誌,2010(2):26-31.
[8] 魏举.上海卢浦大桥临时索塔安装施工技术[J].安装,2004(5):11-12,14.
[9] 卢绪庆.桥梁施工用组合钢塔结构分析与研究[D].成都:西南交通大学,2007.
[10] 曹国银,陈鸣.宁波明州大桥 400 t 缆索吊装系统架设技术[J].桥梁建设,2011(5):74-80.
[11] 宋晖,叶梅新.重庆菜园坝长江大桥提篮钢箱拱施工工艺[J].桥梁建设,2005(6):52-55.
[12] 韩玉,秦大燕,郑健.CFST 拱桥斜拉扣挂施工优化计算方法[J].公路,2018,63(1):100-104.

第 5 章

斜拉扣挂一次张拉计算方法及实践

CFST 拱桥凭借经济、美观、施工便捷和耐久性好等诸多优点，在我国发展迅速、应用广泛。根据相关文献[1]的数据显示，截至 2015 年 1 月，已建设 CFST 拱桥 400 余座，其建设跨径和拱段数也一次次刷新纪录。其中，巫山长江大桥和合江长江一桥计算跨径分别达到 460 m 和 530 m，拱段数也分别达到 22 段和 18 段，在建的马滩红水河特大桥拱段数已达到 24 段，这给施工过程中结构的线形控制和索力均匀性提出了更高的要求。

5.1 概述

目前，CFST 拱桥悬臂拼装施工索力计算方法主要包括解析法和数值法。解析法主要基于力矩平衡原理，视各拱肋节段接头处弯矩为零，计算各扣索索力[2-3]，因此也称"零弯矩法"。解析法主要适用于一些跨径小、拱段数少的肋式结构，难以准确分析复杂受力状态下的大跨径桁式 CFST 拱的重心位置和计算长度等重要问题。以有限元法为代表的数值方法能够有效弥补解析法的不足，并通过有限元软件广泛应用于工程实际。目前，数值方法主要包括正装分析法、倒拆分析法和定长扣索法等[4-7]。正装法是指仿照桥梁施工建造的顺序，进行施工模拟。因而过程较直观，但需要反复调整索力，常常要求计算人员拥有一定的调索经验。倒拆法则按照施工的逆过程，逐一反拆每一施工过程对结构的影响。该方法可用于校核正装法的计算结果，但对于跨径大、节段多、施工过程复杂的 CFST 桁拱，倒拆法很难得到精确的解[4]。定长扣索法是指扣索安装时，将其张拉至控制状态，扣索受后续施工阶段的影响被动调整，使合龙松索后的拱圈线形满足设计要求。该方法采用一次张拉扣索的被动调整方法，有效解决了反复调索的问题，具有高效、便捷的优点，其关键在于确定扣索安装的初始状态(无应力长度)，即确定拱圈安装时的预抬高值。然而传统的定长扣索法基于"过程可控，结果最优"的调索方法，由于通常以拱肋应力、扣索张力、位移等多个状态变量作为约束条件，造成约束条件多、施工过程中索力均匀性差等有待解决的问题。因此一种更高精度的斜拉扣挂施工优化方法有待进一步研究。

为克服应用传统的定长扣索法进行 CFST 拱桥斜拉扣挂施工优化分析时存在约束条件多、索力不均匀、施工过程中线形难控制等问题，首次提出基于"过程最优，结果可控"的斜拉扣挂施工优化一次张拉方法。首先基于 CFST 拱桥的几何参数、材料参数、边界条件和荷载工况等建立结构的有限元模型，进而确定结构的结构组、边界值和荷载组等参数，据此形成结构的各施工阶段，再利用影响矩阵法建立以合龙松索后各控制节点的位移与目标线形位移差为约束条件、各吊装施工阶段的拱肋控制节点与目标线形位移差的平方和为优化目标函数，以此建立"过程最优，结果可控"的斜拉扣挂施工优化计算方法。并将该方法应用于某跨径 265 m 钢管混凝土拱桥、马滩红水河特大桥以及跨径 575 m 的平南三桥(在建最大跨径拱桥)的斜拉扣挂施工计算，验证了本章方法具有约束条件少、索力均匀性好、计算效率高和施工线形好等优点。

现有的规范仅对拱桥的合龙松索后的线形提出了限值要求，建议对施工过程中的线形偏差以及扣索均匀性提出相应的规范要求。

5.2 斜拉扣挂数学模型及施工优化方法

5.2.1 斜拉扣挂数学模型及施工优化方法

$$\begin{cases} \min f(X),\ X=[x_1,\ x_2,\ x_3,\ \cdots,\ x_n] \\ \text{s.t.} \\ g_i(x) \leqslant \bar{g}_i,\ i=1,\ 2,\ 3,\ \cdots,\ m_1 \\ \underline{h_i} \leqslant h_i(x),\ i=1,\ 2,\ 3,\ \cdots,\ m_2 \\ \underline{w_i} \leqslant w_i(x),\ i=1,\ 2,\ 3,\ \cdots,\ m_3 \\ \underline{x_i} \leqslant x_i \leqslant \bar{x}_i,\ i=1,\ 2,\ 3,\ \cdots,\ n \end{cases}$$

式中　$f(X)$——待最小优化目标函数；

　　　X、x——设计变量；

　　　g_i、h_i、w_i——状态变量，上划线和下划线分别表示上边界和下边界。

传统优化模型基于"过程可控，结果最优"的优化方法，以合龙松索后拱肋上各控制点位移与目标位移差的平方和为目标函数进行结构的最优化分析，其数学模型如下[5-6]：

设计变量：　　　　　　　　$s_i \in s^N,\ i=1,\ 2,\ \cdots,\ n$

目标函数：　　　　　　　　$\min f(s) = \sum_{j=1}^{n} [v_j(s) - \bar{v}_j(s)]^2$

约束条件：　　　　　　　　$\begin{cases} 0 \leqslant s_i \leqslant LN_p/k,\ i=1,\ 2,\ \cdots,\ n \\ \underline{v} \leqslant v_j(s) - \bar{v}_j(s) \leqslant \bar{v},\ j=1,\ 2,\ \cdots,\ n \\ -\sigma \leqslant \sigma_j \leqslant \sigma,\ j=1,\ 2,\ \cdots,\ n \end{cases}$

式中　s——各组扣索索力组成的向量；

　　　$v_j(s)$——拱轴线上观测点的实际位移；

　　　$\bar{v}_j(s)$——各观测点的目标位移；

L——扣索钢绞线的根数；

N_p——单根钢绞线的屈服力；

k——安全系数；

$\underline{v}$、$\bar{v}$——各观测点的实际位移与目标位移的上、下限；

σ_j——结构各节点的应力；

σ——钢材的容许应力。

该优化模型以松索成拱后各拱段实际位移与目标位移差的平方和为优化目标函数，以各悬拼施工过程中的拱肋实际位移与目标位移差为约束条件，该方法为一次张拉方法，避免了应用正装法和倒拆法进行 CFST 拱桥斜拉扣挂施工优化计算时存在计算过程复杂、反复调索等缺点，进一步推动了 CFST 斜拉扣挂施工优化方法的发展。然而该方法采用"过程可控"的计算方法，导致在各吊装施工阶段中前后段拱肋实际位移与目标位移有一些较大偏差，需对钢材的应力和各扣索索力进行容许应力约束，进而造成约束条件多等问题。

5.2.2 "过程最优,结果可控"斜拉扣挂施工优化方法

基于上述定长扣索法存在约束条件多、索力均匀性有待改善等问题,提出了"过程最优,结果可控"施工优化计算方法。所谓"结果可控"是指为实现"吊装完成后拱肋线形与设计线形相符",将其定义为约束条件；"过程最优"是指在各拱肋吊装施工过程中拱肋控制点位移与目标位移最小化。"过程最优"通常有以下两种表达形式：

(1) 扣索初拉力荷载(扣索初始状态,即确定无应力长度)与安装预抬高值为 0 时的索初拉力 T_0 差的平方和,这里的安装预抬高值是相对于松索成拱的目标线形 u_t,而不是相对于设计制造线形的。

(2) 施工过程中各阶段悬臂端控制点位移 $u_h(x)$ 与松索成拱的目标线形位移 u_t 差的平方和。

5.2.2.1 影响矩阵法原理

现以如图 5-1 所示的一座简单的肋式 CFST 拱为例,说明影响矩阵法的计算原理及过程。

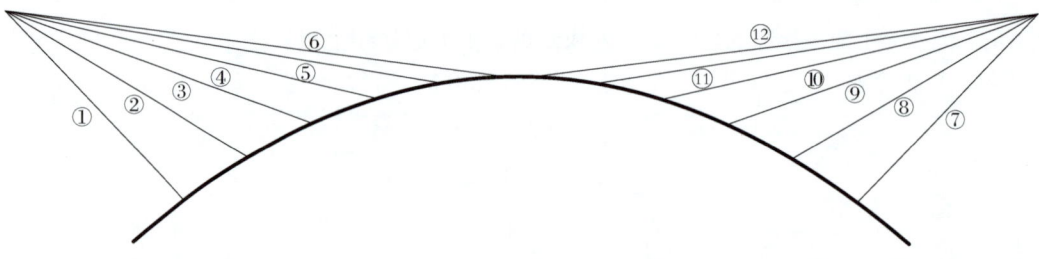

图 5-1 肋式 CFST 拱

CFST 拱桥斜拉扣挂施工的索力由结构恒荷载产生的荷载效应、其他索张拉和索自身变形产生的荷载效应等几部分共同组成。根据叠加原理,影响矩阵关系应为

$$E_{user} = Mf + E_{const}$$

式中 E_{user}——不考虑施工阶段恒载作用下的位移；

f——各扣索荷载向量；

E_{const}——考虑施工阶段恒载作用下各拱段控制节点的位移矩阵；

M——各单位扣索力单独作用下形成的影响矩阵，即当 1♯ 扣索索力为 1 时，各控制点位移为 $\{\Delta_{i1}\}$ ($i=1, 2, \cdots, 11, 12$)，同理扣索 j 索力为 1 时，各控制点位移为 $\{\Delta_{ij}\}$ ($i=1, 2, \cdots, 11, 12$)，因此 M 应为

$$M = \begin{bmatrix} \Delta_{1,1} & \Delta_{1,2} & \cdots & \Delta_{1,12} \\ \Delta_{2,1} & \Delta_{2,2} & \cdots & \Delta_{2,12} \\ M & M & O & M \\ \Delta_{12,1} & \Delta_{12,1} & \cdots & \Delta_{12,12} \end{bmatrix}$$

因此各扣索荷载向量 f 应为

$$f = M^{-1}(E_{\text{user}} - E_{\text{const}})$$

5.2.2.2 "过程最优，结果可控"优化模型

施工阶段分析采用 midas Civil 结构分析软件，状态变量与设计变量的函数关系基于影响矩阵原理建立，优化求解采用数学工程软件 Mathcad，其优化模型如下：

设计变量：
$$x = \{x_1, x_2, x_3, \cdots, x_n\}^T$$

状态变量：
$$\begin{cases} u_1(x) = M_1 x + C_1 \\ u_2(x) = M_2 x + C_2 \\ u_h(x) = 0.5(u_1(x) + u_2(x)) \\ u_n(x) = M_n x + C_n \end{cases}$$

初始值：
$$x = T_0, \quad T_0 = 0.5(M_1^{-1}(u_t - c_1) + M_t^{-1}(u_t - c_2))$$

约束条件：
$$\begin{cases} x \geq 0 \\ (u_n(x) - u_t)^2 \leq \Delta u^2 \end{cases}$$

目标函数：
$$\min f(x) = \| u_h(x) - u_t \|$$

式中 x——设计变量，为扣索初拉力荷载；

$u_1(x)$——当前安装拱肋节段并张拉扣索所对应的悬臂端控制点位移；

$u_2(x)$——安装拱圈横联所对应的悬臂端控制点位移向量；

$u_n(x)$——合龙松索后各控制点位移向量；

u_t——目标位移向量，指合龙松索后各控制点目标位移；

M_1、M_2、M_n——设计变量对状态变量的影响矩阵；

C_1、C_2、C_n——已知荷载量对状态变量的影响向量；

T_0——安装预抬高值为 0 状态下的荷载向量，即设计变量初始值；

Δu——松索成拱后控制点位移与目标位移的容许偏差值。

此外，为了在安装横联前通过适当的预抬高抵偿一部分因安装横联造成的向下位移，使得索力的均衡性更好，取 $u_h(x)$ 为 $u_1(x)$ 与 $u_2(x)$ 的中值。

由于该斜拉扣挂施工优化模型严格控制每一施工吊装阶段的实际线形与目标线形位移偏差，能有效避免拱肋在施工过程中因线形偏差造成的线形控制困难等问题，因而不需要对钢材的应力等条件进行约束。因此具有约束条件较少的优点，主要起约束控制作用的是松索成拱的线形与目标线形的偏差在容许范围内的约束条件。

5.2.2.3 流程图

上述基于"过程最优，结果可控"的 CFST 拱桥斜拉扣挂施工优化一次张拉方法的具体计算流程如图 5-2 所示。

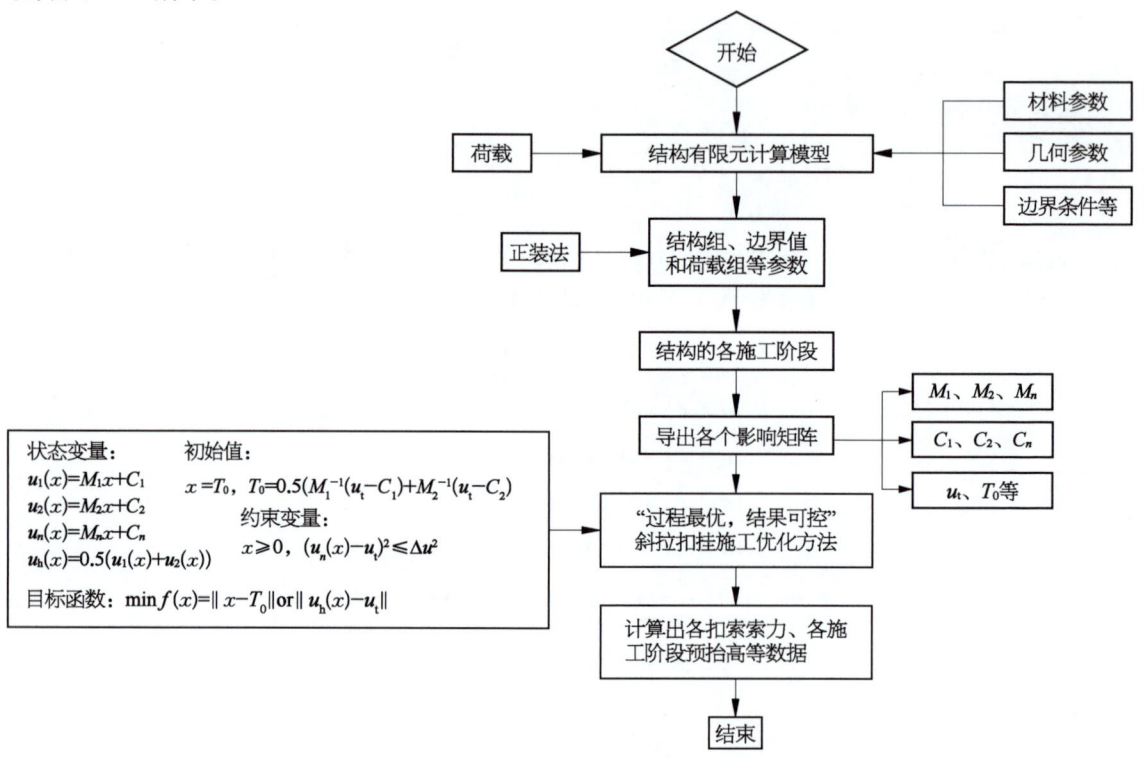

图 5-2 斜拉扣挂施工优化流程

5.3 工程应用

为了进一步分析本章提出的基于"过程最优，结果可控"斜拉扣挂施工优化方法的计算效果，这里以在建工程马滩红水河特大桥、六律大桥以及跨径 575 m 的平南三桥为依托工程，以此开展计算分析。

5.3.1 马滩红水河特大桥

5.3.1.1 工程概况

马滩红水河特大桥是柳州至南宁高速公路中一座中承式 CFST 拱桥，该桥分左右两幅桥，每幅桥由两片拱肋组成，拱肋跨径 320 m，矢跨比为 1/4，拱轴线采用倒悬链线 $m=1.167$。主拱肋为四肢式空间桁拱结构，截面宽度均为 1.8 m，拱顶和拱脚截面高度分别为 7.0 m 和 12 m。上下弦直径

为 $\phi1\,200$ mm,壁厚 22～32 mm,管内灌注 C55 微膨胀混凝土,腹杆和横向缀管分别采用 $\phi610\times16$ mm 和 $\phi813\times20$ mm,两拱脚横联为 X 撑,其各部位横联为三角撑。该桥采用悬臂拼装法施工,总拱段数为 24 段,左右各 12 个施工节段,左右两岸均在安装完第 8 段后封拱脚(图 5-3)。

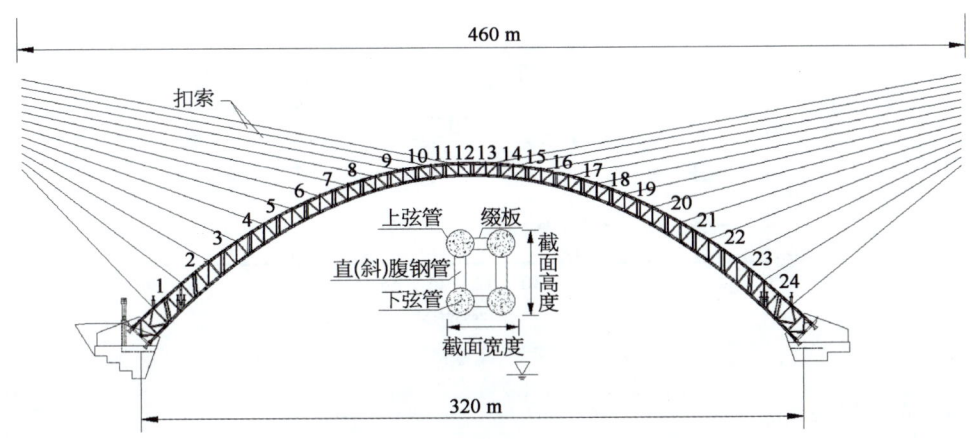

图 5-3 马滩红水河特大桥结构示意图

5.3.1.2 优化分析

1) Δu 与目标函数 $f(x)$ 的关系

由图 5-4 可知,当 $\Delta u \leqslant 9$ mm 时, $f(x)$ 随 Δu 的增大而逐渐减少,呈近似直线关系,因此单纯地追求"结果最优"而忽略了施工过程将导致施工过程中实际线形与目标线形差别较大,造成施工过程中线形较差、各扣索索力均匀性差、调索困难等一系列问题;当 $\Delta u > 9$ mm 时, $f(x)$ 趋于零,说明其过程偏离程度已经很小,施工过程中线形较好。因此为了确保施工过程和合龙松索后结构均具有良好的施工线形,本章后续的计算均取 $\Delta u = 10$ mm,远小于规范要求的允许值 $L/3\,000 = 107$ mm(《钢管混凝土拱桥技术规范》第 11.2.7 条规定"钢管拱肋架设拱圈高程允许偏差 $\pm L/3\,000$,其中 L 为拱肋的计算跨径")。

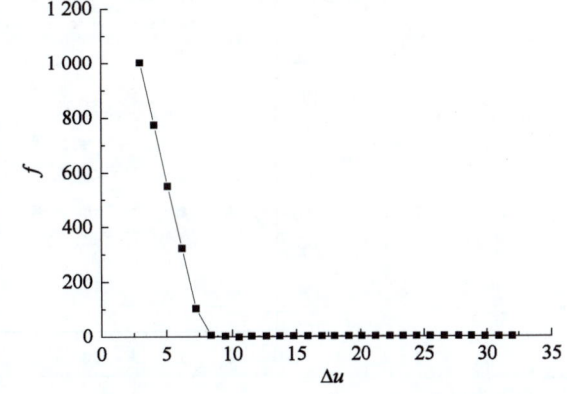

图 5-4 目标函数 $f(x)$ 与 Δu 关系曲线

2) 施工线形计算分析

根据上述分析结果,取 $\Delta u = 10$ mm 采用本章的"过程最优,结果可控"的施工优化计算方法进行结构施工优化分析,以设计制造线形为参考坐标系,向上为正方向。计算结果如图 5-5 所示。

由图 5-5 可知,施工过程中不同节段的悬臂端控制点位移 u_h 变化较平缓,即相邻两节段控制点位移没有剧烈变化,表明施工线形的连续性较好;此外,合龙松索后的各控制点标高与目标线形偏差为 10 mm,各吊装施工阶段的控制点标高与实际线形偏差不超过 30 mm,远小于规范规定的限值。这些数据表明,采用本章的斜拉扣挂施工优化计算方法不仅能够高精度地控制松索合龙后结构的线形,而且还能高精度地控制各拱肋吊装施工阶段的线形,因此具有双重线形控制的优点。

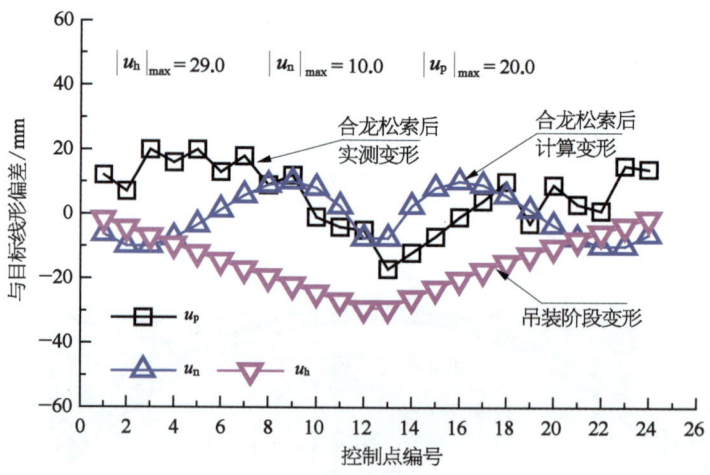

图 5-5　马滩红水河特大桥斜拉扣挂安装拱圈变形

3) 索力均匀性分析

"先合龙,后封拱脚"的施工方案对比零弯矩法和本章提出的一次张拉优化计算方法结果,如图 5-6 所示(为保证图形简洁、美观,这里仅调取了 1#～4#扣索索力进行分析,其他扣索索力规律类似,黑线表示一次张拉计算方法,红线表示零弯矩法,1#～4#表示扣索编号)。

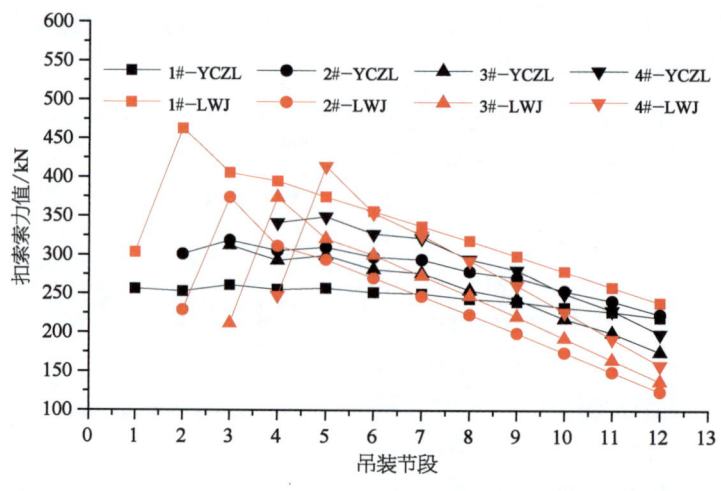

图 5-6　各扣索索力变化

由图 5-6 可知,采用零弯矩法计算索力时,各扣索索力随着吊装节段数的增加而产生较大波动,扣索索力均匀性较差。而采用本章的一次张拉施工优化方法计算各扣索索力时,随着拱肋吊装节段数的增加,各扣索索力变化较小,索力均匀性较好。由此表明本章提出的一次张拉施工优化计算方法能够有效克服传统施工监控计算方法的缺陷,可以保证各吊装施工过程中各扣索索力的均匀性良好。

为进一步对比零弯矩法和本章提出的一次张拉施工优化计算方法在配索情况上的差异性,这里对 1#～12#扣索的最大扣索索力进行了分析,如图 5-7 所示。

第 5 章 斜拉扣挂一次张拉计算方法及实践

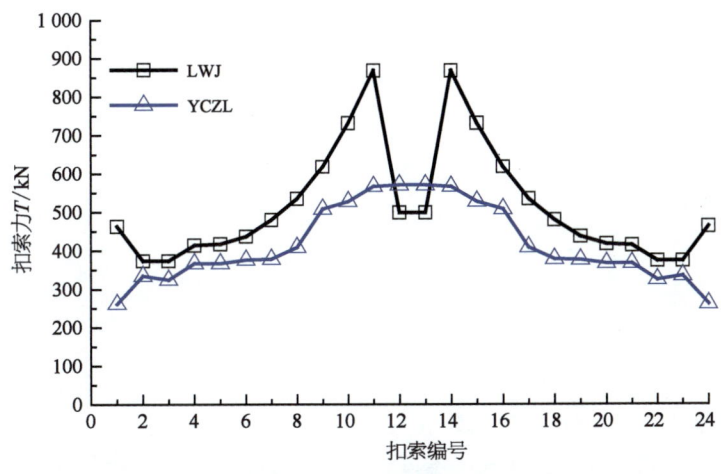

图 5-7 各扣索最大索力

由图 5-7 可知,采用零弯矩法计算各扣索在吊装施工过程中的最大索力时,各扣索的最大索力值存在较大波动,均匀性较差,如 11♯扣索与 12♯扣索最大扣索力差别达 369.0 kN。而采用本章的一次张拉施工优化方法计算各扣索最大索力时,相邻两扣索最大扣索力仅相差 99.2 kN,索力均匀性较好。此外结合图 5-7 中各扣索最大扣索力值,得到每幅桥各扣索的配索数量,见表 5-1。

表 5-1 半跨拱圈扣索配索   单位:根

扣索编号	L01	L02	L03	L04	L05	L06	L07	L08	L09	L10	L11	L12	总计
零弯矩法	20	16	16	20	20	20	20	24	28	32	36	20	272
本章方法	12	16	16	16	16	16	16	20	24	24	24	24	224

由表 5-1 可知,采用零弯矩法计算各扣索索力,半跨拱圈(柳州岸)需配备扣索 272 根,而采用本章提出的一次张拉计算方法,仅需配备 224 根,较零弯矩法节省材料 17.6%。

5.3.1.3 计算方法的验证

1) 各扣索力和自重对拱脚弯矩

为验证所采用的计算方法的正确性,以安装第 8 段后封拱脚的施工方案为例,取左半跨(即柳州岸,柳州岸第 1~12 节段,简计为"L01~L12")的拱圈计算分析。拱圈自重和各扣索力对拱脚的弯矩情况见表 5-2。

表 5-2 各吊装施工阶段对拱脚的弯矩

施工阶段	各扣索索力/kN												各扣索力矩 M_B	自重力矩 M_G	$(M_G - M_B)/M_G$
	L01	L02	L03	L04	L05	L06	L07	L08	L09	L10	L11	L12			
安装第 1 段	253.3												13 634.6	13 632.0	−0.19‰
安装第 2 段	246.1	299.6											50 908.0	50 904.8	−0.06‰
灌注拱脚腹杆混凝土	251.7	312.2											52 793.3	52 794.8	0.03‰

(续表)

施工阶段	各扣索索力/kN												各扣索力矩 M_B	自重力矩 M_G	$(M_G - M_B)/M_G$
	L01	L02	L03	L04	L05	L06	L07	L08	L09	L10	L11	L12			
安装横联系1	261.2	334.2											56 063.9	56 068.2	0.08‰
安装第3段	254.0	317.6	308.8										111 276.0	111 288.4	0.11‰
安装第4段	249.8	308.0	295.0	331.2									185 657.9	185 655.6	−0.01‰
安装横联系2	258.6	328.1	324.1	366.8									202 489.9	202 495.6	0.03‰
安装第5段	254.3	318.4	310.0	349.5	354.8								292 658.7	292 659.0	0.00‰
安装第6段	251.8	312.4	301.4	339.2	343.2	345.3							391 655.8	391 645.2	−0.03‰
安装横联系3	256.7	323.8	317.9	359.6	366.6	375.6							417 127.6	417 137.6	0.02‰
安装第7段	253.9	317.3	308.7	348.5	354.3	360.0	369.4						528 428.6	528 423.6	−0.01‰
安装第8段	251.3	311.2	299.9	338.0	342.8	345.7	358.0	387.2					651 961.9	651 991.4	0.05‰
安装横联系4	254.9	319.5	312.1	3 533	360.5	369.2	377.9	408.1					685 555.1	685 513.0	−0.06‰
封拱脚	254.9	319.5	312.1	353.3	360.5	369.2	377.9	408.1					685 555.1	685 513.0	−0.06‰
各扣索对拱脚的力臂/m	13.5	31.4	46.7	59.2	69.3	77.6	84.5	90.4	95.6	100.1	104.2	107.9			

由表可知,各吊装施工过程中,在拱圈封拱脚前,各扣索与自重对拱脚力矩偏差保持在 0.19‰ 范围内,表征着该计算方法的合理性。

2) 各吊装施工过程中的拱圈线形和扣索索力情况

为进一步研究各吊装施工过程中,拱圈各控制点线形与扣索力的变化规律,限于篇幅,这里列举了 1#~4# 扣索和第 1~4 拱肋节段控制点的线形。计算结果如图 5-8 所示。

由图 5-8 可知,整个吊装施工过程中,各扣索索力变化较为平缓,同一扣索力在相邻两荷载施工阶段中最大扣索力偏差为 35.7 kN,为 4# 扣索在第 6、7 段施工阶段,即安装第 4 拱肋节段和安装横联系 2。此外,由于各扣索力值是随着控制点的线形变化而变化,线形往上挠则扣索力减少,线形往下降则扣索被拉长,扣索力增加,这个结论与图 5-8 所示规律是一致的,也表征着该计算方法的正确性。

3) 与实际线形偏差

由图 5-9 可知,整个吊装施工过程中,各控制点线形与目标线形偏差最大为 29 mm,合龙松索后计算线形与目标线形相差 10 mm,实测线形与目标线形偏差为 20 mm,均远小于规范要求的允许值 $L/3\,000 = 106.7$ mm,具有良好的线形精度。

5.3.1.4 不同封拱脚时机对比分析

马滩红水河特大桥为目前国内在建高速公路桥面最宽、用钢量最大的钢管混凝土拱桥,该桥分左右两幅桥,每幅桥由两片拱肋组成。由于自重大,吊装不方便,每一片拱肋又分为 24 个节段吊装施工,这已经超出 460 m 跨径的巫山长江大桥和 530 m 跨径的合江长江一桥的施工拱段数。这里从结构施工过程中的施工线形、索力均匀性、刚度、误差试验分析等方面对比分析了以下三种不同的封拱脚方案:两岸均在安装完第 1 段拱肋后封拱脚;两岸均在吊装第 8 段拱肋后封拱脚;先合

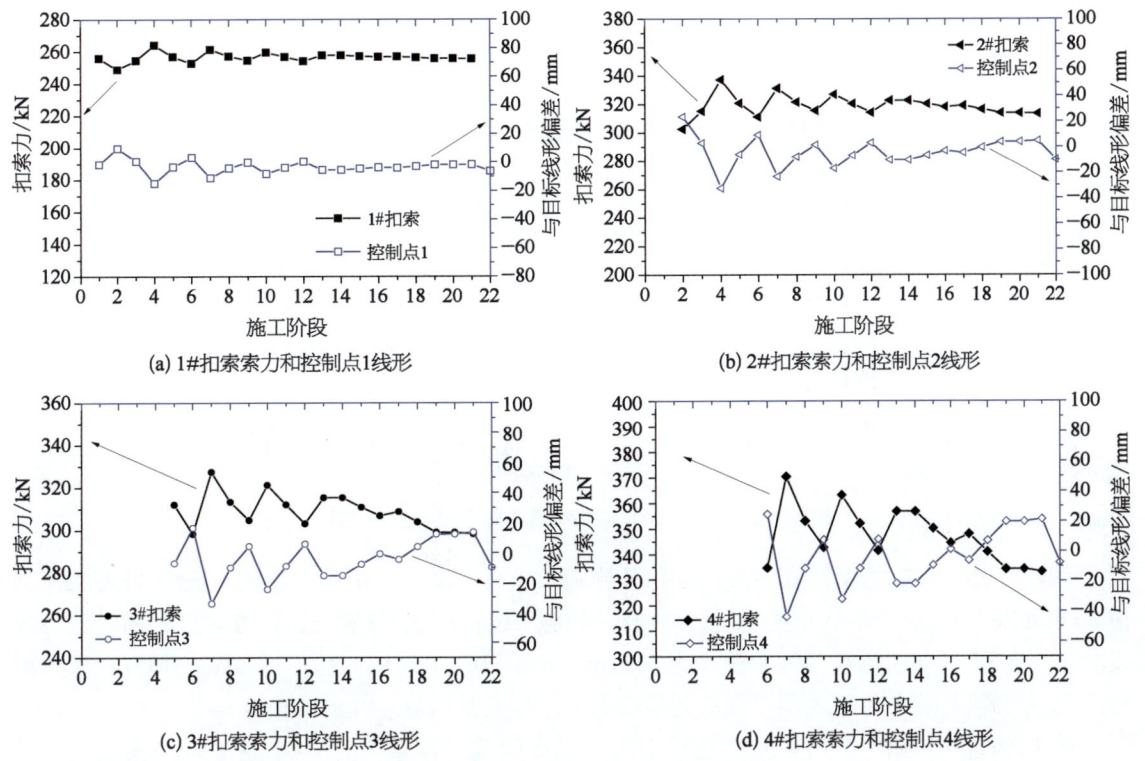

图 5-8　各扣索索力和控制点线形

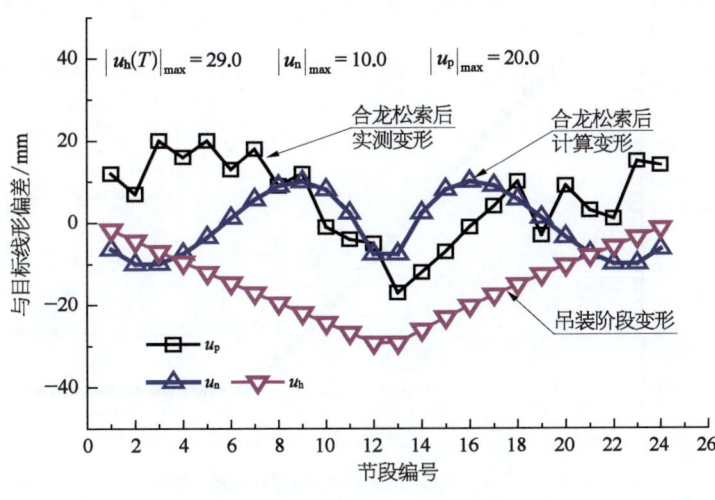

图 5-9　各控制点线形偏差

龙,后封拱脚。

1) 施工线形

取合龙松索后的线形与目标线形(裸拱自重作用下的线形)容许偏差 $\Delta u = 10 \text{ mm}$,三种封拱脚方案的施工过程中线形 u_h 与目标线形偏差对比结果如图 5-10 所示。

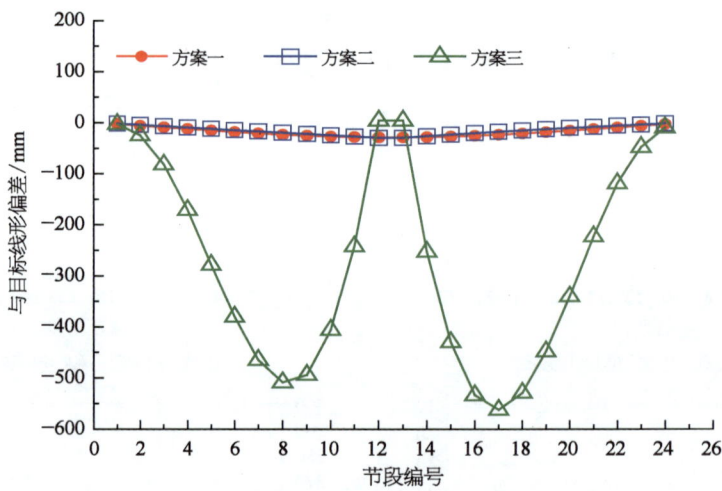

图 5-10　三种不同封拱脚方案施工过程线形情况

由图 5-10 可知,方案一和方案二各吊装施工阶段的预抬高值 u_h 与目标线形最大偏差均控制在 30 mm 以内,且整个吊装施工阶段线形较平缓,施工过程中线形精度良好;方案三各吊装施工阶段的预抬高值 u_h 与目标线形偏差最大达 562 mm,施工过程中的线形远不如方案一和方案二封拱脚方式。同时,计算结果也表明了提前封拱脚有助于提高结构施工线形的精度。

此外,为进一步研究各吊装施工过程中施工线形偏差对扣索力的影响,这里以方案三的封拱脚方式为例,开展相关研究。图 5-11 为合龙松索线形 Δu 与目标函数 f 的变化规律。

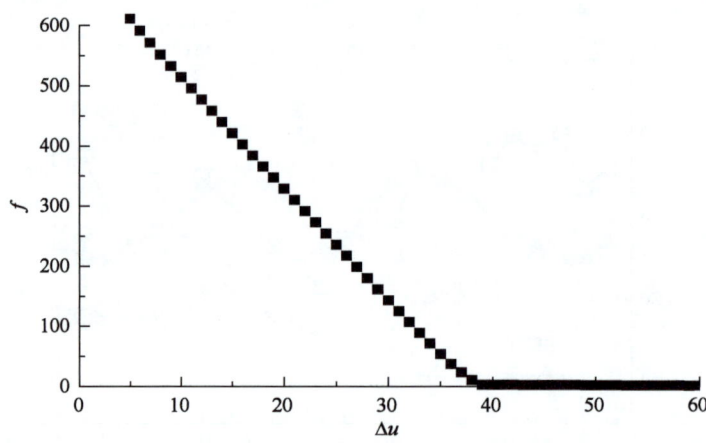

图 5-11　目标函数 $f(x)$ 与 Δu 关系曲线

由图 5-11 可以看出,当合龙松索后与目标线形的允许偏差 $\Delta u \leqslant 39$ mm 时,优化目标函数 f 与 Δu 近似呈现此消彼长的线形关系。因此为研究施工过程中的线形对结构索力的影响,这里分别取 $\Delta u = 10$ mm 和 39 mm 进行结果分析。由于左右两岸的扣索力情况很接近,因而这里取柳州岸最初安装索力与拱圈合龙时索力对比分析,各扣索索力变化情况如图 5-12 所示(图中纵坐标表示最初安装索力与拱圈合龙时索力的变化率)。

第 5 章　斜拉扣挂一次张拉计算方法及实践

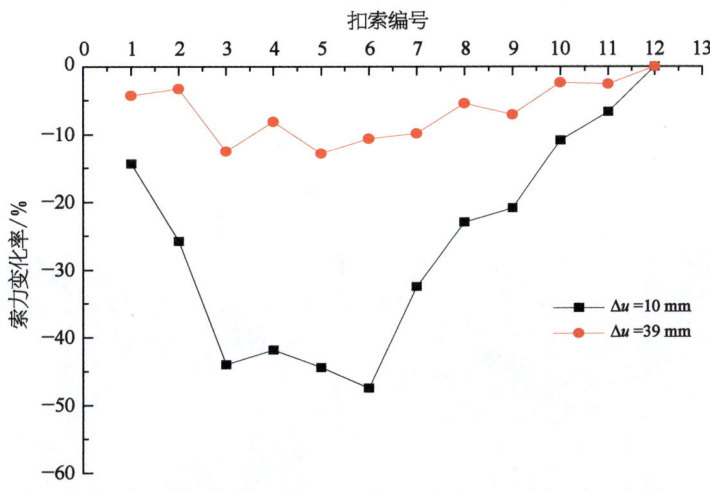

图 5-12　方案三各扣索索力变化率

根据图 5-12 可知,当施工过程中线形良好,即取 $\Delta u = 39$ mm,整个吊装施工过程中最初安装时各扣索索力与拱圈合龙时各扣索索力变化较小,最大变化率不超过 15%;而取 $\Delta u = 10$ mm 时,即施工过程中线形偏差大时,各扣索索力的最大变化率达到 50% 左右,这将导致施工过程中调索困难、施工风险大等一系列问题。

2) 索力均匀性分析

图 5-10 从施工线形的角度对比分析了三种不同封拱脚方案的效果,并从施工过程线形偏差对各扣索索力变化的影响进行了对比研究。这里进一步对各扣索索力均匀性方面进行了对比分析,其计算结果如图 5-13 所示。

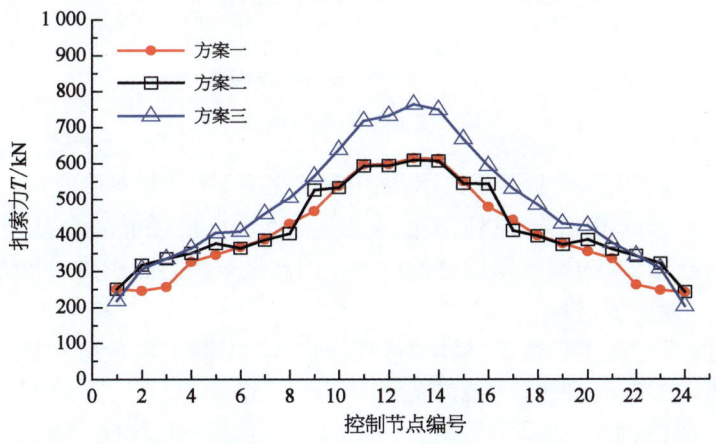

图 5-13　三种不同方案扣索索力结果

由图 5-13 可以看出,采用本章的基于"过程最优,结果可控"的斜拉扣挂施工优化一次张拉计算方法,三种不同的封拱脚方式相邻两扣索索力变化较小,各扣索索力均匀性均较好。其中,方案一和方案二的索力情况很相近,较方案三的索力均匀性好,这也进一步说明了提前封拱脚能提高各扣索的索力均匀性。

3）误差试验分析

为模拟施工过程中的测量误差和拱圈制造误差，对施工过程中安装预抬高值引入幅值为 30 mm 的白噪声，进行了 100 次试验分析，其结果如图 5-14 所示。

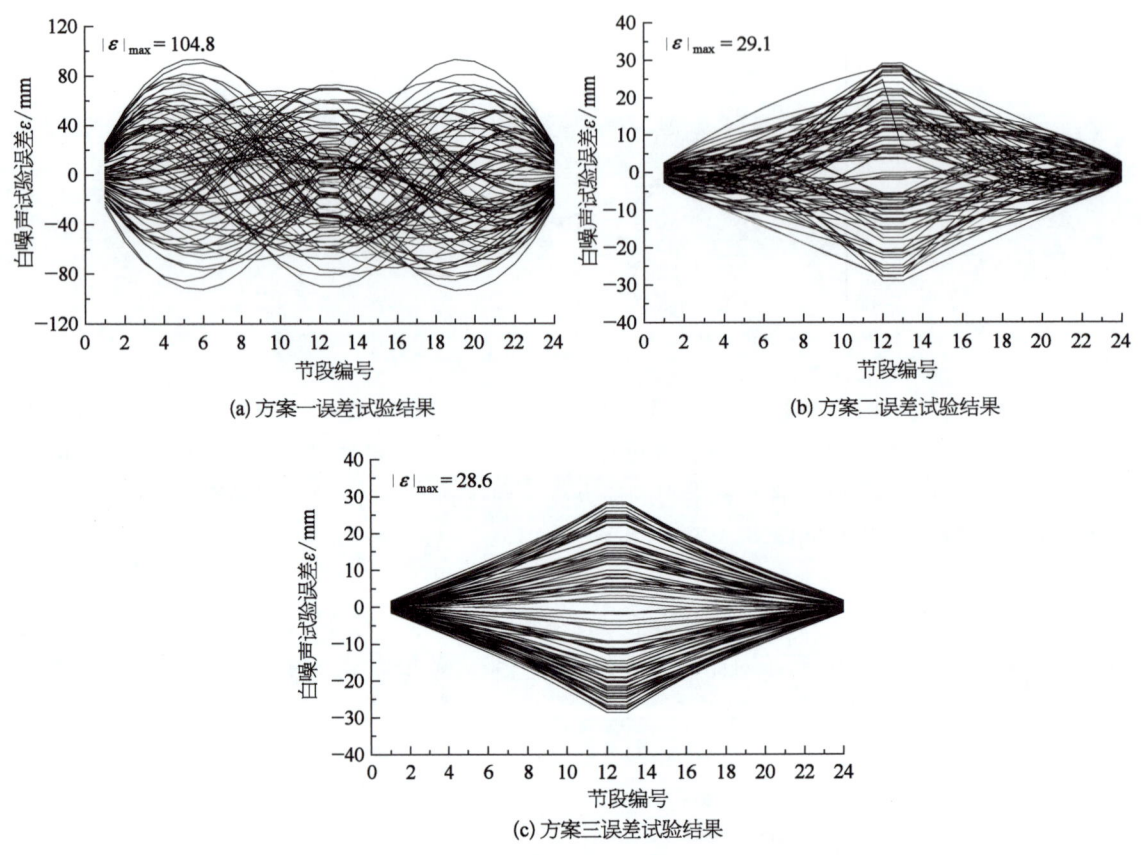

图 5-14　白噪声试验

根据图 5-14 的误差试验分析结果显示，采用安装完第 1 段后拱脚的方案一，悬臂拼装施工过程中预抬高值误差 30 mm，在松索成拱后被放大成了 105 mm，已经很接近规范要求的允许值 $L/3\,000=107$ mm，而方案二和方案三则没有被放大。因此过早地封固拱脚对拱圈线形控制是很不利的，需合理选取封拱脚的时机。

以马滩红水河特大桥为工程背景，采用"过程最优，结果可控"一次张拉施工优化计算方法进行拱圈的扣索力和线形分析，计算结论如下：

（1）通过斜拉扣挂施工过程中各拱肋节段自重和各扣索索力对拱脚弯矩对比、各扣索力随线形的变化规律以及计算线形与实际线形的对比，多方面验证了本章提出的"过程最优，结果可控"一次张拉施工控制方法的正确性。

（2）三种不同封拱脚方案对比表明，提前封拱脚有助于提高施工过程中的线形精度和各扣索力均匀性，但过早封拱脚将可能导致施工过程中较小的线形偏差在合龙松索后被大幅度放大。因此对于跨径大、吊装拱段数多的拱桥,需选取合理的封拱脚时机。

(3) 施工过程中的线形偏差对各扣索索力会有一定影响。当施工过程中各控制点的施工线形偏差较大时,最初安装时的索力与拱圈合龙时的索力会有较大变化。因此需严格控制施工过程中的施工线形,以降低拱肋吊装的施工风险。

5.3.2 六律大桥

5.3.2.1 工程概况

六律大桥为如图 5-15 所示的钢管混凝土拱桥,拱肋计算跨径 265 m,矢跨比为 1/4.5,拱轴线采用倒悬链线,悬链线系数 $m=1.352$。主拱肋为四肢式空间桁拱结构,拱肋截面径向高度为 6.0 m,宽度为 2.8 m。拱圈分 14 个节段吊装施工,第 1、2 节段拱段上下弦均采用直径为 $\phi1\,000\times28$ mm 的钢管;第 3 节段上弦采用 $\phi1\,000\times22$ mm 钢管,下弦采用 $\phi1\,000\times24$ mm 钢管;其余各节段采用 $\phi1\,000\times24$ mm 钢管;管内灌注 C55 微膨胀混凝土,腹杆分别采用 $\phi450\times12$ mm,吊点处平联杆采用 $\phi610\times16$ mm,非吊点处采用 $\phi610\times12$ mm。全桥共 9 道横撑,其中 8 道 K 撑,1 道拱顶米字形撑。由于结构跨径较小,为简化施工工作量,这里采用"先合龙,再封拱脚"的施工方式开展研究分析。

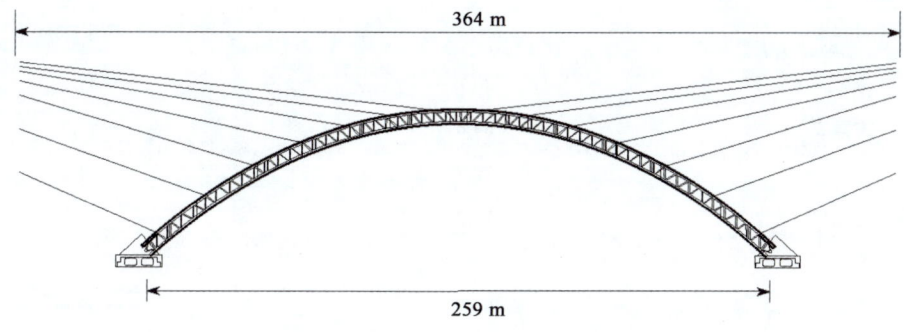

图 5-15 六律大桥结构示意图

5.3.2.2 封拱脚方案研究

近年来,钢管混凝土拱桥越来越受到人们的青睐,不管是跨径还是划分的节段数都呈现上升的趋势,跨径越大,节段越重,对钢管混凝土拱桥合龙要求就越高,而合理的封拱脚时机对拱圈的合龙起着至关重要的作用,因此对钢管混凝土拱桥合理封拱脚时机进行研究是非常有必要的。以在建工程六律大桥为依托工程,利用 midas Civil 有限元软件对大桥斜拉扣挂进行整体建模,通过施工阶段划分分别建立第 1 节段拱肋吊装完成后封拱脚到第 7 节段拱肋吊装完成后封拱脚共七种封拱脚方案,并采用"过程最优,结果可控"的斜拉扣挂一次张拉施工优化计算方法对七种封拱脚方案模型从拱圈应力、拱圈线形、白噪声误差试验方面进行了对比分析研究,旨在找出六律大桥最佳封拱脚时机,优化施工过程,同时也为后续同类型桥梁建造提供封拱脚方案参考。

通过 midas Civil 有限元软件对六律大桥进行建模分析,按照设计图纸及施工组织设计方案对吊装拱肋建立空间有限元模型,模型中拱肋采用梁单元模拟,扣索采用桁架单元模拟。midas Civil 拱肋吊装空间有限元建模如图 5-16 所示。

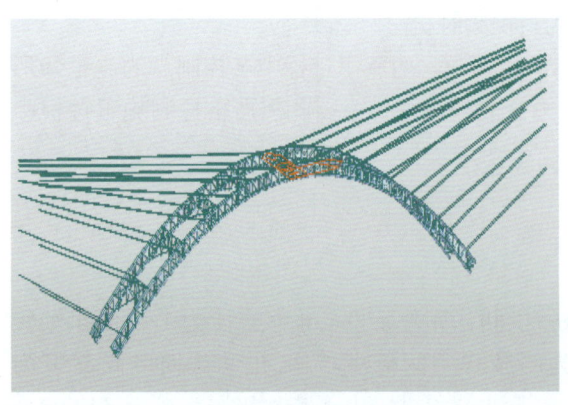

图 5-16 midas Civil 模型

该次计算采用两岸对称安装的计算方法，即南北两岸同时安装、张拉扣索，然后安装节段间的横联，最终实现全桥合龙。七种封拱脚方案计算模型通过划分施工阶段实现，分别为方案一至方案七。

以下将通过"过程最优，结果可控"的斜拉扣挂一次张拉施工优化计算方法从钢管混凝土拱圈应力、拱圈线形、白噪声误差试验三个方面分别对七种封拱脚方案进行研究。

1) 拱圈应力分析

钢管混凝土拱圈应力同拱圈刚度有着密切的联系，而拱圈刚度同封拱脚时机又紧密相连，因此保证拱圈小应力合龙需要选择合适的封拱脚时机。采用"过程最优，结果可控"的斜拉扣挂一次张拉施工优化计算方法对每一种封拱脚方案进行计算，提取施工阶段分析过程中出现的最大拉应力和最大压应力，结果见表 5-3，如图 5-17 所示。

表 5-3 拱圈应力　　　　　　　　　　　单位：MPa

方　案	最大拉应力	最大压应力
方案一	28.2	−35.5
方案二	**64.6**	**−87.0**
方案三	32.2	−44.9
方案四	38.2	−54.5
方案五	36.9	−50.5
方案六	32.0	−39.0
方案七	29.6	−41.3

由以上分析可知，七种封拱脚方案均可行，拱圈出现的最大应力均没有超过拱圈屈服强度，均满足规范要求。其中方案二、四、五相较于其他封拱脚方案，拱圈应力较大。因此对于六律大桥，从拱圈应力分析角度出发，宜选择方案一、三、六、七。

2) 拱圈线形分析

钢管混凝土拱圈安装线形控制，工程中偏重合龙松索后线形而忽略安装过程中线形均匀性，这对拱圈安装是不利的。合龙松索后线形体现拱圈合龙松索后偏离目标线形的程度，安装过程中线形体现拱圈安装过程中线形均匀性。

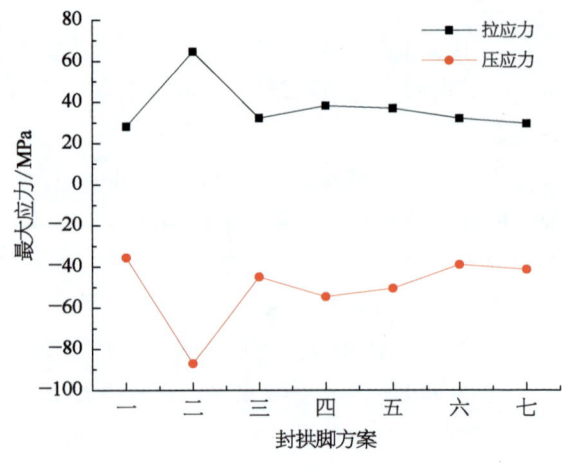

图 5-17 拱圈应力

以下为七种封拱脚方案拱圈线形的对比分析结果,如图 5-18、图 5-19 所示。

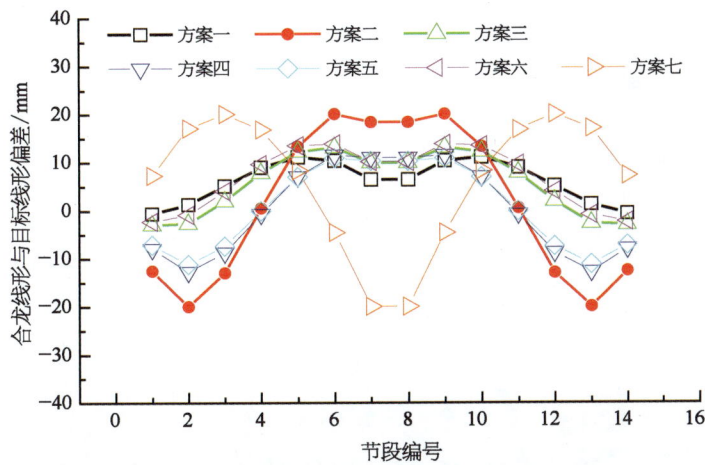

图 5-18　合龙线形与目标线形偏差

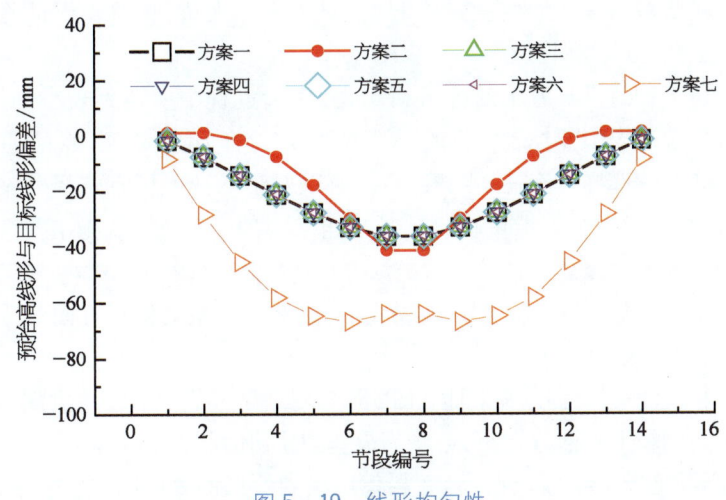

图 5-19　线形均匀性

由分析结果可知,从松索合龙线形考虑,方案二、四、五、七松索合龙后偏离目标线形较远,因此宜选择方案一、三、六;从安装过程中线形均匀性考虑,方案二、七施工过程中,线形波动较大,均匀性较差,因此宜选择方案一、三、四、五、六;综合合龙线形、安装过程线形均匀性两方面考虑,宜选择方案一、三、六。

3) 白噪声误差试验分析

拱圈的线形除了索力控制外,还受到诸如拱圈的制造误差和施工中的测量误差等影响,为模拟这些误差对拱圈吊装至合龙过程中线形的影响,对拱圈吊装过程中的安装标高加入幅值为 30 mm 的白噪声,并对七种封拱脚方案分别进行 1 000 次模拟试验分析,试验结果如图 5-20 所示。

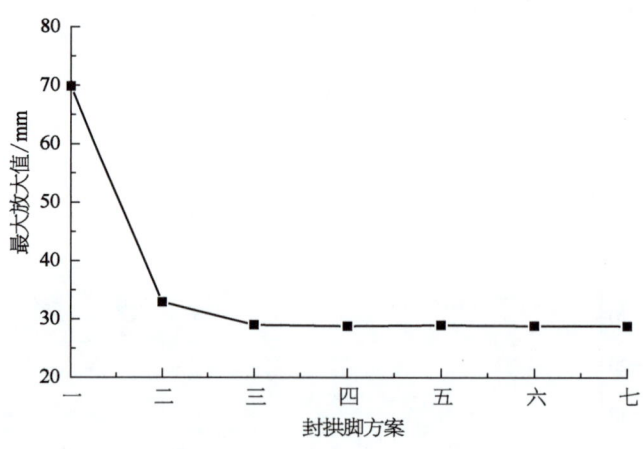

图 5-20 白噪声误差试验结果

由误差试验分析结果可得,白噪声试验误差放大值在方案一时最大,被放大约 70 mm,而随着封拱脚时间往后延迟,白噪声试验误差放大值逐渐减小,至方案三时,基本没有被放大并趋于稳定。因此过早地封拱脚对拱圈线形控制是不利的,对于六律大桥,从白噪声试验误差放大值角度考虑,宜选择方案三、四、五、六、七。

综上对六律大桥七种封拱脚方案对比分析可得,吊装过程中要得到较小的拱圈应力,应选择方案一、三、六、七;吊装过程中要控制较好的拱圈线形,应选择方案一、三、六;施工中要减小拱圈制造、测量等误差的影响,应选择方案三、四、五、六。所以对于六律大桥宜选择方案三、六;但对于施工来说,在受力计算和线形控制均相同的情况下,越早封拱脚,可以降低施工安全风险。因此六律大桥最佳封拱脚时机为方案三。

以六律大桥为依托工程,从拱圈应力、拱圈线形、白噪声误差试验三方面对比分析了七种封拱脚方案,得出的相关结论如下:

(1) 施工过程中,七种封拱脚方案对比,拱圈应力均满足规范要求。从拱圈应力出发,方案一、三、六、七的拱圈应力相较于其他方案小,可作为最佳封拱脚时机。

(2) 从拱圈线形方面考虑,既能保证合龙松索后拱圈线形偏离目标线形较小,又能保证施工过程中安装线形均匀性,可选择方案一、三、六作为最佳封拱脚时机。

(3) 从白噪声误差试验分析,误差放大值随着封拱脚时间往后推迟而逐渐减小并最终趋于稳定,方案三后误差放大值基本稳定,因此方案三至方案七均可作为最佳封拱脚时机。

(4) 从拱圈应力、拱圈线形、白噪声误差试验三方面对七种封拱脚方案进行对比分析研究,并综合三方面最佳封拱脚时机可得六律大桥最佳封拱脚时机宜选择方案三,且对小跨径钢管混凝土拱桥,施工优化效果不明显。

5.3.3 平南三桥

为确保超大跨径拱桥的线形、扣索力及拱圈应力满足要求,以在建世界最大跨径拱桥平南三桥为工程背景,采用大型空间有限元软件 midas Civil 建立空间有限元模型,基于"过程最优,结果可控"一次张拉施工优化计算方法进行理论分析,从施工过程中的拱圈线形、最大应力和扣索力等多个方面分析了拱圈施工的安全性和合理性。

5.3.3.1 工程概况

主桥拟采用 220 t 缆索起重机安装,钢绞线进行斜拉扣挂施工,塔机采用装备化钢塔架;引桥拟采用盘扣式满堂支撑架现浇(图 5-21)。

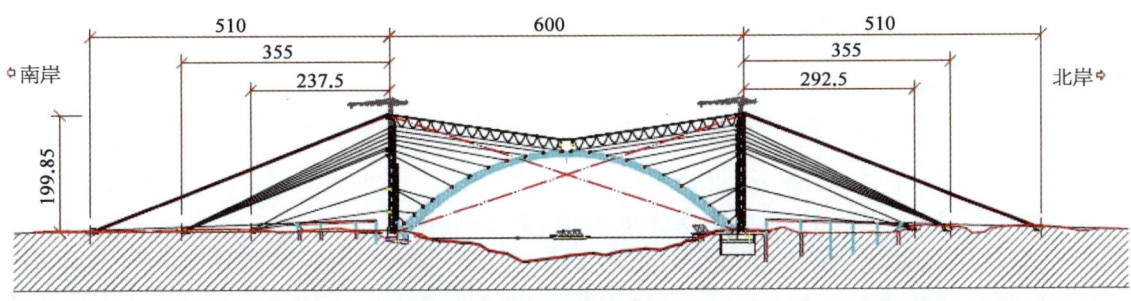

图 5-21 平南三桥结构示意图

拱肋节段如图 5-22 所示。单侧主拱肋共分为 22 个节段,以桥梁中心线对称布置,两岸以跨径中心对称,全桥共计 44 个节段。拱肋中距 30.1 m,桥面以上每一节段间均设一道 I 形横撑和一道三角形横撑,共计 16 道(不含拱脚处横撑)。

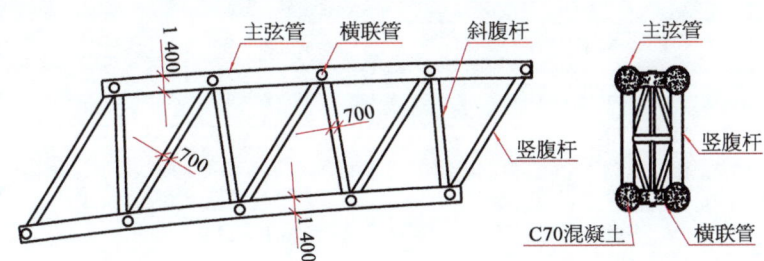

图 5-22 拱肋节段示意图

5.3.3.2 计算参数

主拱肋吊装采用 midas Civil 2015 软件进行分析计算,该模型的各建模参数如下。

1) 材料参数、截面参数和单元类型

通过 midas Civil 2015 对平南三桥拱肋吊装进行建模分析计算,拱肋采用梁单元进行模拟,扣索采用桁架单元进行模拟。主要单元的类型、材料名称和截面形状尺寸见表 5-4。

表 5-4 主要杆件截面统计

材 料	杆件名称	截面形状	截面尺寸/mm	单元类型
Q420	主拱钢管	管形截面	$Dt_w=1\,400\times34$	梁单元
			$Dt_w=1\,400\times30$	梁单元
			$Dt_w=1\,400\times26$	梁单元

(续表)

材 料	杆件名称	截面形状	截面尺寸/mm	单元类型
Q345	横联钢管	管形截面	$Dt_w=850\times18$	梁单元
	竖向腹管	管形截面	$Dt_w=700\times14$	梁单元
	拱座三角板	三角截面	$t_w=17$	板单元
Strand1860	扣索	实腹圆形截面	$D=26.7\sim65.41$	桁架单元

2) 拱肋节段自重

钢材基本容重取 78.5 kN/m³，针对主拱圈、塔架等构造中设置的节点板、横隔板、焊缝等难以在有限元模型中体现的重量，通过容重换算方式予以反映。midas 建模中拱肋钢材容重取为 83.22 kN/m³，经计算，平南三桥主拱钢材换算容重为 1.060 12。

表 5-5 给出的是模型中拱肋节重、横联重和设计图纸给出的拱肋节段重、横联重。由计算结果表明，经过修正后的钢材容重，在模型中计算出来的拱肋节段重和横联重均略大于设计图纸计算出来的重量，这多出的部分可用于抵偿护栏、焊接机械等其他不可预见的重量，使模型与实际尽可能相同。

表 5-5 拱肋节段质量统计　　　　　　　　　　　　　　　　　单位：t

序 号	分段号	模 型	设 计
1	第 1 节段	158.889 8	155.911
2	第 2 节段	168.090 39	164.069
3	第 3 节段	140.372 98	129.005
4	第 4 节段	134.419 27	126.495
5	第 5 节段	234.165 83	214.578
6	第 6 节段	214.820 36	196.948
7	第 7 节段	203.211 24	186.314
8	第 8 节段	185.765 62	180.826
9	第 9 节段	179.024 54	172.584
10	第 10 节段	174.964 8	168.674
11	第 11 节段	172.234 64	163.218
总重	拱肋	1 965.959 47	1 858.622
	横撑	1 490.088 2	1 033.384

3) 扣索参数

该桥扣索采用 φ15.2 1 860 MPa 高强度低松弛钢绞线，弹性模量 $E=1.95\times10^8$ kN/m²，锚固端采用低应力锚具，设置于吊装的拱肋节段端头附近的扣点结构。南岸扣挂体系示意如图 5-23 所示。

第 5 章　斜拉扣挂一次张拉计算方法及实践

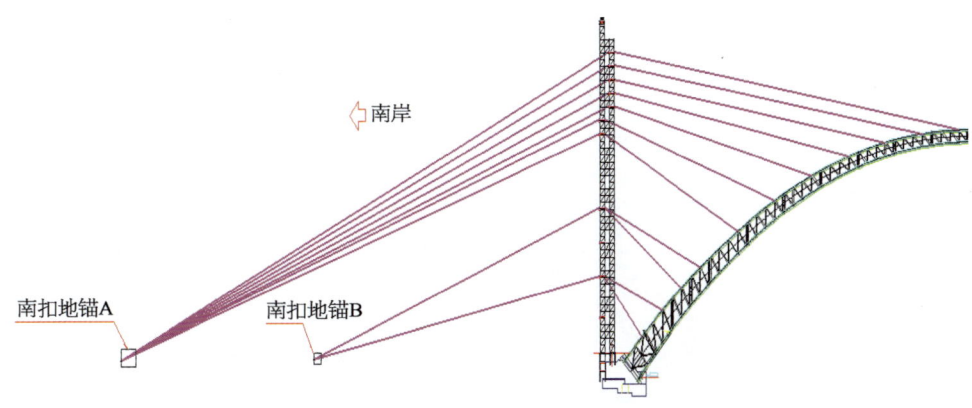

图 5-23　南岸扣挂体系示意图

为简化计算模型,保证模型中扣索与拱肋节点处扣索伸长量一样,需要对扣索的弹性模量进行换算。由式

$$\Delta l = \frac{FL}{EA}$$

可知,伸长量与扣索长、扣索力、弹性模量和截面面积有关,当 F 和 A 确定后,索长与弹性模量成正比,通过该关系对模型中的扣索弹性模量进行换算。因为南岸和北岸对称,故表 5-6 只列出了南岸扣索换算值。

表 5-6　南岸扣索弹性模量换算结果

扣索编号	面积/(mm²·束⁻¹)	弹性模量/MPa	模型中长度占比	换算弹性模量/MPa
1	560	1.95×10^5	0.12	2.32×10^4
2	980	1.95×10^5	0.15	2.89×10^4
3	840	1.95×10^5	0.21	4.08×10^4
4	1 120	1.95×10^5	0.23	4.53×10^4
5	1 680	1.95×10^5	0.30	5.90×10^4
6	1 680	1.95×10^5	0.27	5.30×10^4
7	1 960	1.95×10^5	0.30	5.76×10^4
8	1 680	1.95×10^5	0.33	6.36×10^4
9	2 240	1.95×10^5	0.36	7.05×10^4
10	2 800	1.95×10^5	0.39	7.56×10^4
11	3 360	1.95×10^5	0.41	8.08×10^4

4)计算模型

按照设计图纸及施工组织方案对吊装拱肋建立空间有限元模型,如图 5-24 所示。

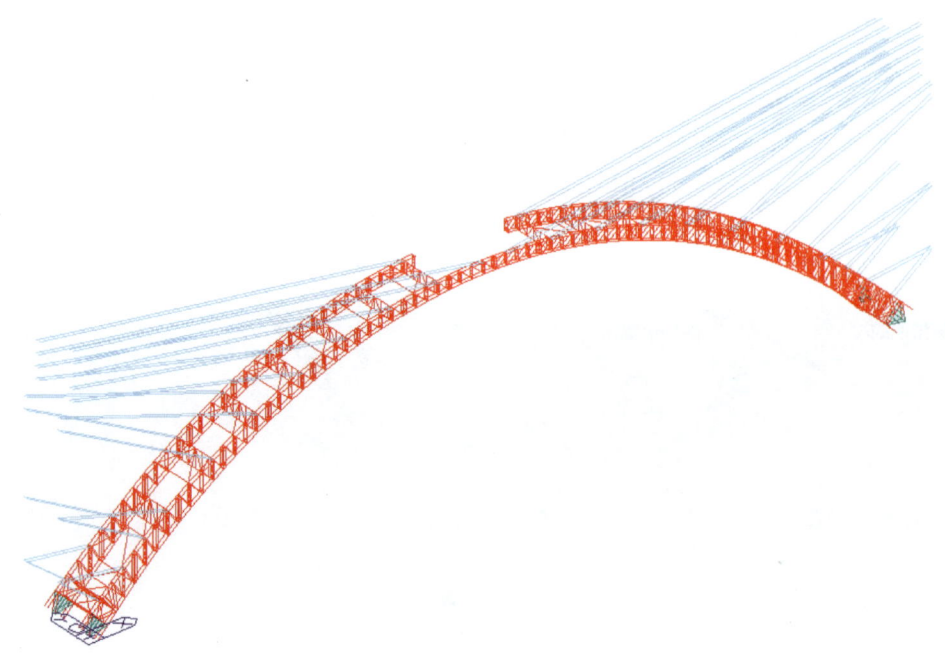

图 5-24　平南三桥拱肋安装扣挂系统布置

5.3.3.3　计算方法

基于前面马滩红水河特大桥的研究表明,"过程最优,结果可控"斜拉扣挂一次张拉施工优化计算方法具有良好的计算效果。因此平南三桥拱圈扣索索力和线形的计算仍采用该计算方法。由于结构的对称性,这里取下游拱圈各控制点的线形和扣索力情况计算结果进行分析。

5.3.3.4　不同吊装顺序对比分析

整个吊装过程中采用对称吊装施工,第1~4节段吊装方式相同,这里主要讨论吊装第5节段至合龙节段安装过程中两种不同的吊装方案:

(1)方案1采用上下游各吊装一节段再吊装中间横联,即每吊装一节拱肋索鞍横移一次,直至合龙的吊装方式,整个吊装施工过程中扣索横移24次。

(2)方案2采用上下游各吊装两节段再连续吊装中间两段横联,直至拱圈合龙的吊装方式,即每吊装两节拱肋索鞍横移一次,整个吊装过程中索鞍横移15次。

方案1和方案2的吊装顺序如图5-25、图5-26所示。

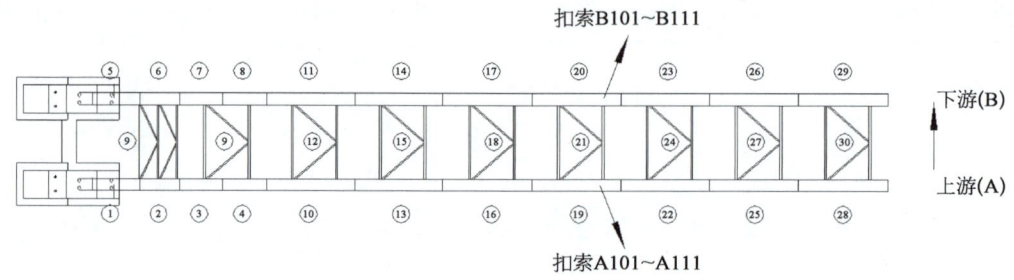

图 5-25　吊装方案1(南半跨)

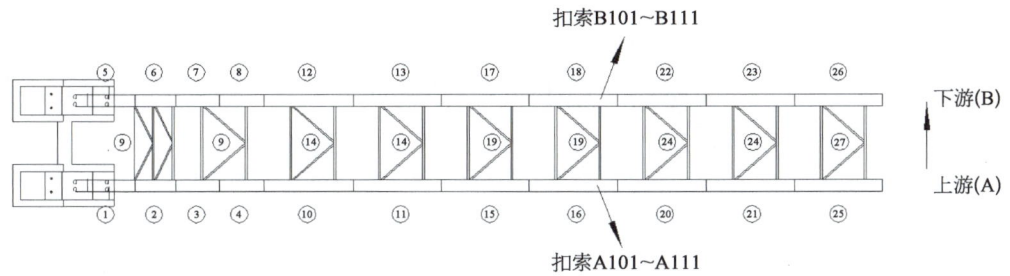

图 5-26 吊装方案 2(南半跨)

1) 各扣索索力对比分析

经过计算发现,上游(A)和下游(B)扣索索力以及南岸(A101～A111、B101～B111)和北岸扣索索力(A201～A211、B201～B211)差别较小,因此这里取南岸上游扣索 A101～A111 进行对比分析,结果如图 5-27 所示。

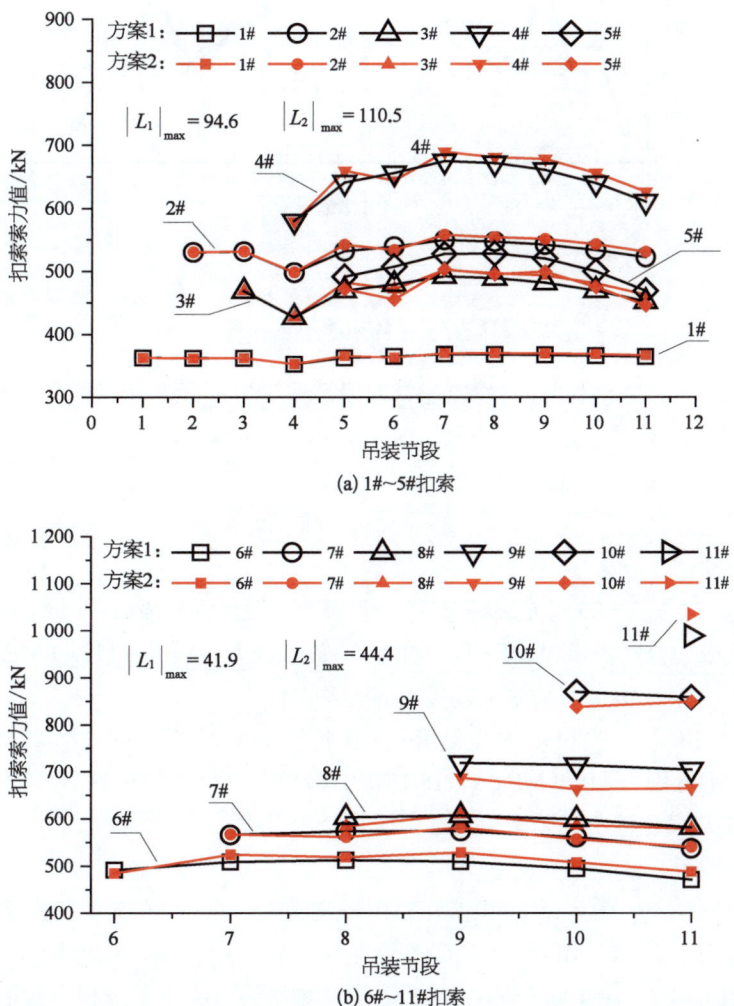

(a) 1#～5#扣索

(b) 6#～11#扣索

图 5-27 各扣索索力变化(根据结构的扣索布置,1#～4#扣索为单束布置,5#～11#扣索为双束布置)

(1) 各扣索索力均匀性。由图 5-27 可知,在整个吊装施工过程中,方案 1 和方案 2 各扣索索力变化的最大值分别为 94.6 kN 和 110.5 kN,两者扣索索力差别很小且整个施工过程中扣索索力变化平缓,各扣索索力均匀性较好。

(2) 最大扣索力及配索。由图 5-28 可知,在整个吊装施工过程中,相邻两扣索索力最大值偏差控制在 200 kN 以内,没有显著波动,各扣索索力均匀性较好。表 5-7 进一步表明方案 1 和方案 2 各扣索最大索力差别很小,拱圈所需扣索数量相同。

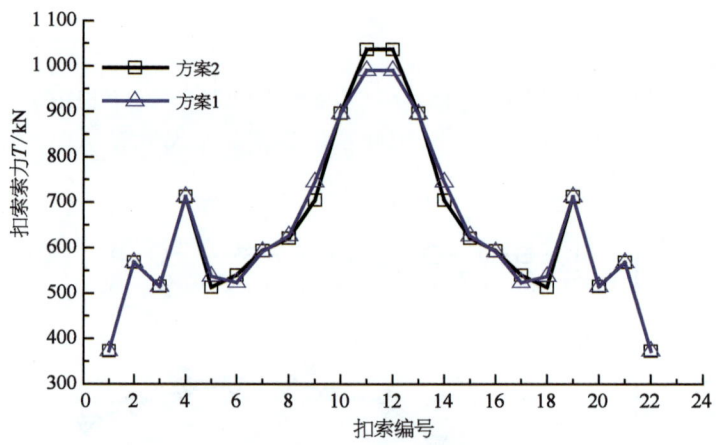

图 5-28　各扣索最大索力

表 5-7　半跨拱圈扣索配索　　　　　　　　　　　　　　　单位: 根

扣索编号	L01	L02	L03	L04	L05	L06	L07	L08	L09	L10	L11	总计
方案 1	16	28	24	32	48	48	56	56	64	80	96	548
方案 2	16	28	24	32	48	48	56	56	64	80	96	548

2) 应力对比分析

(1) 弦杆应力。由图 5-29 可知,从安装第一个拱肋节段到安装最后一段横梁过程中,方案 1 和方案 2 的弦杆最大应力分别为 46.9 MPa 和 46.1 MPa,最小应力分别为 −119.9 MPa 和 −119.2 MPa,由此表明两种吊装方案在整个吊装施工过程中应力差别很小。

(2) 腹杆应力。由图 5-30 可知,从安装第一个拱肋节段到安装最后一段横梁过程中,方案 1 和方案 2 的腹杆最大应力分别为 119.0 MPa 和 118.1 MPa,最小应力分别为 −113.0 MPa 和 −113.0 MPa,由此表明两种吊装方案在整个吊装施工过程中应力差别很小。

3) 线形对比分析

(1) 最大线形偏差。由图 5-31 可知,在整个吊装施工过程中,方案 1 和方案 2 预抬高值与目标线形的最大偏差分别为 130 mm 和 125 mm,合龙松索后线形与目标线形偏差均为 30 mm,小于规范要求的允许值 $L/3\,000 = 186.7$ mm。由此表明两种吊装方案施工过程中线形与合龙松索后线形均较好,且方案 1 合龙松索后线形以及施工过程中的线形均与方案 2 相差很小。

第 5 章 斜拉扣挂一次张拉计算方法及实践

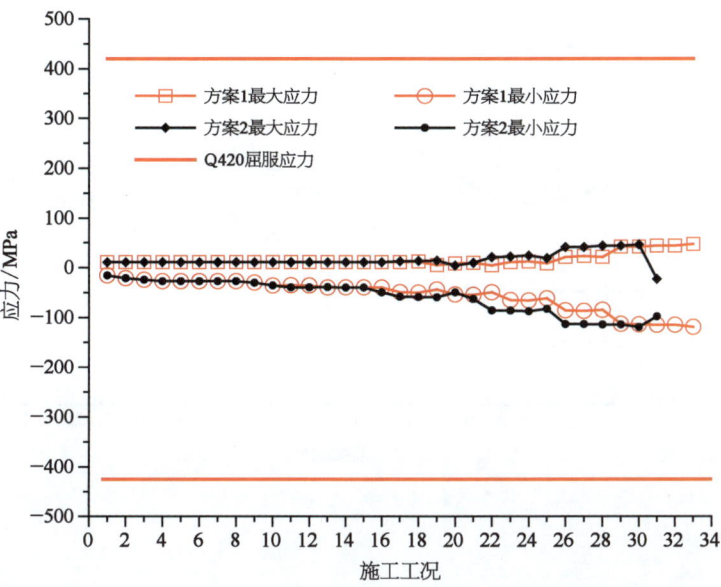

图 5-29 各吊装施工过程中拱圈最大和最小应力

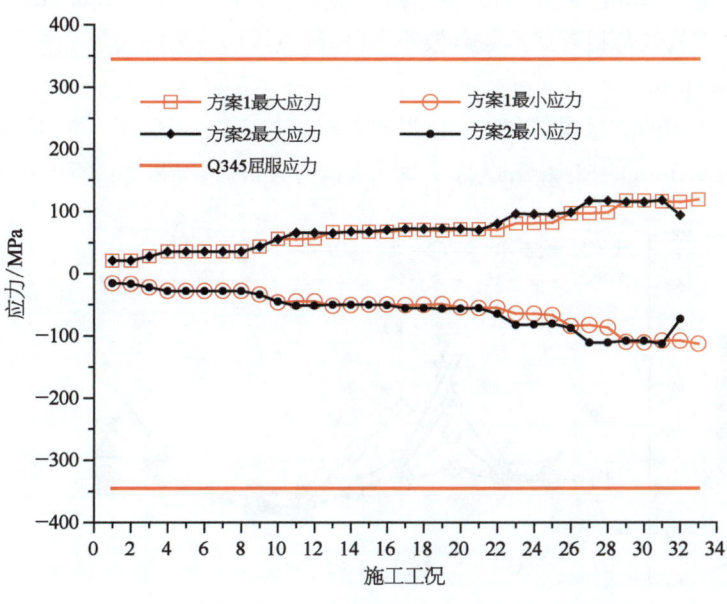

图 5-30 各吊装施工过程中拱圈最大和最小应力

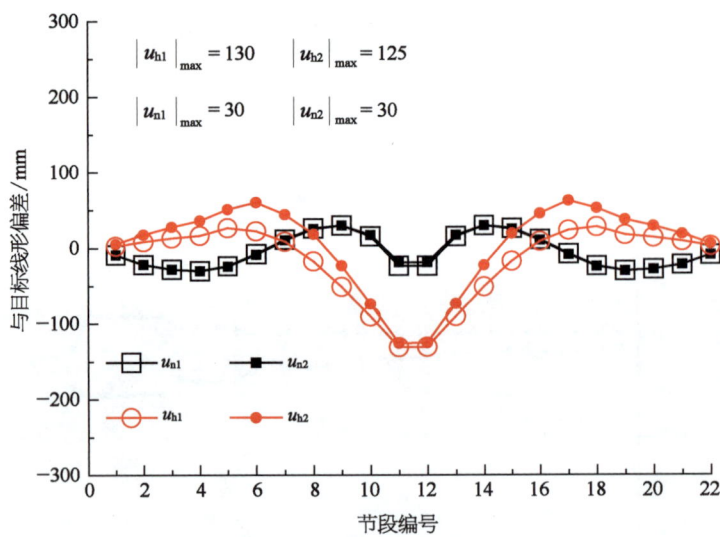

u_{h1}—方案1的预抬高值;u_{h2}—方案2的预抬高值;u_{n1}—方案1的合龙松索后线形;u_{n2}—方案2的合龙松索后线形

图 5-31　各控制点线形偏差

(2) 线形均匀性。为进一步研究各控制点在斜拉扣挂施工过程中线形的变化情况,取南岸上游控制点 1#~11#(每个控制点对应一个扣索扣挂位置,控制点位置位于扣点位置)与目标线形的偏差情况进行对比分析,结果如图 5-32 所示。

由图 5-32 可知,在整个吊装施工过程中,方案 1 和方案 2 各控制点与目标线形的最大偏差分别为 131.7 mm 和 137.8 mm(国标对合龙松索线形规定小于 $L/3\,000=186.7$ mm,但未对施工过程中线形偏差进行规定),均与目标线形偏差较小,各控制点线形较为均匀。

4) 白噪声试验对比分析

为模拟施工过程中的测量误差和拱圈制造误差对结构合龙线形的影响,对施工过程中安装预抬高值引入幅值为 30 mm 的白噪声,进行了 200 次试验分析,其结果如图 5-33 所示。

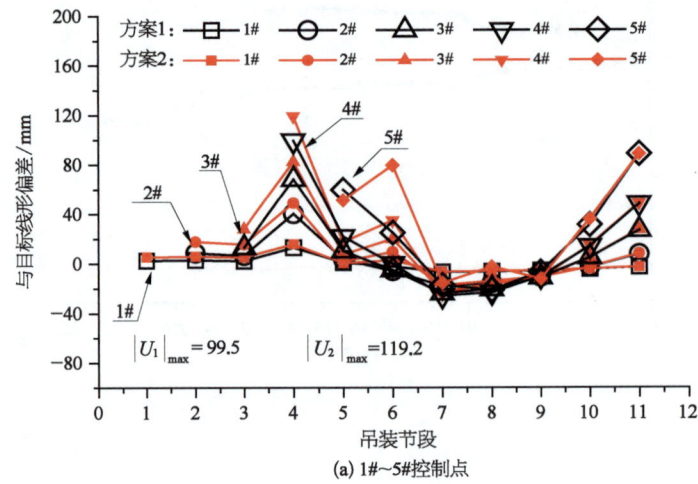

(a) 1#~5#控制点

第 5 章 斜拉扣挂一次张拉计算方法及实践

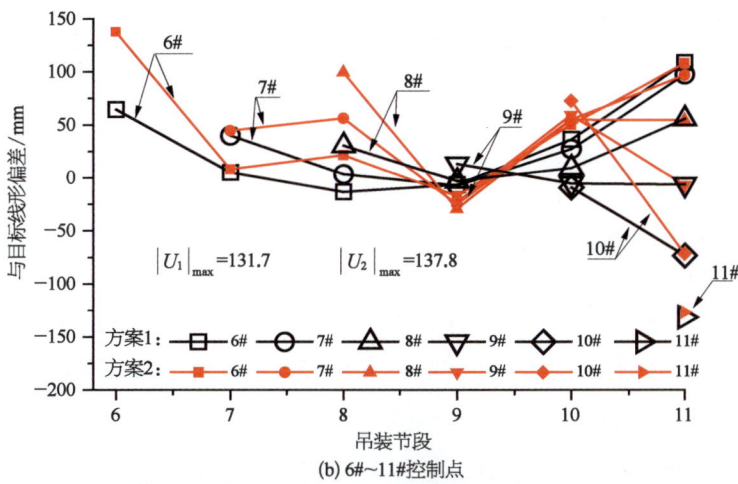

(b) 6#~11#控制点

图 5-32 各控制点与目标线形偏差

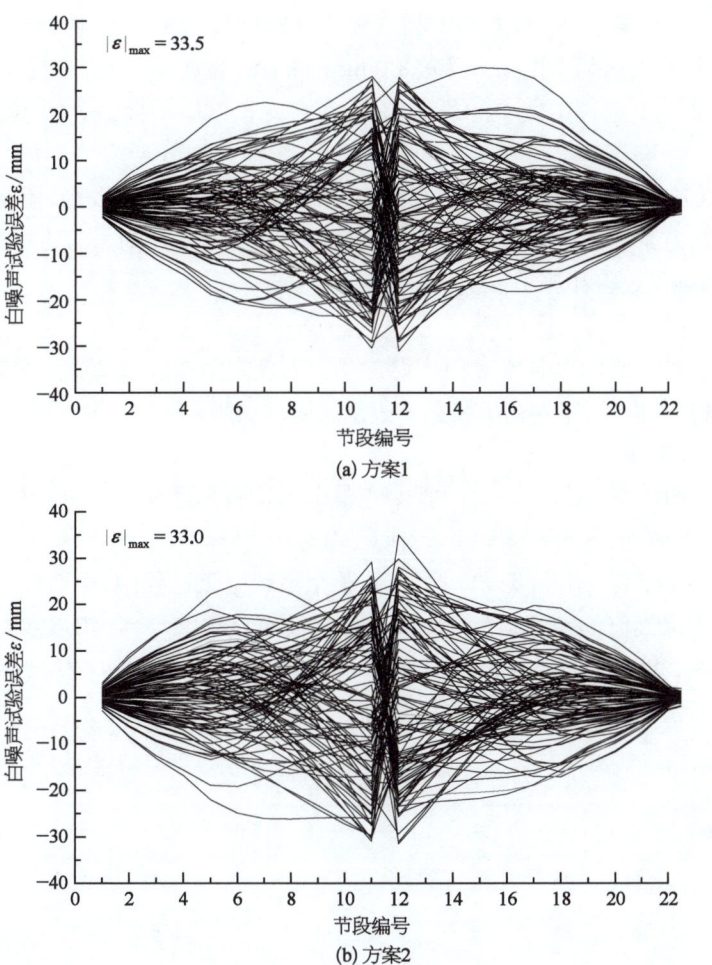

(a) 方案1

(b) 方案2

图 5-33 各控制点线形偏差

由图 5-33 可知,方案 1 和方案 2 悬臂拼装施工过程中预抬高值误差 30 mm,在松索成拱后分别被放大成为 33.5 mm 和 33.0 mm,两种方案相差很小,变化幅度均很小。由此表明方案 1 和方案 2 在施工过程中较小的线形偏差,在合龙松索后均不会被大幅度放大,施工线形精度良好。

以平南三桥为工程背景,采用"过程最优,结果可控"一次张拉施工优化方法对拱圈两种不同的吊装方案进行研究,从斜拉扣挂施工过程中的线形、索力以及白噪声试验等进行了计算和对比分析,结论如下:

(1) 整个吊装施工过程中,方案 1 和方案 2 的扣索索力变化平缓,索力均匀性较好,两种方案各扣索配置数量相同;对两种不同吊装方案的弦管应力和腹杆应力进行对比分析,计算结果表明两种方案的最大/最小应力较钢材的屈服应力均有较大的安全富余。

(2) 整个吊装施工过程中,方案 1 和方案 2 的施工过程线形与目标线形偏差控制均在 140 mm 范围内,合龙松索线形与目标线形偏差控制在 30 mm 范围内,远小于规范要求的允许值 $L/3\,000=186.7$ mm。由此表明两种吊装方案施工过程中线形与合龙松索后线形均较好。

(3) 通过白噪声试验研究表明,方案 1 和方案 2 悬臂拼装施工过程中预抬高值误差 30 mm,在松索成拱后分别被放大成为 33.5 mm 和 33.0 mm,两种方案相差很小,变化幅度均很小。由此表明方案 1 和方案 2 施工过程中较小的线形偏差,在合龙松索后不会被大幅度放大,施工线形精度良好。

(4) 在整个吊装施工过程中,方案 1 和方案 2 的线形和扣索力相差较小,但是方案 1 所需的索鞍横移次数是 24 次,方案 2 横移次数为 15 次,因此建议采用方案 2 的吊装方式,以减小施工过程中的横移次数,提高施工效率和施工安全。

5.3.3.5 不同封拱脚方案对比分析

这里主要讨论三种不同的吊装方案:① 两岸均在安装完第 4 段拱肋后封拱脚;② 两岸均在吊装第 6 段拱肋后封拱脚;③ 两岸均在吊装第 8 段拱肋后封拱脚。

1) 各扣索索力对比分析

(1) 各扣索索力均匀性。由图 5-34 可知,在整个吊装施工过程中,三种封拱脚方案相邻两扣索索力在 100 kN 以内波动,各扣索索力变化平缓,均匀性较好。

(2) 最大扣索力及配索。由图 5-35 可知,在整个吊装施工过程中,第 6 段封拱脚和第 8 段封拱脚相邻两扣索索力最大值偏差控制在 200 kN 以内,没有显著波动,各扣索索力均匀性较好。采用第 4 段封拱脚方案,5#扣索和 6#扣索相差 327 kN,存在较大波动性。表 5-8 进一步表明采用第 4 段封拱脚方案所需扣索数量略高于较其他两种封拱脚方案。

表 5-8 半跨拱圈扣索配索 单位: 根

封拱脚方案	L01	L02	L03	L04	L05	L06	L07	L08	L09	L10	L11	总计
第 4 段封拱脚	16	28	24	32	72	48	48	56	64	80	96	564
第 6 段封拱脚	16	28	24	32	48	48	56	56	64	80	96	548
第 8 段封拱脚	16	28	24	32	48	48	56	56	64	80	96	548

第 5 章 斜拉扣挂一次张拉计算方法及实践

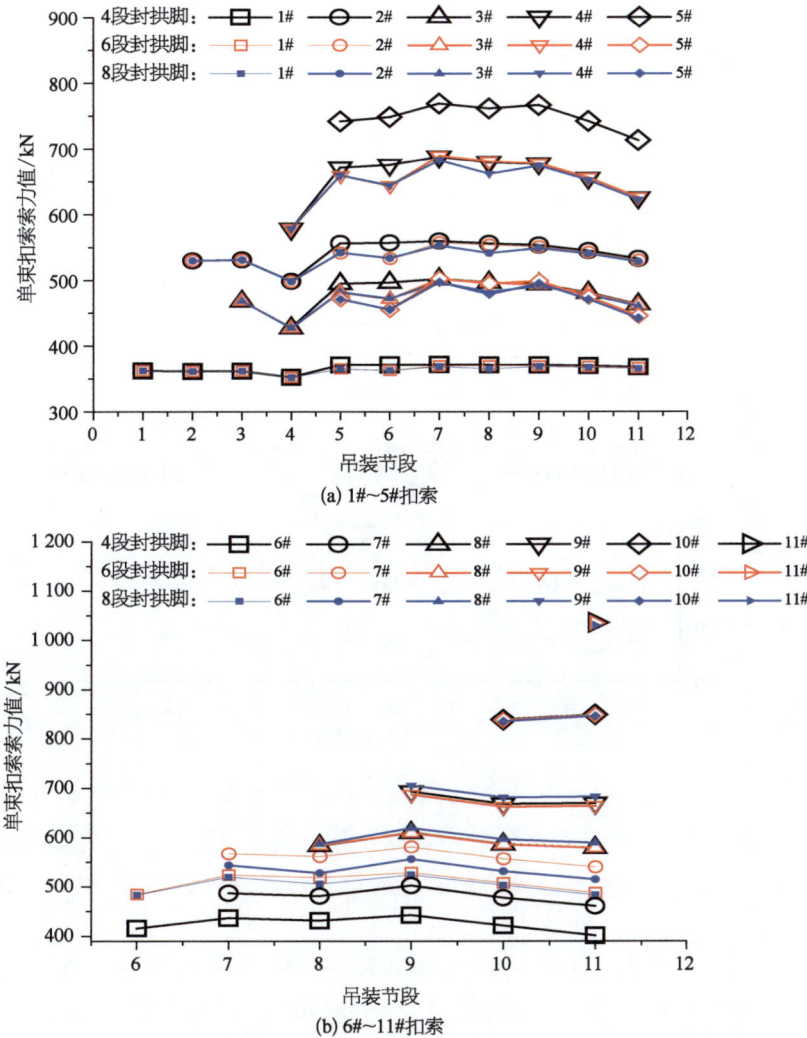

图 5‑34 各扣索索力变化情况(根据结构的扣索布置,1#~4#扣索为单束布置,5#~11#扣索为双束布置)

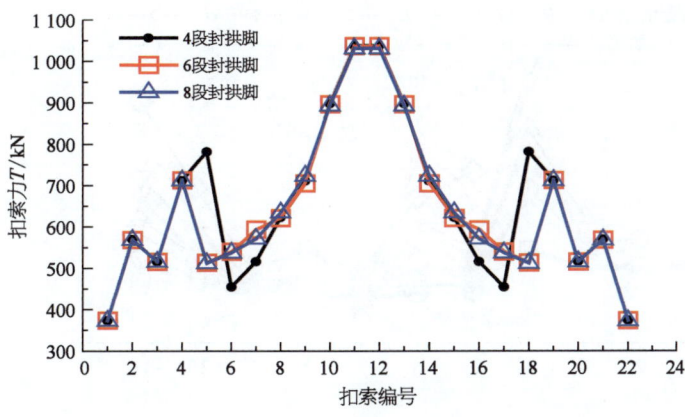

图 5‑35 各扣索最大索力

2) 线形对比分析

(1) 最大线形偏差。由图 5-36 可知,在整个吊装施工过程中,第 4 段封拱脚、第 6 段封拱脚和第 8 段封拱脚预抬高值与目标线形的最大偏差分别为 160 mm、125 mm 和 120 mm,合龙松索后线形与目标线形偏差均为 30 mm,小于规范要求的允许值 $L/3\,000=186.7$ mm。由此表明三种封拱脚方案施工过程中线形与合龙松索后线形均合理。此外,从线形精度考虑,第 6 段和第 8 段封拱脚方案的线形要优于第 4 段封拱脚方案。

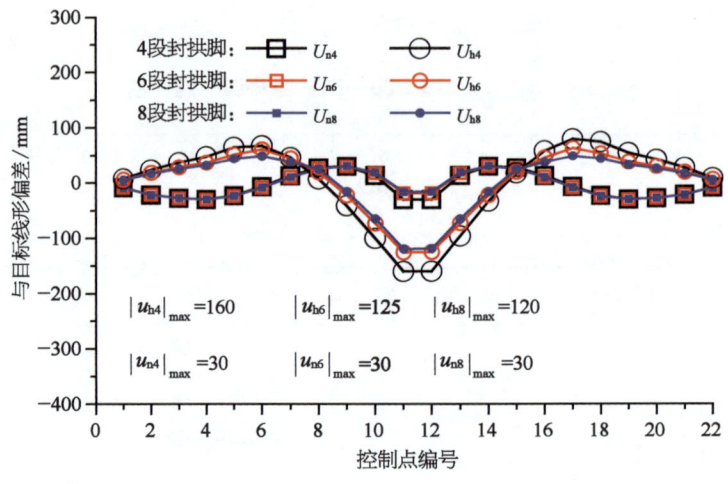

图 5-36 各控制点线形偏差

(2) 线形均匀性。为进一步研究各控制点在斜拉扣挂施工过程中线形的变化情况,取南岸上游控制点 1#～11#(每个控制点对应一个扣索扣挂位置)与目标线形的偏差情况进行对比分析,结果如图 5-37 所示。

由图 5-37 可知,在整个吊装施工过程中,第 4 段封拱脚、第 6 段封拱脚和第 8 段封拱脚各控制点与目标线形的最大偏差分别为 160.5 mm、137.8 mm 和 126.1 mm(国标对合龙松索线形规定小

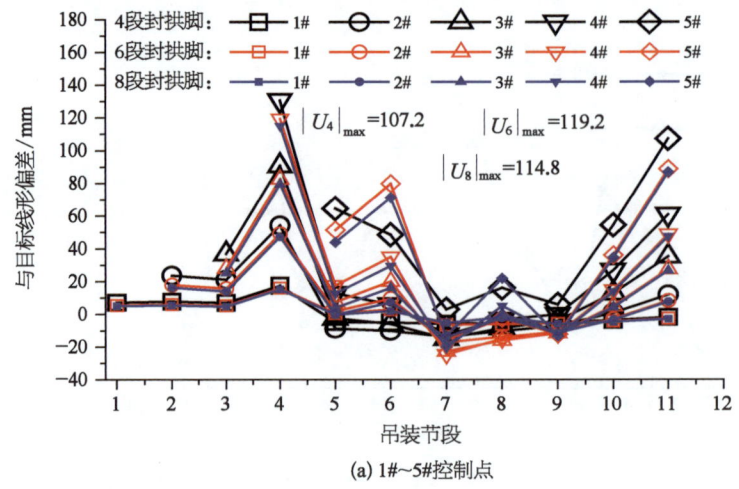

(a) 1#～5#控制点

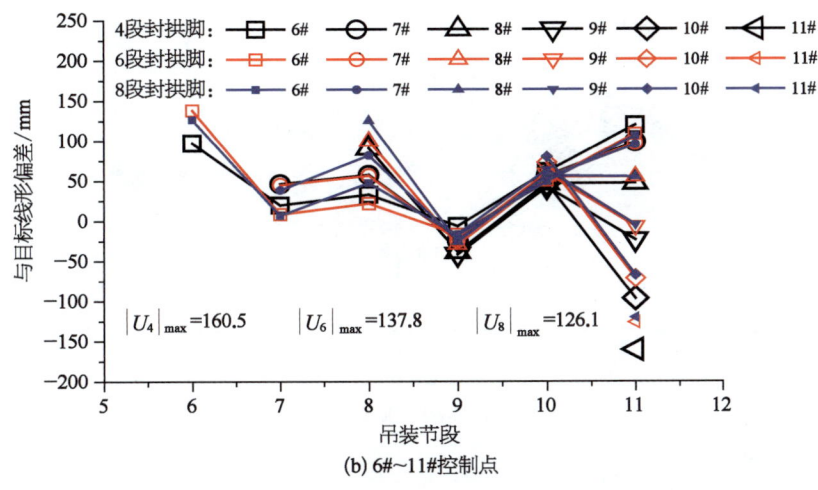

图 5-37 各控制点与目标线形偏差

于 $L/3\,000=186.7$ mm,但未对施工过程中线形偏差规定),均与目标线形偏差较小,各控制点线形较为均匀。

3) 白噪声试验对比分析

为模拟施工过程中的测量误差和拱圈制造误差对结构合龙线形的影响,对施工过程中安装预抬高值引入幅值为 30 mm 的白噪声,进行了 200 次试验分析,其结果如图 5-38 所示。

由图 5-38 可知,第 6 段封拱脚方案和第 8 段封拱脚方案悬臂拼装施工过程中预抬高值误差 30 mm,在松索成拱后分别被放大成为 33.0 mm 和 32.2 mm,两种方案相差很小,变化幅度均很小。由此表明第 6 段封拱脚方案和第 8 段封拱脚方案施工过程中较小的线形偏差,在合龙松索后基本上不会被放大,施工线形精度良好。采用第 4 段封拱脚方案,对施工过程中安装预抬高值引入幅值为 30 mm 的白噪声,并进行了 200 次试验分析,在松索成拱后分别被放大成为 44.0 mm,具有一定的施工风险。

综上所述,可以得到以下结论:

(1) 整个吊装施工过程中,三种封拱脚方案的扣索索力变化平缓,索力均匀性较好,第 6 段封拱脚和第 8 段封拱脚方案各扣索配置数量相同,略低于第 4 段封拱脚方案的扣索数量。

(2) 整个吊装施工过程中,第 6 段封拱脚和第 8 段封拱脚方案施工过程线形与目标线形偏差控制均在 140 mm 范围内,第 4 段封拱脚方案施工过程线形与目标线形偏差达 160.5 mm,三种封拱脚方案合龙松索线形与目标线形偏差控制在 30 mm 范围内,远小于规范要求的允许值 $L/3\,000=186.7$ mm。由此表明第 6 段封拱脚方案和第 8 段封拱脚方案优于第 4 段封拱脚方案。

(3) 通过白噪声试验研究表明,第 6 段封拱脚方案和第 8 段封拱脚方案悬臂拼装施工过程中预抬高值误差 30 mm,在松索成拱后分别被放大成为 33.0 mm 和 32.2 mm,两种方案相差很小,变化幅度均很小。采用第 4 段封拱脚方案,对施工过程中安装预抬高值引入幅值为 30 mm 的白噪声,并进行了 200 次试验分析,在松索成拱后分别被放大成为 44.0 mm,具有一定的施工风险。

(4) 在整个吊装施工过程中,第 4 段封拱脚方案的线形、索力均匀性以及经济性均不及第 6 段

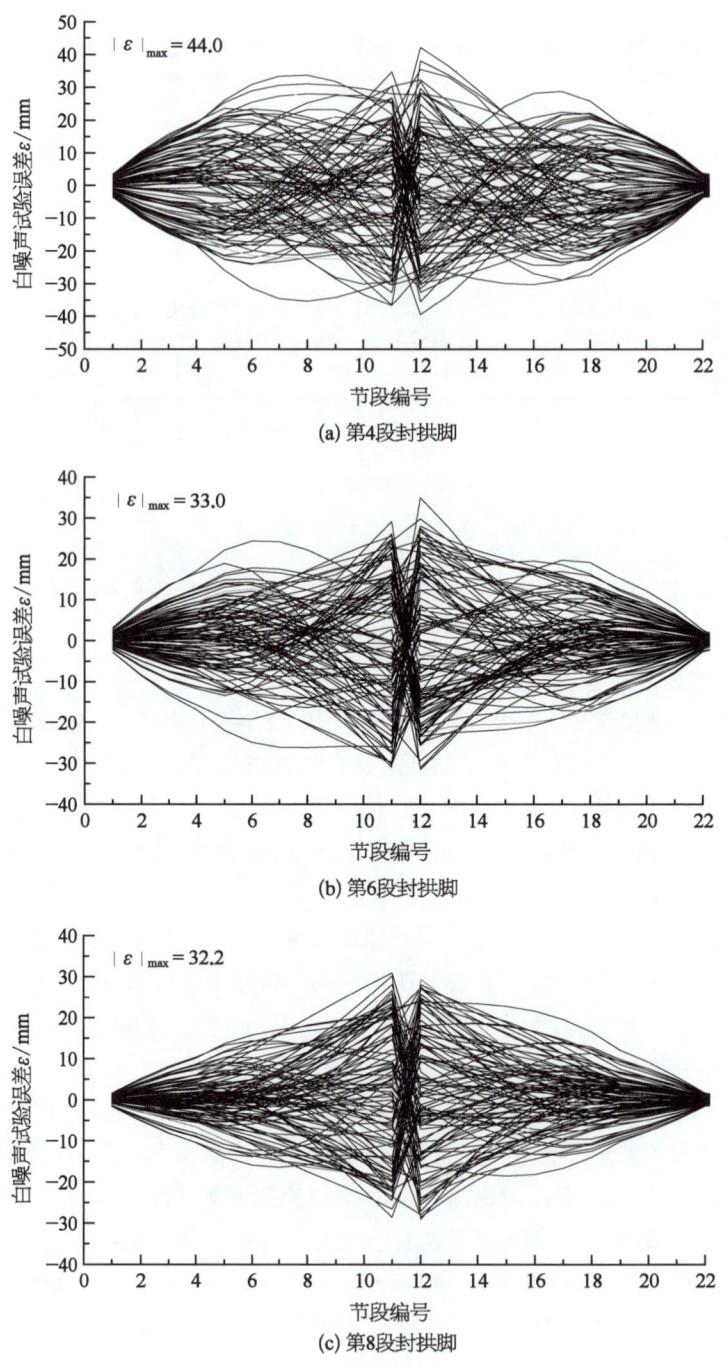

图 5-38　各控制点线形偏差

封拱脚方案和第 8 段封拱脚方案,第 6 段封拱脚方案和第 8 段封拱脚方案的扣索数量、索力均匀性、线形精度均很接近。由于提前封拱脚有助于提高后续施工过程中的安全性,因此建议采用第 6 段封拱脚的施工方式。

第5章 斜拉扣挂一次张拉计算方法及实践

以合龙松索后各节点的实际位移与目标线形位移差为约束条件、各吊装施工阶段的拱肋控制节点实际位移与目标位移差的平方和为优化目标函数，结合影响矩阵法建立"过程最优，结果可控"的CFST拱桥斜拉扣挂施工一次张拉最优化计算方法，有效克服了传统定长扣索法存在的约束条件多、索力均匀性有待解决的问题，应用于马滩红水河特大桥、六律大桥和平南三桥，具有良好的计算效果。

针对CFST拱桥的斜拉扣挂施工优化进行了分析，后续可结合影响矩阵原理进行拱桥吊杆无应力长度的计算分析。同时将进一步研究劲性骨架拱桥、斜拉桥等不同类型桥梁的施工优化方法，并将"过程最优，结果可控"推广应用于不同类型的桥梁施工中。

现有的规范仅对拱桥的合龙松索后的线形提出了限值要求，建议对施工过程中的线形偏差以及扣索均匀性提出相应的规范要求。

参考文献

[1] 陈宝春,韦建刚,周俊,等.我国钢管混凝土拱桥应用现状与展望[J].土木工程学报,2017,50(6):50-61.
[2] 郑皆连,徐风云,唐柏石.广西邕宁邕江大桥千斤顶斜拉扣挂悬拼架设钢骨拱桁架施工仿真计算方法[C]//中国公路学会桥梁和结构工程学会1996桥梁学术讨论会论文集.南宁:中国公路学会,1996:214-228.
[3] 周水兴,江礼忠,曾忠,等.拱桥节段施工斜拉扣挂索力仿真计算研究[J].重庆交通大学学报(自然科学版),2000,19(3):8-12.
[4] 张建民,郑皆连,肖汝诚.钢管混凝土拱桥吊装过程的最优化计算分析[J].中国公路学报,2005,18(2):40-44.
[5] 张治成,叶贵如,王云峰.大跨度拱桥拱肋线形调整中的扣索索力优化[J].工程力学,2004,21(6):187-192.
[6] 张治成,叶贵如,陈衡治.大跨度钢管砼拱桥拱肋吊装中的扣索索力计算[J].浙江大学学报(工学版),2004,38(5):610-614.
[7] 李传夫,李术才,魏建军,等.迭代优化算法在大跨拱桥线形控制中的应用[J].山东大学学报(工学版),2008,38(3):23-27.
[8] 韩玉,秦大燕,郑健.CFST拱桥斜拉扣挂施工优化计算方法[J].公路,2018,63(1):100-104.

第 6 章

管内混凝土制备与灌注

管内混凝土配制技术是钢管混凝土拱桥建设的关键技术，钢管混凝土灌注是钢管混凝土拱桥施工最为关键的工艺之一，其效果直接影响钢管混凝土拱桥的成桥质量，关乎桥梁的运营安全。钢管混凝土拱桥持续发展的过程中，拱肋脱黏、脱空的病害一直存在且难以解决。随着钢管混凝土拱桥跨径的不断增加，这一病害严重危害结构安全，制约了跨径的增长。为解决脱黏、脱空顽疾，本章介绍了真空辅助灌注施工工艺、管内混凝土配制方法以及相关新材料、新技术。结合工程应用，检测分析发现脱黏、脱空顽疾已得到有效解决。

6.1 脱黏、脱空现象和灌注工艺

6.1.1 钢管混凝土脱黏、脱空现象及成因

近 20 多年以来，我国钢管混凝土拱桥建设的数量和规模都在快速发展，但由于高速发展过程中忽视了一些技术细节，现已投入使用的钢管混凝土拱桥出现了较多的质量问题。其中拱肋脱黏、脱空问题尤为突出，桥梁的安全性和耐久性受到影响。学者和工程师对钢管混凝土拱肋的脱黏、脱空现象进行了大量统计，同时对成因进行研究。

6.1.1.1 脱黏、脱空现象分类[1]

钢管混凝土脱黏、脱空现象根据成因可归纳为以下三类：

（1）第一类为混入空气引起的脱空。在管内混凝土泵送过程中，由于泵送设备配置不当或工艺操作不合理等原因，导致空气混入混凝土中一起泵送至管内并滞留，核心混凝土凝结后造成脱空。

（2）第二类为特殊部位的脱空缺陷。例如内法兰盘处出现的角隅脱空、拱顶段出现的气体聚集脱空、浮浆易聚集部位导致核心混凝土内部或接触边界出现薄弱夹层(块)。

（3）第三类为钢管与混凝土之间脱黏引起的脱空。桥梁在正常使用阶段，由于环境温度变化、后期混凝土补偿与收缩不匹配等原因导致的应力变化，与成桥时的应力叠加，超出钢管与混凝土

的黏结应力,两者之间产生裂隙分离。

钢管混凝土脱黏、脱空现象根据混凝土状态的变化形成,可归纳为以下三类:

(1) 第一类称为不密实引起的脱空。在泵送管内混凝土时,由于泵送系统或其他原因,使混凝土输送不到位或者密实度不够,从而导致成桥后管内核心混凝土产生空洞,形成脱空。

(2) 第二类称为脱黏引起的脱空。钢管拱肋内部核心混凝土本身密实性良好,但是在桥梁运营过程中,由于受到轴向压力、温度变化(包括温升和温降),或者是混凝土收缩、徐变以及微膨胀剂失效等方面的影响,使得钢管与混凝土在接触面处产生裂隙,两者脱离。

(3) 第三类称为脱空缺陷。如因不密实引起核心混凝土内部或接触边界出现薄弱夹层(块),又如因脱黏在构造不当处出现角隅脱空,这些缺陷与第一类脱空相似但不能按第二类脱空计算,只能定性分析成因。

6.1.1.2 脱黏、脱空原因分析[1]

施工阶段造成混凝土与钢管脱空的主要因素较为复杂,总结起来大致包括混凝土配合比设计不当、混凝土内空气存在临界逃逸角、不利构造部位气体聚集、泵送过程中无法排净空气或混入空气等。目前管内混凝土主要采用泵送顶升法来进行灌注,因为有外包钢管的阻隔,无法用常规手段进行有效振捣,若混凝土配合比设计达不到要求,很容易导致脱空缺陷。

泵送顶升过程中,混凝土从拱脚往拱顶上升,管内空气排出通道主要为拱背分布排气孔和拱顶的排浆管,因大部分节段拱顶排浆管与管内混凝土顶面距离较远,若排气孔设计不当,极易导致气体滞留形成脱空。拱顶附近拱肋逐渐向水平方向过渡,钢管倾角变小,当倾角小于空气临界逃逸角时,部分空气黏滞于拱顶无法排出;混凝土顶升至拱顶出浆管附近时,冲击拱顶隔仓板后形成波浪,容易形成空气包。

混凝土本身存在一定的含气率,在拱肋混凝土泵送完成后、初凝前,部分泌水和气体向拱顶汇集,也会形成气腔。上述原因都会导致脱空现象产生。

郑皆连[2]提出以500米级钢管混凝土拱桥的设计和成套施工技术为基础,建造700米级钢管混凝土拱桥已不存在技术门槛,但急需解决管内混凝土的脱黏、脱空等问题。

6.1.2 灌注工艺

根据钢管混凝土拱肋脱黏、脱空的病害分析可以看出,钢管灌注施工工艺是病害的另一个元凶。为减少此类病害,钢管混凝土灌注施工工艺不断更新、改进,从最初的逐段浇筑法、分段顶升法,到目前最为先进的真空辅助灌注。

钢管内灌注混凝土施工方法有很多种,如多点开孔倒喂灌入、振捣密实法,泵送顶升灌注法,分级泵送顶升灌注法,真空辅助灌注法等。早期小跨径桥梁建设时使用多点开孔倒喂灌入、振捣密实法,该方法施工时间长,钢管壁上需开较多灌注孔,对结构有一定影响。

逐段浇筑法是将每一节段的钢管预浇筑混凝土,待混凝土强度满足要求后进行拼接吊装形成。此方法形成的钢管混凝土在结构上未形成一体,管内混凝土不连续、整体性差。

高位抛落不振捣浇筑法是将混凝土提高以一定高程抛入钢管内,在重力作用下使混凝土密实。但此法仅适用于笔直的钢管混凝土结构,在拱桥施工中受到限制。

随着设备工艺的更新进步,钢管混凝土拱桥开始运用连续泵送顶升浇筑施工工艺。连续泵送顶升浇筑施工工艺是在钢管拱脚部接近地面适当位置处开注浆口，混凝土在泵压力作用下，由下而上顶升，依靠混凝土自身重量挤压密实填充管腔，与钢管共同作用。泵送顶升浇筑法要求混凝土具有坍落度大、和易性好、不泌水、不离析等特点。此方法适用于大型钢管混凝土拱桥施工。但施工中仍然存在较多质量问题，如钢管混凝土脱空严重、混凝土不密实、泵送难度大等。

拱桥的跨径和高度不断挑战新纪录，拱肋混凝土需要输送的高度和距离越来越大，对混凝土输送泵扬程的要求越来越高，甚至超出了现有设备的能力范围，又或是导致施工经济性显著下降，因此又发明了分级泵送顶升灌注方法，根据实际情况选择分两级或多级进行泵送。

混凝土在泵送压力作用下向上流动，在流动过程中粗集料逐渐向管壁运动，多余的浆液渗至管中间，形成"栓流"。由于"栓流"的存在，中间部分速度快，周围部分速度慢，甚至不流动，当混凝土流动性差或凝结时间短时，容易发生整条管道堵塞的现象[3]。

为解决连续泵送顶升浇筑法在施工中遇到的问题，研究人员和工程师不断提升施工工艺，提出了真空辅助灌注方法。此方法是在连续泵送顶升浇筑法的基础上加入真空辅助系统，即在钢管拱肋顶部安装抽真空设备，抽取钢管拱肋内的空气，使拱肋内处于真空状态，同时进行连续灌注顶升[4]。

6.2 管内混凝土原材料

钢管混凝土的作用机理是通过钢管对管内混凝土的"套箍"作用，使混凝土处于三向受力状态，混凝土的承载能力和塑性性能得到大大提高。钢管内混凝土因处于密闭状态，无振实条件，同时考虑常规混凝土存在一定的收缩，因此常采用自密实微膨胀混凝土（或自密实无收缩混凝土）。用于钢管混凝土拱桥中的自密实微膨胀混凝土具有高流动、早强、免振自密、高强度等特点，因此对混凝土原材料有较高的要求。

6.2.1 混凝土常规材料

常规材料指水泥、砂、碎石、粉煤灰、矿粉、硅粉等。

1）水泥

首先自密实微膨胀混凝土胶凝材料用量高，为控制混凝土工作性能、收缩性能同时满足强度要求，因此优先选择水化热低、强度高且性能稳定的水泥；其次水泥的矿物组成影响着高效减水剂的适应性。综合考虑，自密实微膨胀混凝土水泥优选取 P.Ⅱ 水泥。

2）砂

自密实微膨胀混凝土一般使用河砂，河砂在混凝土中发挥着双重效应：颗粒形状近似圆形，可产生滚动效应，进而增加流动性，产生减水效应，减少用水量；砂的颗粒较粗骨料小、比表面积大，较大的比表面积致使需水量相对较高，这又对混凝土流动性和减少用水量不利。自密实微膨胀混凝土中也可以采用机制砂，虽然机制砂中含有石粉且颗粒表面粗糙，但其适量石粉和可控细度模数和级配有利于保证混凝土的工作性能。当选择合适的外加剂、粗骨料和胶凝材料，经过合理的配合比设计，机制砂可以配制出自密实微膨胀混凝土。

3) 碎石

从自密实混凝土工作性和强度方面考虑,自密实混凝土应选用质地坚硬密实、含泥量少、针片状颗粒及杂质少的骨料。在颗粒级配方面,由于自密实混凝土有不经振捣就达到密实的性能,这要求水泥浆体和粗骨料界面的过渡层和厚度都较小,水泥浆体能够充分均匀包裹骨料,因此粗骨料应选用最大粒径较小、本身缺陷少、质地均匀和级配良好的碎石。

4) 粉煤灰

粉煤灰是混凝土中两种主要的微细掺合料之一,可以有效降低减水效应,因此配制自密实混凝土应该选择优质粉煤灰,并且注意减水剂和粉煤灰的双重减水耦合作用。

6.2.2 高稳健性外加剂技术

高性能减水剂是制造现代混凝土的关键材料和核心技术,是混凝土用化学外加剂最重要的组成部分,也是实现混凝土"自密实化"的必备材料。

适用于管内自密实混凝土的减水剂应强调其对于复杂情况的适应性以及所制备混凝土的稳健性,当原材料品质(如骨料含水率、含泥量等)、运输时间、环境温度等在一定范围内发生波动时,混凝土拌和物性能不致发生大幅变化,能够继续保持其良好的自密实工作性。因此大直径钢管管内自密实混凝土专用减水剂应选用品质稳定且能明显提高混凝土耐久性能的聚羧酸系减水剂产品。

混凝土技术向着高强、高流动、高耐久性方向发展。传统的磺酸盐缩聚物超塑化剂外加剂在高水胶比情况下体现出优异的性能,但在低水胶比时往往失效,不适合配制高强、高流动混凝土。

通过对羧酸类接枝共聚物作用机理以及两性聚电解质溶液特征的深入分析和试验,将聚醚侧链以醚键(—O—)和主链相连,降低对水胶比和搅拌速度的敏感性。在主链中引入较高比例阴、阳离子基团,提供大量吸附点,同时可以有利于保持聚合物的伸展溶液构象,提高共聚物在水泥不同矿物组分中的吸附量,显著增大减水率[5]。

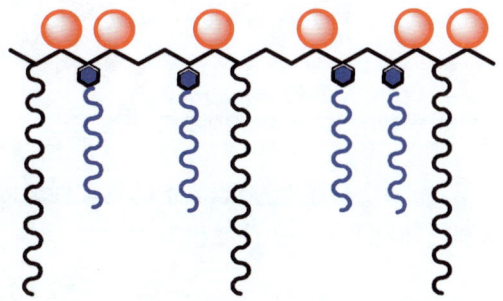

图 6-1 高稳健性聚羧酸分子结构示意图

在此基础上,引入酯型长侧链,桥接基团为—COO—,能够提供一定的空间位阻,同时还能调整共聚物的主链序列结构,降低羧基比例,调节聚合物在水溶液中构象。另外,酯基在水泥碱性环境中水解出大分子侧链,可有效降低吸附驱动力,实现逐步吸附,并提高吸附后的空间位阻作用,显著降低外加剂掺量敏感性,及其对砂石泥含量和用水量等因素波动的敏感性,提高混凝土拌和物稳健性。聚羧酸减水组分分子结构如图 6-1 所示。

对于钢管自密实混凝土而言,其原材料分散波动大、混凝土供应距离不一、施工便道运行条件较差、施工季节时间跨度长、施工条件复杂化等现实特点决定了其对于流动度保持更严苛的要求。目前现有聚羧酸外加剂仍然存在坍落度保持时间不长、高温下大坍落度混凝土流动性损失加剧等问题,已经难以满足自密实混凝土不同环境下的施工要求;另外,传统缓凝保坍措施不仅延长凝结时间、增大泌水、影响早期强度和界面,而且流动度保持效果差,无法满足施工需要。

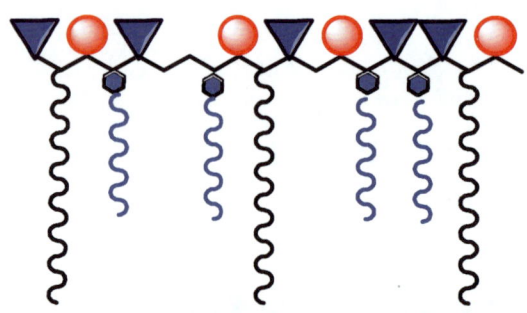

图 6-2 高保坍型聚羧酸分子结构示意图

高保坍型聚羧酸分子结构示意如图 6-2 所示。在聚羧酸分子中引入对水具有良好亲和性的长聚醚侧链,桥接基团为—O—,不会发生水解反应,可以长期提供强烈的位阻作用,延缓水泥颗粒的物理凝聚;同时引入短聚醚侧链,桥接基团为—COO—,短侧链不但在一定程度上提供了空间位阻效应,而且在水泥强碱性环境下逐步水解,缓慢向水-水泥体系中释放出具有分散功能的低分子量共聚物,补充由于水泥水化消耗的减水剂,使体系中的减水剂始终维持在临界胶束状态;此外,长短不同的聚醚侧链组合改变了共聚物构象,可以实现调控外加剂在水泥颗粒界面吸附行为的目的,另外引入了碱激发响应性基团,能够在水泥碱性环境下转变成吸附基团,增加外加剂与水泥颗粒之间的吸附驱动力,从而在一定程度上提高了分散保持性能。

6.2.3 全过程补偿技术

6.2.3.1 基本原理

针对钢管结构全封闭、强约束、无法进行潮湿养护的结构特征,以及自密实混凝土高胶凝材料用量、高砂率、高浆骨比等材料组成特点,应采取相应技术措施来降低钢管自密实混凝土自浇筑成型开始的收缩变形。本章提出的钢管自密实混凝土体积变形控制指标见表 6-1。

表 6-1 钢管自密实混凝土体积稳定性要求

项 目		指标要求	检测方法
终凝前自生体积变形(竖向膨胀率)/%		0~0.1	SBT-AS,《水泥基灌浆材料应用技术规范》(GB/T 50448—2015)
密闭绝湿自生体积变形(自终凝开始测试)/%	3 d	≥0.015	《水工混凝土试验规程》(SL 352—2006),从 24 h 开始检测
	56 d	≥0	
水中 14 d 限制膨胀率/%		≥0.030	《混凝土膨胀剂》(GB/T 23439—2017)
水中 14 d 转空气中 28 d 限制膨胀率/%		≥-0.010	

《混凝土膨胀剂》对膨胀剂的物理性能提出表 6-2 的要求,同时规定膨胀剂中碱含量应不大于 0.75%,MgO 含量应不大于 5.0%。

表 6-2 混凝土膨胀剂性能

项 目		指 标 值	
		Ⅰ型	Ⅱ型
细度	比表面积/(m³·kg⁻¹)	≥200	
	1.18 mm 筛筛余/%	≤0.5	
凝结时间	初凝/min	≥45	
	终凝/min	≤600	

(续表)

项　　目		指　标　值	
		Ⅰ型	Ⅱ型
限制膨胀率/％	水中 7 d 空气中 21 d	≥0.025 ≥-0.020	≥0.050 ≥-0.010
抗压强度/MPa	7 d 28 d	≥20.0 ≥40.0	

注：表中的限制膨胀率为强制性的，其余为推荐性的。

自密实混凝土相对于普通混凝土具有更大的收缩，因此应使用膨胀率较高的混凝土膨胀剂，以达到更好的补偿收缩效果。同时，钢管混凝土拱桥管内自密实混凝土处于近似于绝湿的密闭环境中，无法饱水养护，而目前国内市场上使用的大部分膨胀剂只有在充分水养护的条件下才能发挥出较好的膨胀性能，在缺水或无水养护的密封条件下，其膨胀性能则很难充分发挥，尤其是后期膨胀回落较大。

普通膨胀剂的掺入会在一定程度上影响混凝土工作性能，而自密实混凝土对于工作性能的要求很高，为了降低膨胀剂的掺入对自密实混凝土工作性能的影响，借鉴国标《用于水泥和混凝土中的粉煤灰》(GB/T 1596—2017)中对粉煤灰需水量比的指标要求，用于自密实混凝土的膨胀剂需水量比不应大于100％，见表6-3。

表6-3　钢管混凝土拱桥管内自密实混凝土用膨胀剂性能

检　验　项　目		指标值
限制膨胀率/％	水中 7 d 空气中 21 d 封闭绝湿 7 d 封闭绝湿 28 d	≥0.050 ≥-0.010 ≥0.020 ≥0.005
需水量比/％		≤100

为解决钢管混凝土拱桥管内自密实混凝土材料早期塑性阶段自收缩、沉降收缩大，后期结构形成后自收缩大，容易产生脱黏、脱空，影响结构整体使用寿命的问题，因此需要研制出自密实、微膨胀的混凝土，保障钢管与自密实混凝土紧密接合、共同受力，并降低混凝土与钢管脱黏、脱空风险，控制钢管混凝土拱桥管内自密实混凝土收缩变形的关键技术问题。

6.2.3.2　无收缩管内自密实混凝土塑性阶段膨胀组分设计

新型的塑性阶段发气膨胀补偿大流动性水泥基材料，尤其是自密实混凝土收缩的化学组分EEA，其分子式为$H_2NCONNOCNH_2$，是一种淡黄色粉末。该组分可在碱性环境下水解，主要释放出N_2和CO_2等惰性气体，具有膨胀时间长、膨胀历程稳定可控、对钢筋无腐蚀损害等优点。

6.2.3.3　无收缩管内自密实混凝土硬化阶段膨胀组分晶体结构设计

选用水化需水少、膨胀效能高、密封绝湿条件下自膨胀能力强的氧化钙类膨胀剂作为用于充填层自密实混凝土的膨胀源，采用晶体结构设计和无机掺杂实现了对氧化钙晶体结构形成过程的诱导调控,从煅烧温度、保温时间、生料配比等制备工艺参数出发,系统研究了其膨胀变形的温、湿度敏感性,提出了氧化钙类膨胀剂的膨胀诱导期、加速期和稳定期的调控机制,实现了充填层自密实混凝土在密封绝湿条件下自收缩的分阶段、全过程补偿。

由85%石灰石、5.5%石膏、9.5%铜渣组成的生料经1 350℃煅烧1.0 h制得的氧化钙膨胀熟料的微观结构如图6-3、图6-4所示。由图可以看出,氧化钙熟料结晶较好,样品中不存在未分解的方解石。

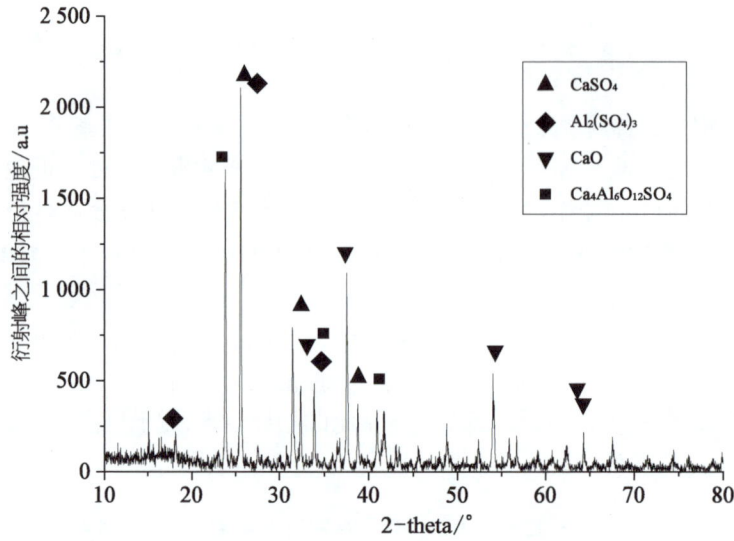

图6-3 氧化钙膨胀熟料的XRD分析图谱

图6-4 氧化钙膨胀熟料在不同倍率下的SEM图像

对于钢管结构而言,掺入氧化钙膨胀剂后,早期温升阶段膨胀太快,即使膨胀剂效果与混凝土自身热胀变形效果叠加,在混凝土弹性模量和刚度尚未发展起来、徐变松弛能力还很强时,储存的有效膨胀预压应力也较小,后期降温时,无法有效补偿冷缩与自收缩,达不到预期的效果。

与钙矾石类、CaO类膨胀剂相比,MgO膨胀剂具有水化需水量少、水化产物物理化学性质稳定、膨胀过程可调控设计等优点。MgO 具有延迟膨胀的特性已被工程界所认识并应用于补偿水工大体积混凝土的温降收缩。稳定、均匀制备的水化活性值 200～300 s MgO 膨胀剂适用于补偿温升值高、温降速率低的大坝基础混凝土温降收缩。长期研究表明,掺适量的 MgO 膨胀剂能有效补偿混凝土因温降、干燥等引起的收缩,其长期的体积变形与力学性能是稳定的,膨胀曲线均匀且无倒缩现象。但体积安定性是掺 MgO 混凝土的一个重要性能。当 MgO 膨胀剂掺量过大或水化活性值过大,则可能产生过度膨胀,从而引起混凝土的体积安定性问题。且常温条件下高活性值 MgO 膨胀剂的水化速率慢,产生的膨胀变形无法与混凝土的自收缩等早期收缩变形相匹配补偿(图 6-5)。高活性、低活性值 MgO 膨胀剂(活性值 100 s 以下)虽能产生早期膨胀补偿混凝土的自收缩等早期收缩变形,但完全可以被 CaO 类膨胀剂取代。相比于 CaO 类膨胀剂,相同掺量、活性值 100 s 以下的 MgO 膨胀剂的膨胀效能低、需水量大、影响混凝土工作性;且高活性 MgO 膨胀剂采用菱镁矿煅烧制备,菱镁矿与石灰石相比资源相对匮乏,生产成本显著高于 CaO 膨胀剂。

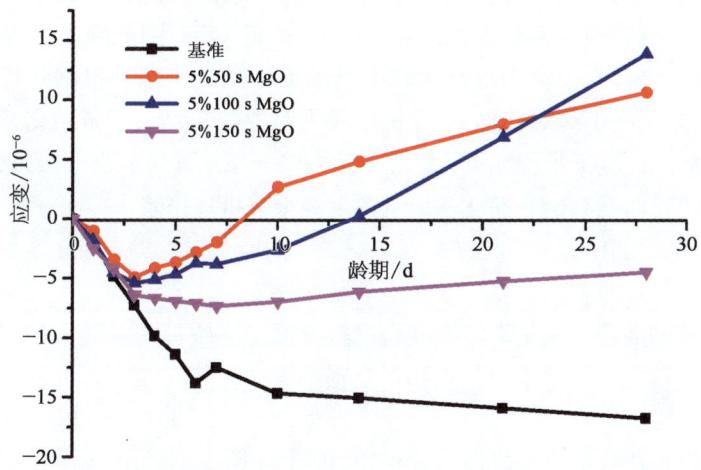

图 6-5 20℃养护条件下外掺 5% MgO 的混凝土自生体积变形

6.3 真空辅助灌注工艺及试验

6.3.1 管内混凝土真空辅助灌注工艺

真空辅助灌注技术是受到预应力混凝土后张施工方法中的孔道注浆启发,最终进行改进形成。

真空辅助法灌注施工基本工艺原理是利用大功率真空泵将拱肋钢管抽到指定的真空度范围(-0.1～-0.07 MPa),然后用混凝土泵将混凝土注入钢管内,并持续至钢管内充满混凝土,过程中从两岸拱脚对称向拱顶连续顶升压注入处于真空状态的拱肋钢管内(图 6-6),依靠顶升压力、混凝土的自重及其良好的自密实性能形成钢管混凝土组合结构,通过真空辅助有效减少管壁上附着的气泡数量,提高混凝土密实性,使得钢管混凝土结构的使用性能得到了大幅提高,并显著改善拱肋接头法兰、拱顶等关键部位混凝土灌注的密实性[4]。

对大型钢管混凝土结构管从下至上进行分级,在抽真空状态下,从最下边一级开始对钢管进

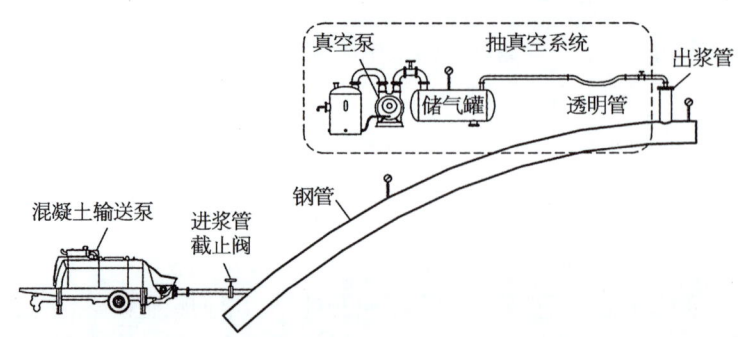

图 6-6 真空辅助灌注施工工艺示意图

行分级灌注混凝土，即为分级真空辅助灌注施工工艺。

管内混凝土真空灌注施工复杂，施工时有出现多种问题的可能，如堵管、爆管、部分管段空洞等工程质量问题，同时钢管处于真空状态，存在一定的安全风险。因此施工工艺决定工程成败。

以合江长江一桥为例，介绍管内混凝土真空辅助灌注施工工艺。根据对称与均衡加载原则，以拱顶为对称中线，桥梁两半跨对称加载；以桥轴线为对称中线，上、下游肋交替加载为原则，组织钢管混凝土的灌注施工。施工步骤如下：清洗钢管内壁→泵送砂浆润滑一级进浆管→灌注一级管内混凝土→灌注二级管内混凝土→灌注三级管内混凝土→拱顶排浆。

6.3.2 工艺试验

为了探索真空辅助灌注工艺是否能够减小钢管混凝土拱桥管内混凝土脱空顽疾，进行了大型钢管模型对比试验。试验中分别采用常规和真空辅助灌注工艺完成钢管混凝土的灌注，并对比分析两种灌注方法的优劣[6]。

试验根据拱桥拱顶段线形进行拱段设置模拟，进行如下一组对比试验：

(1) 常规压力泵送灌注混凝土试验。采用传统顶升方法，在正常压力下进行钢管混凝土泵送灌注试验。

(2) 真空辅助泵送灌注混凝土方法。将钢管内抽真空至负压 $-0.09 \sim -0.07$ MPa，在此状态下进行钢管混凝土泵送灌注试验。

为更好地模拟泵送灌注过程中拱肋混凝土与钢管间的相互作用，试验采用约 50 m 长、ϕ660 大直径钢管拼成一个半拱，其线形与实桥拱肋 1/4 至跨中段相似。考虑实际桥梁轴线和拱顶水平的形状，并在各拱肋钢管转折处设置一道法兰，如图 6-7 所示。

真空试验拱段的抽真空系统连接在拱段顶端的出浆管上，由真空泵、阀门、储浆筒、真空表等设备组成，布置如图 6-8 所示。

通过以上两种试验结果的对比，验证真空辅助技术对钢管混凝土泵送灌注质量的影响。两根试验拱段并列布置，每个拱段由 5 根 10 m 长的 ϕ660 mm 的大直径钢管焊接而成，其中常压管为 1# 拱段，真空管为 2# 拱段，相应的超声波检测截面沿拱长方向布置 11 个，每个截面布置 4 个方向的检测通道，分别为竖直方向、水平方向和两个 45°斜向。拱段及超声波检测部位布置如图 6-9 所示。

第 6 章 管内混凝土制备与灌注

图 6-7 工艺试验拱段实体

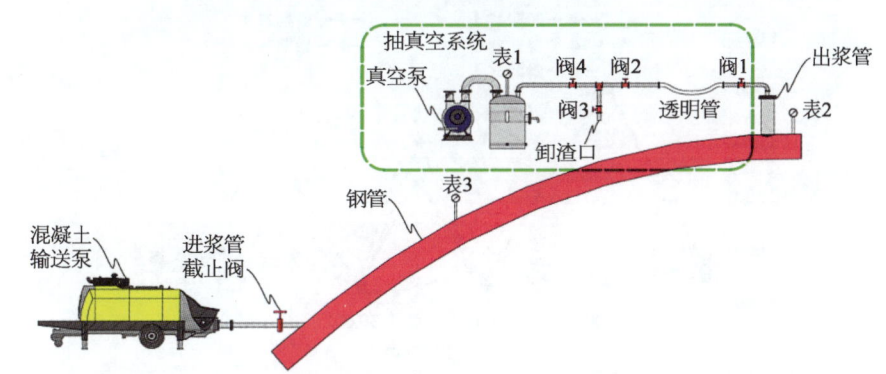

图 6-8 抽真空系统布置

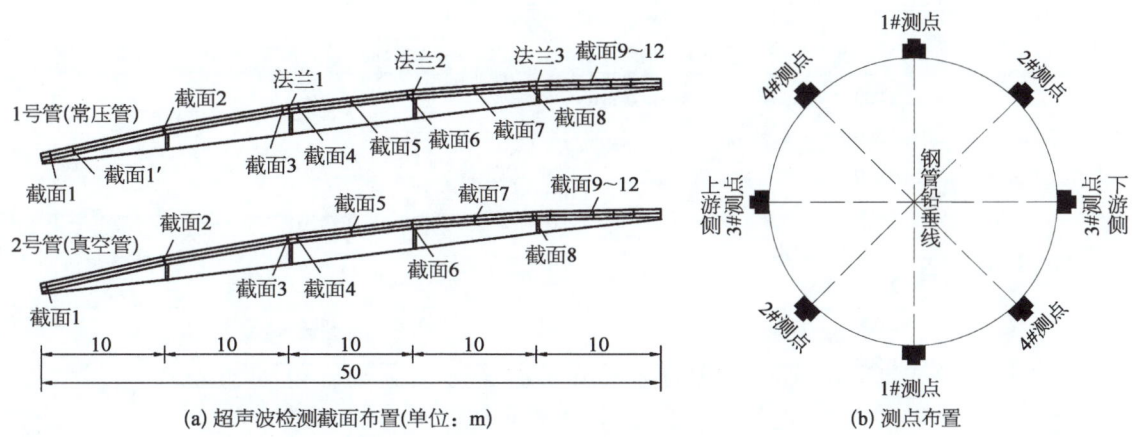

(a) 超声波检测截面布置(单位：m)　　(b) 测点布置

图 6-9 拱段及相应的超声波检测部位布置

试验拱肋段采用的混凝土为 C60 自密实无收缩混凝土。C60 自密实无收缩混凝土具有以下特点：

(1) 强度满足 C60 混凝土的要求且具有早强性能。

(2) 具有收缩补偿的目的。

(3) 具有低气泡、高流动性、免振自密的性能，新制混凝土的坍落度要求为 220～250 mm，扩展度为 480～680 mm，同时混凝土在大坍落度状态下的和易性良好，不离析。

(4) 具有延后初凝的性能，初凝时间大于 18 h，并且灌注过程中坍落度的损失小。

(5) 水化热的峰值低、峰期长。

6.3.3　试验结果及分析

6.3.3.1　超声波检测

超声波检测截面及截面上测点的布置如图 6-9 所示，选择在混凝土 6 d(2#真空管)、17 d、21 d、28 d 和 56 d 龄期时对拱段的关键截面进行超声波检测。检测结果如图 6-10～图 6-13 所示。

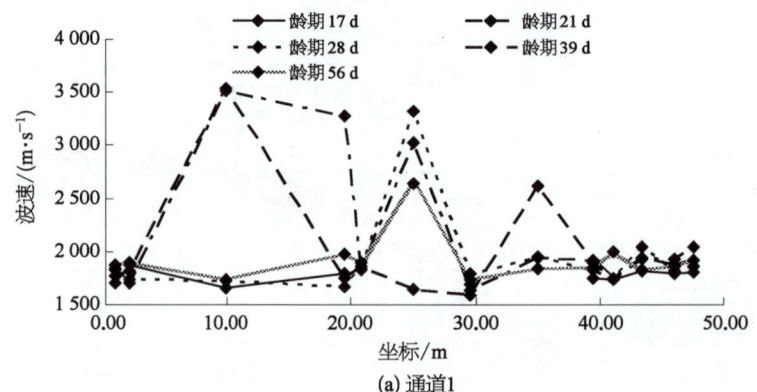

(a) 通道1

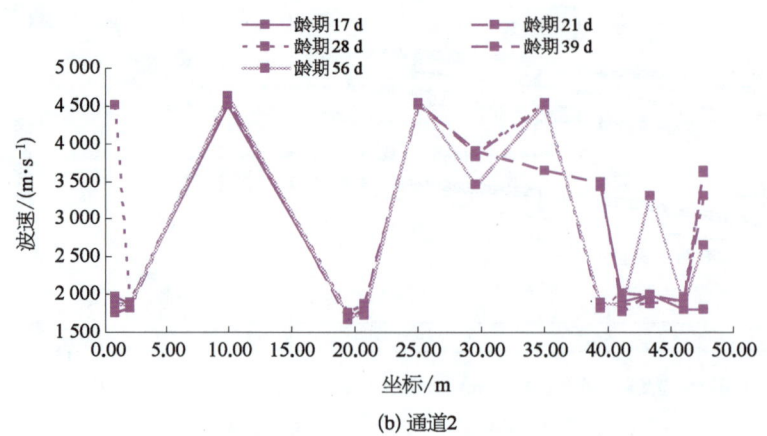

(b) 通道2

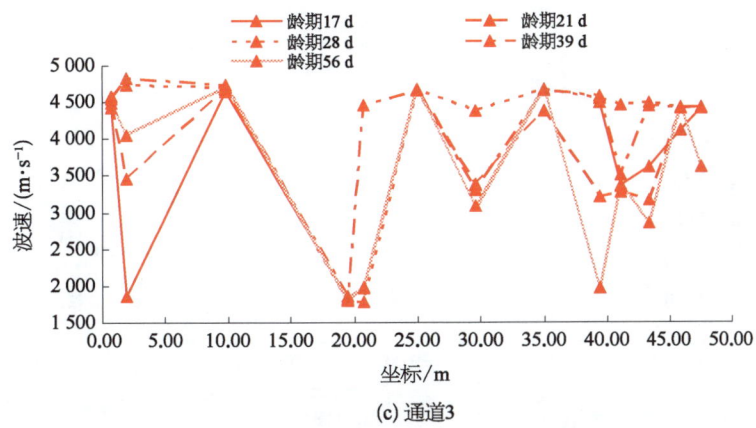

(c) 通道3

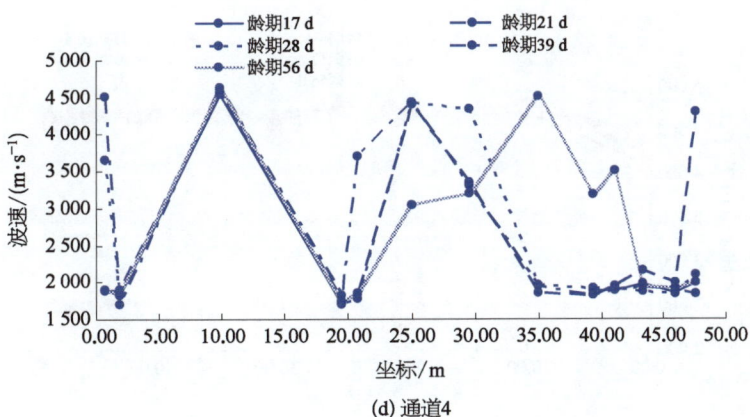

(d) 通道4

图6-10 1#拱段各通道超声波检测结果

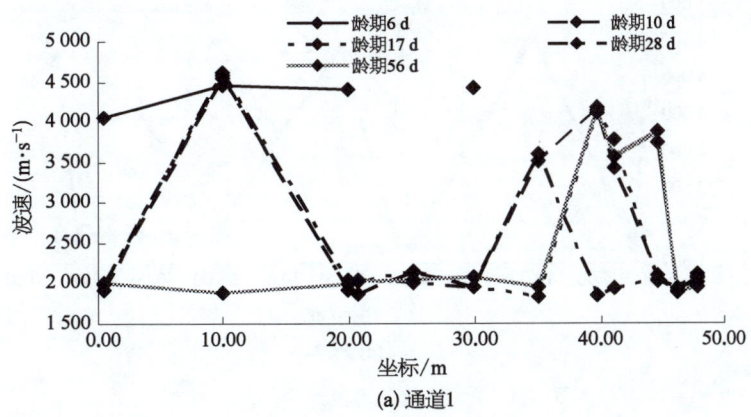

(a) 通道1

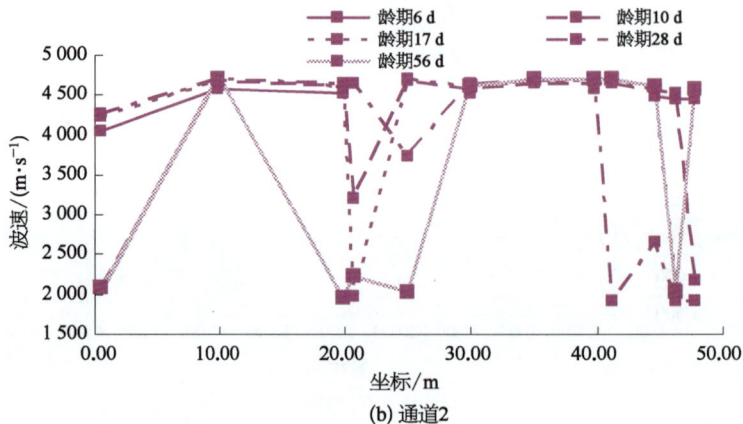

(b) 通道2

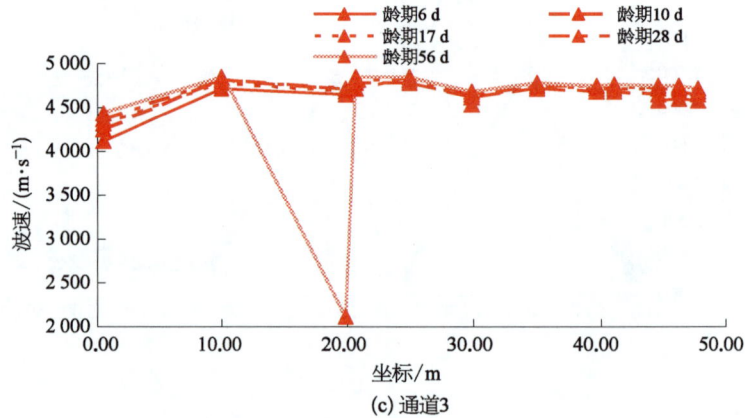

(c) 通道3

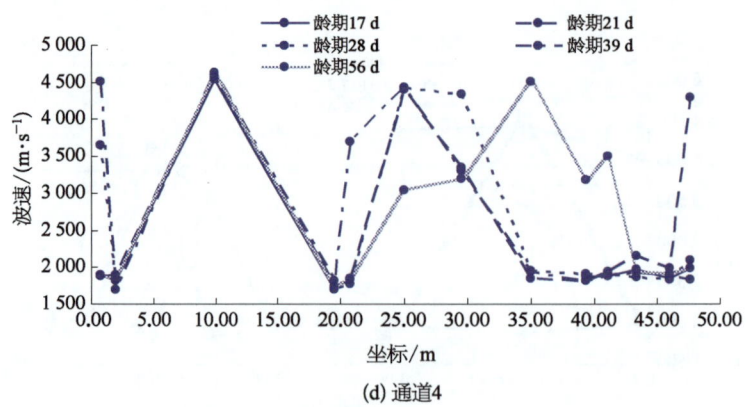

(d) 通道4

图6-11　2#拱段各通道超声波检测结果

第 6 章 管内混凝土制备与灌注

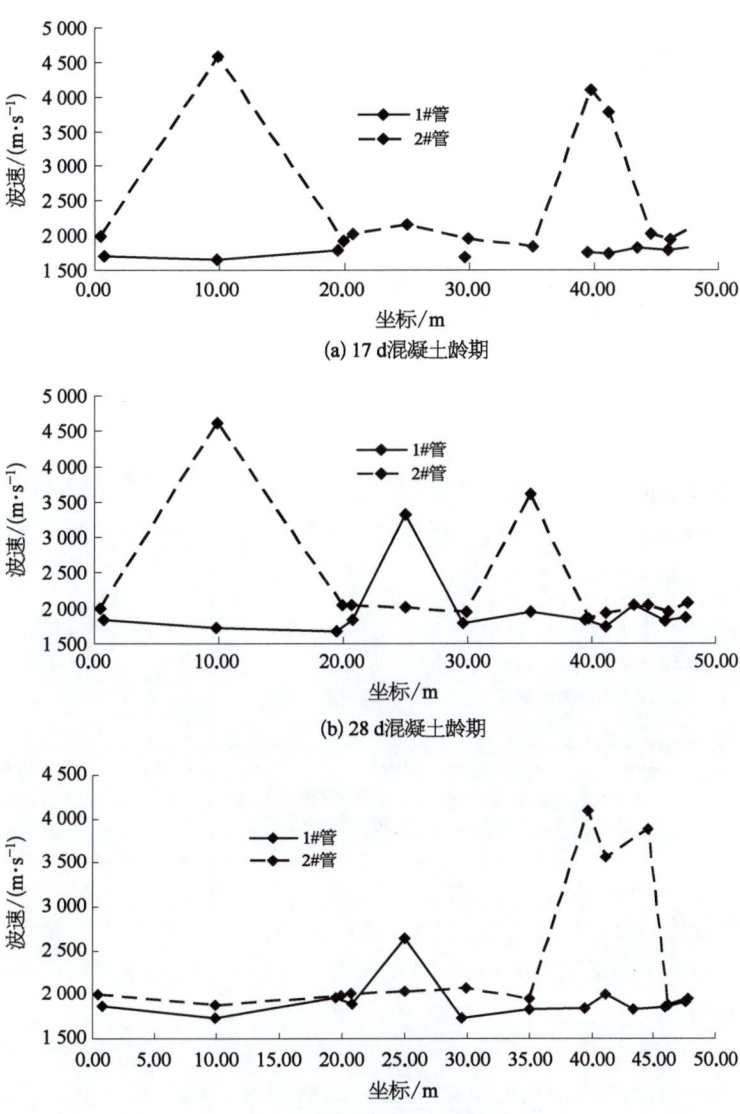

图 6-12 通道 1 超声波检测结果对比

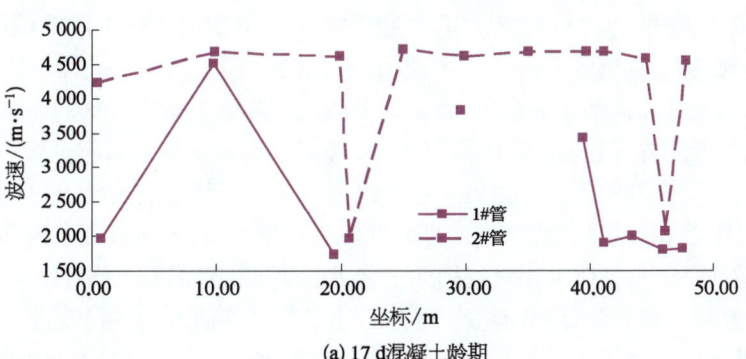

(a) 17 d 混凝土龄期

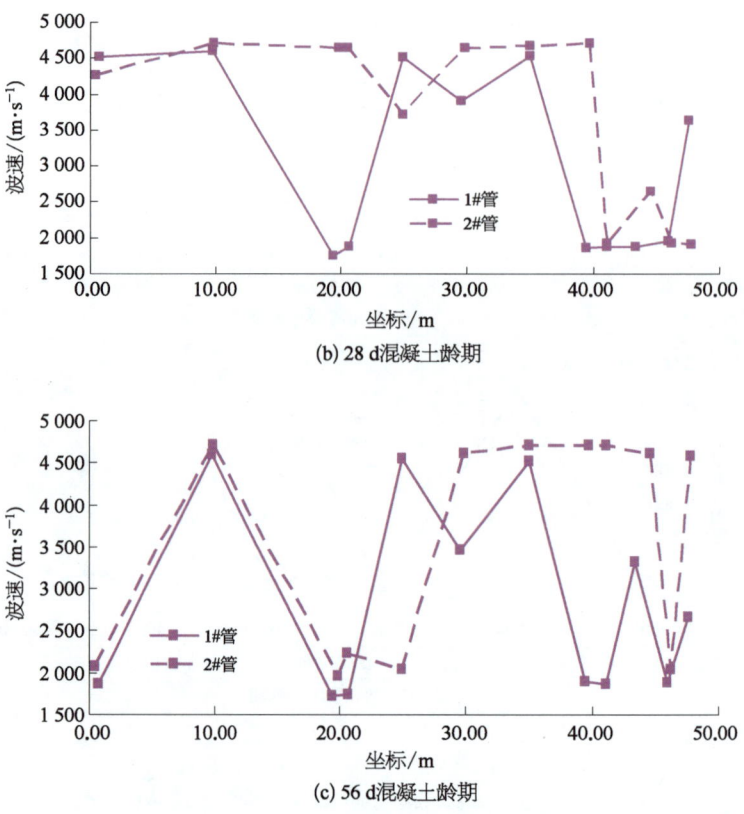

(b) 28 d混凝土龄期

(c) 56 d混凝土龄期

图6‑13 通道2超声波检测结果对比

由以上各图结合现场敲击检查可知,脱空后与密实情况下的超声波检测值差别很明显,以法兰1附近的截面4通道3测试结果为例,未脱空的真空管超声波测试值大于4 500 m/s,而脱空的常压管则小于2 000 m/s。

试验分别在两个拱段的三个管段节点附近放置了法兰盘,坐标分别为20 m(法兰1,对应截面3和4)、30 m(法兰2,对应截面6)、40 m(法兰3,对应截面8和9)。结合现场敲击检查发现:在通道1(竖直方向)测试结果中,普遍出现了脱空或脱黏现象;在通道2和通道4(±45°斜向)检测结果中,法兰1附近均出现了不同程度的脱空,法兰2和3附近真空管基本未出现脱空,常压管则都出现了脱空;在通道3(水平方向)检测结果中,真空管仅在56 d混凝土龄期时的截面3出现了脱空,其他截面均未出现脱空,常压管则在法兰1处出现明显脱空,法兰2附近超声波波速逐渐下降至3 500 m/s以下,法兰3测试结果不稳定,但在56 d龄期时降到了2 000 m/s以下。由此可见,两根试验拱段在法兰附近的管背普遍出现了脱空现象,真空管的脱空基本未超过管背线±45°范围,而常压管则基本超过了该范围,部分甚至到达管背线±90°范围(结合敲击检查可确定法兰1和2脱空超过半圆周范围)。由2号真空管6 d龄期时的测试结果来看,所有截面各方向超声波检测值大于4 000 m/s的超过90%,证明采用真空辅助工艺是能保证钢管混凝土灌注密实性的,此后随时间的推移而逐渐产生脱空或脱黏,应从混凝土的配合比设计等其他方面进行改进。从17 d龄期时的测试结果来看,测试波速大于4 000 m/s的,真空管为73%,常压管为18%;由总体测试结果结合现场敲击检查可知,无论在17 d、28 d还是56 d混凝土龄期,在绝大多数测试截面和通道中,真空辅助泵送的钢管混凝土超声波测试值都比常压灌浆下的大、相应混凝土的密实程度高、钢管和混凝土之间的黏结性能好,并且脱空现象明显减少。

6.3.3.2 钻孔检查

待钢管混凝土脱空情况稳定(完成管内混凝土灌注9个月)后,对试验拱段的拱顶部分进行钻孔,孔径为16 mm。沿管轴向的调查孔都位于正管背。

钻孔检查发现:1#拱段(常压管)脱空的范围较大,无论在管段轴向还是截面内横向的脱空长度都远远大于2#拱段(真空管);2#拱段的脱空范围小而集中,局部脱空间隙较大。

根据真空辅助灌注工艺及试验结果分析,可得以下几点结论:

(1) 两试验拱段灌注的混凝土以及采用的混凝土泵机、施工队伍、外部环境均一样,采用真空辅助泵送工艺灌注的2#拱段较常压灌注的1#拱段,其管内混凝土密实程度高得多,尤其是内法兰附近,这得益于真空辅助技术的实施。两者施工工艺差异较大,但设备、施工费用增加不多。

(2) 相比常压灌注管内混凝土,真空灌注可避免压缩空气被封闭在混凝土内,还可降低混凝土含气量,从而提高混凝土密实度,且降低的含气量可估算。设置法兰盘的位置易出现脱空、脱黏现象。

(3) 真空辅助工艺实际使用时相较常压灌注方法仅需多配置1~2套真空泵及配套设备,增加费用较少且安全可靠。

(4) 真空辅助灌注管内混凝土工艺原理明确、易于实施、经济性好,因此适合推广到大跨度钢管混凝土拱桥管内混凝土灌注施工中,可以预期其将逐步取代常压灌注混凝土工艺。在以后的工程中应进一步积累应用经验,逐步形成一套成熟完整的施工工艺。

6.4 管内混凝土灌注施工工程应用

6.4.1 工程背景

6.4.1.1 合江长江一桥

合江长江一桥拱肋为钢管混凝土桁架结构,每肋为上下各两根 $\phi1\,320\times22(26、30、34)$ mm、内压注C60混凝土的钢管混凝土弦管,并通过横联钢管加强横向连接。主弦管直径达1.3 m,每根拱肋钢管内混凝土约800 m³。总体施工布置如图6-14所示。

施工采用C60自密实无收缩混凝土,其中膨胀剂为HCSA高性能混凝土膨胀剂。管内混凝土的配合比见表6-4。

表6-4 合江长江一桥管内混凝土理论配合比　　　　　　　　　　　单位: kg/m³

名　称	水泥	水	粉煤灰	膨胀剂	矿粉	硅粉	砂	石	减水剂
合江长江一桥	430	156	70	40		30	701	1 041	9.69

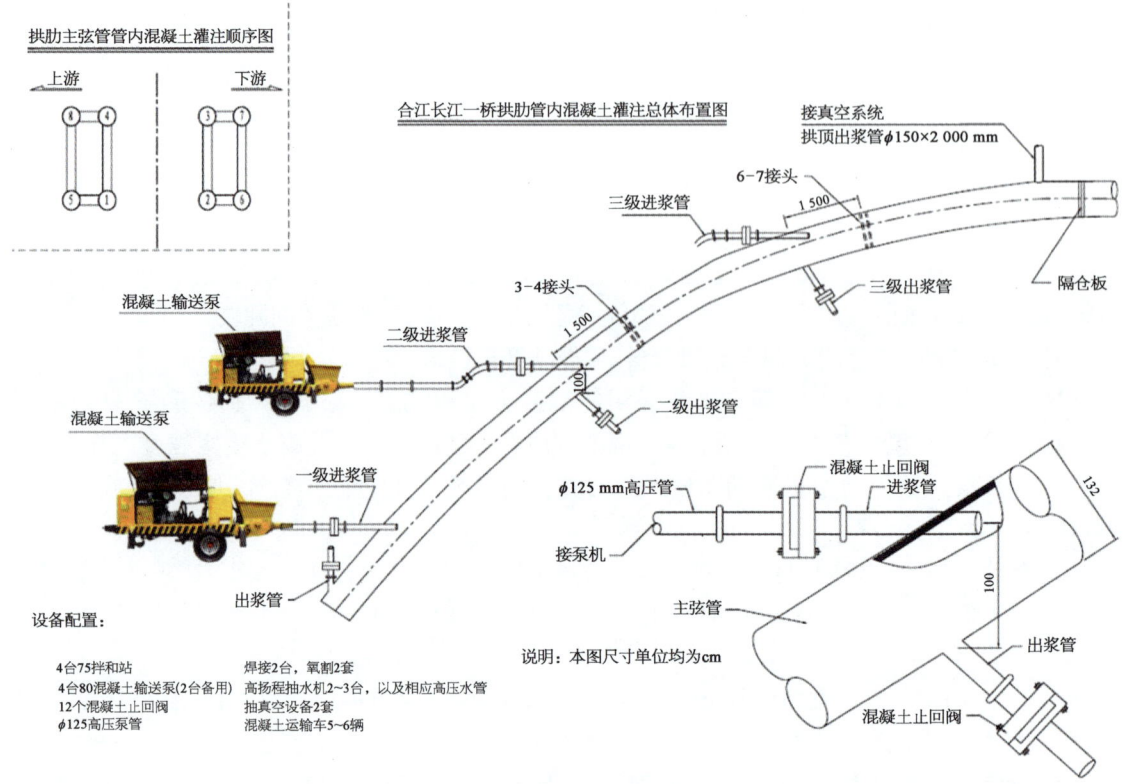

图 6-14 主弦管管内混凝土灌注总体布置图

以施工现场的现有条件,只有在各拱肋吊装节段间有平台位置(拱肋连接包板焊接平台)可以进行测量,其他部位不具备检测条件。

测试截面号对应位置及每个截面的测试通道如图 6-15 中的"测试通道示意"所示,其中通道1为水平方向,通道3为竖直方向,通道2和4为45°斜向。

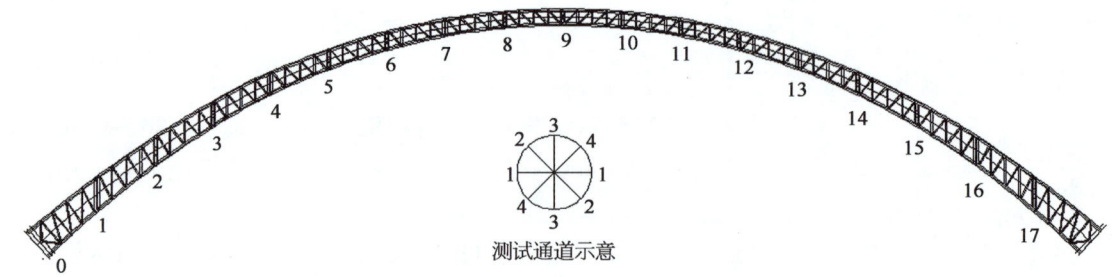

图 6-15 超声波检测截面编号和测试通道示意图

6.4.1.2 马滩红水河特大桥

马滩红水河特大桥上、下弦管直径 1 200 mm,壁厚 22~32 mm,管内灌注 C55 微膨胀混凝土。大桥分为左右两幅,每幅 8 根主弦管,共 16 根主弦管。每根主弦管需灌注约 400 m³ 混凝土。马滩红水河特大桥主桥立面布置如图 6-16 所示。

第 6 章 管内混凝土制备与灌注

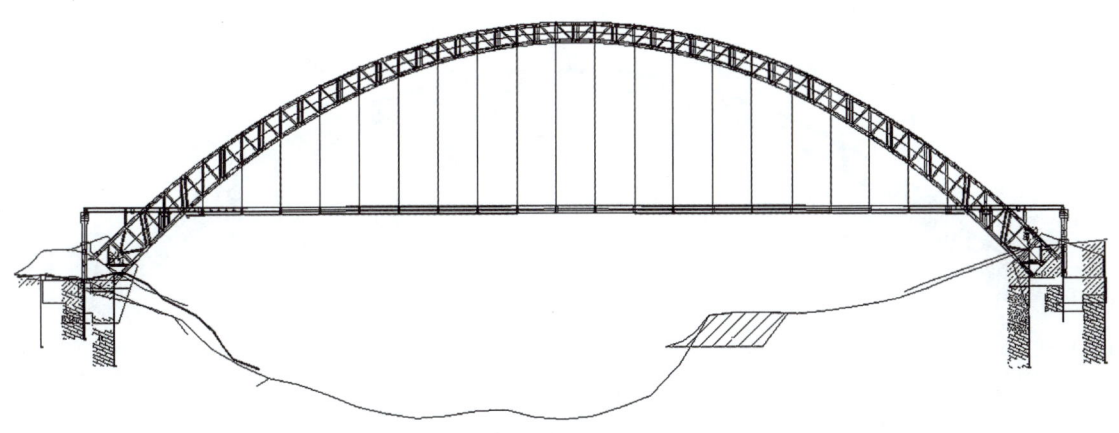

图 6-16 马滩红水河特大桥主桥立面布置图

该工程采用的管内混凝土为 C55 自密实无收缩混凝土,其中膨胀剂为高性能混凝土氧化镁复合膨胀剂。管内混凝土配合比见表 6-5。

表 6-5 马滩红水河特大桥管内混凝土理论配合比 单位：kg/m³

名 称	水泥	水	粉煤灰	膨胀剂	矿粉	硅粉	砂	石	减水剂
马滩红水河特大桥	400	157	45	50	25	10	711	1 052	10.60

此次灌注首次采用砂浆润滑主弦管技术。根据混凝土配置同标号、同膨胀剂掺量的砂浆,在将混凝土泵送入主弦管下流段后泵入润滑主弦管砂浆,然后继续泵送混凝土,砂浆在混凝土前端润滑主弦管内壁,减小泵送难度。

马滩红水河特大桥根据管内混凝土施工工艺特点及拱肋节段吊装作业平台分布情况,选择 7 个测区进行检测。其中拱顶检测区域布置 12 个截面(间距 10 cm),拱肋中段检测区域布置 6 个截面(间距 10 cm),拱脚检测区域布置 6 个截面(间距 10 cm)。下弦拱肋的拱顶检测区域为桥梁的理论中线,因上弦拱肋施工平台搭设原因,无法在桥梁理论中点布置检测区域,因此在工作条件允许的情况下,尽量靠近中线的两侧布置拱顶检测区域(图 6-17)。每个检测截面的测点布置如图 6-18 所示。

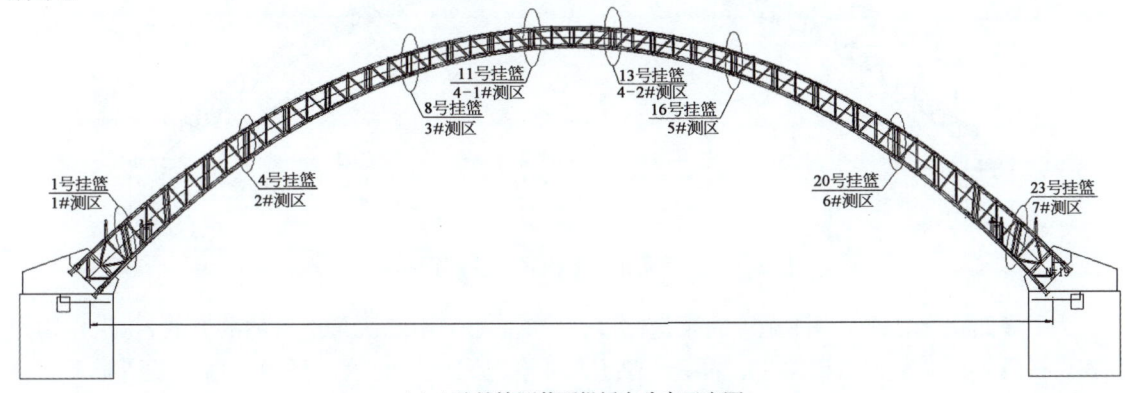

(a) 上弦管检测截面纵桥向分布示意图

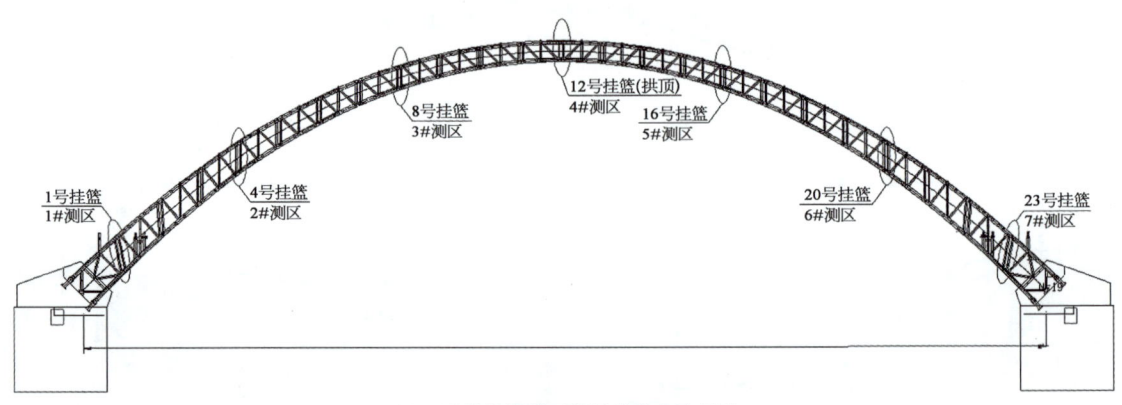

(b) 下弦管检测截面纵桥向分布示意图

图 6-17 测区布置图

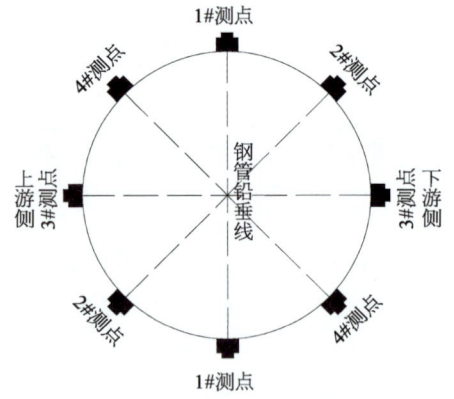

图 6-18 单个测区的测点分布示意图

6.4.1.3 六景郁江特大桥

六景郁江特大桥是柳州至南宁高速公路改扩建工程中的一座特大桥,主跨为 265 m 下承式钢管混凝土拱桥,矢高 58.9 m,矢跨比为 1/4.5,拱轴系数为 1.35(图 6-19)。全桥分为两个拱肋,每肋为上下各 2 根 $\phi 1\,000$ mm×(20、22、24、28)mm 变厚度、内灌 C55 自密实无收缩混凝土的钢管混凝土弦杆。其中第 1 节段上、下弦杆采用 1 000×28 mm 钢管;第 2 节段上弦杆采用 1 000×22 mm 钢管,下弦杆采用 1 000×24 mm 钢管;其余节段上、下弦杆均采用 1 000×20 mm 钢管。断面布置如图 6-20 所示。拱肋主弦管总共需要灌注 1 660 m³ 混凝土,其中每根上弦管均需灌注 210 m³ 混凝土,每根下弦管均需灌注 200 m³ 混凝土。拱肋主弦管灌注的混凝土为 C55 自密实无收缩管内混凝土。

图 6-19 六景郁江特大桥主桥立面布置图

为了降低钢管混凝土灌注施工的泵送高度,此次灌注采用二次泵送接力的方式,将工作输送泵安设在最靠近拱座主墩横梁上,混凝土通过天泵输送到该处的输送泵内。每次灌注施工完成后,主弦管管内混凝土强度需要达到 80% 以上,龄期超过 3 d,方进行下一次混凝土灌注施工。

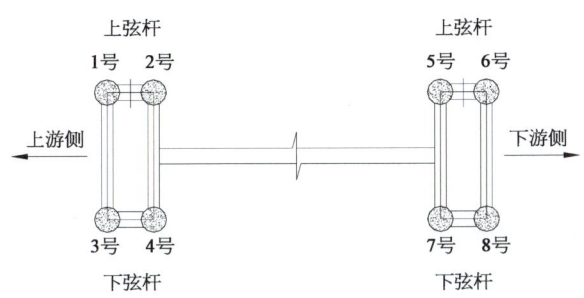

图 6-20 主桥拱肋横断面布置及钢管检测编号示意图

采用的 C55 自密实无收缩混凝土运用高性能混凝土氧化镁复合膨胀剂。管内混凝土配合比见表 6-6。

表 6-6 六景郁江特大桥管内混凝土理论配合比 单位：kg/m³

名称	水泥	水	粉煤灰	膨胀剂	矿粉	硅粉	砂	石	减水剂
六景郁江特大桥	392	156	53	50	35		741	1 025	10.60

该工程中混凝土-钢管界面的损伤情况采用超声波检测法为主、敲击法为辅的检测方法。

根据管内混凝土施工工艺特点及钢管混凝土易出现脱空、脱黏问题的部位布置超声波检测测区，共布置 11 个测区(图 6-21)，每个测区布置 4 个测点(图 6-22)。

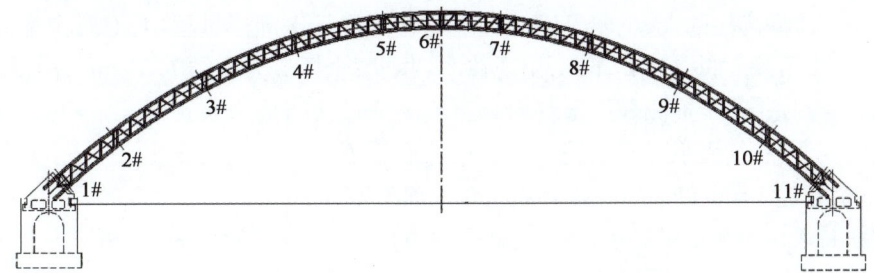

图 6-21 超声波检测测区纵向分布示意图

6.4.2 灌注效果

6.4.2.1 超声波检测结果

钢管混凝土中混凝土-钢管界面损伤的形成因具有隐蔽性和随机性，通常采用间接或者直接的方式判断钢管混凝土的灌注质量。通常方法有三种：敲击法、超声波检测法和开孔法。敲击法是判断钢管混凝土脱空情况的简单间接方法，仅可以粗略判断脱空区域。超声波检测法是利用超声波在不同介质(空气、混凝土、钢)中传播速度不同的特性，测试出通过钢管和混凝土的传播波速、首波振幅、频率等声学参数，同时结合经验判断钢管混凝土中混凝土的密实情况和混凝

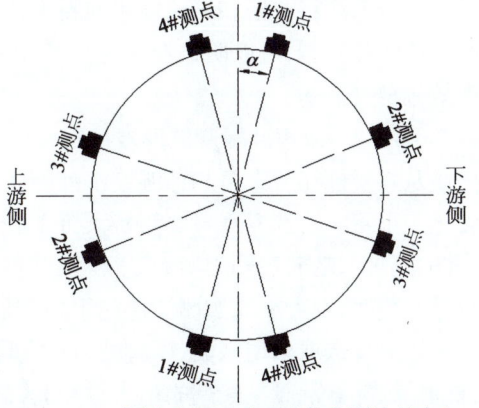

图 6-22 测点布置示意图(考虑到法兰盘加劲肋对测试数据的影响，检测时测量点根据实际情况偏移一个角度 α)

土-钢管界面的损伤情况[6]。开孔法是直接方法,可以直观、精准地判断脱空、脱黏情况,但会给钢管混凝土结构带来永久的损伤。该工程中混凝土-钢管界面的损伤及密实度情况采用超声波检测法为主、敲击法为辅的检测方法。

结合类似项目检测数据统计规律[7]、三个项目空弦杆及工程现场制作的试验管数据分析结果,钢管混凝土灌注质量的分类评判标准见表6-7,其中"不合格"判定为脱空。

表6-7 钢管混凝土灌注质量的分类评判标准

编 号	波速判定	波形判定	锤击声音判定	综合判定
Ⅰ	≥3 600 m/s	清晰正常	沉闷	优秀
Ⅱ	3 300～3 600 m/s	清晰正常	沉闷	良好
Ⅲ	≥3 300 m/s	较清晰或有细波	轻微回声	合格
Ⅳ	<3 300 m/s	较清晰或有细波	轻微回声	不合格

检测结果表明,合江长江一桥钢管混凝土密实性均满足正常使用和设计要求,合格率达到100%,其中优良率为97%,优秀率为47%。综合评定为合格的断面,混凝土密实性和混凝土与钢管的结合性稍差,存在一定程度的脱黏现象,但在设计允许范围以内,满足正常使用和设计要求。拱肋钢管混凝土超过1 mm的脱空主要出现在拱顶部位的拱背;总体来说,早灌注的拱肋(1#和2#拱肋)脱空要比后灌注的大,主要是因为在拱肋管内混凝土灌注过程中,对真空灌注工艺进行了不断的改良;拱顶最大脱空为27 mm,出现在2#拱肋;全桥最大脱空为51 mm,出现在2#拱肋宜宾岸的出浆管附近,初步推测是由于管内真空度下降过快造成出浆管混凝土回流,从而导致局部出现较大脱空,在后续灌浆工作中进行了改良从而避免了该情况的发生,3#～8#管的最大脱空值为10 mm,超过1 mm的脱空在拱轴线上距拱顶小于50 m。

六景郁江特大桥检测结果显示,28 d的优秀率为85%,优良率为98%,合格率为100%,即表明全桥混凝土密实度高,未出现明显脱空。马滩红水河特大桥左幅桥管内混凝土优秀率为85%,优良率为98%,合格率为100%,右幅桥优秀率为100%。

六景郁江特大桥和马滩红水河特大桥采用的是新型全过程补偿膨胀剂,而合江长江一桥采用的是传统膨胀剂,可以明显看出合江长江一桥的优秀率明显低于其他两座桥,说明新型膨胀剂补偿效果良好。

6.4.2.2 超声波检测波速发展规律

从六景郁江特大桥和马滩红水河特大桥管内混凝土检测结果发现,随混凝土龄期的增加,混凝土趋于密实。选取六景郁江特大桥1#～8#主桥拱肋的典型截面声波实测数据(图6-23)。数据图表显示,随着龄期的增大,主桥拱肋截面声波实测数据呈增大的趋势,且随着龄期的增大,这种趋势变缓,混凝土的实测波速趋于一个稳定值。

进一步选取典型截面、拱脚处、1/4拱位置和拱顶处的超声波检测结果(图6-24),同时得到一样的结论随着混凝土龄期的增大,拱肋各截面声波实测数据呈增大的趋势,且随着龄期的增大,这种趋势变缓,混凝土的实测波速趋于一个稳定值。说明随着混凝土龄期的增大,混凝土趋于密实,但达到28 d后混凝土密实度趋于平稳,最终达到一个稳定值。

第 6 章 管内混凝土制备与灌注

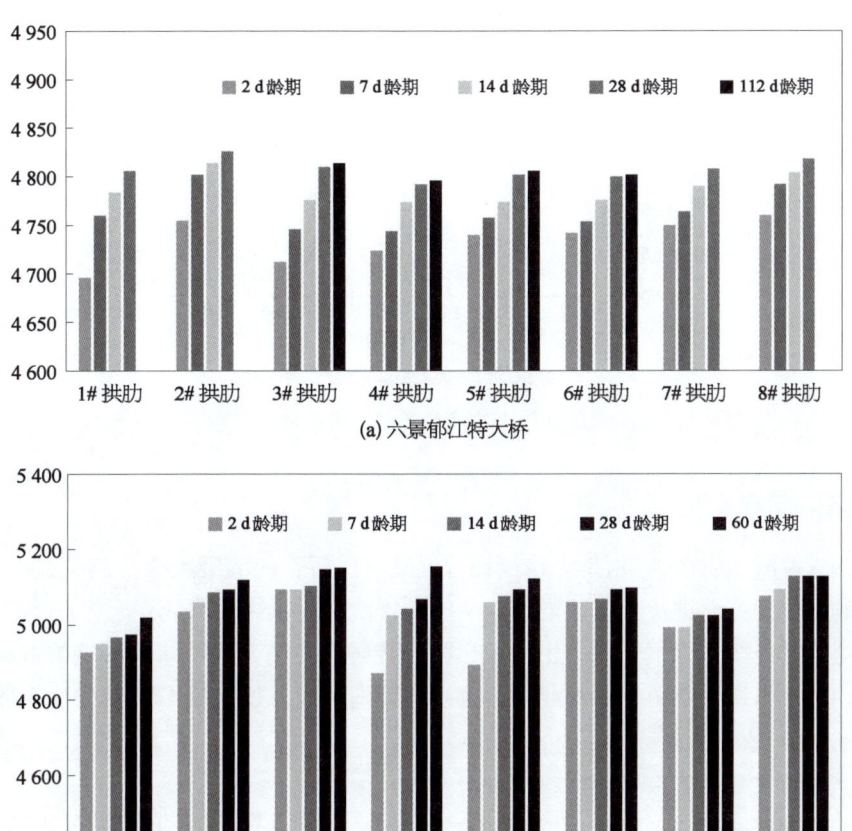

图 6-23 主桥拱肋典型截面实测声速结果柱状图

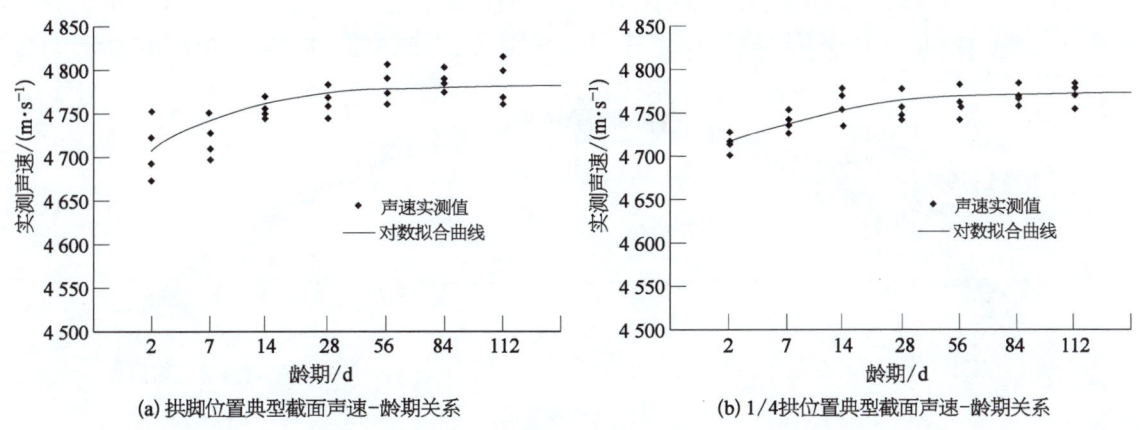

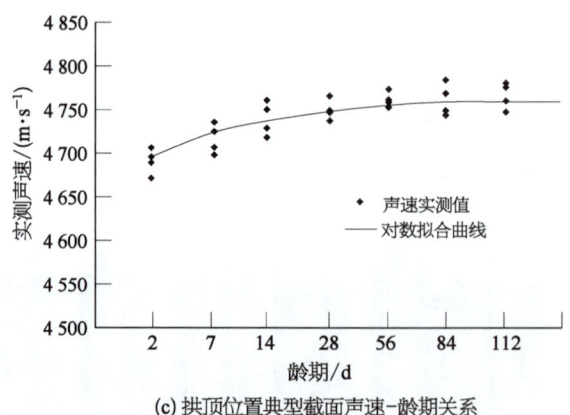

(c) 拱顶位置典型截面声速-龄期关系

图 6-24　六景郁江特大桥主桥拱肋典型截面超声波检测结果

6.4.3　灌注施工管理分析

现针对钢管混凝土拱桥,特别是大跨径钢管混凝土拱桥管内混凝土灌注施工过程中存在的问题,从材料、施工管理方面进行分析。下面以两座钢管混凝土拱桥为例,分析施工管理中的质量影响因素。一座为跨径 260 m 钢管混凝土拱桥,共 8 根钢管;一座为跨径 320 m 钢管混凝土拱桥,分为左右两幅,共 16 根钢管。两座钢管混凝土拱桥的管内混凝土均采用 C55 自密实无收缩混凝土,配合比与表 6-5 一致。

6.4.3.1　混凝土流动性能的影响

混凝土的流动性能是其工作性能的关键指标,主要反映混凝土流动快慢、最大流动能力。混凝土的流动性能是通过坍落度、扩展度和 T_{50}(混凝土扩展度达到 500 mm×500 mm 所用时间)三个指标表征。其中坍落度主要表征流动性较小的混凝土,扩展度则主要表征流动性能较大的混凝土,T_{50} 主要表征流动性能较大的混凝土流动的快慢。因现场检测条件限制,泵送过程中需快速检测判断混凝土流动性能,故采用扩展度这一指标表征混凝土流动性能。

1) 施工难易程度的影响

某跨径 260 m 钢管混凝土拱桥某根钢管在施工过程中混凝土扩展度多为 540~600 mm,混凝土刚从搅拌机拌和出来的流动性能较差,其中有 12 方混凝土扩展度仅为 520~540 mm(图 6-25)。

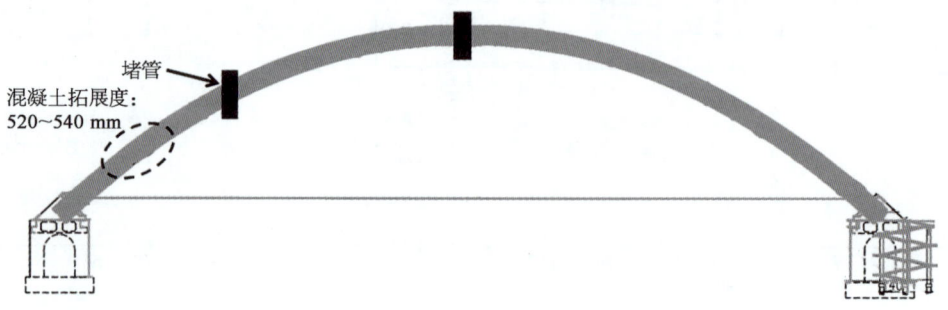

图 6-25　某跨径 260 m 钢管混凝土拱桥某管灌注示意图(拓展度 520~540 mm)

当流动性能差的混凝土泵入钢管后,混凝土不易"翻滚"、推进困难,且通过法兰盘的阻力增大,泵机压力急剧上升,最终泵机的输出功率不足以将混凝土泵送,导致堵管。

根据调查发现,当混凝土流动性能差、状态发生变化时,施工人员未监测混凝土状态、发现问题及时调整,最终导致流动性能较差的混凝土泵送入管。因此未合理安排施工人员、监测不到位是该次堵管的主要原因。而堵管处理过程复杂且费时费力,同时会耽误一定的工期,会造成较大经济损失;大型钢管混凝土拱桥往往将管内混凝土灌注作为控制性工程,一旦发生堵管事件会带来严重的影响。因此低流动性能的管内混凝土严重影响施工。

某跨径260 m钢管混凝土拱桥某钢管在施工过程中,混凝土扩展度为640~780 mm(图6-26),混凝土刚从搅拌机拌和出来时状态良好,流动性能良好且未离析,但扩展度最大的时间段是在刚从搅拌机拌和出来后30~90 min,因此当此时混凝土扩展度较大时,泵送至钢管内易出现骨料离析,钢管混凝土后期有较大范围的脱空、脱黏。

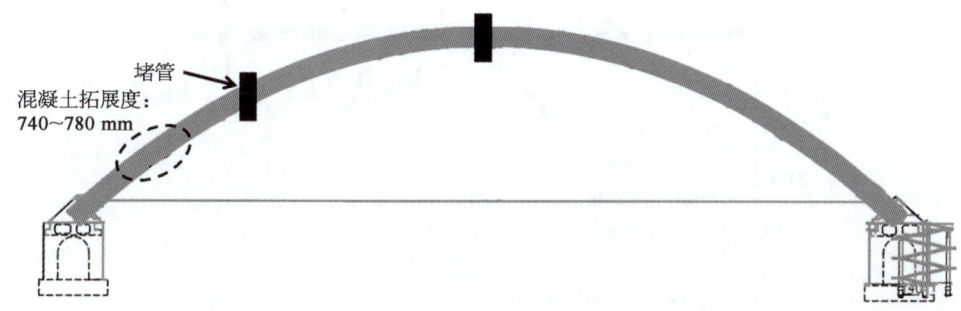

图6-26 某跨径260 m钢管混凝土拱桥某管灌注示意图(拓展度740~780 mm)

扩展度为780 mm时混凝土已经处于离析的边缘,入管后混凝土扩展度仍在增大,在管内开始离析,混凝土骨料分离,会出现严重的脱空、脱黏。当分离的大量大石通过法兰盘时,法兰盘间的空隙变小,混凝土难以通过,此时地泵压力从10 MPa突然增大至20 MPa,最终无法泵送造成堵管。

混凝土流动性能好但接近离析或已经离析时,也会导致灌注时堵管,因此不仅流动性能差的混凝土会增加堵管风险,离析的混凝土也会大大增加堵管风险,同样严重影响施工进度和施工质量。

某跨径320 m钢管混凝土拱桥左幅桥某钢管在施工时的混凝土入泵时扩展度在650 mm左右,混凝土流动性能良好且认为是较为理想的状态。第一车混凝土搅拌完成至入泵时间间隔3 h,随入泵时混凝土状态良好,但扩展度已经开始损失。至堵管第一车混凝土距搅拌完成已经历7 h,混凝土保坍设计是6 h,此时的混凝土已经超过设计的保坍时间,混凝土的流动性能已大大减小。第四车混凝土在现场放置2 h后,扩展度仅有510 mm×510 mm,扩展度偏小,已经历过最大流动性能的时刻处于流动性能下降的状态,此时混凝土入泵且未进行调整。综合两个因素,混凝土达到管内后流动性能下降明显,地泵压力逐渐增大,混凝土距离二级注浆口7 m左右时无法继续泵送。

泵送压力可以直观地反映泵送的难易程度。特别地,当泵送压力突然增加时,说明管内的状态发生异样,泵送难度增加,如不及时调整极有可能造成最终的堵管。

某跨径320 m钢管混凝土拱桥右幅桥某钢管在灌注期间,部分混凝土扩展度为550~590 mm,其入泵10 min左右,地泵压力从9.5 MPa上升至12.0 MPa,说明低流动性能的混凝土入泵后增加了泵送难度。此时施工人员立即对抵达现场的混凝土状态进行调整(现场加水和减水剂),将流动性能改善后的混凝土(调整后混凝土的扩展度为 600～650 mm)泵入钢管,地泵压力逐渐减小至 8 MPa,泵送难度降低。

因此当混凝土入管后经时损失增大,导致泵送压力突然增大时,应及时调整混凝土状态,避免堵管事件发生。

2) 钢管-混凝土界面的影响

某跨径为 320 m 钢管混凝土拱桥某管在灌注过程中未出现地泵压力突然增降的现象,泵送难度小。但通过对钢管进行超声波检测发现(因拱背是最容易脱空、脱黏的区域,因此采用 1♯ 测点即拱背上的波形图,下文的波形图也都是采用 1♯ 测点的波形图),28 d 龄期时超声波波速有明显下降,2♯～7♯ 测区波速由 5 000 m/s 降低至 3 500 m/s 左右(图 6-27),说明混凝土与钢管间存在间隙,出现了脱空、脱黏现象。

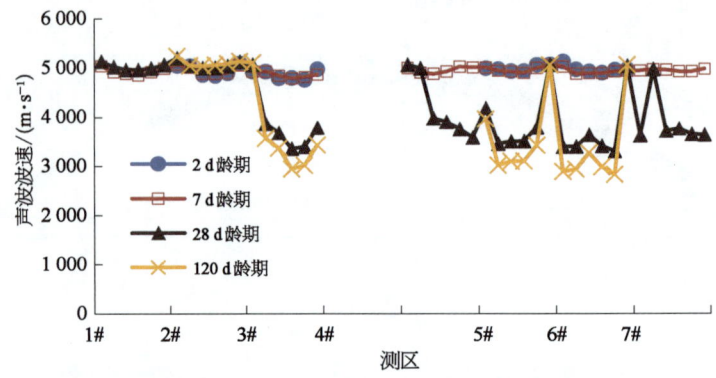

图 6-27　某跨径 320 m 钢管混凝土拱桥某管波速

经调查发现,在混凝土灌注时,混凝土搅拌完成至入泵时间间隔为 30 min,扩展度控制在 700 mm 左右。根据室内试验得知拌制 1 h 左右为扩展度最大的时间段,因此混凝土入管后的扩展度大于 700 mm,已接近离析,存在骨料分离的风险。最终造成了钢管的脱空、脱黏。因此混凝土流动性能也是影响钢管-混凝土界面损伤的关键因素之一。

6.4.3.2　混凝土入管温度的影响

1) 施工难易程度的影响

混凝土的工作状态受到多种因素的影响,如用水量、减水剂用量、砂的细度、气温、水泥温度等。为充分了解气温和材料温度对混凝土工作状态的影响,进行了不同温度下混凝土工作状态的变化情况。

选择 10℃、20℃、30℃、40℃作为典型环境温度,采用多功能环境模拟试验箱模拟不同气温条件,将所有混凝土原材料放在不同温度下的试验箱中 24 h,然后分别开展四种不同温度原材料的自密实混凝土配制试验。混凝土拌和物出机后,测试拌和物的初始工作性能指标,并迅速将拌和物密封后再放置于对应温度的环境模拟试验箱中,分别放置 0.5 h、1 h、2 h、3 h 后取出,测试拌和物在不同温度下的工作性能经时变化情况,从而研究不同气温条件对钢管自密实混凝土施工性能的影响。图 6-28 为所使用的多功能环境模拟试验箱。

在 10℃和 20℃两个混凝土环境温度下,钢管自密实混凝土扩展度在出机 1 h 内有一定程度的增加,在 2 h 内仍能保持在 600 mm 以上,甚至经过 3 h 后扩展度仍能保持在 640 mm 以上,分别损失

图 6-28 多功能环境模拟试验箱

了 10 mm、30 mm(图 6-29);在 30℃生产环境温度下,混凝土拌和物扩展度在 0.5 h 内扩展度基本保持不变,1 h 后有所下降,在 2 h 内仍能保持扩展度在 600 mm 以上,经历 3 h 后扩展度为 590 mm,较初始扩展度损失了 85 mm;在 40℃生产环境温度下,混凝土拌和物扩展度随时间下降相对显著,在 1 h 后下降较为明显,3 h 后混凝土已经基本不具备流动性能。

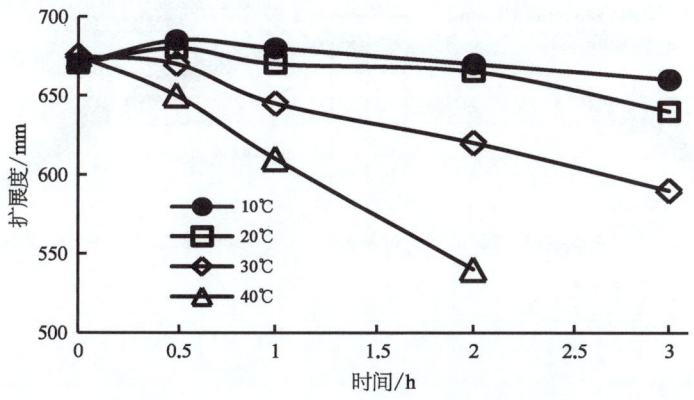

图 6-29 混凝土扩展度随时间的变化规律

在以上试验过程中,还对不同环境温度下混凝土拌和物的泌水率进行了测试,结果发现,在所选择的四种温度条件下,所配制的钢管自密实混凝土拌和物均没有发现明显的泌水现象(表 6-8)。

表 6-8 不同环境温度下自密实混凝土扩展度及其经时变化

时间/h	坍落扩展度/mm			
	10℃	20℃	30℃	40℃
0	670	670	675	675
0.5	685	680	670	650

(续表)

时间/h	坍落扩展度/mm			
	10℃	20℃	30℃	40℃
1	680	670	645	610
2	670	665	620	540
3	660	640	590	

从上述初步结果来看：温度降低时，为了获得性能良好的出机拌和物，通常需要适当降低外加剂的掺量；当生产施工环境温度在10～30℃时，钢管自密实混凝土具有较好的施工性能保持性；当生产施工环境温度超过40℃时，钢管自密实混凝土拌和物的工作性能下降更快，其施工性能保持能力有所下降，需要采取进一步的温控或者配合比调整等措施来解决自密实混凝土的质量波动问题。这也侧面反映了在高温天气下，温度会影响混凝土扩展度经时损耗，最终影响到灌注施工的难易程度。

2) 钢管-混凝土界面的影响

不考虑混凝土在管内的运动形式，假定在管内混凝土都属于全断面整体顶进的运动形式。某跨径260 m钢管混凝土拱桥1♯管施工时气温高，施工气温在33～38℃。根据施工记录的结果绘制图6-30，从图中可以看出6♯～9♯测区混凝土入管温度均大于37℃。通过超声波波速检测的结果分析(图6-31)，混凝土入管温度大于37℃的区域波速均明显降低且波动大。

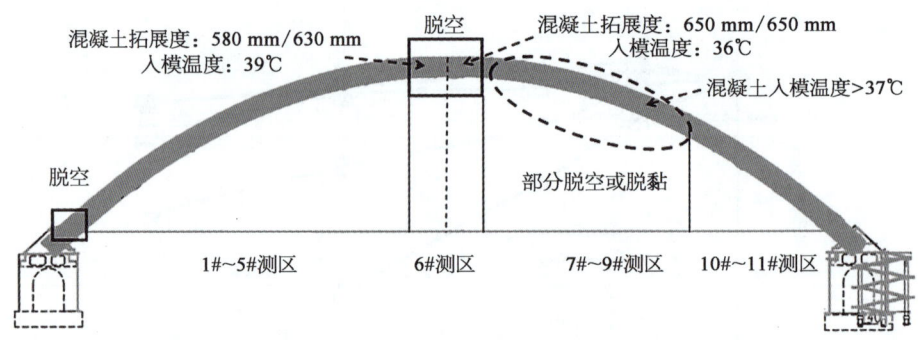

图6-30 某跨径260 m钢管混凝土拱桥1♯管灌注示意图

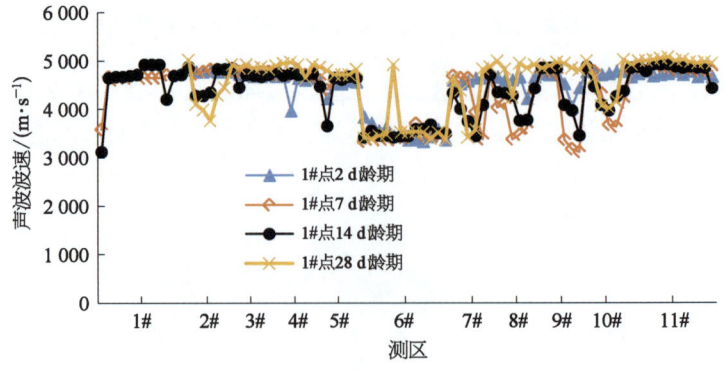

图6-31 某跨径260 m钢管混凝土拱桥1♯管波速

第 6 章 管内混凝土制备与灌注

养护温度是影响混凝土开裂的关键因素,当养护温度过高时,混凝土内的水分散失过快,导致水泥没有完全水化,同时水分蒸发不均衡导致水化程度不同而产生内应力,最终致使混凝土开裂。在无收缩混凝土中,膨胀剂的收缩补偿反应过程中需要水的参与,当养护温度过高,水分损失快,部分膨胀剂未能充分反应,最终导致补偿效果未达预期。而在混凝土入管时温度过高,水分损失速度是最快的,因此混凝土入管时的温度是影响混凝土补偿收缩的关键时期。从某跨径 260 m 钢管混凝土拱桥 1#管的波形图可以看出,入管温度大于 37℃的混凝土均与钢管发生脱黏现象。

同样地,根据某跨径 260 m 钢管混凝土拱桥 3#管的超声波波速检测结果来看,在波速波动较大及波速下降的位置在 7#~9#测区(图 6-32)。而分析施工过程中混凝土入管温度及其他因素时发现(图 6-33),波速波动较大及波速下降的位置正好是混凝土入模温度大于 37℃(实际温度为 38~39℃)情况。同样的事件在多根管道中出现,如某跨径 260 m 钢管混凝土拱桥的 4#管、7#管。因此认为当混凝土入管温度大于 37℃时,后期易出现混凝土不密实或脱空、脱黏等问题。

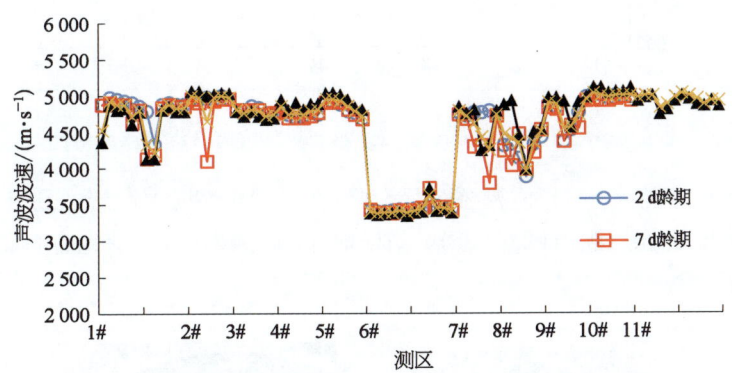

图 6-32 某跨径 260 m 钢管混凝土拱桥 3#管波速

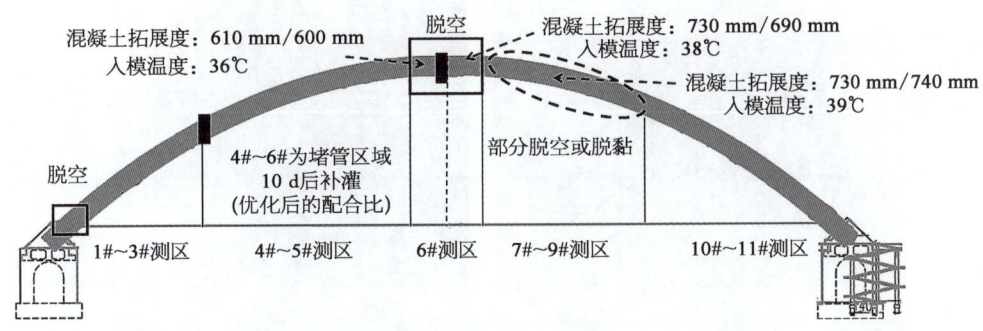

图 6-33 某跨径 260 m 钢管混凝土拱桥 3#管灌注示意图

6.4.3.3 排浆操作的影响

排浆操作是保证真空辅助灌注工艺的关键步骤,只有规范的操作才能保证真空辅助灌注工艺的完整。当排浆操作不规范时,空气会进入钢管内,钢管内的真空度降低甚至处于大气压,此时真空辅助系统失效,因此排浆操作的规范性对钢管混凝土的灌注质量至关重要。其中排浆操作的不规范主要分为以下几种。

1) 拱顶混凝土回落

某跨径 320 m 钢管混凝土拱桥左幅 3#管的超声波波速检测结果显示(图 6-34),28 d 龄期后整根弦管的波速均较高,但拱顶的波速有明显下降,仅为 3 500~4 000 m/s。根据施工记录显示,混凝土在拱顶未达到排浆口便拆掉真空软管,使得空气进入拱顶段,空气一旦进入主弦管内就很难排除,因此导致拱顶段有少许脱黏现象。

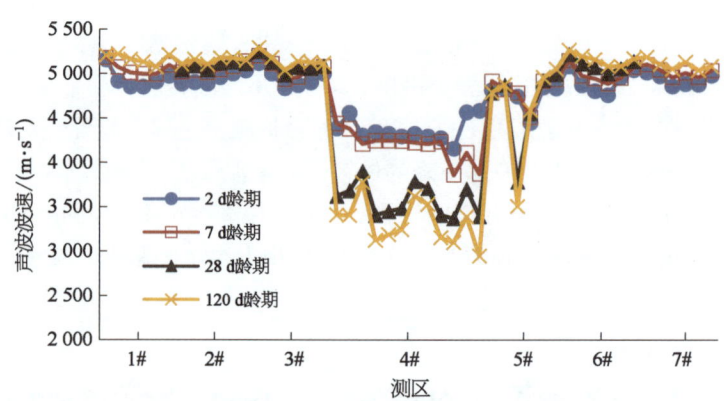

图 6-34 某跨径 320 m 钢管混凝土拱桥左幅 3#管波速对比

某跨径 320 m 钢管混凝土拱桥左幅桥 2#、5#管在拱顶排浆时混凝土达到排浆口,但在拆除真空连接管时混凝土出现回落现象(图 6-35)。同样地,拱顶段超声波波速也有明显下降(图 6-36),出现了脱空、脱黏现象。

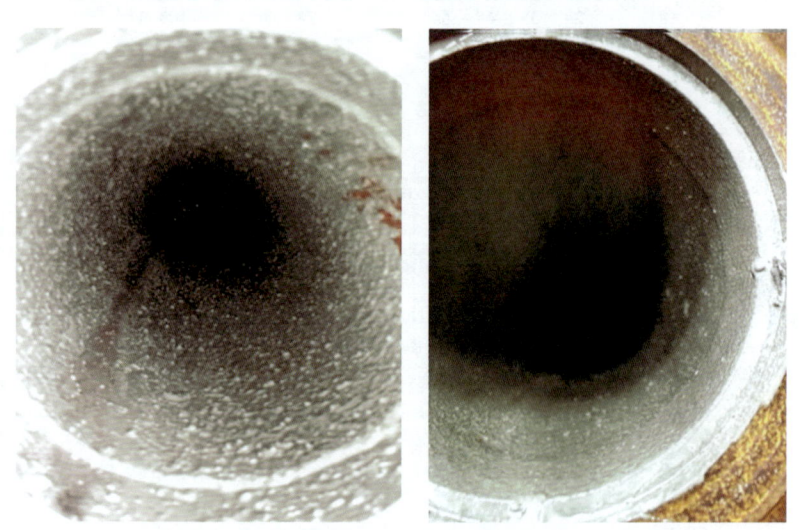

图 6-35 拱顶排浆时浆体回落

混凝土达到排浆口后,在惯性作用下,混凝土会发生回落。经检测发现,混凝土回落至主弦管往往会造成拱顶脱空、脱黏。因此在施工中应观察一段时间后,确保混凝土不回落后再进行拆管工序。

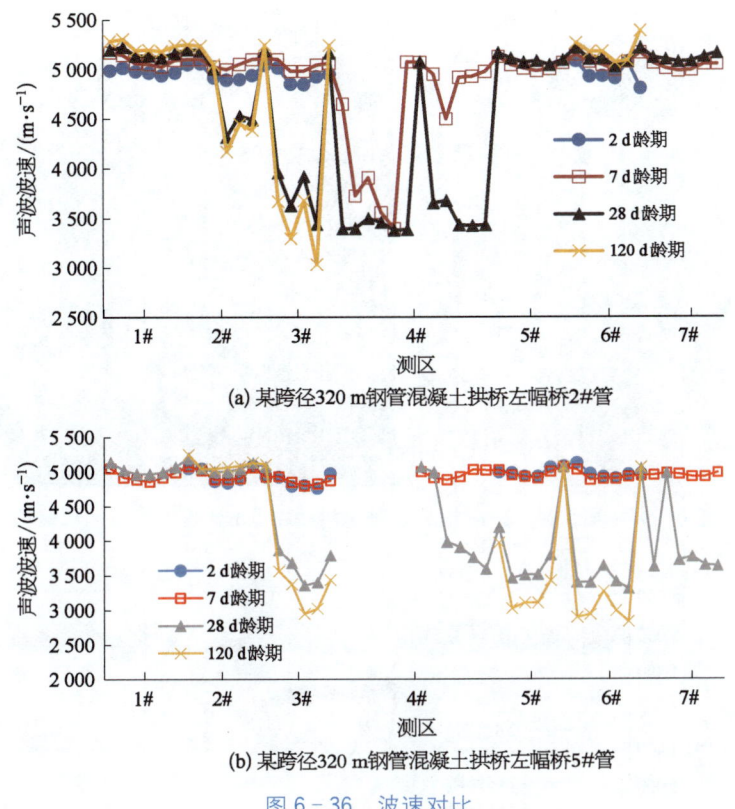

(a) 某跨径320 m钢管混凝土拱桥左幅桥2#管

(b) 某跨径320 m钢管混凝土拱桥左幅桥5#管

图6-36 波速对比

2) 拱顶混凝土未达排浆口

拱顶排浆操作中,混凝土未达排浆口是混凝土回落的一种特殊情况,即混凝土灌注未注满主弦管便停止泵送。

某跨径320 m钢管混凝土拱桥左幅8#管在拱顶排浆时,未到达排浆口顶端便提前拆除真空管,拆除过程中混凝土回落至主弦管。从图6-37中可以看到,拆除真空管后,排浆口未出现混凝土。超声波检测结果显示(图6-38),拱顶段波速下降明显,说明拱顶混凝土与钢管之间有一定间隙,存在脱空、脱黏现象。

在灌注施工过程中出现拱顶排浆操作中混凝土未达排浆口的现象,拱顶必定会出现脱空、脱黏现象。造成这一现象的主要原因是项目管理不到位、工人不听从指挥、施工人员未意识到排浆操作的重要性。拱顶排浆操作中混凝土未达排浆口严重影响拱顶混凝土质量,因此应重视拱顶排浆操作,进而提高管内混凝土质量,减小施工风险、后期维护风险。

3) 注浆口处排浆操作

往往在大型钢管混凝土拱桥管内混凝土灌注施工时因主弦管管径过长、顶升高度过高,泵机功率受限无法一次完成泵送,采用分级泵送的形式。在分级泵送时,当混凝土达到下一级注浆口时是否需要进行排除浮浆一直没有统一认识。下面对注浆口是否排浆对管内混凝土质量的影响进行了研究。

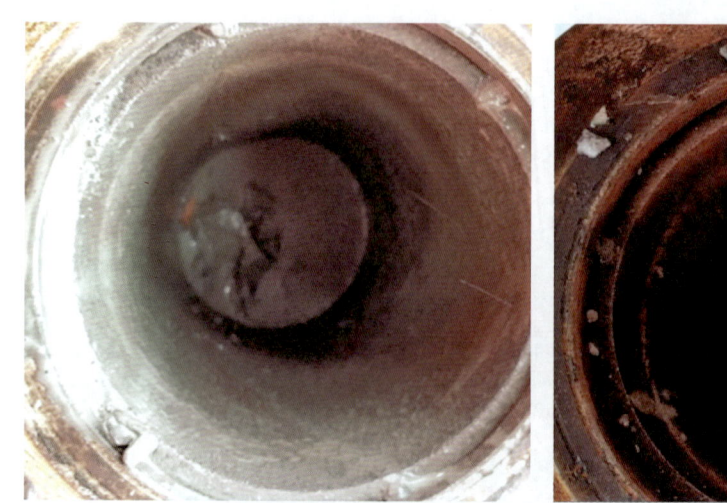

图 6-37　某跨径 320 m 钢管混凝土拱桥左幅 8# 管拆管时的排浆口

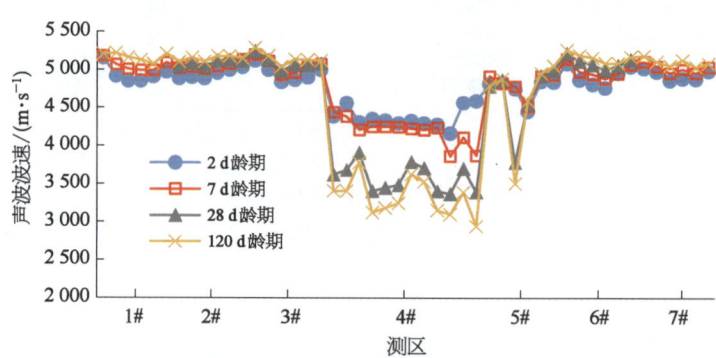

图 6-38　某跨径 320 m 钢管混凝土拱桥左幅 8# 管波速对比

灌注时，混凝土达到二级注浆口已经经历较长的运输过程，往往在前端会聚集混凝土浮浆。当前端的浮浆未能及时排出而继续在二级注浆口注入新的混凝土，此时浮浆和混凝土混合，部分混合物预留管内，就会造成脱空、脱黏、密实度不高的不良现象。

某跨径 320 m 钢管混凝土拱桥左幅桥 3# 管灌注时采用二级注浆方式，混凝土达到二级注浆口时未进行排浆操作。超声波波速检测时发现，在二级注浆口附近存在波速下降的奇点（图 6-39），说明此区域存在脱空、脱黏或者混凝土不密实现象。某跨径 320 m 钢管混凝土拱桥右幅桥 2# 管灌注时混凝土达到二级注浆口时也未进行排浆操作，超声波检测结果（图 6-39）显示二级注浆口附近同样出现波速下降奇点，存在脱空、脱黏或者混凝土不密实现象。

某跨径 320 m 钢管混凝土拱桥右幅桥 7# 管二级注浆口进行排浆操作时，将一级灌注的混凝土前端浮浆排净后进行二级注浆。根据超声波检测结果看，二级注浆口附近波速未出现异常波动也未降低（图 6-40），说明将浮浆排净后二级注浆口附近的混凝土质量良好，与钢管的界面损失小。

二级或多级注浆口未进行排浆操作时会造成注浆口附近出现脱空、脱黏现象。

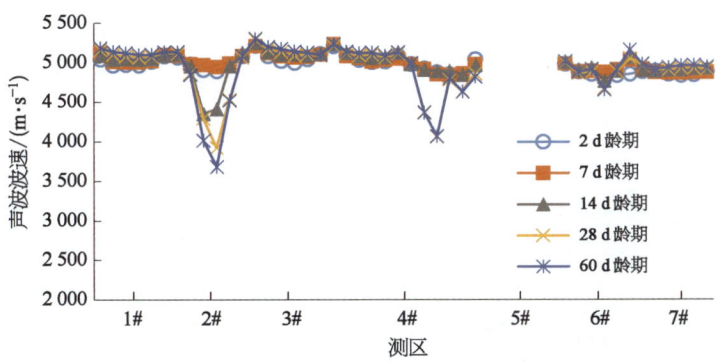

图6-39 另一某跨径320 m钢管混凝土拱桥右幅2♯管波速对比

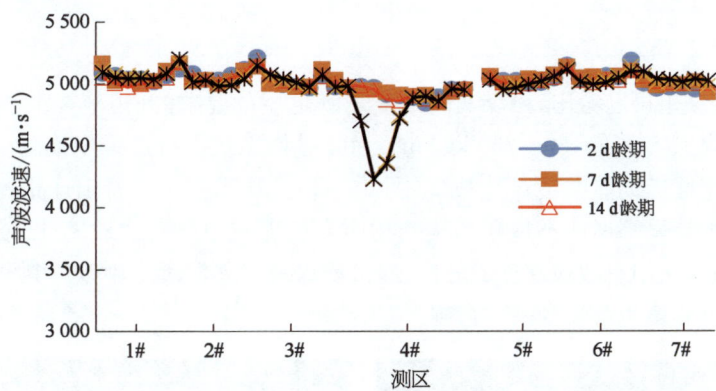

图6-40 另一某跨径320 m钢管混凝土拱桥右幅7♯管波速对比

6.4.3.4 混凝土原材料的影响

混凝土原材料直接影响混凝土工作性能、强度及收缩补偿,关系到混凝土泵送的难易程度以及后期质量,因此原材料管理至关重要。

某260 m跨径钢管混凝土拱桥3♯管堵管后,对堵管原因进行全面排查。首先从混凝土原材料展开对事件的排查。

1)减水剂

减水剂一旦发生较大变化就会导致混凝土流动性能难以保证或导致混凝土离析。对进场时的减水剂和堵管时用的减水剂性能进行对比检测。根据设计配合比,分别采用两个时段的减水剂进行水泥与减水剂相容性试验,试验结果见表6-9。

表6-9 水泥与减水剂相容性试验结果

减水剂批次	水泥/g	粉煤灰/g	矿粉/g	膨胀剂/g	水/g	减水剂/g	扩展度/mm	备注
进场时	221.3	31.9	19.3	27.5	87	4.5(1.5%)	270/280	有浮浆
灌注时	221.3	31.9	19.3	27.5	87	4.5(1.5%)	290/290	有浮浆

由表 6-9 的数据可以看出,堵管时用的减水剂的减水率偏大,但是施工中仍然按照原来的掺量添加,因此第三次灌注中混凝土易出现离析现象。从记录的数据上看,也发现堵管时的混凝土扩展度偏大(700 mm 以上)。因此保证减水剂的稳定性,从源头对混凝土流动性不稳定问题进行管理,或者根据现场状况调整减水剂用量是合适的解决方案。

2）粉煤灰

在混凝土中添加粉煤灰的作用主要是改善混凝土的和易性(流动性能)和混凝土后期强度。影响和易性的指标是细度和有效玻璃球成分,影响后期强度的也是有效玻璃球成分。首先,有效玻璃球是圆形的,掺入混凝土里可以起到滚珠作用,起到润滑作用;其次,有效玻璃球是具有活性的,其与水可以进行反应。因此先对堵管时用的粉煤灰进行物理相关测试,测试结果见表 6-10。

表 6-10 粉煤灰物理测定结果

材　料	细度	容重/(kg·m^{-3})
粉煤灰	9.45	922.4

根据物理检测结果可以看出,粉煤灰的细度是满足规范要求的(规范要求小于 12),但是其容重偏大,常规的粉煤灰容重在 450～750 kg/m^3,为此对粉煤灰进行进一步检测。有效玻璃球的尺寸较小(微米级),因此借助显微镜对其观察(图 6-41)。从图中可以看出球状的物质就是粉煤灰的有效玻璃球,而形状呈矩形或不规则形状的物质为粉煤灰中非有效玻璃球,或是厂商外掺的其他成分物质。当粉煤灰中有效玻璃球成分偏少时,粉煤灰掺入混凝土中改善其和易性的作用就会大大削弱,同时后期强度也会受到一定影响。

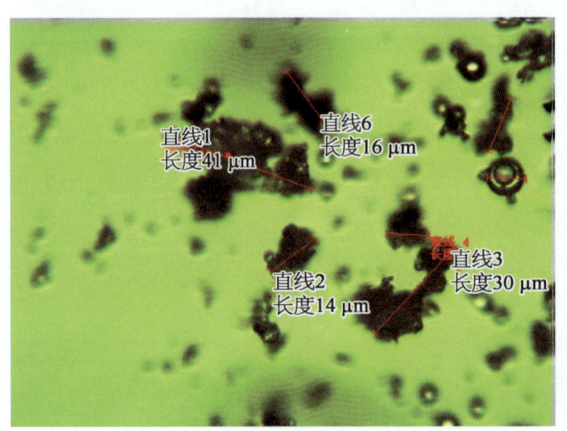 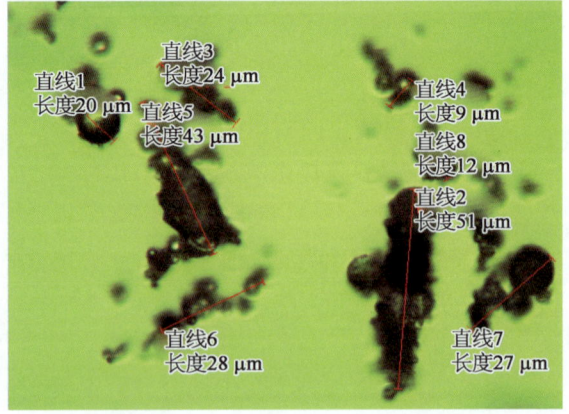

图 6-41 显微镜下观察的粉煤灰

物理检测结果显示,粉煤灰细度满足要求的同时容重偏大,结合显微镜观察的结果,判断粉煤灰中掺有非活性的矿粉,矿粉具有与粉煤灰相近的颜色,且细度小但重度大。如在混凝土中大量掺入矿粉不仅不能改善混凝土和易性反而降低其流动性能,同时需水量增加,因此判断粉煤灰的性能直接影响管内混凝土灌注施工的难易程度。

3）河砂

砂石对混凝土和易性及强度有影响,当砂石变化较大时,混凝土工作性能调控难。

工程在设计上采用的是河砂,属于Ⅱ区中砂。在某 260 m 跨径钢管混凝土拱桥 3♯管堵管后,对堵管时混凝土所用河砂进行测试,测试结果如图 6-42 所示。从图中可以看出,堵管时混凝土使用的河砂已有部分颗粒级配曲线在下限以下,说明颗粒偏粗。测试得到此次的河砂细度为 3.23,根据《建设用砂》(GB/T 14684—2011)中规定细度大于 3.0 的砂为粗砂,因此此砂为粗砂,不属于中砂范围。

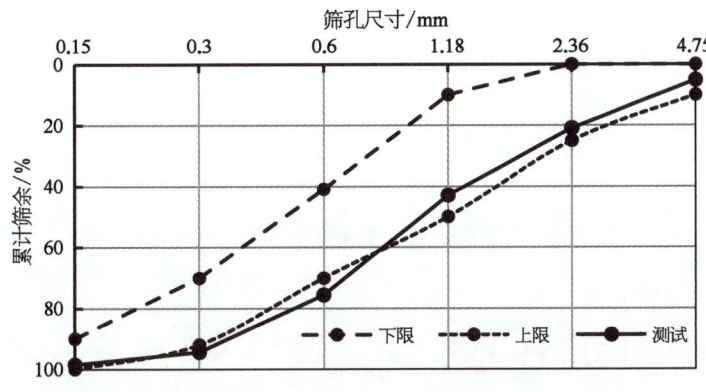

图 6-42 新进河砂颗粒级配曲线

近年来由于过度开采,河砂越来越匮乏,品质也越来越差。当混凝土制拌采用的河砂颗粒偏大时,混凝土和易性差,易出现浆骨分离的现象;若采用偏细的河砂时,混凝土需水量大,同时强度偏低。因此河砂的细度无论偏大还是偏小都会导致管内混凝土灌注时增加施工难度,同时降低工程品质,因此河砂的品质需把控。

6.4.3.5 润滑砂浆的影响

某跨径 320 m 钢管混凝土拱桥左幅桥在灌注时采用砂浆润滑主弦管的技术,此技术可以大大降低堵管风险、降低泵送难度,但也会带来一定的问题,当预留于钢管内的砂浆较多或采用不恰当的配合比时均影响混凝土质量。

在配置某钢管混凝土拱桥润滑主弦管砂浆时水泥等粉料用量过大,当部分混入混凝土预留于主弦管就会影响混凝土的收缩补偿。根据超声波检测结果显示(图 6-43),2♯~4♯测区超声波波速存在波动。其中 2♯、3♯测区波速波动大,部分波速高、部分波速低,说明此段混凝土中夹杂部分砂浆未排出,而 4♯测区(拱顶)波速最低,且波动不大,说明部分砂浆未排出导致拱顶段混凝土收缩补偿受到影响,最终导致拱顶脱空、脱黏。

发现润滑砂浆的问题后,对砂浆配合比进行优化减少砂浆中水泥用量,同时减少润滑砂浆的总体用量。应用效果详见该桥 6♯管和 5♯管(图 6-44)。超声波波速检测显示,二级注浆口及拱顶均未出现明显波动现象,且波速也较高,因此可以认为混凝土质量良好。

根据管内混凝土灌注施工工程应用分析,可得以下几点结论:

(1) 管内混凝土灌注施工技术随着施工设备的进步和理论知识的创新,其中主要包括真空辅助灌注技术、砂浆润滑主弦管技术和多级泵送接力技术。结合超声波检测结果可得,新技术的出现解决了一部分传统施工条件造成的脱黏、脱空问题。

(2) 管控混凝土施工质量主要实施点在于管控原材料,原材料进场时对各项性能指标进行严

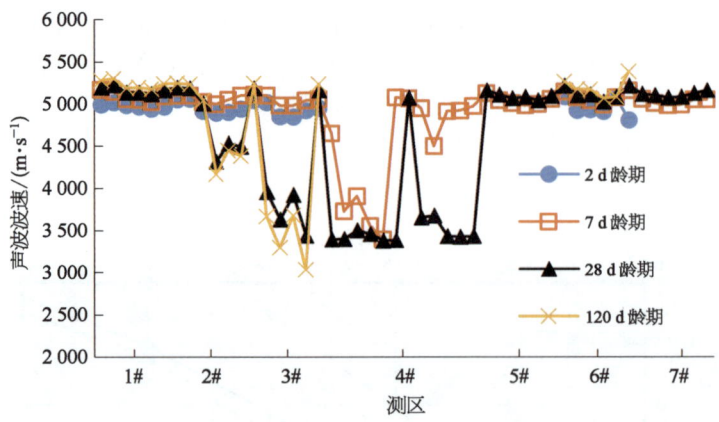

图 6‑43　某跨径 320 m 钢管混凝土拱桥某管波速对比

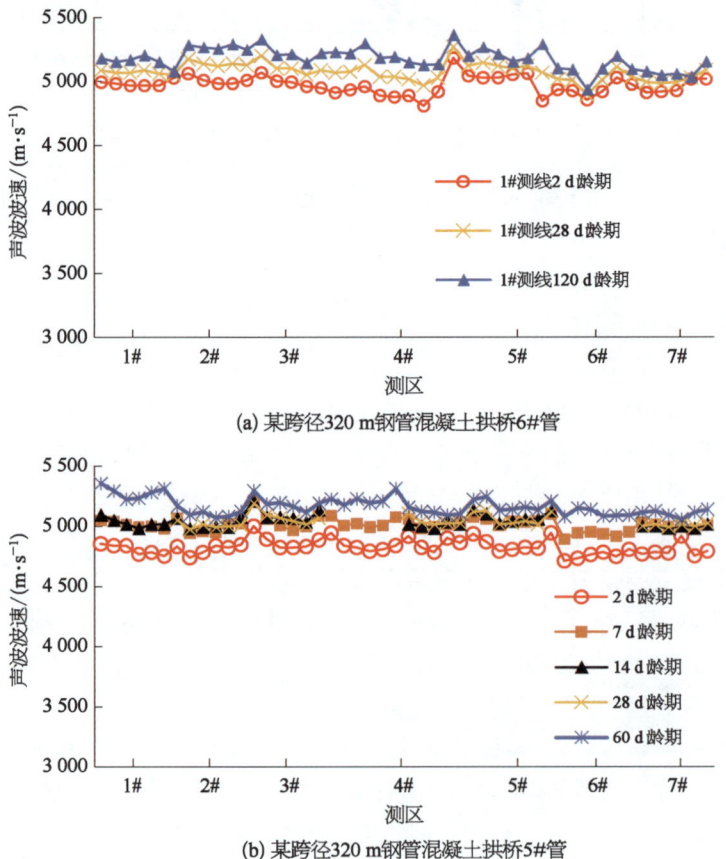

(a) 某跨径320 m钢管混凝土拱桥6#管

(b) 某跨径320 m钢管混凝土拱桥5#管

图 6‑44　波速对比

格检查,确保材料的质量;使用搅拌性能良好、能使混凝土充分搅拌均匀的搅拌机;合理安排现场和后场(拌和站)混凝土检测人员进行监控等精细化灌注施工可以有效避免堵管、脱空、脱黏顽疾。

(3) 钢管混凝土施工质量影响因素主要是混凝土流动性能、混凝土入管温度、排浆操作和混凝

第 6 章 管内混凝土制备与灌注

土原材料等,对于这四项因素的优质管控将改善管内混凝土灌注效果。

参考文献

[1] 冯智,王建军,韩玉,等.施工阶段钢管混凝土拱肋脱黏、脱空防治[J].公路,2015,60(12):126-129.
[2] 郑皆连,王建军,牟廷敏,等.700 m级钢管混凝土拱桥设计与建造可行性研究[J].中国工程科学,2014,16(8):33-36.
[3] 郭金亮.钢管拱桥自密实微膨胀混凝土泵送顶升施工技术[J].公路,2017,62(7):129-133.
[4] 郑皆连,韩玉,秦大燕,等.大型钢管混凝土结构管内混凝土真空辅助灌注方法及灌注系统:ZL201210184040.7[P].2012-06-06.
[5] OKAMURA H, OUCHI M. Self-compacting concrete[J]. Journal of Advanced Concrete Technology,2003(1):5-15.
[6] 郑皆连,王建军,冯智,等.钢管混凝土拱段真空辅助灌注工艺试验[J].中国公路学报,2014,27(6):44-50.
[7] 张宏,余钱华,吕毅刚.超声透射法检测钢管拱桥拱肋混凝土质量应用研究[J].土木工程学报,2004,37(8):50-53.

第 7 章

缆索吊运系统设计、施工与应用

拱肋安装技术是拱桥发展的基础之一,从支架施工发展到少支架和无支架施工,每一种施工方法都是人们在长期实践中逐步总结发展起来的。有支架施工是传统施工方法,该法受桥址、地形、地质限制较大,且随着跨径的增大,施工成本和施工风险也越大。目前大跨径拱桥拱肋施工常用方法是无支架施工法,大致可分为斜拉扣挂悬拼法、挂篮悬浇法、转体法、整体提升法,其中跨径达 200 m 以上的钢管混凝土拱桥绝大多数采用缆索吊运斜拉扣挂悬拼法施工。

拱肋缆索吊运斜拉扣挂悬拼法就是利用缆索吊机进行拱肋节段(构件)吊运就位,用扣索并辅以缆风索等措施临时固定,进行拱肋安装的方法。一般对称依次吊运拱肋各段,并使之对接,形成两个悬臂拱段,最后在两悬臂拱段之间安装合龙段,松扣索合龙或合龙松扣索形成拱圈。

采用缆索吊运,斜拉扣挂悬拼施工方法进行拱圈施工具有以下优点:

(1) 缆索吊运系统既可以垂直起吊,又可以纵向水平运输,可以从预制场、起吊场地或直接从运输车、船上将构件移运到安装位置,完成安装,覆盖面广、适应性强。

(2) 缆索吊运系统既可以吊运拱肋,又可以吊运立柱、横梁、吊杆、桥道梁、桥面板等构件,适用范围广。

(3) 缆索吊运系统基本都是采用标准件结构拼装,吊重、跨度、覆盖宽度可以灵活调整,构件可以多次重复利用,经济性好。

7.1 缆索吊运系统组成

缆索吊运系统适用于高差较大的垂直吊运和架空纵向运输,常用于运送预制构件进入桥孔安装,其设备可自行设计、就地制造安装,亦可购置现成的缆索架桥设备运往工地安装。缆吊系统主要由主塔、锚碇、各工作索级跑车吊具等设备组成,根据吊塔和扣塔的结构特点,可分为"吊扣合一"塔架和"吊扣分离"塔架(图 7-1、图 7-2)。

第 7 章 缆索吊运系统设计、施工与应用

图 7-1 "吊扣合一"缆索吊运体系(合江长江一桥)

图 7-2 "吊扣分离"缆索吊运体系(准朔铁路黄河特大桥)

7.1.1 塔架

塔架由塔身、塔顶、塔底和索鞍等几个主要部分组成。塔身用常用型钢或万能杆件拼装而成，也可以用装配式钢结构构件拼装而成。根据塔架立柱的不同，可分为钢管混凝土塔架、万能杆件塔架和钢管塔架(图 7-3)。塔架顶部均设索鞍，主索通过索鞍时，要求索鞍半径大于钢丝直径。

7.1.2 风缆

风缆又称缆风索、浪风索，用于稳定塔架，调整和固定拱肋的位置。风缆可采用钢丝绳或预应力钢绞线，其直径大小按计算所受拉力大小确定(图 7-4)。

7.1.3 索系统

缆索系统由承载索和起重索、牵引系统等组成。这里以在建工程平南三桥为例，进行相关介绍。

7.1.3.1 承载索

主索宜采用密封钢丝绳，主索的计算用抛物线解析法[2]，计算承载能力应考虑拱圈节段重量、跑车、起重牵引钢丝绳、吊具等重量。承载索的安全系数不小于 3.0，最大垂度 $L/16 \sim L/14$，主索的锚固采用捆绑的方式。承载式多采用密封钢丝绳，密封钢丝绳具有以下优点：

(a) 钢管混凝土塔架（合江长江一桥）

(b) 万能杆件塔架（六景郁江特大桥）

(c) 钢管塔架（马滩红水河特大桥）

图 7-3　塔架类型

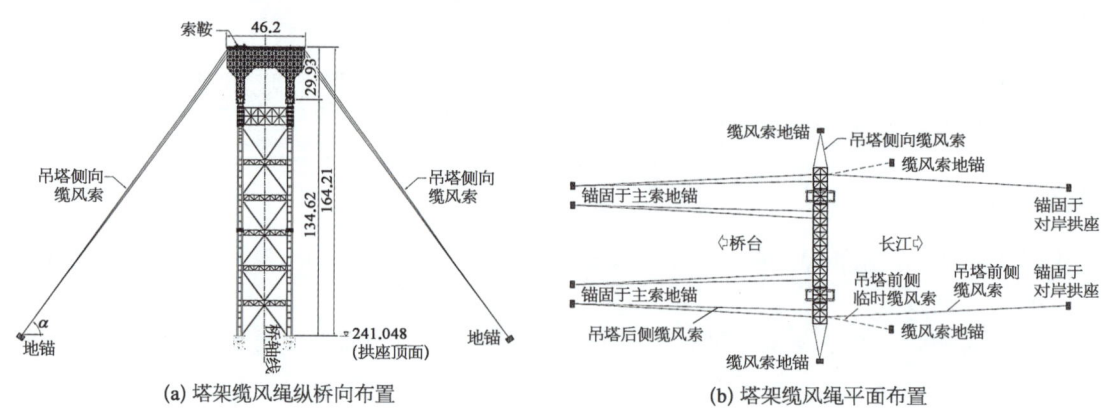

(a) 塔架缆风绳纵桥向布置　　　(b) 塔架缆风绳平面布置

图 7-4　缆风布置（合江长江一桥）

(1) 密度系数大。与相同直径普通钢丝绳相比,总破断拉力要高出65%左右。
(2) 应力分布均匀,使用寿命长。
(3) 耐腐蚀性好。表面平滑而密封,外面的空气和水不易渗入钢丝绳内部,内部润滑油也不易流失,可防止内部钢丝锈蚀。

7.1.3.2 起重索

起重索供垂直方向起吊重物用,在钢管混凝土拱桥施工中,缆索吊车起重索的穿绕方法多为两端通过地锚转向滑轮与牵引卷扬机相连接,然后再通过索鞍转向滑轮组引向跑车,借助卷扬机转动使吊点上下移动以起吊重物(图7-5)。

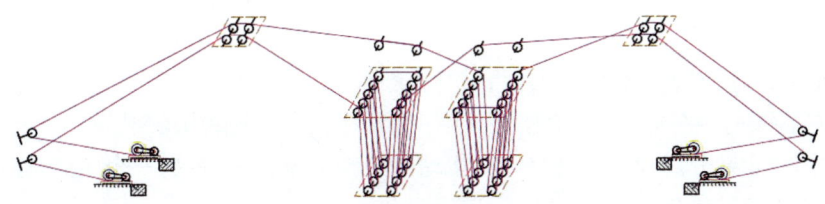

图7-5 主起重索布置示意图

7.1.3.3 牵引系统

牵引索为拽引跑车沿承载索在水平方向往返运输重物而设。

1) 主牵引索

跑车牵引采用往复式牵引方式,单个跑车牵引动力一般采用2台卷扬机,全桥通常需要8台卷扬机。牵引绳采用柔性较好的钢丝绳,走2线或4线,牵引绳的拉力安全系数宜大于4(图7-6)。

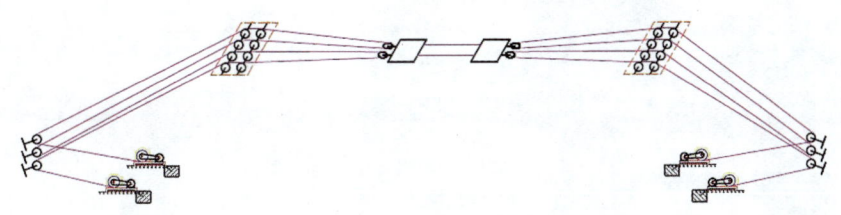

图7-6 主牵引索布置示意图

2) 工作索道牵引索

工作索道的牵引绳采用闭合循环布线方式,走2线布置。起重牵引绳采用摩擦型卷扬机作为牵引设备,绳两端分别在地锚处的转向滑轮转向折回,锚固于工作跑车两端,形成闭合回路;控制系统控制卷扬机的正反驱动,实现工作跑车的往复牵引(图7-7)。

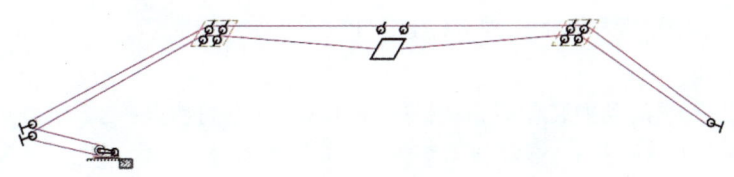

图7-7 工作牵引索布置示意图

3）索鞍横移牵引索

缆索起重机的索鞍横移牵引绳每岸塔架设2根钢丝绳。索鞍横移牵引绳从塔架附近的起重卷扬机引出，先后经过塔脚转向滑轮、塔顶上横梁转向滑轮，然后再经索鞍横移滑轮组处（如图7-8所示，平南三桥采取定13动12走24线的布置形式），最后经转向滑轮绕回塔架附近的起重卷扬机。

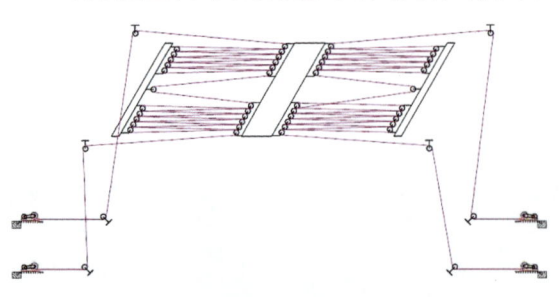

图7-8　横移牵引绳布置示意图

（1）吊运拱肋节段时，索鞍在上游拱肋、中间横撑、下游拱肋三个位置周期性移动。该工况下，将索鞍组合，横移牵引绳一侧收紧，另一则放松；横移至指定位置时，安装索鞍锚固装置，将索鞍固定。

（2）吊运桥面梁时，将组合索鞍横移至其中一个吊运工位，安装锚固装置固定已定位的索鞍。将横移车架与固定索鞍分离，两主索鞍分离，启动横移牵引卷扬机，将另一个主索鞍移动至安装工位，最后锚固，完成索鞍横移。

7.1.4　其他

7.1.4.1　跑车及吊具

跑车是在主索上运行和起吊重物的装置，可采用定型滑车，也可根据吊重的实际情况自行加工。跑车大都由跑车轮、起重滑轮组和牵引系统三部分组成（图7-9、图7-10）。

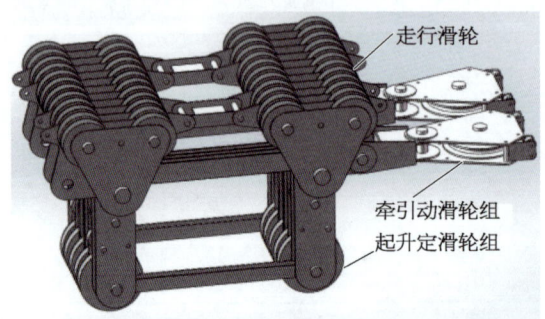

图7-9　主索起重跑车（平南三桥）

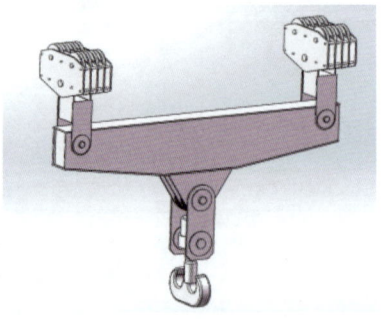

图7-10　主索道吊具（平南三桥）

7.1.4.2　锚碇

锚碇为固定主索、起重索、扣索、绞车、缆风索、导向滑轮、各式扒杆、绳索吊机等不可缺少的设备。重要的锚碇应进行专门的设计计算，并在正式使用前进行试拉。锚碇的种类按构造形式可分为地垄、钢筋锚环、水中锚碇和其他锚固点（图7-11）。

7.1.4.3　卷扬机

卷扬机为牵引、起吊的动力装置。卷扬机应具有以下几方面特点：

（1）保证系统有足够的安全，宜双制动系统。

（2）拱桥施工卷扬机数量多，应采用集中控制。

图 7-11 预应力岩锚(合江长江一桥)

(3) 卷扬机宜采用变频电机,平稳调速。

7.2 缆索吊运系统分类

7.2.1 塔架式缆索吊

有塔架缆索吊系统通过在桥址两岸或一边设置主塔,主塔一般采用钢材系杆搭设,在塔架顶部周边需要均匀设置缆风绳,确保塔身的稳定性。塔身顶部安装索鞍,承载索通过两边塔架索鞍连接在地锚上。通常采用"主扣合一"的塔架结构形式以节约钢材,当另有需要时还要单独设置扣塔,作为拱箱扣索的受力体系。根据桥址地形地质条件,也有只设置单塔的缆索吊系统,此时另外一端直接连接在岸边山坡的地锚上。塔架式缆索吊使用范围更加广泛,不受山形地势限制,但通常在平坦地形上使用较多。随着施工控制技术的不断发展和完善,目前塔架式缆索吊已经从单跨发展到多跨缆索系统。杭州复兴大桥(跨径 2×85 m+190 m+5×85 m+190 m+2×85 m)和曹娥江袍江大桥(跨径 40 m+3×185 m+40 m)均采用多跨缆索吊运施工(图 7-12)。

(a) 杭州复兴大桥 (b) 曹娥江袍江大桥

图 7-12 多跨缆索吊运

7.2.2 无塔架缆索吊

一般在 V 形山谷或江河上,两岸地势较高无须架设塔架,主索直接连接在两岸地锚系统上就能满足材料运输及全桥构件吊运高度的要求。无塔架缆索吊取消了两岸的塔架,节约大量塔架钢材,具有更好的经济性。自然扣索的扣挂体系不再是主塔,通常也无须单独设置扣塔,而与主索锚碇、桥台及单独设置的扣索锚碇连接。无塔架缆索吊主索锚固系统不同于塔架缆索吊的锚固系统,塔架式主索锚碇通常采用重力式锚碇或者桩锚提供主索拉力。无塔架缆索吊主索锚固通常采用预应力锚索。锚索必须提供主索全部水平拉力,且锚索斜向下的倾角还会增加锚索平台(分配梁)对基础压力,锚碇平台处要求具有较高的地基承载力来承担主索竖向分力及锚索竖向分力。茶林坪乌江大桥无塔缆索吊机采用预应力锚碇取得了良好的经济效果(图 7 - 13)。

图 7 - 13　茶林坪乌江大桥

7.2.3 可横移式缆索吊

传统缆索吊运系统通过塔架与索共同移动缆索吊,这种缆索吊通常在塔架底部架设滑道、滑板,移动时要放松塔架周边缆风绳,解除或放松主索与地锚的连接。使用卷扬机拖动整个塔架移动,一般要多次调整移动才能就位。这种缆索吊移动复杂,移动次数多,且不可往返或带荷载移动。南溯河当涂路大桥就采用移动塔架缆索吊完成了三条拱肋的吊运[3-4],三条拱肋间距 13.5 m,使用同一套缆索吊,塔架通过底部滑道移动,但地锚无法移动吊运边拱肋时主索与主锚绳成一水平角,这将使得主索侧面摩擦索鞍,主索力增大且塔身不稳定。该桥通过索夹固定塔后主锚索并施力侧拉使得主索通过索鞍不传递对索鞍的侧向力。

三峡库区巴东县境内的柚子树大桥采用移动主索缆索吊机施工[5],此吊机系统在一岸塔架顶端设置刚性滑块,主索镶嵌在滑块顶端索鞍的索槽内。主索的移动依靠塔顶两端的卷扬机拖拽滑块带动主索移动。主索直接与锚固系统的后锚索相连,所以在滑块移动时要先放松主索、滑块缆风绳及解开固定滑块的焊接部分。待移动就位后再做滑块的固定和主索的调整。移动主索式缆索吊机塔顶构造如图7-14所示。

广西路桥工程集团有限公司通过技术改进,研发了更高效、便捷的可横移缆索吊运系统,应用于合江长江一桥的施工建设,节约了一半的施工成本。索鞍是安装在塔架顶部横移轨道上用来支承缆索的装置,通过索鞍横移装置,主索可横移到构件安装位置,施工方便。索鞍横移采用滑车组方式,以往是将横移滑车组设置在塔架的两侧面,通过一根连接钢丝绳在轨道梁端头转向后与索鞍连接,通常连接钢丝绳直径较大,转向受力复杂,横移中易出现钢丝绳破断的事故。为此

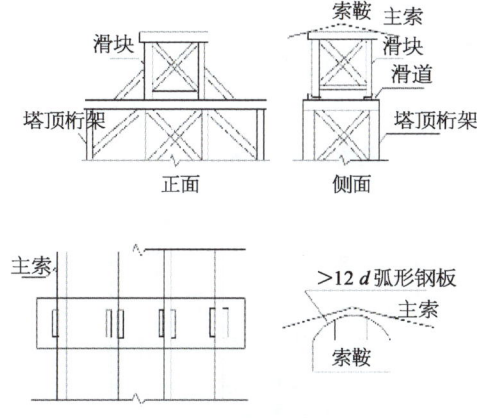

图7-14 移动主索缆索吊机构造

取消了连接钢丝绳,直接将滑车组设置在塔顶上,索鞍两侧分别设置有2个双联滑车组,定滑车固定在轨道梁的端头,动滑车连接索鞍,钢丝绳转向至地面卷扬机,通过收紧或放松滑车组以实现索鞍的横移。当主索工作时,需要将索鞍固定,为了加强索鞍锚固的可靠性,除销紧滑车组外,还增设了精轧螺纹钢锚固装置,利用4根精轧螺纹钢将索鞍锚固于轨道梁端头,如图7-15所示。该技术获国家发明专利。

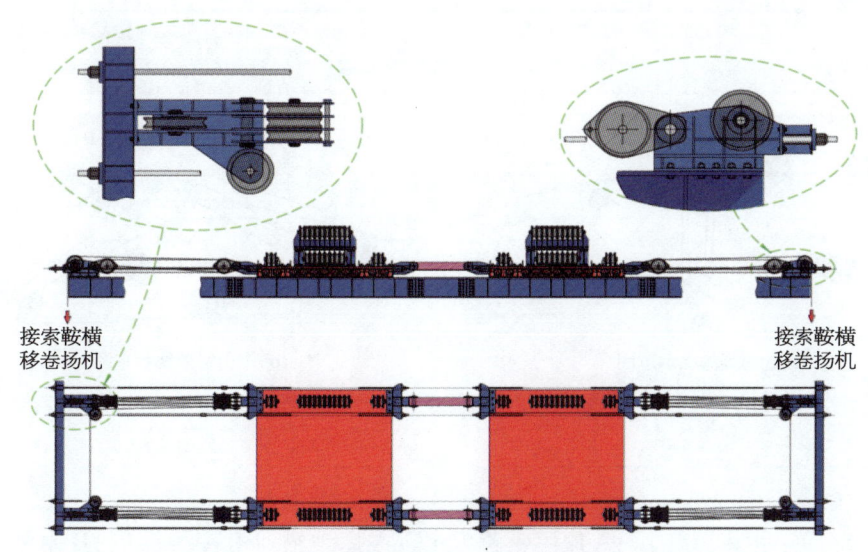

图7-15 可移动缆索吊运塔顶索鞍横移装置

由以上介绍可知:

(1) 对于V形山谷或江河,两岸地势较高、地质承载力高,采用无塔架缆索吊运系统具有良好的经济性。

(2) 相比塔架式缆索吊,可横向缆索吊只需进行少些改进,便可将传统的两套索鞍系统改装成一套索鞍系统,显著降低施工成本。

7.3 缆索吊机主索几何非线性分析

7.3.1 抛物线解析法

缆索吊机是缆索吊运施工中主要的施工设备,主要用于桥梁构件的吊运与安装。经多年发展与应用,缆索吊机的设计与施工日趋成熟,但对其承载索的受力分析研究较少。工程上一直沿用基于抛物线理论的解析法,该方法是一种近似解析法,状态方程为一个一元三次方程[6-7],采用 MathCAD 计算抛物线解析法的具体计算过程介绍如下[2]。

7.3.1.1 缆索吊运简图

缆索吊运简图如图 7-16 所示,起重索与牵引索简图如图 7-17 所示。

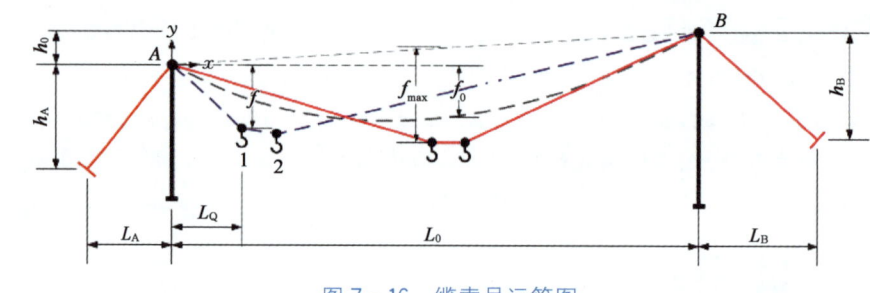

图 7-16 缆索吊运简图

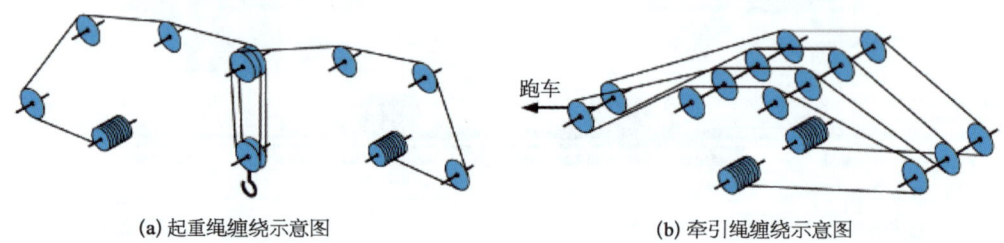

(a) 起重绳缠绕示意图　　　　(b) 牵引绳缠绕示意图

图 7-17 起重索与牵引索简图

7.3.1.2 各参数定义

(1) 索跨布置:主索跨度 L_0;A 岸尾索跨度 L_A;A 岸地锚与索鞍高差 h_A;B 岸尾索跨度 L_B;B 岸地锚与索鞍高差 h_B;两岸索鞍高差(B-A) h_0。

(2) 主索参数:其他用途密封绳 $\varphi=50$,$1\,370$ MPa;主索最大垂度 $f_{max}=\dfrac{L_0}{14}$;设计工作温度 t_0;主索安装温度 t_1;主索根数 n;主索弹性模量 E_k;主索线膨胀系数 ε_c;主索单根钢丝绳金属截面面积 F_k;钢丝绳单位长度重量 q;主索单根钢丝绳最小破断拉力 T_{limit}。

(3) 吊重参数:设计吊重(吊钩下重量) Q_1;跑车间距 L_a;单个跑车重量 Q_2;单个吊点动滑轮重

量 Q_3；单个吊点配重 Q_4；吊点荷载分配系数 λ。

（4）起重绳参数：$6 \times 37b+FC, \varphi=24, 1870$ MPa。钢丝绳每延米重量 q_2；钢丝绳最小破断拉力 S_{tlimit}；吊点起始高度 h_1；（偶数）起重绳走线 n_2。

（5）牵引绳参数：$6 \times 37b+FC, \varphi=28, 1870$ MPa。牵引验算时跑车位置 L_Q；钢丝绳每延米重量 q_1；钢丝绳最小破断拉力 S_{tlimit}；（不大于 4 的偶数）牵引绳走线 n_1。

（6）机械系统参数：滑轮阻力系数 f_η；跑车行走轮直径 D_p；跑车行走轮轴径 d_p；跑车行走轮滚动摩阻系数 μ_1；跑车行走轮轴承摩阻系数 μ_2。

7.3.1.3 主索安全系数

主索状态方程的初始状态设计吊重位于跨中。

跑车、吊点、钢丝绳等荷载：$Q_0 = 2(Q_2 + Q_3 + Q_4 + n_2 q_2 h_1) + 0.5 n_1 q_1 L_0$。

主索最大设计荷载：$Q_{\max} = Q_1 + Q_0$。

A 岸尾索角度：$\beta_A = a\tan(h_A L_A^{-1})$。

索跨弦角度：$\beta_0 = a\tan(h_0 L_0^{-1})$。

B 岸尾索角度：$\beta_B = a\tan(h_B L_B^{-1})$。

主索最大水平分力：$H_{\max} = \dfrac{nq(L_0^2 - L_a^2)}{8 f_{\max} \cos \beta_0} + \dfrac{Q_{\max}(L_0 - L_a)}{4 f_{\max}}$。

A 索鞍主索最大竖直分力：$V_{\max A} = \dfrac{nqL_0}{2\cos \beta_0} - H_{\max} \tan \beta_0 + \dfrac{Q_{\max}}{L_0}(0.5 L_0 - L_a)$。

B 索鞍主索最大竖直分力：$V_{\max B} = \dfrac{nqL_0}{2\cos \beta_0} - H_{\max} \tan \beta_0 + \dfrac{Q_{\max}}{L_0}(0.5 L_0 - L_a)$。

主索最大张力：$T_{\max} = \max(\sqrt{V_{\max A}^2 + H_{\max}^2}, \sqrt{V_{\max B}^2 + H_{\max}^2})$。

主索安全系数：$K_1 = \dfrac{nT_{\text{limit}}}{T_{\max}}$。

7.3.1.4 主索状态方程

主索弦线长度：$sumL = \dfrac{L_A}{\cos \beta_A} + \dfrac{L_0}{\cos \beta_0} + \dfrac{L_B}{\cos \beta_B}$。

主索换算弹性模量：$E_H = L_0 \cos(\beta_0)^{-1} sumL^{-1} E_k$。

中跨主索重量：$G_0 = nqL_0 \cos(\beta_0)^{-1}$。

A 岸尾索重量：$G_A = nqL_A \cos(\beta_A)^{-1}$。

B 岸尾索重量：$G_B = nqL_B \cos(\beta_B)^{-1}$。

主索水平分力函数：$H(Q_x, L_x)$，Q_x 为荷载，L_x 为荷载作用位置离 A 岸塔架水平距离。

$$H(Q_x, L_x) = \begin{Vmatrix} k_1 \leftarrow \dfrac{nE_H F_k \cos(\beta_0)^2}{24} \\ k_2 \leftarrow 3Q_{\max}\left(Q_{\max} + (G_0 - nqL_a)\left(\dfrac{L_0 - L_a}{L_0}\right)\right) + G_0^2 \\ k_3 \leftarrow 12Q_x(Q_x + G_0) \\ k_4 \leftarrow \dfrac{G_A^2 L_A \cos(\beta_0)^2}{L_0 \cos(\beta_A)^2} + \dfrac{G_B^2 L_B \cos(\beta_0)^2}{L_0 \cos(\beta_B)^2} \\ k_6 \leftarrow 3Q_x((2G_0 + Q_x)L_a^2 + (4G_0 L_x - Q_x L_0 - 2G_0 L_0 + 4Q_x L_x)L_a) \\ a \leftarrow \left(\dfrac{k_1(k_2 + k_4)}{H_{\max}^2} - H_{\max} + \dfrac{24k_1 \, sumL}{L_0}(t_1 - t_0)\varepsilon_c\right) kN^{-1} \\ d \leftarrow \left(k_1(k_4 + G_0^2) + \dfrac{k_1 k_3}{L_0^2}(L_0 - L_x)L_x - \dfrac{k_1 k_6}{L_0^2}\right) kN^{-3} \\ f(H_x) \leftarrow H_x^3 + aH_x^2 - d \\ \text{root}\left(f(H_x), H_x, 100, \dfrac{H_{\max} + 100 \, kN}{kN}\right) kN \end{Vmatrix}$$

主索 A 岸索岸竖直分力函数:$V_A(Q_x, L_x) = 0.5G_0 + \dfrac{Q_x(L_0 - 0.5L_a - L_x)}{L_0} - H(Q_x, L_x)\tan\beta_0$。

主索 B 岸索岸竖直分力函数:$V_B(Q_x, L_x) = 0.5G_0 + \dfrac{Q_x(0.5L_a + L_x)}{L_0} + H(Q_x, L_x)\tan\beta_0$。

主索线形函数:$f(Q_x, L_x, x)$,Q_x 为荷载,L_x 为荷载作用位置离 A 岸塔架水平距离。

$$f(Q_x, L_x, x) = \begin{Vmatrix} f_1 \leftarrow -\dfrac{G_0}{2H(Q_x, L_x)L_0}x^2 + \dfrac{V_A(Q_x, L_x)}{H(Q_x, L_x)}x \\ f_2 \leftarrow -\dfrac{G_0}{2H(Q_x, L_x)L_0}x^2 + \left(\dfrac{V_A(Q_x, L_x)}{H(Q_x, L_x)} - \dfrac{Q_x}{2H(Q_x, L_x)}\right)x + \dfrac{Q_x L_x}{2H(Q_x, L_x)} \\ f_3 \leftarrow -\dfrac{G_0}{2H(Q_x, L_x)L_0}x^2 + \left(\dfrac{V_A(Q_x, L_x)}{H(Q_x, L_x)} - \dfrac{Q_x}{H(Q_x, L_x)}\right)x + \dfrac{Q_x(2L_x + L_a)}{2H(Q_x, L_x)} \\ f \leftarrow \text{if}(x \leqslant L_x, f_1, \text{if}(x \leqslant (L_x + L_a), f_2, f_3)) \end{Vmatrix}$$

7.3.1.5 主索安装状态

主索水平分力:$H_0 = H(0 \, kN, 0 \, m)$。

A 岸索鞍主索竖直分力:$V_{0A} = V_A(0 \, kN, 0 \, m)$。

B 岸索鞍主索竖直分力:$V_{0B} = V_B(0 \, kN, 0 \, m)$。

主索无荷安装张力:$T_0 = \max(\sqrt{V_{0A}^2 + H_0^2}, \sqrt{V_{0B}^2 + H_0^2})$。

B 岸索鞍主索竖直分力:$f_0 = f(0 \, kN, 0 \, m, 0.5L_0)$。

7.3.1.6 起重绳验算

起重荷载:$Q_1 = \lambda Q_1 + Q_3 + Q_4 + n_2 q_2 h_1$。

第 7 章　缆索吊运系统设计、施工与应用

起重绳牵引端拉力：$S_1 = 0.5Q_1 \left(\dfrac{f_\eta - 1}{f_\eta^{0.5n_2} - 1} \right) f_\eta^{0.5n_2 - 1} f_\eta^4$。

起重绳安全系数：$K_1 = \dfrac{S_{1\text{limit}}}{S_1}$。

7.3.1.7　牵引绳验算

主索水平分力：$H_1 = H(Q_{\max}, L_Q)$。

A 岸索鞍主索竖直分力：$V_{1A} = V_A(Q_{\max}, L_Q)$。

B 岸索鞍主索竖直分力：$V_{1B} = V_B(Q_{\max}, L_Q)$。

主索张力：$T_1 = \max(\sqrt{V_{1A}^2 + H_1^2},\ \sqrt{V_{1B}^2 + H_1^2})$。

跑车平均升角：$\gamma = \left\| \begin{array}{l} x \leftarrow L_Q + 0.5 L_a \\ a\tan\left(\dfrac{\mathrm{d}}{\mathrm{d}x} f(Q_{\max}, L_Q, x)\right) \end{array} \right\|$。

跑车运行阻力系数：$f_m = \mu_2 \dfrac{d_p}{D_p} + \dfrac{\mu_1}{D_p}$。

跑车运行阻力：$W_1 = Q_{\max}(\sin\gamma + f_m \cos\gamma)$。

起重索运行阻力：$W_2 = 2S_1 \left(1 - \left(\dfrac{1}{f_\eta} \right)^{n_2 + 1} \right)$。

后牵引索张力（后牵引索挠跨比按 1/10）：$W_3 = \left\| \begin{array}{l} \Delta T_1 \leftarrow \sqrt{V_{1A}^2 + H_1^2} - \sqrt{V_{1B}^2 + H_1^2} \\ l_d \leftarrow \text{if}(\Delta T_1 \geqslant 0,\ L_0 - L_a - L_Q,\ L_Q) \\ f_d \leftarrow \dfrac{l_d}{10} \\ \dfrac{n_1 q_1 l_d^2}{8 f_d} \end{array} \right\|$。

总牵引阻力：$W = W_1 + W_2 + W_3$。

牵引绳牵引端拉力：$S_t = 0.5W \left(\dfrac{f_\eta - 1}{f_\eta^{0.5n_1} - 1} \right) f_\eta^{0.5n_1 - 1} f_\eta^3$。

起重绳安全系数：$K_t = \dfrac{S_{t\text{limit}}}{S_t}$。

7.3.1.8　主要计算结果

主索最大张力 $T_{\max}$；主索安全系数 K_1。

A 塔不平衡水平力：$F_A = H_{\max} - \cos(\beta_A) T_{\max}$。

B 塔不平衡水平力：$F_B = H_{\max} - \cos(\beta_B) T_{\max}$。

主索无荷安装张力 T_0；主索无荷安装垂度 f_0；起重绳牵引端拉力 S_1；起重绳安全系数 K_1；牵引绳牵引端拉力 S_t；牵引绳安全系数 K_t。

跑车 1 的垂度：$f_{Q1} = f(Q_{\max}, L_Q, L_Q)$。

跑车 2 的垂度：$f_{Q2} = f(Q_{\max}, L_Q, L_Q + L_a)$。

7.3.2 非线性索-轮单元法

基于抛物线理论的解析法是一种近似方法,状态方程为一元三次方程[6-7],使用时受到小垂度限制,即最大垂跨比不超过1/10,此时误差一般可控制在5%以内。但在大垂度情况下,此法的计算误差较大,且无法准确计入锚跨对承载索的受力影响。当荷重点不在跨中时,索力并不连续。而承载索是一根连续索,在塔顶索鞍和荷重跑车处,都应满足索力连续的条件。当工作跨荷载出现变化时,缆索在塔顶索鞍处会前后滑动,锚跨缆索会做出相应调整,使其索鞍前后的索力相等(不计索鞍滑轮摩擦的情况)。所以当荷重跑车不在跨中时,需要牵引绳提供的拉力来保持跑车的平衡,否则跑车会自动溜滑至跨中平衡位置。

有限元计算中通常采用悬链线索单元模拟缆索,悬链线索单元是以悬链线理论建立的两节点单元,不受小垂度限制,但无法考虑索力连续的问题。相关文献[9-11]各自提出了一种通过调整单元无应力索长使其索力连续的算法,但仅适用于索鞍处,求解荷重跑车处索力连续的问题时不易收敛。相关文献[11-12]提供了一种索-轮单元,能计算索鞍处缆索滑移的情况,相关文献[13]提供了一种索-轮单元,能计算滑轮在索长滑行的情况。为了便于区分,将相关文献[11]索-轮单元称为正索-轮单元,用符号"P"表示;相关文献[13]的索-轮单元称为倒索-轮单元,用符合"N"表示。本节基于上述两种索-轮单元研究承载索的几何非线性有限元计算方法,以准确分析缆索吊机承载索的受力情况。

7.3.2.1 正索-轮单元

正索-轮单元是一个三节点平面索单元[14],如图 7-18 所示,两端节点分别用 I、J 表示,中间节点 O 为滑轮中心,索从滑轮上方绕过,被分成两个悬链线索段,A、B 为索与滑轮的切点,两侧索段可沿中间滑轮滑动。在平衡状态时,若不计滑轮的摩擦作用,滑轮两侧的索力是相等的,即应满足索力连续的条件。

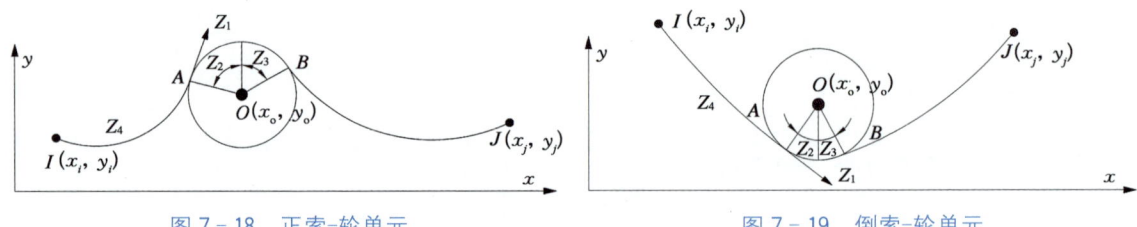

图 7-18　正索-轮单元　　　　　图 7-19　倒索-轮单元

7.3.2.2 倒索-轮单元

倒索-轮单元同样是一个三节点平面索单元[13],如图 7-19 所示,两端节点分别为 I、J,中间节点 O 为滑轮中心,索从滑轮下方绕过,被分成两个悬链线索段,两侧索段可沿中间滑轮滑动。在平衡状态时,如果不计滑轮的摩擦作用,滑轮两侧的索力是相等的。

7.3.2.3 索-轮单元滑移平衡方程推导

由于滑轮尺寸相对缆索长度比较小,可忽略滑轮半径的影响。对于给定的节点坐标和单元特性(如弹性模量 E、截面面积 A、自重荷载集度 w、无应力索长 L_0 等),单元几何形状需四个独立变量(Z_1、Z_2、Z_3、Z_4)才能确定。Z_1 为 I-A 索段 A 点处的张力;Z_2、Z_3 为索与滑轮的切点绕滑轮中心与竖直轴形成的夹角;Z_4 为 I-A 索段的无应力索长,独立变量的选取并不唯一,但利用上述变量推导的表达式最为简洁[15]。单元处于平衡状态时,存在唯一 Z 值与之对应,但任意给定一个 Z 值,单元不一定处于平衡状态,I、J 节点会产生位移,这里称为节点位移残差向量 R。类似两节点悬链线索单元,索-轮单元两侧索段可分别建立各力素(索端力向量 p、f)和几何变量(索段跨度 l_x 与高差 h_y)之间的关系方程组,对此方程组取全微分[16],便可得出位移差 R 与独立变量 Z 的关系函数 $R(Z)$。如不考虑滑轮半径的影响,正倒索-轮单元的 $R(Z)$ 表达式相同:

$$\left.\begin{aligned} R_1 &= x_i - x_0 + p_1(Z)\left[\frac{Z_4}{EA} + \frac{1}{w}\ln\left(\frac{t_i(Z) + f_2(Z)}{Z_1 - p_2(Z)}\right)\right] \\ R_2 &= y_i - y_0 - \frac{t_i(Z)^2 - Z_1^2}{2EAw} - \frac{t_i(Z) - Z_1}{w} \\ R_3 &= x_j - x_0 + p_3(Z)\left[\frac{L_0 - Z_4}{EA} + \frac{1}{w}\ln\left(\frac{t_j(Z) + f_6(Z)}{Z_1 - p_4(Z)}\right)\right] \\ R_4 &= y_j - y_0 - \frac{t_j(Z)^2 - Z_1^2}{2EAw} - \frac{t_j(Z) - Z_1}{w} \end{aligned}\right\} \quad (7-1)$$

式中　$p(Z)$——单元 A、B 点索端力向量,见式(7-2);
　　　$f(Z)$——单元 I、J 点索端力和滑轮中心 O 节点力组成的向量,见式(7-3);
　　　$t(Z)$——单元 I、J 点索端拉力,见式(7-4)。

$$\left.\begin{aligned} p_1(Z) &= Z_1\cos Z_2 \\ p_2(Z) &= \begin{cases} Z_1\sin Z_2 \cdots \text{P} \\ -Z_1\sin Z_2 \cdots \text{N} \end{cases} \\ p_3(Z) &= Z_1\cos Z_3 \\ p_4(Z) &= \begin{cases} Z_1\sin Z_3 \cdots \text{P} \\ -Z_1\sin Z_3 \cdots \text{N} \end{cases} \end{aligned}\right\} \quad (7-2)$$

$$\left.\begin{aligned} f_1(Z) &= -Z_1\cos Z_2 \\ f_2(Z) &= \begin{cases} wZ_4 - Z_1\sin Z_2 \cdots \text{P} \\ wZ_4 + Z_1\sin Z_2 \cdots \text{N} \end{cases} \\ f_3(Z) &= p_1(Z) + p_3(Z) \\ f_4(Z) &= p_2(Z) + p_4(Z) \\ f_5(Z) &= Z_1\cos Z_3 \\ f_6(Z) &= \begin{cases} w(L_0 - Z_4) - Z_1\sin Z_3 \cdots \text{P} \\ w(L_0 - Z_4) + Z_1\sin Z_3 \cdots \text{N} \end{cases} \end{aligned}\right\} \quad (7-3)$$

$$\left.\begin{aligned} t_i(Z) &= \sqrt{f_1(Z)^2 + f_2(Z)^2} \\ t_j(Z) &= \sqrt{f_5(Z)^2 + f_6(Z)^2} \end{aligned}\right\} \quad (7-4)$$

索-轮单元滑移平衡方程可表示为一组非线性方程组,即

$$R(Z)=0 \tag{7-5}$$

7.3.2.4 单元平衡方程的求解

独立变量 Z 发生微小变化 ΔZ 会引起节点位移残差 R 变化 ΔR，其关系近似为

$$\Delta R \approx J\Delta Z \tag{7-6}$$

式中 J——4×4 的雅可比矩阵。

将函数 $R(Z)$ 对变量 Z 微分，使位移残差 R 最小的 ΔZ 为[13-14]

$$\Delta Z = J^{-1}\Delta R \tag{7-7}$$

平衡方程 $R(Z)=0$ 可采用"N-R法"迭代求解，直至位移残差变化量 ΔR 小于设定的允许值，即可认为索-轮单元处于平衡状态。值得注意的是，若初值不合适，迭代计算很难收敛，根据反复调试，Z 的初值按照以下方法确定时，各种情况下的迭代计算基本能够收敛：

$$Z_4 = L_0 \frac{l_{IA}}{l} \tag{7-8}$$

式中 l_{IA}——单元索段 I-A 的弦长；

  l——单元索段总弦长。

根据式(7-8)，可确定单元两侧索段的无应力索长，将两侧索段分别当成两节点的悬链线索单元，再利用两节点悬链线索单元的索端力柔性迭代程序，可分别计算出 A、B 点处的索端力向量 F 和拉力 T。不妨令

$$\left.\begin{array}{l} Z_1 = \dfrac{T_A + T_B}{2} \\[6pt] Z_2 = \pm\arctan\left(\dfrac{F_{yA}}{F_{xA}}\right) \\[6pt] Z_3 = \pm\arctan\left(\dfrac{F_{yB}}{F_{xB}}\right) \end{array}\right\} \tag{7-9}$$

其中，正索-轮单元 Z_2 取正，Z_3 取负；倒索-轮单元相反。按照上述方法事先经过一次索端力柔性迭代计算，虽然增加了计算次数，但能保证收敛，避免了反复调试初值。

值得注意的是，正索-轮单元在索处于松弛状态时可能存在三个平衡状态，工程上的索结构通常是处于较为张紧的状态，一般不会出现此种情况。根据索-轮单元滑移平衡方程 $R(Z)=0$ 求解的结果，可以计算出单元的切线刚度矩阵 K_e。

7.3.2.5 承载索的几何非线性计算程序

(1) 有限元模型的建立。利用正索-轮单元模拟锚跨与塔顶索鞍，倒索-轮单元模拟工作跨与荷重跑车。实际上，当荷重跑车不在跨中时，跑车的平衡需要依靠牵引绳提供的拉力来平衡，为简化计算模型，通过荷重点的水平位移约束近似模拟牵引绳的作用，若需要精确考虑，可以正索-轮单元或两节点悬链线单元模拟牵引绳。图 7-20 为典型的单工作跨缆索吊机承载索的有限元计算模型。同理，可建立双工作跨和多工作跨的计算模型。

(2) 计算程序编制。根据虚功原理建立平衡迭代方程，采用"N-R法"迭代求解非线性方程

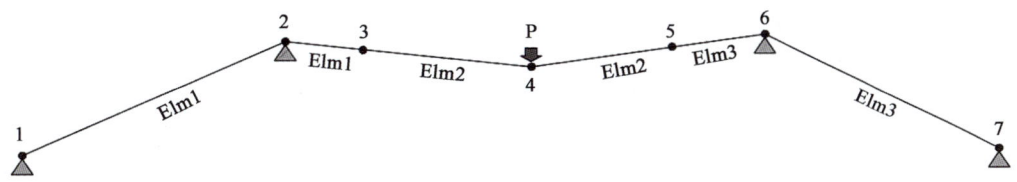

图 7‑20 单工作跨的缆索吊机承载索有限元计算模型

组。使用 MathCAD 工程数学软件编写计算程序,如图 7‑21 所示。

温度荷载[17]可以通过改变单元无应力索长 L_0 和自重荷载集度 w 的方式来考虑:

$$\left.\begin{array}{l} L_0' = L_0(1+\alpha\Delta T) \\ w' = \dfrac{wL_0}{L_0'} \end{array}\right\} \quad (7-10)$$

式中 α——温度线膨胀系数;

ΔT——温差。

(3)缆索初始状态求解。缆索在进行非线性计算时,需给出索‑轮单元的无应力索长。通常将最大吊重时的缆索垂度作为控制参数。先取工作跨缆索进行计算,以最大垂度 f_{max} 作为目标,采用"二分法"搜索工作跨无应力索长;然后分别分析两侧锚跨缆索,根据索鞍处索力连续条件,可得出锚跨在索鞍处的拉力 T,以此拉力 T 为目标,采用"二分法"搜索锚跨的无应力索长。将各段的无应力索长求和得出缆索的总无应力索长,再按各单元弦长比例分配即可。通常无应力索长 L_0 的初始范围可根据下式确定:

$$L_0 = (0.5 \sim 1.5)l \quad (7-11)$$

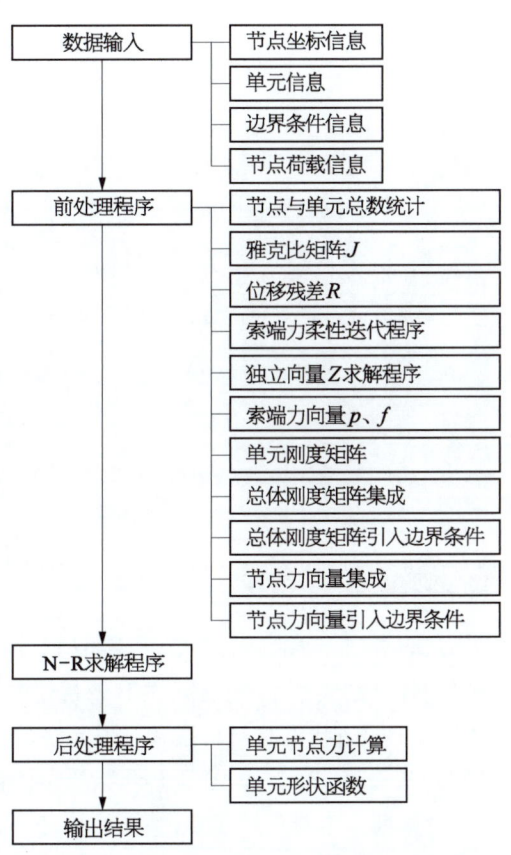

图 7‑21 承载索几何非线性计算程序

式中 l——索段弦长。

7.3.2.6 与解析解对比分析

缆索吊运系统承载索为两组,每组承载索由 8 根 ϕ50 密封钢丝绳组成,设计最大吊重垂度 40 m,最大起重量 1 000 kN。取单根钢丝绳进行计算分析,其中弹性模量 E=160 000 MPa,索截面面积 A=1 790 mm^2,索自重荷载集度 w=0.143 kN/m,荷重点荷载 P=178.3 kN。以最大吊重时跑车位于跨中处作为初始状态,用"二分法"求得缆索的无应力总索长为 1 450.633 m。实际上,工作跨缆索上存在两个荷重跑车,其间距为 20 m,但跑车间距相对索的跨径较小,已有研究验证了这种情况对索的受力影响很小,可以视为单个荷重点分析。

为验证上述非线性有限元计算程序的正确性,以合江长江一桥为依托,将有限元计算结果与解析法计算结果进行对比,计算结果见表 7-1、表 7-2。其中,状态 A 代表最大吊重时,荷重跑车位于跨中工况;状态 B 代表无荷初始安装状态工况;状态 C 代表最大吊重时,荷重跑车位于距离左岸塔架 40 m 处工况。

表 7-1 解析法与有限元法计算结果对比

序号	状态	最大索力/kN			垂度/m		
		解析法	有限元法	相对差/%	解析法	有限元法	相对差/%
1	A	765.6	766.4	0.1	40.0	40.0	0.0
2	B	289.5	285.6	1.4	19.1	19.4	1.5
3	C	533.0	513.0	3.9	16.4	17.1	3.8

表 7-2 状态 C 的有限元非线性计算结果

单元	索段	F_{xI} 和 F_{xO}	F_{yI} 和 F_{yO}	F_{xO} 和 F_{xJ}	F_{yO} 和 F_{yJ}	T_I 和 Y_O	T_O 和 T_J
1	I-O	−467.1	−146.3	467.1	212.1	489.5	513.0
1	O-J	−470.6	204.2	470.6	−202.9	513.0	512.5
2	I-O	−470.6	202.9	470.6	−198.0	512.5	510.6
2	O-J	−510.2	19.7	510.2	52.4	510.6	512.9
3	I-O	−510.2	−52.4	510.2	53.7	512.9	513.0
3	O-J	−467.5	211.2	467.5	−149.2	513.0	490.8

从表 7-1 可知,两种计算方法的结果存在一定差异。状态 A 解析法和有限元法的最大索力和垂度的计算结果基本一致;状态 B 解析法和有限元法的最大索力和垂度的计算结果相对差分别为 1.4% 和 1.5%;状态 C 解析法和有限元法的最大索力和垂度的计算结果相对差较状态 A 和 B 大,分别为 3.9% 和 3.8%,均在工程可接受范围内。状态 A 和状态 B 存在差异主要是因为抛物线理论与悬链线理论本身存在差异,小垂度状态下,两种理论的差异并不大,但随垂度的增大,这种差异造成的影响会增大。状态 C 计算结果存在差异的主要原因除了抛物线和悬链线理论外,更受到能否满足索力连续条件的影响,故其差异较状态 A 和状态 B 大。

另外,分析状态 C 可知,荷重跑车越靠近塔架索鞍,其解析法和有限元法计算结果差异越大,在跨中时最小,如图 7-22、图 7-23 所示。图中,X 为荷重跑车距离塔架索鞍的水平距离,T_{max} 为最大索力结果,e 为相对差。

由图 7-22 还可以看出,在距离塔架索鞍 15 m 处,两种方法的索力相对差为 8.1%,垂度相对差为 10.4%,误差已超出了工程可接受限度。但由于此时的索力并不是缆索处于最大索力状态时刻的索力,此差异并不影响缆索本身的强度验算结果,但对塔架以及缆风绳的计算会有一定影响。另外,由表 7-2 可知,本节的算法可以满足索力连续条件,反映了不考虑索力连续条件的计算方法的局限性,以及本节索-轮单元法计算的必要性。

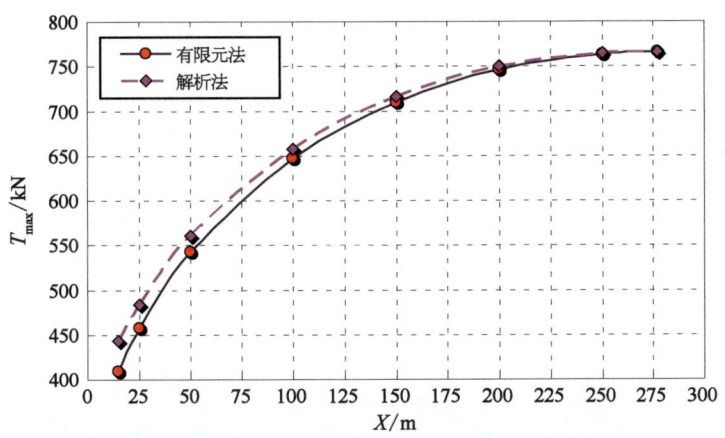

图 7-22　状态 C 荷重跑车移动时索力变化

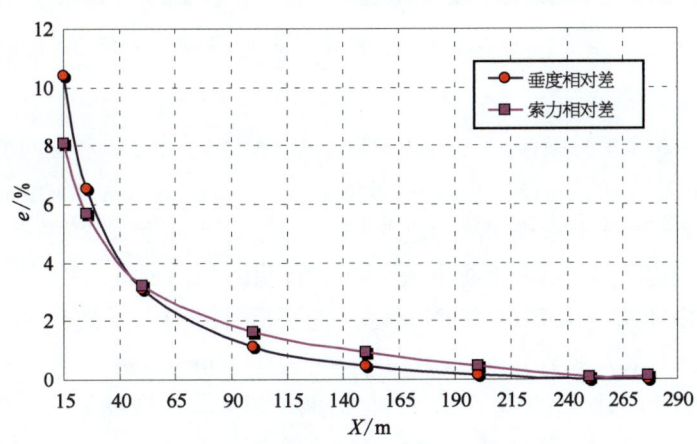

图 7-23　状态 C 两种方法计算结果差异变化

7.4　合江长江一桥缆索吊运系统

7.4.1　缆索吊运系统设计及强健性研究

7.4.1.1　缆索吊运系统设计

1) 整体设计

拱桥缆索吊运系统在整体上分为顺桥向设计和横桥向设计。顺桥向设计只需结合地形地貌、施工安排、结构影响、主索垂度、净空、安装对象分布跨度等因素综合考虑；横桥向设计还必须考虑强健性和经济性等问题，相对顺桥向设计较为复杂。缆索吊运系统常见的顺桥向总体布置形式有无塔单索跨式、单塔双索跨式、双塔三索跨式、三塔四索跨式等几种。其中无塔单索跨适用于跨深谷的桥梁，索鞍为横向限位索鞍，其本身靠主索支承，但同时被锚在主地锚之上，无法横移,不常用;单塔双索跨适用于桥垮一侧较陡峭,而另一侧相对平缓的地形,也不常见;双塔三索跨为最常见的主索布置形式;三塔四索跨适用于总跨径大的多跨连拱大拱桥吊运,如杭州钱塘江四桥。

合江长江一桥缆索吊运系统是主桥上部结构施工的关键设施。根据桥宽、节段长度及重量、拱肋安装高度、地形、气象、施工进度等条件来进行缆索吊运系统的设计。结合合江长江一桥自身特点,该桥采用双塔三索跨布置形式(图7-24)。总体布置为430 m(重庆岸锚跨)+554 m(工作跨径)+405 m(宜宾岸锚跨)。

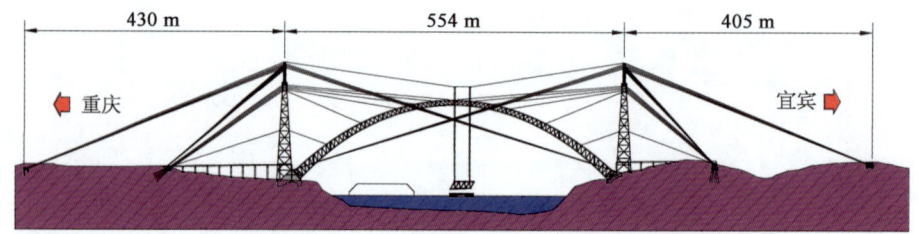

图7-24 合江长江一桥缆索吊机总体布置设计

2) 起重和牵引系统设计

起重系统主要由起重滑轮组(跑车、下挂组成)、起重索、起重卷扬机和导向滑车等部件组成。

合江长江一桥吊运系统设置两组承载索,每组承载索由8根φ50密封钢丝绳组成,承载索主跨554 m,吊运能力为2×1 000 kN,横向吊运范围28.6 m,主索可通过索鞍横移系统移动到构件安装位置,其设计最大吊重垂度40 m,最大起重量1 000 kN。用抛物线解析法进行主索计算[6-7],单组索计算承载能力为1 350 kN(净吊重1 000 kN+跑车、起重牵引钢丝绳、吊具等重量350 kN)。承载索的安全系数不小于3.0,最大垂度40 m,安装初始垂度为23.6 m。主索采用捆绑方式进行锚固。单组索设有两个间距18 m的吊点,考虑到抬吊拱肋时两个吊点不能均衡受力,单个吊点的起重能力按单组索设计载重能力的2/3设计,即单个吊点设计起重能力为660 kN。单个吊点需两台10 t卷扬机提供起重动力,全桥两组主索共需8台10 t卷扬机。

起重滑轮组位于跑车轮之下,分上下两组,上滑轮组为定滑轮组,与跑车联系在一起,下滑轮组为动滑轮组,与构件吊点千斤绳联系在一起。起重索套绕于起重滑车组后经过导向滑车进入起重卷扬机,作为传送动力的纽带。缆索吊运系统通常都为双跑车双吊重,双跑车起重系统各自独立。

起重绳采用φ24钢丝绳(6×37+FC,强度等级1 670 MPa),走14线,起重绳最大拉力安全系数大于5.0,接触应力安全系数大于2.0。跑车牵引采用往复式牵引方式,单个跑车牵引动力需两台20 t卷扬机提供,全桥需要8台20 t卷扬机。牵引绳采用φ28钢丝绳(6×37+FC,强度等级1 670 MPa),走4线,牵引绳的拉力安全系数大于3.5,接触应力安全系数大于2.0。起升和牵引卷扬机分别布置在两地锚处,利用PLC电气集中控制系统实现所有卷扬机的集中控制,两岸采用无线传输控制信号,同时保留原有的继电器控制柜作为备用控制系统。

牵引系统主要由跑车轮、牵引绳及牵引卷扬机等组成,其部件组成及工作原理如图7-25所示。跑车轮是根据主索数量及规格特制的一组滚轮,可来回在主索上跑动,同时通过与起重滑轮

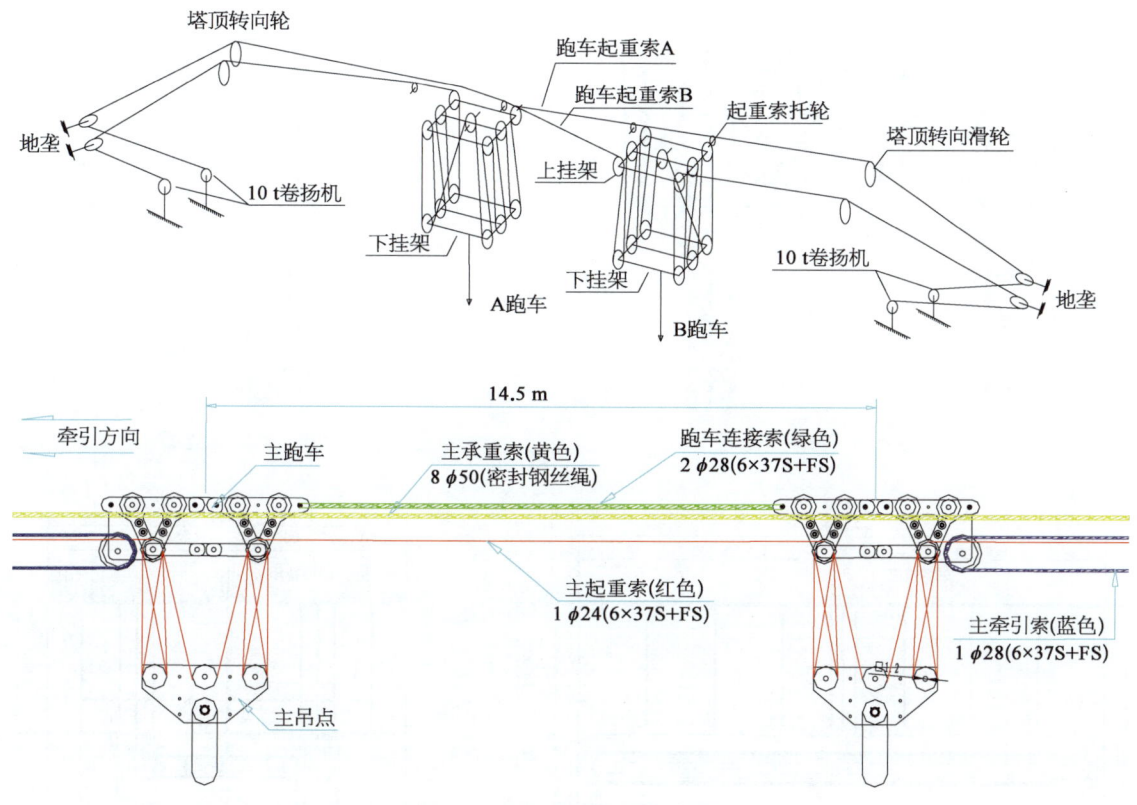

图 7-25 缆索吊运原理示意图

组连接,将起吊物重力均匀传递至主索。跑车轮、牵引绳与起重滑轮组构成跑车。主索上一般都设有两台跑车,间距依吊重物两吊点距离而定,其间用一根短钢丝绳相连。跑车前后设置牵引索,运行时前(后)牵引索牵引,后(前)牵引索放松,双线牵引式两岸均独立设牵引卷扬机,单线封闭回路式只需一岸设牵引卷扬机。

3) 吊塔与格子梁

合江长江一桥重庆岸吊塔和宜宾岸吊塔对称,承重主索与工作主索用同一个吊塔,吊塔立于扣塔塔顶,吊塔与扣塔的连接形式为铰接。吊塔采用 M 形万能杆件组拼成双柱门式索塔,其布置如图 7-26 所示。格子梁位于扣塔顶端,全桥共有四个格子梁。每个格子梁共设两根主横梁、一根次横梁和三根纵梁,纵梁之间通过横肋连接,与主次横梁连接形成整体,如图 7-27、图 7-28 所示。扣塔顶部八根主钢管与主横梁槽钢焊接,横肋上铺面板,面板与周围梁的翼缘板通过焊接格子梁上顶面,吊塔与格子梁通过铰与下部的扣塔形成扣吊系统。

塔架系统采用"吊扣合一"的方式,即将吊塔置于扣塔顶部,吊塔与扣塔通过铰座连接,吊塔为万能杆件拼制。吊塔高 29.6 m,采用加强万能杆件搭设,拱肋起吊位置的加强立杆为双 4N1 铁,用特殊节点板将 2 个 4 支 N1 铁连接在一起。根据两岸地形、地质条件,重庆岸地锚采用钢筋混凝土桩式地锚,宜宾岸地锚采用重力式地锚。缆索重庆岸地锚桩基共有 6 根,直径 1.5 m,桩间距 2 m,桩长 7 m,混凝土为 C30 混凝土。

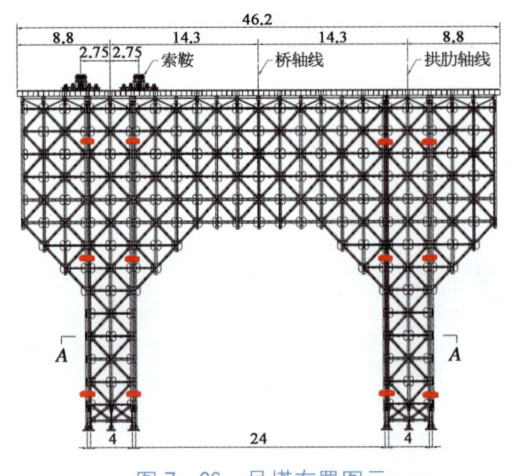

图 7-26 吊塔布置图示

图 7-27 格子梁位置立面图

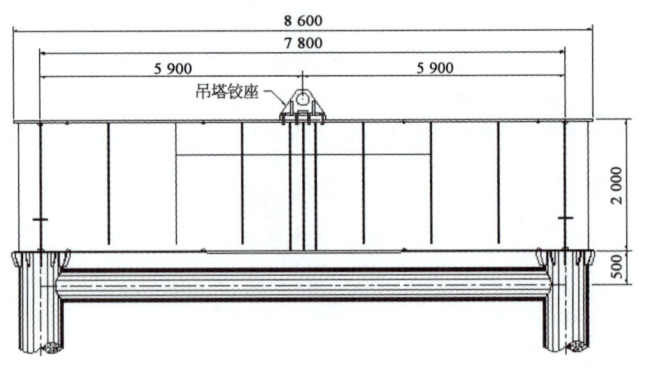

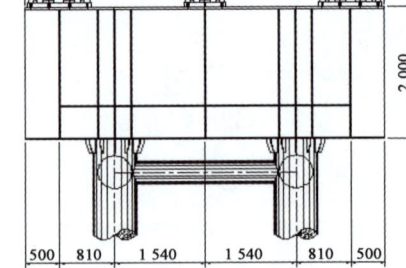

图 7-28 格子梁构造

7.4.1.2 强健性设计

1) 强健性设计概念

强健性是评定结构抵抗连续破坏能力的一个重要指标,指结构在火灾、爆炸、冲击以及各种人为错误或破坏等突发事件作用下,不发生与初始破坏不成比例的大范围倒塌的能力,体现了结构对局部破坏的不敏感性。在目前规范中普遍缺乏对强健性设计的相关规定,其主要依赖于设计工程师对强健性重要性的认识、对结构体系受力概念的理解与掌握和对构造措施的把握以及社会责任感,强调结构的强健性设计是非常必要的。

2) 缆索吊运系统强健性设计方法

缆索吊运系统施工环节众多、管理难度大、高空作业时间长、风险较大。传统的缆索吊运系统设计缺乏容错性,强健性不强。当起重钢丝绳从一岸的卷扬机绕过跑车、下挂滑车组,再进入另一岸的卷扬机时,若此钢丝绳因某种原因发生破断,其中一个吊点就会整体下落,造成吊重全部转移到另一个吊点,可能会导致吊运构件坠落,引起吊运系统的巨大破坏,造成重大损失。另外,破断的钢丝绳顺桥方向扫荡而过,可能造成大量人员伤亡和重大经济损失。图 7-29 是国内某知名企业修建某著名特大桥所用缆索吊运系统,显然,其强健性不强。

第 7 章 缆索吊运系统设计、施工与应用

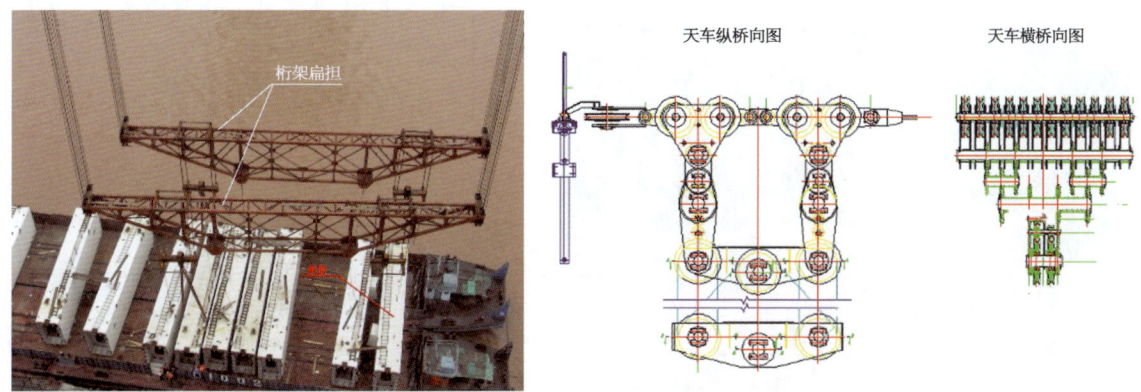

图 7-29 某建设桥梁的缆索吊运系统

目前已有文献针对钢管混凝土拱桥悬吊桥面过程中的强健性研究开展得较多，而忽略了其钢拱肋吊运过程中的强健性问题。事实上，500 米级超大跨度钢管混凝土拱桥缆索吊运系统的吊重通常接近其至超过 2 000 kN，吊重大、主索多，对其强健性的要求较中小跨径拱桥更高。如何增强其缆索吊运系统的强健性和容错性是超大跨度钢管混凝土拱桥缆索吊运系统设计研究的主要任务之一。

基于对超大跨钢管混凝土拱桥缆索吊运系统设计的归纳总结，结合丰富的钢管混凝土拱桥施工现场工作经验，提出采用主索分组和扁担梁抬吊构件的起吊方法，以增强缆索吊运系统的强健性。为同时提高其经济合理性，主索设计为可横移式。主索横移通过塔顶索鞍横移系统实现，即安装上游拱肋时将主索全部移至上游，安装下游拱肋时将主索移至下游；安装横联时将主索移至中间；安装桥面格子梁时将主索分开至拱肋两侧，如图 7-30 所示。可横移式主索吊运系统较常规缆索吊运系统可减少一半的主索和卷扬机等设备，大幅度降低项目成本和一次性投入。

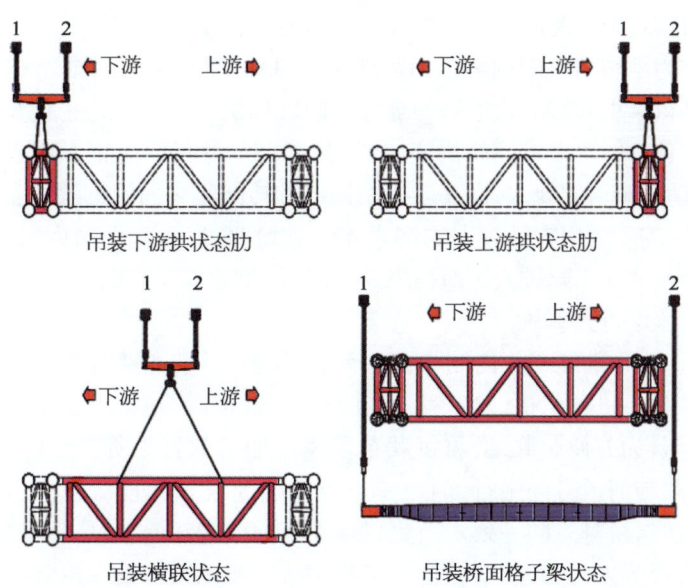

图 7-30 主索横向工作状态及主索横向分组示意图

图7-31 合江长江一桥缆索吊运系统

为提高缆索吊运系统的强健性,合江长江一桥缆索吊运系统采用了上述改进设计方法,该桥主索和工作索均可实现横移,施工中对主索进行分组,利用扁担梁抬吊构件。大桥原吊运系统设计一组主索,该桥在实际施工中将一组主索和起重拖拉系统各分为两组,通过扁担梁抬吊构件,如图7-31所示。

采用该法的优点之一在于,即使一组起重索或者拖拉系统出现问题,还可依靠另一组。而且通过分组可减小起重绳和拖拉钢丝绳的直径,使其工作性能更易保证。此改进设计方法实现该桥钢拱肋吊运过程安全有序地进行,该套技术可应用于类似工程。

7.4.2 超大跨钢管拱肋吊运系统关键技术研究

7.4.2.1 新型索鞍横移系统设计技术

索鞍是安装在塔架顶部横移轨道上用以支承缆索的装置,通过索鞍上的横移装置,主索可横移到构件安装位置,施工相当方便。本节针对当前索鞍横移系统设计中存在的问题,开发了一种可有效减小连接索鞍与卷扬机的钢索同转向轮之间摩擦力的新型索鞍横移系统。该系统可克服连接钢索因与转向轮磨损严重而导致的钢索断裂问题。

1) 常规索鞍横移系统设计存在的问题

缆索吊运施工方法由于不受气候和地形等因素的限制,在桥梁建筑施工中,特别是拱桥中得到广泛运用,成为目前我国大跨度拱桥无支架施工的主要方法。缆索吊运系统通过在两塔架顶端安装索鞍,以安装作为承重结构的钢索。为实现不同轴线拱肋的吊运,通常在塔架顶部铺设轨道后安装索鞍,用卷扬机牵引索鞍沿轨道移动至各拱肋轴线位置完成吊运工作。由于卷扬机通常布置在地面,需在塔架顶部的两端设置转向座,将连接索鞍与卷扬机的钢索由水平转为竖直。目前为了降低对卷扬机动力牵引的要求,会在连接卷扬机和转向座之间的钢索上安装滑车组。连接索鞍和滑车组的钢索则需要采用直径较大的钢索才可满足要求,大直径的钢索在经过转向座时,与转向轮的接触面积大,从而引起较大的摩擦力,导致该段钢索以及转向座的转向轮磨损严重,甚至引起该段钢索断裂,酿成重大事故。

目前拱肋节段通常在陆地工厂内制作,后运输至建桥位置,并通过缆索吊运系统提升至安装位置,利用斜拉扣挂体系进行组拼。当工程所在地位于江河时,通常采用船只运输拱肋节段。由于拱肋节段呈长条形,为方便装载,会将拱肋节段顺着船身放置。所以当船行驶到索缆下方时,船上装载的拱肋节段与河道方向平行,而与安装就位的节段呈垂直状态,此时船只需要转向,使船身处于索缆下方并与桥身方向一致。当船只横在河面或者江面上时,其船身一侧受到冲击,在水流湍急的河道中,极易发生倾覆,造成重大工程事故。所以目前亟须探索一种更安全可行的节段起吊方法。

2)新型索鞍横移系统设计技术

为解决常规索鞍横移系统在索鞍横移过程中易出现钢丝绳破断的问题,提出取消连接钢丝绳,将滑车组直接设置于塔顶的设计方法。索鞍两侧分别设置两个双联滑车组,定滑车固定在轨道梁的端头,动滑车连接索鞍,钢丝绳转向至地面卷扬机,通过收紧或放松滑车组的方式实现索鞍的横移。主索工作时,需将索鞍固定,为加强索鞍锚固的可靠性,除销紧滑车组外,可增设精轧螺纹钢锚固装置,利用4根精轧螺纹钢将索鞍锚固于轨道梁端头。

上述新型索鞍横移系统设计组成如图7-32所示。该系统的设计要点为横移导轨固定安装在塔架顶部,两台索鞍平车分别滑动安装在横移导轨上,通过连接杆连接。两个转向座分别固定安装在导轨两端,对应地面位置分别布置一台卷扬机,卷扬机通过缆索绕过对应的转向座与对应的索鞍平车的一端连接。索鞍平车与对应的转向座之间的缆索上分别安装一组滑车组,滑车组安装在索鞍平车与转向座之间的钢索上,将连接滑车组与卷扬机的直径较小的钢索绕过转向座,使得钢索更容易通过转向座,减小了两者之间的接触面积,从而减小摩擦力,进而减轻钢索与转向座的转轮之间的磨损,降低钢索因磨损而断裂的危险。

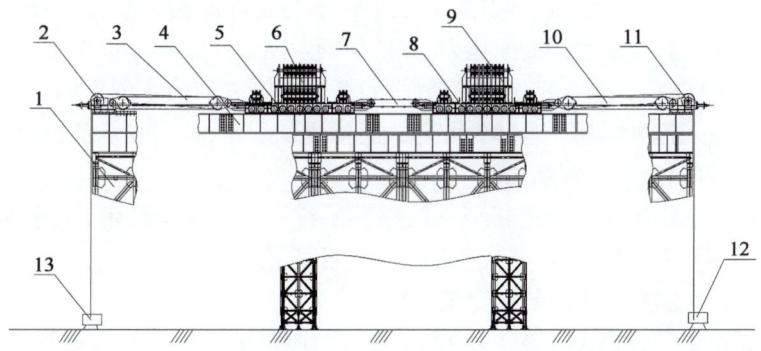

1—塔架;2—转向座Ⅰ;3—滑车组Ⅰ;4—横移轨道;5—索鞍平车Ⅰ;6—索鞍Ⅰ;7—连接杆;8—索鞍平车Ⅱ;
9—索鞍Ⅱ;10—滑车组Ⅱ;11—转向座Ⅱ;12—卷扬机Ⅱ;13—卷扬机Ⅰ

图7-32 新型索鞍横移系统设计

3)新型索鞍横移系统施工方法

图7-33给出上述新型索鞍横移系统的主要施工步骤。当船只到达拱肋节段安装位置正下方后,船身顺着河流水流方向停止并抛锚固定(图7-34)。船身顺着河流水流方向停放,只在船头或者船尾受到水流的冲击,减小了船体受到水流的冲击力,船体更加稳定,可以确保在水流湍急的河道中顺利运输和吊运,而不会侧翻。同时将多根拱肋节段并排放置在船上一起运输,提高了运输效率,节省了运输成本。另外如图7-35所示,在拱肋节段吊运步骤中,在载重小车(401)下端连接有转动吊钩(402)。旋转吊钩402钩住拱肋节段303(图7-36),在起重缆索提供的动力下起吊拱肋节段,当拱肋节段吊离船体时,将拱肋节段旋转至与拱肋方向一致,然后再继续吊升拱肋节段至安装位置。

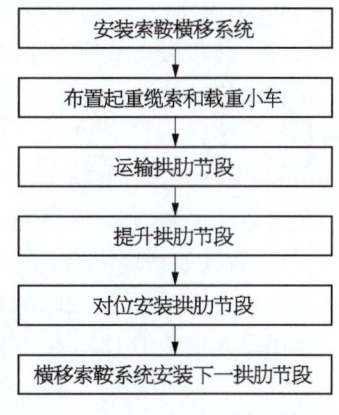

图7-33 新型索鞍横移吊运系统

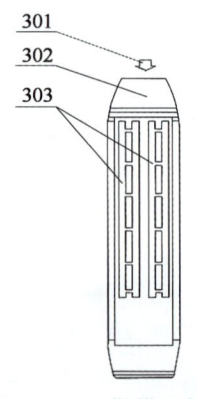 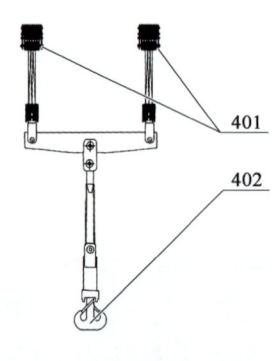 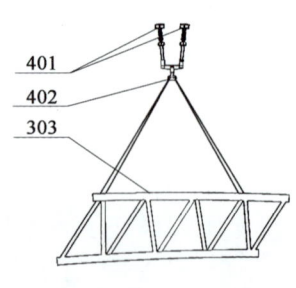

图 7‑34　抛锚固定　　　　图 7‑35　旋转吊钩 402　　　　图 7‑36　节段吊运

4）新旧索鞍横移系统对比

与现有索鞍横移系统相比，本节提出的新型设计技术主要有以下两大优点：

（1）新型索鞍横移系统设计。将滑车组安装在索鞍平车与转向座之间的钢索上，用连接滑车组与卷扬机的直径较小的钢索绕过转向座，减小了钢索与转向座的转向轮之间的接触面积，从而降低了钢索与转向座的转向轮之间的摩擦力，降低了钢索因磨损而断裂的危险。

（2）新型索鞍横移施工方法。运输拱肋节段的运输船顺着河流水流方向，只在船头或者船尾受到水流的冲击，减小了船体受到水流的冲击力，船体更加稳定，使得在水流湍急的河道中也能顺利运输和吊运拱肋节段，而不会侧翻。

合江长江一桥施工中应用了上述新型索鞍横移系统设计及施工技术，实施效果良好，该项技术可较好地应用于 500 米级超大跨钢管混凝土拱桥钢拱肋吊运。

7.4.2.2　大节段拱肋水上转向起吊安装技术

合江长江一桥吊运节段最大长度达到 40 m，最大节段重量达到 1 970 kN，其起吊、安装难度大。按常规工艺，须将船横水流方向抛锚定位再起吊拱肋，但长江川江航段江面窄、水流急、潮来潮去落差大，不允许大船横向抛锚定位。当拱肋的起吊位置位于江河上时，运输船上的拱肋与安装拱肋轴线成正交关系，缆索吊前后吊点为顺桥向布置，因此需要转变运输船的方向，使其与安装轴线一致，这样运输船就会向横水流方向停泊，在流速不大的河段可实现。但合江长江一桥位于长江上游，该处河段水流较急，拱肋安装时正值洪水季节，难以实现横水流停船，造成拱肋起吊困难。为此本节提出回转梁式吊具结合定位船的技术，解决了该难题。

该技术的具体设计思路及实施方案为采用吊点扁担梁和 2 000 kN 的旋转吊钩，并配合定位船进行拱肋安装，如图 7‑37 所示。吊点扁担梁挂在两组主索的吊点下面，扁担梁上再安装 2 000 kN 旋转吊钩。拱肋安装前，将定位船固定。拱肋安装时，将运输船开到定位船旁边，靠在定位船上抛锚固定。启动主索跑车到运输船上方，放下旋转吊钩，将拱肋吊起并旋转 90°，使拱肋成顺桥轴线方向，然后将其放到定位船上临时存放。而后拆除 2 000 kN 旋转吊钩，用前后两个吊点将拱肋重新垂直吊起，就位安装。如此运输船到达桥位后，不需横水流方向停船即可安装拱肋。

主吊点连接两组 135 t 平衡梁，再采用 ϕ60 千斤头串接一套 200 t 吊具，组成中心可旋转的平衡吊具，如图 7‑38 所示。待拱肋平面位置旋转 90°后，将其放在定位船上，卸下 200 t 吊具，重新捆绑拱肋，起吊安装。

第 7 章 缆索吊运系统设计、施工与应用

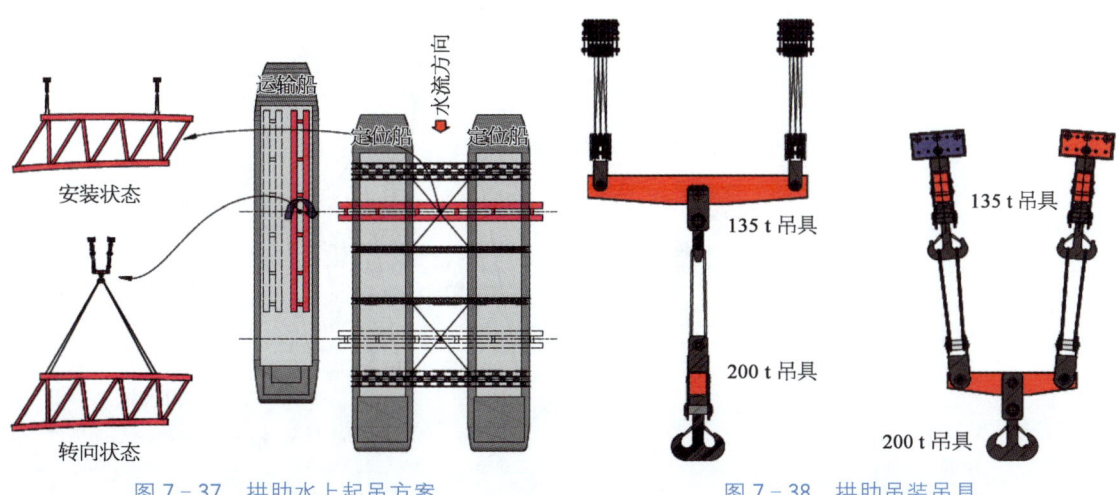

图 7-37 拱肋水上起吊方案　　　　图 7-38 拱肋吊装吊具

合江长江一桥在起吊中采用了拱肋水上起吊转向技术,其定位船由两条 2 000 t 级的平板驳船组成,并用贝雷桁架连接成双体船。第一次定位在重庆岸拱肋第 6 节段正下方的位置,距离重庆岸河岸约 118 m,如图 7-39、图 7-40 所示。此时,重庆岸一侧水域被施工占据,须进行航道管制,将航道改到非施工水域的宜宾岸一侧。拱肋每一轮吊运 4 段,在上游侧安装完 4 段后,横移主索到下游一侧,进行下一轮 4 段安装。安装了 4 段以后,再横移主索到上游,再安装上游 4 段,如此循环。当完成重庆岸及宜宾岸的第 1~6 节段拱肋安装后,移动定位船至宜宾岸拱肋第 9 节段正下方,距离宜宾岸河岸约 190 m。利用水中混凝土锚和岸上地锚,挂钢丝绳将定位船固定,进行第二次定位。此时,宜宾岸水域被施工占据,建议将航道改至重庆岸一侧已安装完拱肋的正下方。

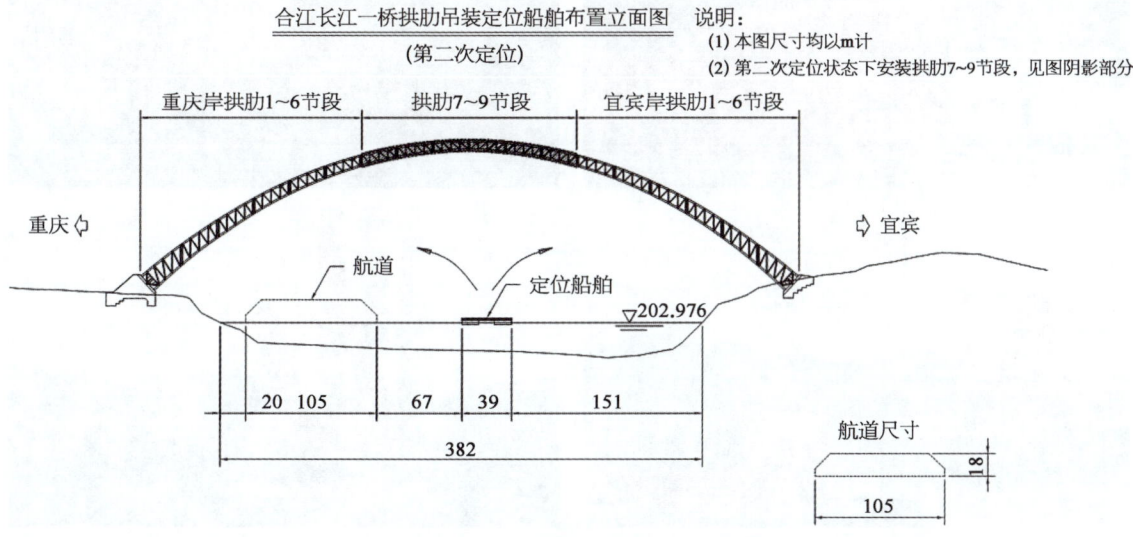

图 7-39 定位船及航道立面布置

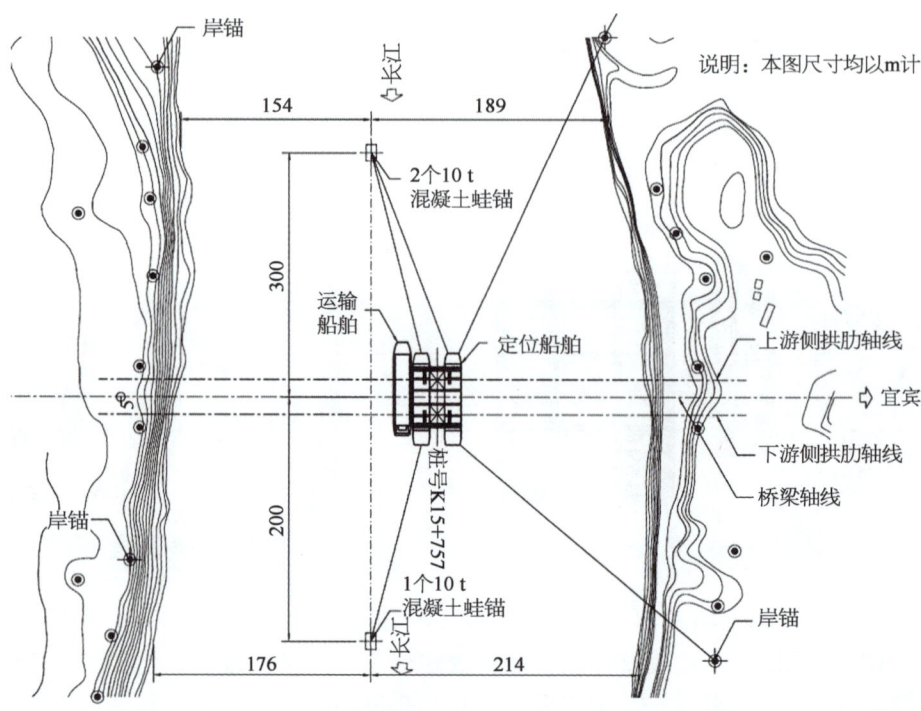

图 7-40　定位船及航道平面布置

拱肋节段平移到定位船之上,拉好定位浪风,锁固拱肋,完成拱肋方位转换,如图 7-41 所示。在横向缆风的帮助下,确保了安全、优质、高效地完成拱肋安装。合江长江一桥拱肋安装从 2011 年

图 7-41　拱肋节段起吊安装

第 7 章 缆索吊运系统设计、施工与应用

9月1日正式开始,到2012年12月24日顺利完成,除去15 d系统调试、49 d天气运输等影响,实际用时58 d完成36节段及全部横联共6 200 t的拱肋安装,基本达到1.5 d/段的安装速度。

水上起吊转向技术首次采用回转吊具解决了激流河段船只不能横水流方向停船的问题,安全经济有效。今后山区激流河段修建桥梁越来越多,跨径越来越大,节段长度越来越大,运输船只越来越长大,横水流方向停船风险和难度越来越大,甚至完全不可行,该技术优势会越来越明显。

该项技术投入小、安全可靠、适用面广,可用于预制场地大型构件的龙门吊起吊转向,也可用于斜拉桥桥面梁吊运安装的起吊转向。比如508 m叠合梁斜拉桥——惠罗高速红水河特大桥桥面梁吊运中采用该技术,实现了节段的安全起吊。

7.4.3 缆索吊运系统安全检校

为验证上述缆索吊运系统设计及施工技术是否安全合理,需在正常运行前展开检校工作,主要从现场试吊进行分析。

7.4.3.1 试吊方案

在缆吊系统完成安装后(拱肋正式吊运前),对缆索系统进行试吊。通过试吊,可检验整个缆索吊运系统的工作性能,充分了解各结构受力和偏位情况,对后续拱肋正式吊运具有指导作用。试吊荷载通常应分级进行,合江长江大桥试吊中按设计额定吊重的26%G、52%G、83%G、104%G及120%G(G为最大设计吊重200 t)进行加载。26%、52%、83%和104%试吊重物均设置在重庆岸塔架前约35 m处,120%试吊重物设置在驳船位置处。试吊重物为施工单位预制的20 m箱梁,每片箱梁52.1 t。试吊26%荷载时,吊钩挂1片箱梁;试吊52%、83%、104%时,吊重箱梁数量分别为2、3、4片;试吊120%时在104%基础上加载两个水锚,每个水锚重10 t。

7.4.3.2 试吊结果

在试吊过程中对各个工况下吊塔的应力及变形、扣塔的应力及变形、格子梁的应力、主缆垂度、索力及主地锚的变位进行了监测。由于在测试之前宜宾岸扣塔底部的所有应力传感器均已损坏,于2011年8月23日对宜宾岸的应力传感器进行了补装,所以此次记录的所有应力数据均是试吊荷载引起的应力增量(重庆岸下游江测也是如此)。重庆岸扣塔底其他位置的应力数据由扣塔自重、格子梁自重以及吊塔自重和试吊荷载共同产生。

试吊过程中两岸吊塔、格子梁以及扣塔的应力均在容许范围值内,满足使用要求。证明前述超大跨度钢管混凝土拱桥钢拱肋吊运系统设计及施工技术合理。分析应力数据可发现,由于整个试吊均在上游侧进行,吊塔自重对格子梁底部应力影响较大,再加上吊重的影响,导致上游格子梁铰座底部受力较其他部位应力大;吊塔和扣塔应力均处于较低水平。另外在各个试吊工况下,均出现了吊塔偏位过大的问题,同时导致扣塔偏位增大。试吊52%设计吊重时,由于拖拉牵引绳和后缆风绳位置布置不当,导致两者相互摩擦,以至于试吊至跨中便返回重庆岸进行卸载。此类问题在施工中应该引起注意,提前做好防范工作。

缆索吊运施工方法因跨越能力强、航道影响小且适应性强等众多优点成为大跨度钢管混凝土拱桥最具竞争力的施工方法,但随着拱桥跨度的进一步增大,超大跨度钢管混凝土拱桥应用缆索吊运施工方法时仍面临索跨大、吊运重、索塔高而稳定性差、环境复杂等难题。本节在此背景下开展了超大跨度钢管拱缆索吊运系统的设计研发工作,得到了如下结论:

（1）本着安全可靠、经济适用的原则，对超大跨钢管混凝土拱桥吊运系统进行设计，提出了基于分组设计的主索可横移技术与扁担梁构件抬吊技术，提高了缆索吊运系统的强健性与经济性，且成功应用于合江长江一桥，满足了超大跨(超500米级)钢管拱肋吊运施工的需求。

（2）为保障结构施工过程的安全，开发了新型索鞍横移系统和大节段拱肋水上转向起吊安装创新技术，降低了钢索因磨损而断裂的风险，同时有利于拱肋节段在河道水流湍急情况下的顺利运输和吊运；解决了激流河段船只不能横水流方向停船的问题，且投入小、安全可靠、适用面广。

（3）基于索-轮单元法开展缆索吊机承载索的几何非线性有限元计算，解决了抛物线解析法和常规两节点悬链线单元法在计算连续索结构时无法满足索力连续条件的问题；提出了正、倒两种索-轮单元共同应用的方法，解决了以往方法不能解决荷重点满足索力连续条件的问题。

（4）提出了索-轮单元独立变量 Z 迭代求解时初值选择方法，该方法避免了在计算过程反复调试 Z 的初值，更易于计算机程序的实现。利用 MathCAD 工程数学软件编写了计算程序进行有限元分析，同时计算其解析解。以合江长江一桥为例进行验证与比较，状态 A 解析法和有限元法的最大索力和垂度的计算结果基本一致，状态 B 解析法和有限元法的最大索力和垂度的计算结果相对差分别为 1.4% 和 1.5%，状态 C 解析法和有限元法的最大索力和垂度的计算结果相对差较状态 A 和 B 大，分别为 3.9% 和 3.8%，均在工程可接受范围内，验证了计算方法的正确性。

7.5　平南三桥缆索吊运系统

平南三桥桥型布置如图 7-42，拱肋节段如图 7-43 所示。

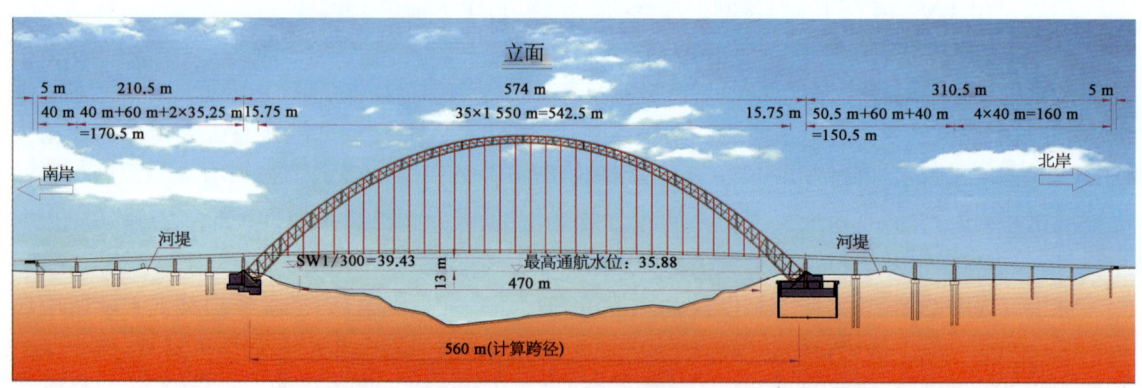

图 7-42　桥型布置

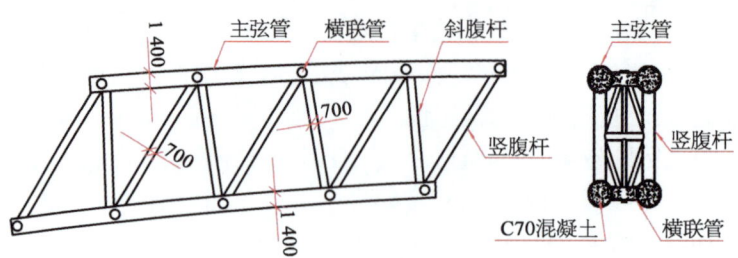

图 7-43　拱肋节段示意图

单侧主拱肋共分为 22 个节段,以桥梁中心线对称布置,两岸以跨径中心对称,全桥共计 44 个节段。拱肋中距 30.1 m,桥面以上每一节段间均设一道 I 形横撑和一道△形横撑,共计 16 道(不含拱脚处横撑)(表 7-3)。

表 7-3 主拱圈吊运节段重量统计

节段编号	规格/m	单段重量/t	数 量
1	22×17×4.8	156	4
2	31×16×4.8	164	4
3	30×14.5×4.8	129	4
4	28×14×4.8	127	4
5	45×13×4.8	215	4
6	40.5×12×4.8	197	4
7	37.5×11×4.8	186	4
8	35×10.5×4.8	181	4
9	31×10×4.8	173	4
10	32×9.2×4.8	169	4
11	31×9×4.8	163	4

7.5.1 缆索吊运系统设计与计算

缆索吊运系统主要由主索道系统和工作索道系统组成。主索道系统设置 2 套,工作索道系统设置 4 套,布置在主索道两侧。每套主索道系统具备独立吊运、联动抬吊的性能。每两组工作索道依附于一组主索道两侧,负责辅助主索道的工作。主索道主要用于拱肋节段、桥面节段的安装,先吊运拱肋及附属构件,后吊运桥面梁。工作索道主要用于吊运施工期间的小型机具、材料和构配件。每套工作索道均可独立进行吊运作业。

缆索吊运系统由承重索、牵引索、起重索、跑车、索鞍、支索器、吊点、卷扬机、塔架、地锚及电控系统等组成(图 7-44)。

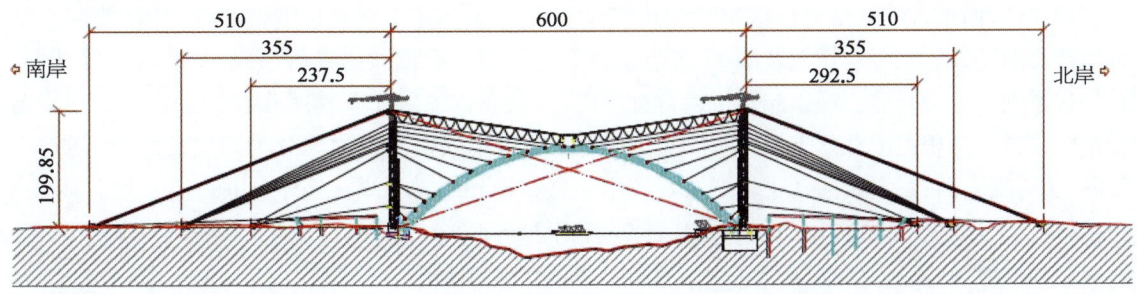

图 7-44 平南三桥塔架缆索吊运系统平面布置

1) 缆索起重机设计

缆索起重机主要用于拱肋节段、桥面梁节段吊运。吊运拱肋节段和桥面梁节段时,吊点位置不一致,可通过塔顶索鞍的横移移动,实现缆索起重机覆盖整个桥梁范围。吊运拱肋时,将两组主索道合并,形成一套大的主索道;吊运桥面梁节段时,将两组主索道分离,四个吊点协同工作,共同抬吊。两套主索道均具备协同起吊、独立起吊的功能(图7-45)。

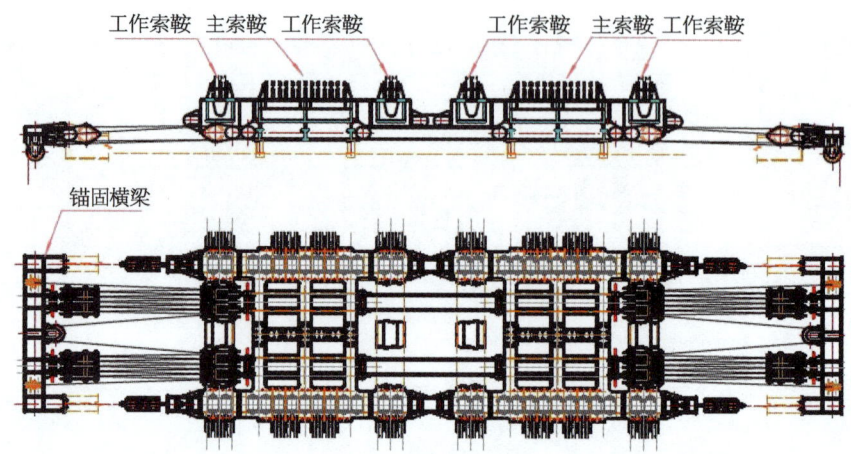

图7-45 索鞍及横移系统布置

2) 新型跑车和支索器

针对传统跑车运行效率较低、安全性有待提高的问题,研发了新型起重跑车和支索器。起重跑车由牵引动滑轮组、起升定滑轮组、走行滚轮、连杆等组成。主索道系统采用双吊点设计,每套系统有两台起重跑车,命名为红跑车和蓝跑车,倒挂在承重轨索上。两台起重跑车之间用钢丝绳串联。每台起重跑车有8个走行滑轮,分成两组支承承重索上,在起重小车上挂架布置有牵引动滑轮组及起升定滑轮组(图7-46)。

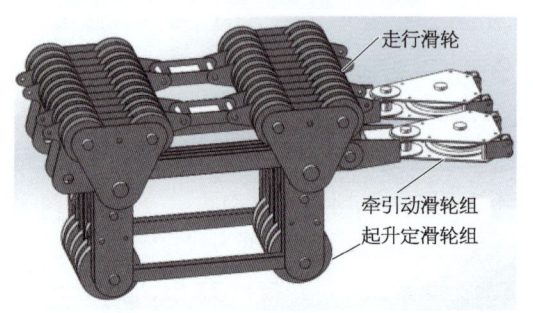

图7-46 新型起重跑车

支索器主要用来解决各种索空中缠绕和空钩下落的问题,还能对主索、牵引索、起重索进行有效分层和限位,保证缆索系统运行稳定和使用安全。支索器设置在缆索起重机的跑车前后方,其结构包括行走轮,起重、牵引托轮及隔板,各支索器之间采用一根钢丝绳进行串联,绳两端设旋转器,并与起重跑车连为一体。缆索起重机运行过程中,支索器依靠跑车顶推或牵拉进行收放。支索器行走轮设置在两根主承载索上,其余承载索采用反压滚轴限位。支索器分为固定支索器、活动支索器、边跨支索器;固定及活动支索器布置在中跨,每40 m左右布置一个,全桥固定支索器共计4个,活动支索器共计56个,尾跨支索器共计96个(图7-47)。

3) 主索道吊具

吊具根据拱肋节段吊运特点和缆索起重机索鞍的布置情况进行设计。吊具平衡梁通过拉板

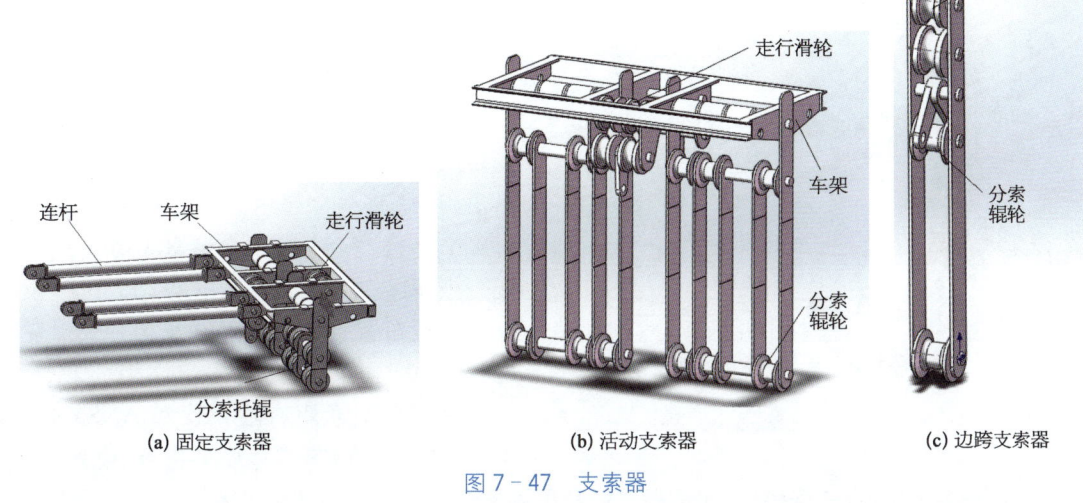

(a) 固定支索器　　(b) 活动支索器　　(c) 边跨支索器

图 7-47　支索器

和销轴分别与起重小车动滑轮组相连接,下部挂 200 t 吊具(图 7-48)。

4) 工作索道索鞍

工作索鞍布置于主索鞍两侧,索鞍采用模块化设计,分为上下两层结构。上层结构为承重索支撑滑轮(绳槽直径 450 mm),总计 2 片;下层装设有起升索导向滑轮(绳槽直径 435 mm)、牵引索导向滑轮(绳槽直径 435 mm)。索鞍底部设置有走行滚轮,使索鞍可以在滑道梁上沿横桥向滑移,从而改变工作索鞍的位置,满足施工要求。索鞍端部有连接法兰,可以将工作索鞍与其他索鞍之间通过法兰连接起来(图 7-49)。

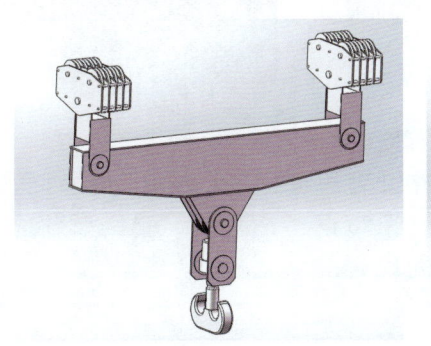
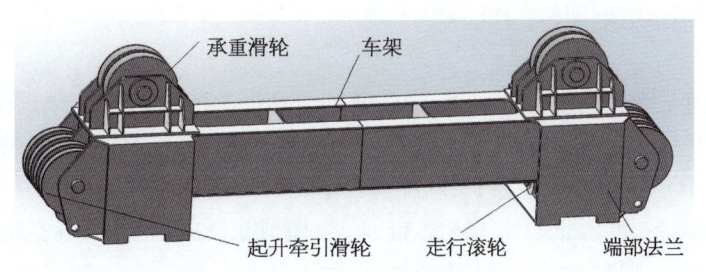

图 7-48　主索道吊具　　　　　图 7-49　主索道吊具

采用大型通用有限元软件 ANSYS 11.0 SP1 建立工作索鞍实体模型进行强度及刚度验算,计算荷载考虑了主承重索的最大张力、起重索及牵引索的最大拉力。计算结果见表 7-4。

表 7-4　工作索鞍计算结果

名　称	材　质	最大应力/MPa	容许应力/MPa	变形/mm
索鞍体	Q345C	93.3	233	0.51
销轴	40Cr	115	216	

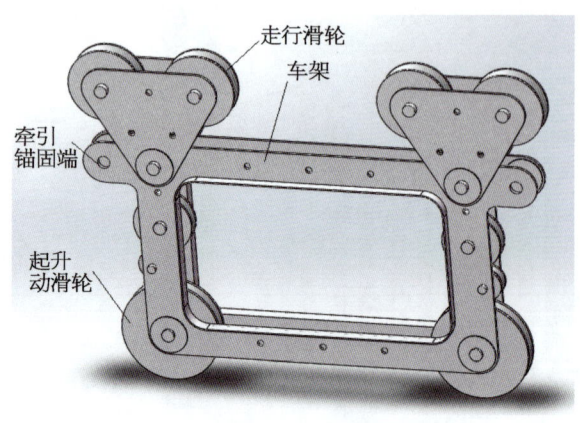

图 7-50 工作跑车

从表中数据可知,主跑车的强度及刚度均满足要求。

5) 工作索跑车及吊具

工作跑车由牵引锚固端、起升定滑轮组、走行滚轮等组成。5 t 工作起重机采用单线吊重,每线有一台起重跑车。每台起重小车有 4 个走行滑轮(绳槽直径 350 mm),支承在一根 $\phi48$ 的钢丝绳(承重索)上,在起重小车上挂架布置有牵引锚固端及起升定滑轮组(图 7-50)。

采用大型通用有限元软件 ANSYS 11.0 SP1 建立工作跑车实体模型进行强度及刚度验算,计算荷载考虑了 1.2 倍吊重、起重绳自重及吊钩吊具自重。计算结果见表 7-5。

表 7-5 工作跑车计算结果

名称	材质	最大应力/MPa	容许应力/MPa	变形/mm
拉板	Q345C	36.3	233	0.11
销轴	40Cr	79.3	216	

从表中数据可知,主跑车的强度及刚度均满足要求。

工作索吊点设 5 t 吊具,由动滑轮组(绳槽直径 400 mm)、拉板、吊钩组成(图 7-51)。

6) 卷扬机

缆索起重机的起重、牵引通过卷扬机实现,单套主索配置 20 t 卷扬机 4 台、10 t 卷扬机 4 台;单套工作系统配置 5 t 摩擦型卷扬机 1 台、5 t 普通卷扬机 1 台;单塔配置 5 t 横移卷扬机 4 台。全桥共配置 20 t 卷扬机 8 台、10 t 卷扬机 8 台、5 t 摩擦型卷扬机 4 台、5 t 卷扬机 12 台;另配置辅助、备用 5 t 卷扬机 10 台。

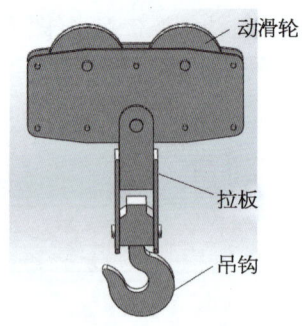

图 7-51 吊具

7) 集中控制系统和运行监控系统

电机驱动采用变频驱动,为了实现起升的同步精度,电机末端设有速度编码器,将电机转速反馈给变频器,实现精确的速度控制;在卷扬机末端设有绝对值编码器,通过数据处理,测算出钢丝绳的出绳长度和运行速度,从而计算出机构运行行程,以实现同类机构的运行同步(图 7-52)。

如图 7-53 所示,安全监控系统由信息采集单元、信息处理单元、控制输出单元、信息存储单元、信息显示单元、信息导出单元、远程传输单元等组成,实现对起重量、升/降高度、运行行程等进行监控。视频系统分布于两主塔顶端与地锚卷扬机处,并在跑车也设置视频监控。视频监控能够远程通过手机或电脑进行查看。

第 7 章 缆索吊运系统设计、施工与应用

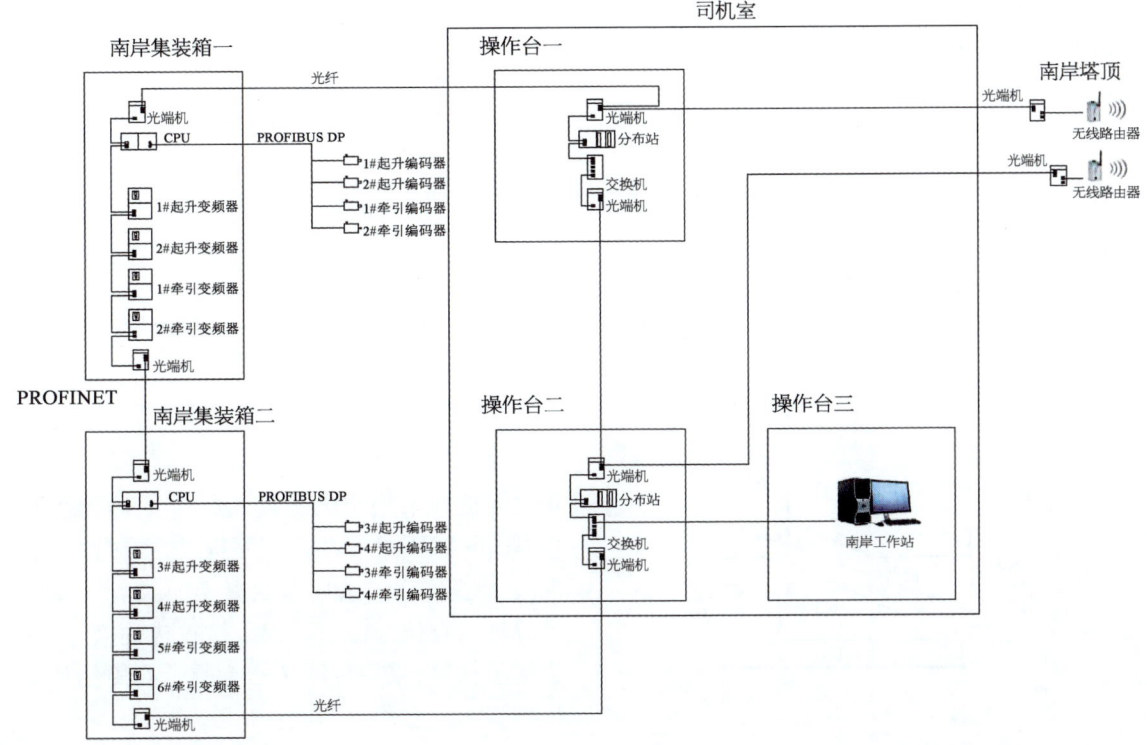

图 7-52 电气系统

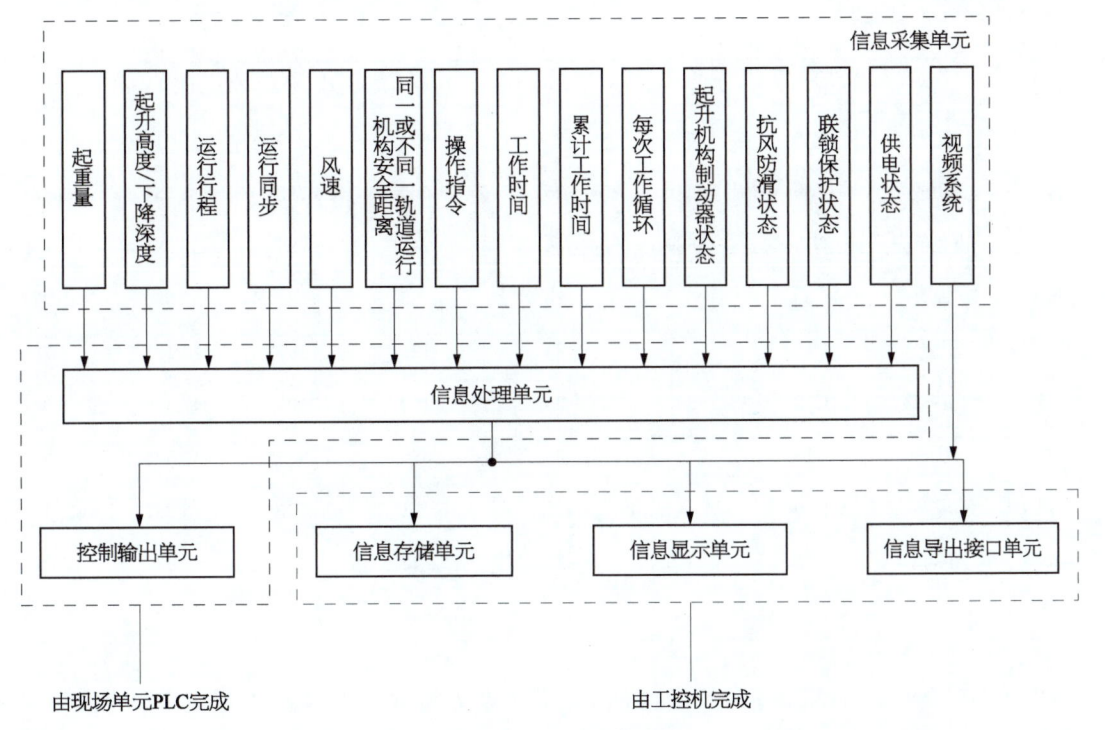

图 7-53 安全监控系统

7.5.2 主地锚计算

1) 岩土参数

依据广西荔浦至玉林公路两阶段施工图设计第 TJ10 标段(LK2+485～LK3+520)工程地质报告,桥址区粉质黏土层 $Q^{al+pl-3}$ 的物理性质参数、承载力及抗剪参数推荐值见表 7-6。

表 7-6 粉质黏土参数

图 层	容重 $\gamma/(kN \cdot m^{-3})$	黏聚力 c/kPa	内摩擦角 $\varphi/°$	基底摩擦系数 μ
粉质黏土	19.4	30	10	0.25

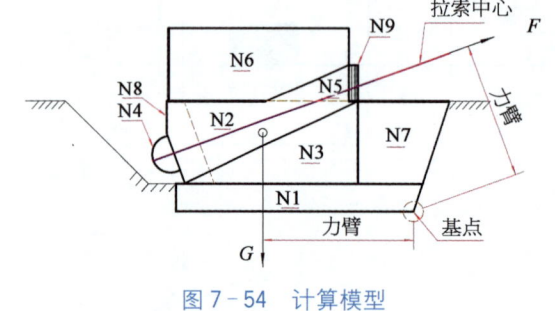

图 7-54 计算模型

2) 荷载计算

主地锚采用重力式结构,主要有底板、肋板、压重、锚固梁等九大部分构成,主材由钢筋混凝土、素混凝土、片石混凝土三类。主要的计算项目有抗倾覆、抗滑移、抗拉拔的安全性。为便于计算,采用如图 7-54 所示的简化计算模型。

(1) 重力相关参数计算见表 7-7。

表 7-7 地锚参数

序号	名称	材质	力臂/cm	$\gamma/(N \cdot m^{-3})$	V/m^3	G/kN	$M_G/(kN \cdot m)$	$F_{\mu 1}$/kN
N1	底板	C30	637	25	656	16 397	104 517	4 099
N2	肋板	C30	810	25	1 069	26 723	216 531	6 681
N3	肋间填充	C15	620	24	242	5 799	35 931	1 450
N4	锚梁	C30	1 359	25	35	887	12 056	222
N5	压重 1	C15	542	24	132	3 157	17 121	789
N6	压重 2	C15	897	24	1 150	27 606	247 518	6 901
N7	前压重	C15	85	24	660	15 836	13 506	3 959
N8	缆风锚块	C30	1 242	25	21	530	6 582	132
N9	导向块	C15	329	24	12	283	930	71
	合 计				3 976	97 217	654 692	24 304

(2) 外部荷载参数计算。主地锚受到的外荷载主要为缆索系统承载索、起重牵引索及缆风索的拉力;拉力值取张拉合力最大的工况,各荷载参数计算见表 7-8。

第 7 章 缆索吊运系统设计、施工与应用

表 7-8 荷载参数

序号	荷载类型	F/kN	根/组数	夹角/°	力臂/cm	M_F/(kN·m)	F_s/kN	F_v/kN	$F_{\mu 2}$/kN
1	主承重索	6 120	2	21.45	777	95 131	11 392	4 476	−1 119
2	主起重索	68	8	7.82	635	3 463	540	74	−19
3	主牵引索	95	24	7.82	635	14 514	2 264	311	−78
4	工作承重索	410	4	21.45	777	12 740	1 526	599	−150
5	工作起重索	34	8	7.82	635	1 707	266	37	−9
6	工作牵引索	42	8	7.82	635	2 119	331	45	−11
7	缆风索	100	96	21.2	772	74 146	8 950	3 472	−868
	合计					203 820	25 269	9 014	−2 254

(3) 被动土压力计算见表 7-9。

表 7-9 被动土压力计算

序号	r/(kN·m^{-3})	c/(kPa)	φ/°	H/m	W/m	K_p	P_p/kN	E_p/kN	M_{Ep}/(kN·m)
1	19.4	30	10	6	34	1.42	925	31 450	62 899

3) 计算结果

依据上述各项的参数计算结果,计算地锚的抗倾覆、抗滑移及抗拉拔安全系数。安全系数计算结果见表 7-10。

表 7-10 安全系数计算结果

序 号	项 目	安 全 系 数	
1	抗倾覆	$(M_G + M_{Ep})/M_F$	3.52
2	抗滑移	$(F_{\mu 1} + F_{\mu 1} + E_p)/F_s$	2.12
3	抗拉拔	G/F_v	10.78

参考文献

[1] 郑皆连.特大跨径 RC 拱桥悬拼合拢技术的探讨[J].中国公路学报,1999(1):44-51.
[2] 周水兴.路桥施工计算手册[M].北京:人民交通出版社,2004.
[3] 赵卫冬.拱桥双向移动缆索吊运系统研究与应用[D].昆明:昆明理工大学,2016.
[4] 王清明.大吨位移动塔架缆索吊机架设拱桥施工技术[J].桥梁建设,2000(1):54-56.
[5] 李春贤.移动主索缆索吊机架设拱桥施工技术[J].铁道建筑技术,2005(6):28-30.
[6] 交通部第一公路局.公路施工手册:桥涵[M].北京:人民交通出版社,1999.
[7] 王海林,刘宪福.双吊重缆索吊机主索计算方法探讨[J].石家庄铁道学院学报,1997,10(1):30-34.
[8] 韩玉,秦大燕,冯智.缆索吊机承载索几何非线性计算方法[J].公路,2013(4):26-30.
[9] 聂建国,陈必磊,肖建春.多跨连续长索在支座处存在滑移的非线性静力分析[J].计算力学学报,2003,20(3):320-324.

[10] 郭彦林,崔晓强.滑动索系结构的统一分析方法——冷冻-升温法[J].工程力学,2003,20(4):156-160.
[11] 赵朝阳,杨文爽,李传习,等.缆索吊运主索系统的受力分析算法与工作性能[J].广西大学学报(自然科学版),2010,35(4):615-620.
[12] 魏建东.索结构分析的滑移索单元法[J].工程力学,2004,21(6):172-176.
[13] 魏建东,许惟国.滑轮在索上滑行分析的索-轮单元法[J].力学学报,2005,37(3):322-328.
[14] 魏建东.缆索吊运系统有限元分析中的滑轮单元[J].力学与实践,2007,29(1):58-63.
[15] MCDONALD B M, PEYROT A H. Analysis of cables suspended in sheaves[J]. Journal of Structural Engineering, 1988, 114(3):693-706.
[16] 项海帆,姚玲森.高等桥梁结构理论[M].北京:人民交通出版社,2001.
[17] 潘永仁.悬索桥结构非线性分析理论与方法[M].北京:人民交通出版社,2004.
[18] 陈宝春.钢管混凝土拱桥[M].3版.北京:人民交通出版社,2016.

第 8 章

吊、扣塔位移适时主动施力控制

钢管混凝土拱桥因为拱圈小偏心受压,截面上的钢和混凝土都能充分发挥作用,故能节省材料,但是安装费用高(约占总价的20%)。缆索吊运与斜拉扣挂悬拼是拱桥无支架施工的主要方法。缆索系统需要吊塔,扣挂系统需要扣塔,吊塔和扣塔占缆吊扣挂系统费用的50%左右。

8.1 概述

自1968年我国第一座采用缆索吊运、斜拉扣挂悬拼施工拱桥拱肋成功后,对吊塔、扣塔的研究就开始了。在很长一段时间里,为了防止吊运构件时干扰扣塔,施工常采取吊塔、扣塔分设的方法,如图8-1所示。直到2003年施工巫山长江大桥时,四川公路规划勘察设计研究院有限公司提出了扣塔、吊塔合建,在吊、扣塔间设铰来解决吊塔对扣塔的干扰,如图8-2所示。该方法较吊塔、扣塔分设节省了费用,从而得以在全国推广。采用扣塔、吊塔合建,在吊、扣塔间设铰建设的特大跨径拱桥有2013年建成的跨径530 m的合江长江一桥、正在建设的跨径507 m的合江长江公路大桥、跨径450 m的贵州大小井桥、跨径430 m的藏木雅鲁藏布江铁路桥、跨径519 m的钢桁拱桥——

图 8-1 吊、扣塔分设

图 8-2 巫山长江大桥

香溪长江公路桥,如图8-3~图8-7所示。设铰要增加特殊构件和2~3个月的安装时间,也要一笔不小的费用。把吊塔和扣塔分设的桥还有世界最大跨径客货共线铁路混凝土拱桥——云桂高铁南盘江特大桥及大瑞铁路跨径490 m的怒江钢桁拱桥(图8-8)。直到2017年,跨径336 m的钢管混凝土拱桥——马滩红水河特大桥施工时(图8-9),才取消了吊、扣塔间的铰,用主动施力的方法实现了吊、扣塔位移适时控制[1-2]。显然,用主动施力代替塔自身刚度和风缆刚度被动控制塔的水平位移,是革命性进步。

图8-3 合江长江一桥吊、扣塔

图8-4 合江长江公路大桥吊、扣塔

图8-5 贵州大小井特大桥吊、扣塔

图8-6 藏木雅鲁藏布江桥吊、扣塔

图8-7 香溪长江公路桥吊、扣塔

图8-8 大瑞铁路怒江桥吊、扣塔

图8-9 马滩红水河特大桥吊、扣塔

第 8 章 吊、扣塔位移适时主动施力控制

吊、扣塔顶水平位移主动施力控制已获中国发明专利(专利号：ZL2017 1 1007575.6)。利用该专利技术,塔因扣索和主缆力产生的水平位移可以完全交给拉索系统来主动施力控制,风缆只需对付风荷载,这样风缆会大大减少。不用将吊、扣塔分设,也无须在吊、扣塔间设铰,实现真正的吊扣塔合建,这将大大节约建塔费用和时间。这项技术也可用来控制钢管混凝土拱桥拱肋弦杆连续浇筑管内混凝土过程中拱顶上挠,用来控制劲性骨架混凝土拱桥拱圈外包混凝土浇筑过程中的应力,用来控制拱桥桥道梁顶推过程中的拱脚应力,用来控制系杆拱施工过程中不断变化的系杆力等。这种控制十分可靠,有巨大的经济价值和安全价值。

8.2 主动施力控制与刚度被动控制的比较

2017 年前,塔位移控制都是被动地靠塔的刚度和风缆来实现的。在拱肋节段的起吊、运输、悬拼过程中,设主缆在塔顶产生不断变化的水平力为 $F(t)$,塔顶产生水平位移为 $H(t)$,风缆长为 L,截面积为 A,弹性模量为 E,塔水平抗推刚度为 K,则

$$H(t) = \frac{F(t)}{K + E\sum_i r_i A_i / L_i} \tag{8-1}$$

式中 r_i——i 风缆的水平抗拉刚度系数,它是由初张力及风缆与水平线的夹角决定的小于 1 的系数。

从式(8-1)看出,决定塔水平位移数值的是塔水平抗推刚度和风缆的面积,而风缆的强度远远不能发挥。要风缆产生大的抗力,水平位移 $H(t)$ 必须要大,而作为扣塔又不允许。要保证扣塔小位移,只能大量增加风缆的数量,风缆用量大,那么初张力对塔产生的垂直力就越大,对塔受力不利,合江长江一桥扣塔与吊塔间设铰(图 8-10),为提供扣塔刚度,仍做成变宽度,顶、底各宽 8.5 m、24.5 m,平南三桥吊、扣间未设铰(图 8-11),塔高 212.5 m,原设计变宽,顶、底各宽 9 m、28.13 m。

图 8-10 合江长江一桥吊、扣塔

图 8-11 平南三桥原设计吊、扣塔

采用与 $F(t)$ 同步变化的力主动施力控制,需要的钢绞线拉索断面按下式计算:

$$A = NF_{\max} / (f_{pk} \cos \alpha) \qquad (8-2)$$

式中　$F_{\max}$——主缆在塔顶产生的最大水平力,通常在 1 000 kN 以内;

　　　f_{pk}——钢绞线抗拉强度标准值;

　　　α——拉索水平夹角;

　　　N——安全系数,可取 2。

用拉索主动施力控制塔顶水平位移,拉索的拉力可发挥到最大,按式(8-2)计算,用少量的拉索就能张拉与 $F_{\max}$ 平衡的拉力。塔顶水平位移控制在多少数值内与塔的刚度和高度无关,仅由测量精度和自动施力系统反应速度来决定。

总之,用力主动施力控制与用刚度被动控制塔的位移,效果差异极大,后者用索量是前者的数十倍,而且对塔产生巨大的竖向压力。

8.3　主动施力控制塔顶水平位移的实现途径

主缆在吊运构件过程中对塔顶产生不断变化的水平力 $F(t)$,导致塔顶发生顺桥轴向的水平位移 $H(t)$。控制前要计算主缆对塔顶产生的最大水平力,选取满足需要的千斤顶(力、行程)及主动施力控制索。用全球卫星导航定位系统(the Global Navigation Satellite System, GNSS)实时提供塔顶动态的三维位置,其精度可达毫米级。塔位移数据实时无线传输到后方基站,经计算机处理,"指挥"智能泵站、千斤顶拉、放索。索主动对塔施力来控制塔位移,只需在靠路堤一侧设置拉索。如果塔向河偏,则收紧拉索;如塔向路堤偏,则放松拉索。因此拉索在初始状态要保持足够的拉力,以备放松之用。拉索控制的原理及流程如图 8-12 所示。

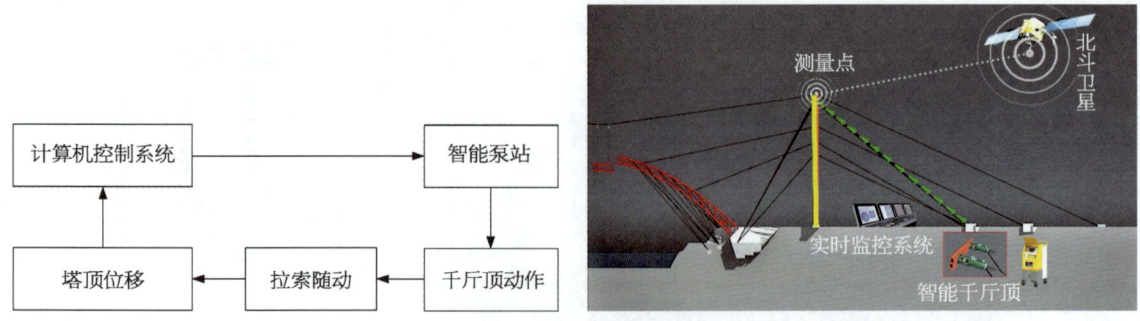

图 8-12　塔顶位移控制原理图

只要系统反应速度比塔位移 $H(t)$ 变化快,就能有效实施位移控制。塔位移控制精度由 GNSS 观测精度决定,与塔的刚度和高度无关。以电机提供动力基础的液压控制系统,通过控制各种阀门改变液压油的流向,推动液压缸做出不同行程、不同方向的动作,可进行大范围的无级调速,运动过程平稳,且可实现自动工作循环和自动过载保护。北斗观测不受天气影响,而液压传动装置体积小,因自我润滑作用,有较长的使用寿命,故观测和控制是可靠的。

8.4 马滩红水河特大桥吊、扣塔

马滩红水河特大桥的工程概况见 5.3 节。该桥缆索系统总体布置如图 8-13 所示,主要包含塔架、主索、扣索、风缆索等,其中塔架采用吊、扣塔合一,并由钢管结构组成。索塔横桥宽 69 m,顺桥等宽 4 m,柳州岸高度为 136.4 m,南宁岸高度为 128.4 m,采用 3 根立柱。主塔顺、横桥向两侧均设顶风缆和腰风缆,风缆采用钢绞线。

8.4.1 GNSS 位移自动化监测系统

该桥施工过程中的塔顶位移自动化测量采用华测 N72 型 GNSS 系统,其全面兼容北斗系统信号,支持三类卫星(GPS+GLONASS+BDS)解算,设有 220 通道。它的静态水平位移测量精度为 ± 2.5 mm $+0.5\times 10^{-6}$,垂直位移测量精度为 ± 5 mm $+0.5\times 10^{-6}$,实时动态 RTK 精度水平位移为 ± 10 mm $+0.5\times 10^{-6}$。系统的传感器元件为 GNSS 接收机和接收天线,数据传输元件为无线网桥。全桥设置 GNSS 接收机基站 1 个、测点 4 个,测点位于每个塔架顶的上、下游侧。GNSS 测量基站与控制室的现场布置如图 8-14 所示,GNSS 测点塔顶布置如图 8-15 所示。为观测结果方便,首先将 GNSS 测量得到国家大地坐标转换成以南北岸的塔架中心轴连线及南塔架横向为坐标轴的直角坐标。下游幅桥梁的拱肋吊装过程中,4 个测点监测吊装全过程曲线,如图 8-16 所示。由图中可知,GNSS 系统可监测拱肋吊装全过程,而塔架存在扭转变形,上游侧位移小于 2 cm,下游侧塔顶最大位移为 13.3 cm,与此同时采用全站仪进行人工测量,其结果为 12.4 cm,两者相差 7.2%。两种方法测量结果相对吻合。

8.4.2 塔架主动施力控制方法

塔顶位移主动施力控制试验在马滩红水河特大桥进行,采用 GNSS 系统适时监测塔顶水平位移,用智能千斤顶系统及塔顶风缆实现主动施力,从而实现对塔位移的主动施力控制。控制装置如图 8-17 所示,即用穿心式千斤顶串接在风缆地面锚固处,以塔顶偏位的测量结果作为反馈值,进行闭环控制。塔顶上、下游的最顶端风缆为 16 孔直径 15.24 mm 的钢绞线,采用 200 mm 行程 400 t 千斤顶及配套智能泵站进行控制。为了进行结果对比,只在南岸安装千斤顶进行控制。由于塔顶较宽,拱肋吊装过程中只是同侧的塔架位移较大,另一侧位移基本不受影响。某拱肋段吊装过程中只绘制了下游测点的测量结果,如图 8-18 所示。可见,吊装过程中经过主动施力控制,南塔下游塔顶位移在 2 cm 之内。此时拱肋节段运输至跨中时,主动施力的缆索控制张力最大为 1 230 kN。经计算,用 14 根直径 15.24 mm、应力等级 1 860 的钢绞线主动施力就能把因主缆吊运拱桁产生的塔顶水平位移由 12 cm 控制在 2 cm 内,如靠风缆被动控制,按公式(8-1)估算,塔顶受水平力 F 不变,位移由 12 cm 变为 2 cm,忽略塔自身的刚度,则风缆将增加 5 倍,一根塔柱需要增加 840 根钢绞线风缆,新增钢绞线根数是主动施力控制索的 60 倍,而且对塔柱新增初张压力是主动施力控制索的 5 倍左右。而且 5 倍的初张力增加塔柱压力也十分巨大。也就是说,用风缆被动控制塔水平位移在 2 cm 内是不可行的。马滩红水河特大桥拱桁悬拼用的扣索是经过塔上索鞍而锚固在地面上的,塔发生 15 cm 水平位移,只是改变了扣索的顶支点,索长不改变,因此不造成扣挂的

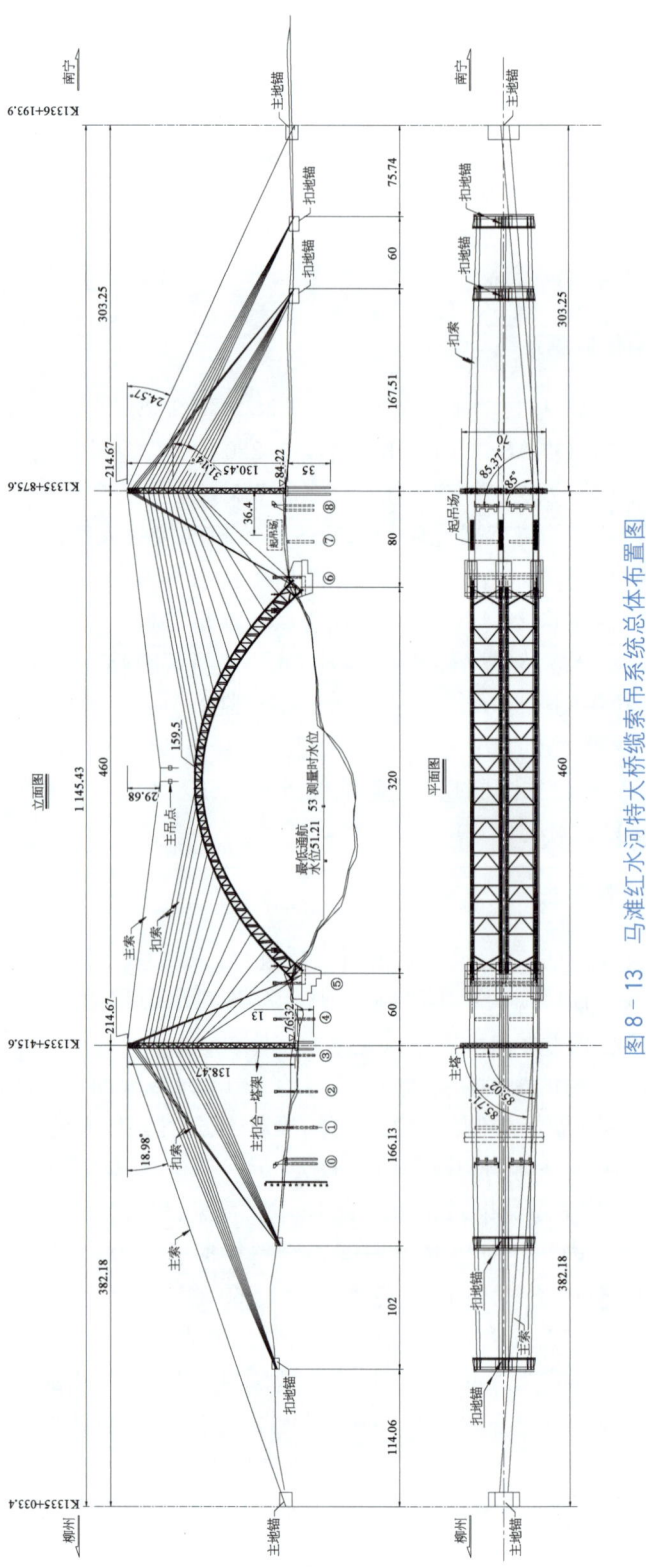

图 8-13 马滩红水河特大桥缆索吊系统总体布置图

第 8 章 吊、扣塔位移适时主动施力控制

图 8-14 GNSS 测量基站与控制室　　　　图 8-15 GNSS 测点塔顶布置

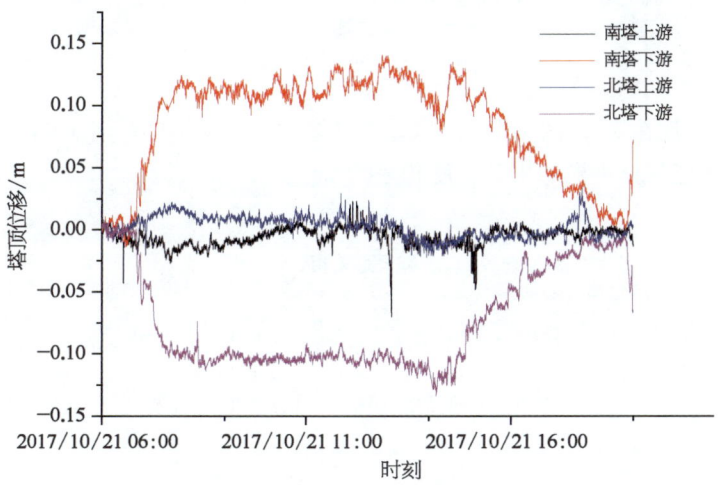

图 8-16 吊装全过程塔架偏位曲线

图 8-17 智能千斤顶和泵站现场放置

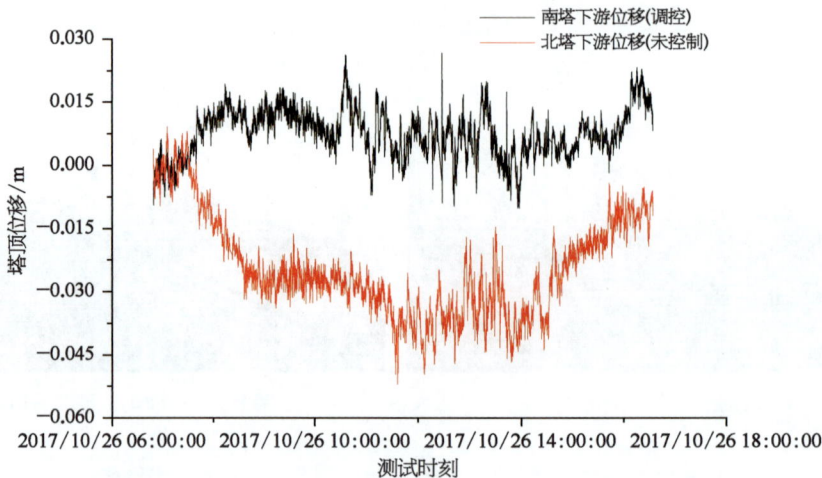

图 8-18 塔顶位移主动施力控制结果

拱桁变位。如通常采用在塔顶对拉锚索、扣索,塔位移就会造成扣挂在塔上的拱桁位移,只能采用主动施力的缆索,才能保证拱桁的拼装精度和塔的安全。

参考文献

[1] 郑皆连,邓年春,姚鑫玉,等.基于 GNSS 位移测量系统和液压控制系统对塔架位移进行主动控制研究[J].公路,2018,63(1):97-99.
[2] 郑皆连,邓年春,王建军,等.一种拱桥施工缆索吊塔架位移控制系统及使用方法:ZL201711007575.6[P]. 2018-06-01.

第 9 章

劲性骨架混凝土拱桥

劲性骨架混凝土拱桥(steel reinforced concrete arch bridge)由奥地利工程师约瑟夫·米兰(Josef Melan)在1898年发明,又称米兰拱。我国工程师把钢管混凝土拱用作劲性骨架,并创造了巧妙的调载技术,提高了经济性,降低了施工风险,把劲性骨架混凝土拱桥跨径从260 m提高到445 m。

9.1 发展概况

劲性骨架混凝土拱桥拱圈施工程序如图9-1所示,首先架设钢劲性拱骨架(图9-1a),然后在其上挂模板浇筑拱圈混凝土(图9-1b),两者共同构成钢混组合的拱圈。钢劲性拱骨架在拱圈施工过程中充当拱式拱架,但比拱式拱架轻,因为每浇筑一部分拱圈混凝土,都会与钢拱骨架形成钢混组合结构,提高劲性骨架的承载能力。拱圈混凝土浇筑完成后,钢劲性骨架成为埋在拱圈中的钢筋。因为钢劲性骨架比拱圈轻很多,架设费用低、风险小,推动了混凝土拱桥向大跨径发展。20世纪80年代,我国采用钢劲性骨架修建了三座混凝土拱桥:跨径56 m的蚂蚁沙桥、跨径156 m的丹东沙河口桥以及跨径240 m的宜宾小南门金沙江桥(图9-2)。

(a)

(b)

(c)

图 9-1 昭化嘉陵江大桥

图 9-2 宜宾小南门金沙江桥

20 世纪 90 年代，我国工程师首先提出用钢管混凝土拱替代钢拱桁作为劲性骨架，减少了劲性拱骨架一半左右的用钢量，从而加快了拱骨架的架设速度，降低了架设风险，节省了费用，提高了劲性骨架混凝土拱桥的竞争力。全世界跨径超过 300 m 的劲性骨架混凝土拱桥共 9 座均在我国。其中劲性骨架除鸭池河大桥采用型钢外，其余 8 座桥均采用钢管混凝土。国外劲性骨架混凝土拱桥均采用型钢作为劲性骨架，最大跨径 260 m。

钢管拱桁劲性骨架质量约占混凝土拱圈总质量的 1/14(表 9-1)。虽然在灌注完管内混凝土后其承载能力及刚度得到提高，但是钢管混凝土劲性拱骨架要承担拱圈外包混凝土自重，这比整个拱圈承担的二期恒载及活荷载总和还要大得多。而劲性骨架弦管内混凝土初始压应力储备少，极易导致瞬时拉应力超过容许值，因此必须采取调载措施。我国工程师开发了斜拉扣索调载[1-2]、拱圈混凝土分环、环内混凝土多工作面同时浇筑的工法[3-6]。具体就是把拱圈混凝土分成若干环，一环混凝土获得一定强度后与劲性骨架形成组合结构再浇筑下一环混凝土；这样逐次组合，承载

第9章 劲性骨架混凝土拱桥

能力逐渐提高,减少了劲性拱骨架的受力。拱圈分几环,每次浇筑一环混凝土或者分几次浇筑一环混凝土是由结构的安全承载能力决定的[7]。确定好分环和分次浇筑方案后,还要注意到一环或一次混凝土不可能同时完成浇筑,在浇筑过程中一定会产生比完成一环浇筑后大得多的瞬时应力和变形。采用多工作面同时浇筑,极大地减少了劲性骨架承受的瞬时应力和变形,再通过斜拉扣索调载就能把瞬时应力、变形控制在安全范围内,斜拉扣索调载还能降低劲性骨架的永存应力。实践证明,我国工程师提出的钢管混凝土劲性骨架混凝土拱桥施工方法比国外流行的两端挂篮悬浇+中间劲性骨架施工方法的瞬时应力控制得更好、风险更小、工期更短,而且费用更低。

表 9-1 我国跨径超过 300 m 的劲性骨架混凝土拱桥

序号	桥名	跨度/m	劲性骨架用钢量/t	混凝土方量/m³	混凝土与钢骨架重量比	建成年份	造价或标价/亿元
1	沪昆铁路北盘江特大桥	445	4 709	26 500	14.2	2016	4.5
2	成贵铁路鸭池河大桥	436	11 580	17 140		2018	5.2
3	云桂铁路南盘江特大桥	416	4 011	24 000	15.0	2016	4.0
4	渝黔铁路夜郎河大桥	370	5 531	29 370	13.2	2017	
5	大瑞铁路澜沧江大桥	342	5 520	16 800		在建	
6	郑万铁路梅溪河大桥	320	2 545	14 210	13.9	在建	
7	昭化嘉陵江大桥	350	1 866	11 130	14.9	2012	2.08
8	万州长江大桥	420	2 091	11 000	13.2	1997	1.33
9	邕宁邕江大桥	312	851	4 702	13.8	1996	0.45

我国 2016 年成功建成了世界最大跨径混凝土拱桥——445 m 跨径的沪昆高铁北盘江特大桥及 416 m 跨径的云桂铁路南盘江特大桥。这两座桥原批准的初步设计就是两端挂篮悬浇+中间钢管混凝土劲性骨架施工方法,后经郑皆连教授建议并获批准,放弃了原方法,即取消两端挂篮悬浇,把钢管混凝土劲性骨架延伸到全跨,拱圈混凝土分环、多工作面同时浇筑,斜拉扣索调载,获得成功。我国修建劲性骨架混凝土拱桥 30 多年来,跨径超过 400 m 的有 4 座,超过 300 m 的有 9 座,而国外修建劲性骨架混凝土拱桥 100 多年来,最大跨径仅达到 260 m。造成这种巨大差异的主要原因是中外采用不同的劲性骨架,采用不同的施工方法的结果。

尽管我国工程师 1968 年就开发了拱桥斜拉扣挂悬拼工法[1],1977 年开发了拱桥转体施工工法[8],2008 年首次进行了拱桥挂篮悬浇施工[9],上述三种工法都能建成跨径 400 m 内的混凝土拱桥。但是经过经济性比较,至今我国采用这三种工法建成的最大跨径混凝土拱桥仅为 210 m,跨径超过 300 m 的混凝土拱桥全是劲性骨架混凝土拱桥(表 9-1)。国外跨径超过 300 m 的混凝土拱桥共 4 座,拱圈全部采用支架上浇筑、预制悬拼或挂篮悬浇施工(表 9-2、图 9-3)。

表 9-2 国外跨径大于 300 m 的混凝土拱桥

序号	桥名	国家	跨径/m	施工工艺	建成年份
1	格莱兹维尔大桥	澳大利亚	304.8	拱式拱架现浇	1965
2	KRK 大桥	克罗地亚	390	预制悬拼	1979

(续表)

序号	桥 名	国家	跨径/m	施工工艺	建成年份
3	胡佛水坝大桥	美国	323	挂篮悬浇	2010
4	阿尔蒙特高架桥	西班牙	384	挂篮悬浇	2016

(a) 西班牙阿尔蒙特高架桥

(b) 克罗地亚KRK大桥

(c) 美国胡佛水坝大桥

(d) 澳大利亚格莱兹维尔大桥

图9-3 国外300 m以上混凝土拱桥

表9-3给出了我国昭化嘉陵江大桥与美国胡佛水坝大桥的比较。前者较后者跨径大10%，桥宽相近，采用钢管混凝土劲性骨架的昭化嘉陵江混凝土拱桥比采用挂篮悬浇的美国胡佛水坝混凝土拱桥工期少2年，费用仅为其1/8。这是我国跨径超过300 m的混凝土拱桥不采用悬浇、悬拼，而采用劲性骨架的主要原因。

表9-3 劲性骨架混凝土拱桥与挂篮悬浇混凝土拱桥的比较

桥 名	跨径/m	结构形式	施工方法	建成年份	施工工期/年	造价/亿元
昭化嘉陵江大桥	365	钢管混凝土劲性骨架拱桥	劲性骨架	2012	3	2.08
美国胡佛水坝大桥	323	钢筋混凝土拱桥	挂篮悬浇	2010	5	16.7

9.2 降低拱圈混凝土浇筑过程中劲性骨架的瞬时应力及永存应力

在浇筑拱圈混凝土过程中,劲性骨架要承受不断变化的应力,称为瞬时应力;拱圈混凝土浇筑完后,在劲性骨架上产生的应力称为永存应力。瞬时应力有时会超过永存应力许多倍,有时会反号,常常会超过允许值,尤其是钢管混凝土劲性骨架,混凝土出现拉应力严重超标。图9-4～图9-6是跨

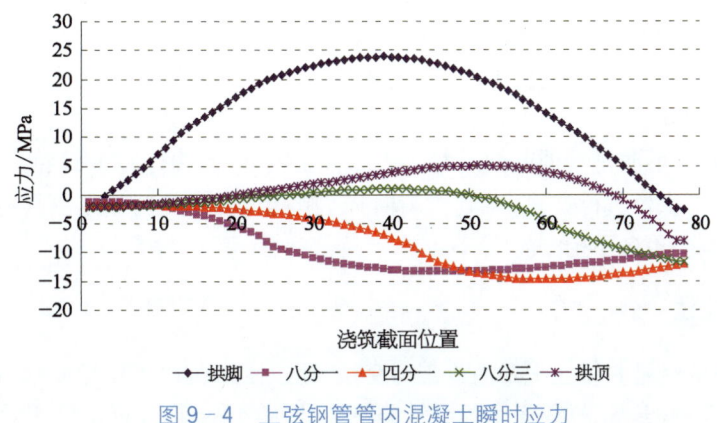

图9-4 上弦钢管管内混凝土瞬时应力

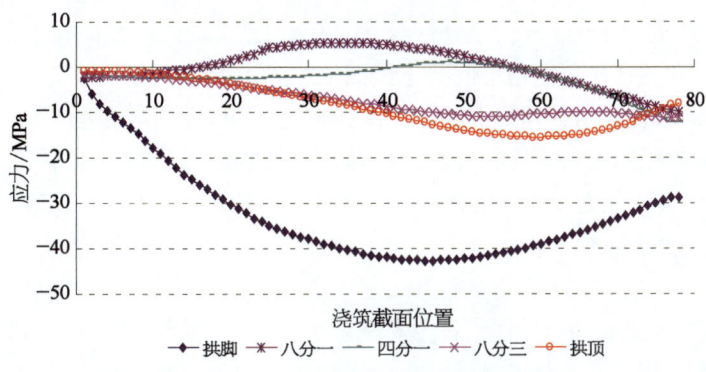

图9-5 下弦钢管管内混凝土瞬时应力

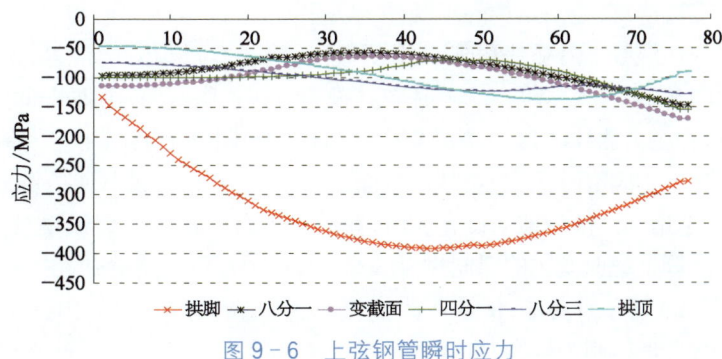

图9-6 上弦钢管瞬时应力

径 416 m 劲性骨架混凝土拱桥——南盘江特大桥从两拱脚向跨中连续浇筑拱圈底板混凝土过程中钢管及管内混凝土的瞬时应力图(拉应力为正,压应力为负)。从图中看出,如果底板混凝土一次、同时浇筑完成,则无瞬时应力,只有环末应力,而且应力较小,但施工无法实现,混凝土只能逐步浇筑,因此必然发生瞬时应力。当底板混凝土从两拱脚向跨中连续浇筑到 1/4 跨径时,上弦钢管拱脚断面管内混凝土瞬时应力达 24 MPa(名义拉应力),显然混凝土早已拉裂,与底板一环混凝土浇筑完成时产生的压应力反号,数值是其 10 倍,下弦钢管拱脚断面管内混凝土瞬时应力 42 MPa,超过 C60 混凝土轴心抗压设计值 26.5 MPa;上弦钢管瞬时应力达 390 MPa,超过钢应力的容许值。

如果要劲性骨架来承受瞬时应力,则劲性骨架需要十分强大,要超过钢拱,这样劲性骨架混凝土拱桥就没有存在价值,因此劲性骨架混凝土拱桥在浇筑拱圈混凝土时必须调载。从此图可以看出,在浇筑混凝土过程中拱脚截面瞬时应力最大,调载的重点在拱脚,调控拱脚应力的同时必然会影响到其他截面应力,要防止其他截面瞬时应力超标。图 9-4~图 9-6 是特定桥的瞬时应力,对其他劲性骨架混凝土拱桥进行计算,得到的瞬时应力图相似,因此调载方法具有普遍适应性。调载方法各异,调载效果也各不相同。

9.2.1 国外调载工法

国外采用较多的是悬臂扣挂+劲性骨架组合法,即拱圈拱脚段采用预制悬拼或挂篮悬浇混凝土,中间段用钢劲性骨架。这样缩短了劲性骨架跨径,提高了刚度,降低了骨架瞬时应力。

劲性骨架混凝土拱桥——帝释桥跨径 145 m,其拱圈施工工艺如下:拱脚两端各斜拉扣挂悬浇 27.5 m 箱形混凝土拱圈,中间 90 m 为钢劲性骨架,与两端箱形混凝土拱圈铰接,在浇筑完劲性骨架外包混凝土并获得强度后,松两端箱形混凝土拱圈的扣索,封铰,完成拱圈施工。为保证施工中段劲性骨架及其外包混凝土时两端箱形混凝土拱圈拉应力不超,在两端箱形混凝土拱圈顶板加临时预应力,拱圈完成后放松预应力。这种工法提高劲性骨架的承载能力效率不高,随跨径增大,铰的制造、安装难度加大,施工工艺复杂,用此工艺完成劲性骨架混凝土拱桥跨径最大仅 260 m。

9.2.2 国内调载工法

国内采用最多的是分环、多工作面、斜拉索调载法[1-6]。分环指把混凝土箱形截面分成若干环,一环一环浇筑,浇完一环混凝土获得强度后与劲性骨架形成组合结构承受下一环混凝土荷载。显然每浇筑一次混凝土,承载能力得到提高,重复下去,直至浇完最后一环混凝土,完成拱圈施工。一环是一次浇筑还是多次浇筑,要由结构的承载能力决定[7]。

多工作面指把一环混凝土沿弧线化成若干偶数段,同时向拱顶方向浇筑,这是降低瞬时应力最有效的方法。由图 9-4、图 9-5 可知,瞬时应力极大值在拱脚截面,拱脚截面瞬时应力过程是单波曲线,从拱脚及瞬时应力曲线波顶(大约在跨径的 1/4 处)同时浇筑,全拱 4 个浇筑面。4 个工作面浇筑混凝土易于控制拱脚瞬时应力,对其他截面应力影响不太大,设备使用量最少,优先选用。

斜拉索调载[1-2]是指劲性拱骨架架设完成后,在拱骨架若干适当位置设钢绞线扣索,用千斤顶施加一个随混凝土浇筑过程而变化的斜向拱轴线上方的拉力,用以调整劲性拱骨架在对称连续浇筑混凝土过程中产生的应力和变形,使其应力和变形控制在规定的目标内。在应力和变形两者间,以应力控制为主,变形控制为辅,力求做到在连续浇筑混凝土过程中没有反复变形或者反复次数尽可能少,施力位置选在对拱脚应力影响最大处,通常在跨径 1/6 左右。一组索力不够,可选择多组,如图 9-7 所示。

图 9-7 斜拉索调载

多数情况下,拱是对称的,斜拉扣索也是对称设置,而且常设置在拱骨架拱脚区段,考虑到斜拉扣索的刚度小且拱脚区段变形小,为了简化计算,假设在拱骨架浇筑混凝土过程中,斜拉扣索索力不自动改变,那么斜拉扣索对任意拱截面 K 应力的影响可用下式表达:

$$\Delta \sigma_k = \sum_{i=1}^{n} F_i \sigma_{ki}$$

式中 F_i——编号为 i 的一对斜拉扣索施加的拉力;

σ_{ki}——编号为 i 的一对斜拉扣索索力为 1 时,在 K 截面产生的应力;

σ_{ki}——系数,可用有限元计算,也可在现场简单地直接量测,因此是可信的;

$\Delta \sigma_k$——斜拉扣索在 K 截面产生的应力。

设 L 为拱计算跨径,用有限元计算在分环对称连续浇筑混凝土时拱脚、$L/8$、$L/4$、$3L/8$、拱顶及截面尺寸突变处的瞬时应力过程线。

从瞬时应力过程线中找出应力严重超标的截面,通常在拱脚。选择一组对这些截面应力影响大的斜拉扣索,其位置通常靠近拱脚。计算这组对称斜拉扣索索力为 1 时对上述截面应力的影响,然后通过试算来确定这组斜拉扣索的索力及其变化,将其对上述控制截面应力产生的影响与控制截面瞬时应力过程线叠加,如能使应力全部控制在预定值内,且对其他截面可能造成的应力增加能保持在控制范围内时,斜拉扣索位置、索力的选择就完成了。如果不能满足,再设第二组索,重复上面第一组斜拉扣索的计算,只是第二组斜拉扣索产生的影响应与第一组斜拉扣索影响的应力过程线叠加,如不满足再设第三组斜拉扣索。根据几座桥的计算和施工实践,实现混凝土连续浇筑,跨径 300 m 以上的劲性骨架钢筋混凝土拱桥及钢管混凝土拱桥一般设二、三组斜拉扣索就行;跨径 300 m 以下的钢管混凝土拱桥,连续浇筑钢管内混凝土时只设一组斜拉扣索就行了。

调载的斜拉扣索的位置最好与劲性拱骨架悬拼时的斜拉扣索相同,最大斜拉力最好在原扣索的能力内,如能这样,只是把劲性拱骨架悬拼时的扣索再用一次,无须增添任何设备,最为经济。如不能满足,则需要增加前锚固设施,当然设施费用也不高。

斜拉扣索由四部分组成:

(1) 前锚系统。斜拉扣索与劲性拱骨架连接的装置,要求连接牢固、可靠、简单、易安装、易拆除,如图 9-8 所示。

(2) 钢绞线。连接前锚系统和后锚系统,宜

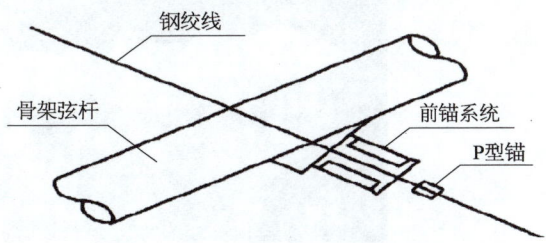

图 9-8 斜拉索前锚系统示意图

用低松弛绞线。悬拼钢拱骨架时使用的扣索足够调载时用,而且无须任何加工。调载索力是按设计施加的,无意外增加索力的因素,所以采用了较低的安全系数,调载时钢绞线的强度安全系数不小于1.5。

(3) 扣塔架。用于改变斜拉扣索的方向,使扣索前端与水平线的夹角较大,以提高扣索调载的效果,完全借用劲性拱骨架悬拼时的扣塔。

(4) 后锚系统。斜拉扣索张拉及锚固设施,包括锚碇、工作锚、液压千斤顶、可读压力的油泵。利用这套系统可以对斜拉扣索施加任何规定的拉力并锚固。要求增减拉力迅速、准确,因为索力变化弧度大,要求工作锚能在低应力状态下不滑,能可靠锚固钢绞线,常用的是夹片群锚。夹片需重复使用,宜用工具夹片,收放斜拉扣索用液压千斤顶,可循环张拉单根钢绞线,但要保证钢绞线受力均匀。根据计算,斜拉扣索的索力随着混凝土的连续浇筑分数次增加或减少,调力过程中混凝土连续浇筑。这套系统也是借用劲性拱骨架悬拼阶段的设施。

斜拉索调载的效果取决于索的作用位置和索力大小、施加及撤除时机。斜拉扣索调载法由郑皆连教授在1994年首创于邕宁邕江大桥,发展于云桂铁路南盘江特大桥[2-3]。

分环、多工作面、斜拉索调载工法原理清楚,降低瞬时应力效果明显,风险小、施工方便、费用低廉,在国内普遍使用。再加上采用钢管混凝土劲性拱骨架,已建成了邕宁邕江大桥、万县长江大桥、云桂铁路南盘江特大桥、沪昆高铁北盘江特大桥、昭化嘉陵江大桥等。

9.3 工程应用

9.3.1 邕江大桥

1996年建成通车的邕宁邕江大桥[10](图9-9)是当时世界上最大跨径的中承式混凝土肋拱桥。这座以钢管混凝土作为劲性骨架的混凝土拱桥,钢管拱桁为等宽变高的双肋结构,总质量851 t,每

图9-9 邕江大桥

肋分成 9 个吊段,25 d 完成钢管拱桁斜拉扣挂悬拼合龙,28 d 完成管内混凝土压力灌注。双肋混凝土共 4 702 m³,分四环在钢管混凝土劲性拱骨架上浇筑。在世界上首次通过三组不断变化索力的斜拉索调载,耗时 40 h 实现了底板混凝土从两端 $L/12$ 至拱顶 $L/2$ 的连续浇筑,浇筑全过程控制瞬时应力不超标,拱顶几乎不上挠,总索力最大值为 2 200 kN[10],利用三组斜拉扣索,基本实现了主桥劲性拱骨架外包混凝土分环连续浇筑。

邕宁邕江大桥主桥计算跨径 $L=312$ m,计算矢高 $f=52$ m,矢跨比 $f/L=1/6$,桥面总宽度 18.9 m,其中行车道宽 12 m。设计载重:汽车为超 20 级,挂车为 120。

两条劲性骨架各分段在地面制作,千斤顶斜拉扣挂悬拼合龙,劲性拱骨架由 $\phi 402\times 12$ 的无缝钢管弦杆及 $160\times 100\times 10$ 的双角钢腹杆组成,拱骨架合龙后,安装临时横联,在弦杆内泵送 C60 混凝土,形成钢管混凝土为弦杆的拱骨架,依靠拱骨架安装模板,浇筑拱肋外包混凝土,拱肋截面如图 9-10 所示。

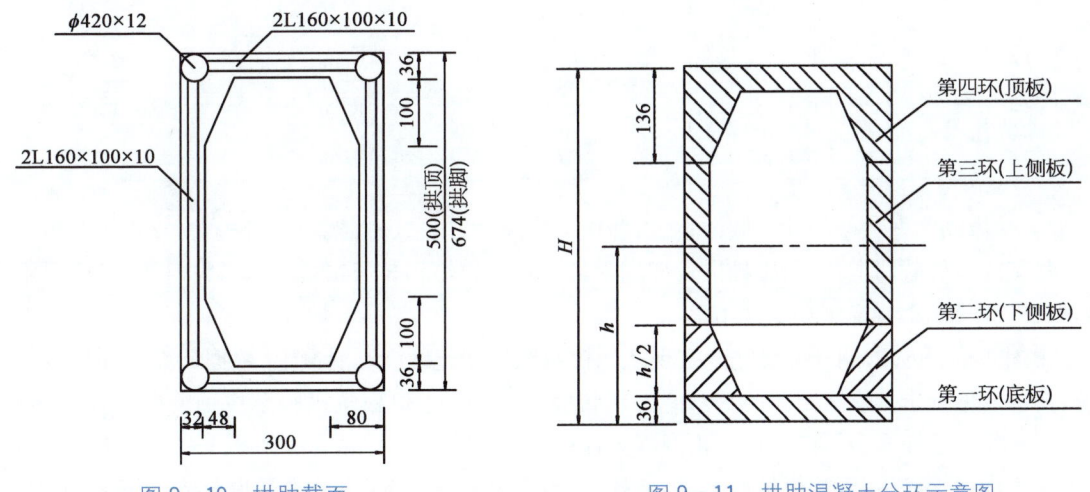

图 9-10 拱肋截面　　　　图 9-11 拱肋混凝土分环示意图

拱肋混凝土分四环浇筑,两拱肋交替进行进度相差一环,其分环、斜拉扣索以及拱肋计算节点划分分别如图 9-11~图 9-13 所示。

经试算选用三组斜拉扣索,采用 1 500 MPa ϕ15.24 钢绞线,见表 9-4。

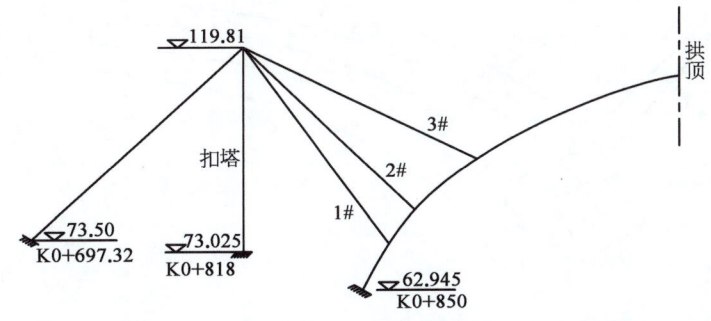

图 9-12 斜拉扣索示意图

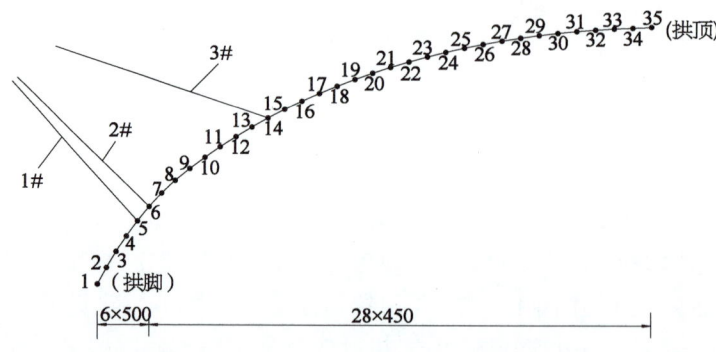

图 9-13 拱肋计算节点划分

表 9-4 斜 拉 索 表

编 号	最大索力/kN	钢绞线根数/根	破断拉力/kN	安全系数
1#	400	4	880	2.2
2#	1 100	8	1 760	1.6
3#	1 150	8	1 760	1.5

1#拉索固定在骨架的5号截面上弦,新设前锚座,利用悬拼骨架的1号扣索。2#斜拉扣索固定在骨架的6号截面上弦,利用悬拼骨架的1号扣索前锚座和3号扣索。3#斜拉扣索完全利用悬拼骨架的2号扣索前锚座及2号扣索。

由图9-14可知,四环都没完全实现从两拱脚至拱顶连续浇筑混凝土,根据计算从满足截面内的应力和变形要求依靠三组斜拉扣索能实现底板、下侧板、上侧板从拱脚至拱顶混凝土连续浇筑,如再增一组斜拉扣索也可以实现顶板混凝土连续浇筑。提前执行浇筑程序2、4-2、4-3、6是为防止河水淹没拱脚底板,影响侧板施工,提前执行浇筑程序5-1、5-2是为了提前安装K撑横梁,这样浇筑下侧板混凝土时的横向稳定安全系数由3增加到7.02,在完成下侧板混凝土浇筑后,立即提前执行浇筑程序7-3,是为了安装K撑斜腿,加上已安装的X撑横梁,浇筑上侧板混凝土和顶底混

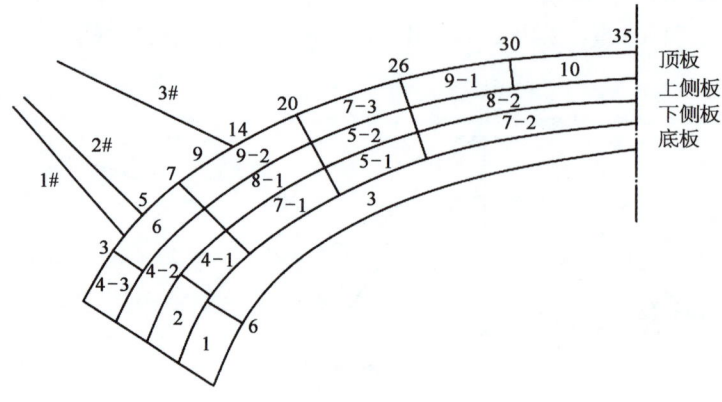

图 9-14 拱肋混凝土浇筑程序图

凝土时横向稳定安全系数分别为 4.87 和 6.07。而这些有利于提高横向稳定性的浇筑程序也是靠了这三组斜拉扣索调载才得以实现。

接着讨论混凝土浇筑中斜拉扣索调载效果,浇筑底板混凝土过程中斜拉扣索索力的变化如图 9-15 所示。

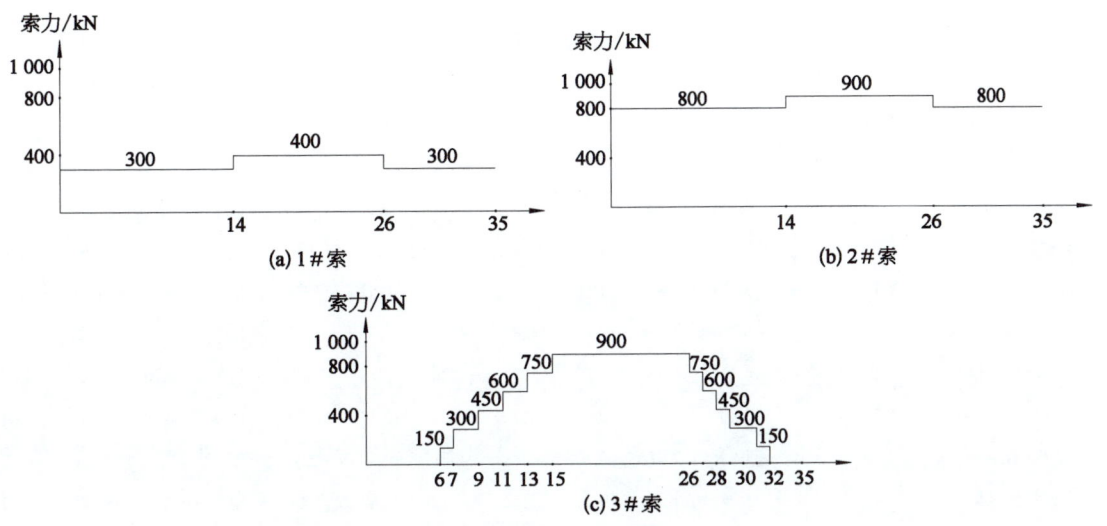

图 9-15　1♯、2♯、3♯索的索力变化

浇筑第二环即下侧板混凝土前,1♯索由 300 kN 拉到 400 kN,2♯索由 800 kN 拉到 1 100 kN,在浇筑第二环混凝土过程中,维护不变,3♯索拉力进行如图 9-16 所示的变化。

浇筑第三环即上侧板混凝土过程中,1♯、2♯、3♯索索力分别维持在 400 kN、1 100 kN、750 kN 不变。

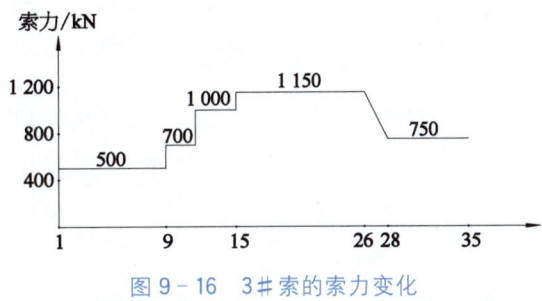

图 9-16　3♯索的索力变化

浇筑第四环即顶板混凝土过程中,1♯、2♯索索力分别维持在 400 kN、1 100 kN,在顶板混凝土浇筑过程中不变。为了减少 15~19 截面顶板混凝土的拉应力,当顶板混凝土浇筑到 32 截面时松完,而 3♯索保存 750 kN 拉力,继续完成 32~35 截面的顶板混凝土浇筑。

两条拱肋顶板混凝土浇筑完成,混凝土达到设计强度后放松 1♯、2♯索斜拉扣索,至此斜拉扣索调载结束。

(1) 浇筑底板混凝土过程中只计算钢管内混凝土,上、下弦杆钢材应力。

(2) 浇筑下侧板、上侧板、顶板的截面应力,除浇筑底板混凝土时需计算的钢管内混凝土,上、下弦杆钢材应力外,还有已浇筑的外包混凝土,如底板、侧板等的应力,本书略。

分四环浇筑混凝土过程中的钢管混凝土应力,上、下弦钢材应力,应力极值汇总分别见表 9-5~表 9-7。浇筑底板混凝土拱骨架挠度见表 9-8。

表 9-5　钢管混凝土应力　　　　　　　　　　　　　　　　　　　　　　　　　　　　单位：MPa

施工步骤	1(拱脚) 上缘	1(拱脚) 上缘①	1(拱脚) 下缘	7 上缘	7 下缘	15 上缘	15 下缘	23 上缘	23 下缘	31 上缘	31 下缘	35(拱顶) 上缘	35(拱顶) 下缘
挂底模板	−0.82	−0.82	−1.45	−0.83	−1.28	−1.06	−1.18	−1.19	−0.95	−1.29	−0.80	−1.31	−0.78
1#索拉到 300 kN	−2.42	−0.82	0.0	−0.37	−1.67	−8.2	−1.32	−1.18	−0.86	−1.41	−5.8	−1.45	−0.53
浇 1~6 底板	−0.78	0.81	−2.48	8.4	1.28	−1.06	−1.19	−1.19	−0.96	−1.28	−0.81	−1.30	−0.78
浇 1~3 下侧板	0.84	2.43	−3.38	−0.99	−1.16	−1.12	−1.15	−1.18	−0.99	−1.24	−0.89	−1.26	−0.86
2#索拉到 800 kN	−3.87	2.43	−2.11	0.78	−2.62	−0.24	−1.68	−1.14	−0.66	−1.68	−0.07	−1.78	0.04
浇 3~6 下侧板	1.30	7.6	−4.05	−0.52	−1.55	−0.88	−1.31	−1.15	−0.93	−1.33	−0.70	−1.37	−0.66
3#索拉到 150 kN	0.64		−3.84	−0.67	−1.30	0.03	−1.92	−0.94	−0.83	−1.52	−0.19	−1.63	−0.08
浇 6~7 底板	1.10	8.06	−3.99	−0.87	−1.13	−0.08	−1.86	−0.94	−0.87	−1.47	−0.29	−1.57	−0.18
3#索拉到 300 kN	0.45		−3.78	−1.02	−0.87	0.83	−2.46	−0.73	−0.77	−1.66	0.22	−1.83	0.39
浇 7~9 底板	1.40	9.01	−4.11	−1.45	−0.75	0.50	−2.26	−0.76	−0.89	−1.51	−0.08	−1.65	0.07
3#索拉到 450 kN	0.78		−3.90	−1.60	−0.50	1.40	−2.87	−0.56	−0.79	−1.70	0.43	−1.91	0.64
浇 9~11 底板	1.71	9.94	−4.25	−1.77	−0.70	0.83	−2.51	−0.63	−0.94	−1.50	−0.00	−1.66	0.17
3#索拉到 600 kN	1.13		−4.04	−1.91	−0.45	1.68	−3.12	−0.42	−0.84	−1.69	0.5	−1.92	0.74
浇 11~13 底板	1.86	10.67	−4.34	−1.94	−0.89	0.89	−2.58	−0.56	−1.01	−1.44	−0.07	−1.61	0.18
3#索拉到 750 kN	1.32		−4.13	−2.06	−0.63	1.80	−3.19	−0.35	−0.91	−1.63	0.44	−1.87	0.69
浇 13~15 底板 2#索拉到 900 kN 1#索拉到 400 kN	1.53	12.00	−4.00	−1.71	−1.44	0.74	−2.48	−0.61	−1.01	−1.44	−0.12	−1.60	0.05
3#索拉到 900 kN	0.93		−3.79	−1.86	−1.19	1.61	−3.09	−0.40	−0.91	−1.63	0.39	−1.86	0.62
浇 15~20 底板	1.53	12.60	−4.15	−1.66	−3.03	−0.74	−2.52	−1.79	−1.01	−1.20	−1.56	−1.18	−1.59
浇 20~26 底板 2#索松到 800 kN 1#索松到 300 kN	0.72	10.67	−4.33	−2.22	−5.12	−1.39	−4.83	−4.94	−0.62	−2.12	−3.33	−1.66	−3.79
浇 26~32 底板 逐渐松完 3#索	1.27	7.57	−4.85	−2.32	−8.72	−5.93	−5.54	−7.16	−3.70	−5.43	−5.17	−4.24	−6.37
浇 32~35 底板	−0.55	5.75	−4.36	−2.97	−9.69	−5.27	−8.06	−7.10	−5.60	−8.28	−4.11	−8.49	−3.86

注：表中拉应力为正，压应力为负。
① 没有张拉斜拉扣索时拱脚上沿钢管混凝土的名义拉应力。

表 9-6　上、下弦钢材应力　　　　　　　　　　　　　　　　　　　　　　　　　　　单位：MPa

施工步骤	1(拱脚) 上缘	1(拱脚) 下缘	7 上缘	7 下缘	15 上缘	15 下缘	23 上缘	23 下缘	31 上缘	31 下缘	35(拱顶) 上缘	35(拱顶) 下缘
挂底模板	−20.6	−42.1	−73.4	−82.8	−73.4	−74.2	−76.2	−64.9	−78.8	−59.0	−78.8	−57.3
1#索拉到 300 kN	−29.7	−33.8	−70.8	−85.0	−72.0	−75.0	−76.1	−64.3	−79.5	−57.7	−79.6	−55.8

第 9 章 劲性骨架混凝土拱桥

(续表)

施工步骤	截面										
	1(拱脚)		7		15		23		31		35(拱顶)	
	上缘	下缘	上缘	下缘	上缘	下缘	上缘	下缘	上缘	下缘	上缘	下缘
浇 1~6 底板	−20.4	−48.0	−73.4	−82.8	−73.4	−74.3	−76.2	−64.9	−78.8	−59.0	−78.9	−57.3
浇 1~3 下侧板	−11.1	−53.1	−74.3	−82.1	−73.8	−74.1	−76.1	−65.1	−78.5	−59.4	−78.5	−57.7
2#索拉到 800 kN	−38.0	−45.9	−64.2	−90.5	−68.7	−77.1	−75.9	−63.2	−81.1	−54.8	−81.5	−52.6
浇 3~6 下侧板	−8.5	−57.0	−71.6	−84.4	−72.4	−75.0	−75.9	−64.7	−79.1	−58.4	−79.2	−56.6
3#索拉到 150 kN	−12.2	−55.8	−72.5	−83.0	−67.2	−78.5	−74.7	−64.2	−80.1	−55.5	−80.7	−53.3
浇 6~7 底板	−9.6	−56.6	−73.6	−82.0	−67.8	−75.1	−74.7	−64.4	−79.9	−56.1	−80.3	−53.8
3#索拉到 300 kN	−13.3	−55.4	−74.5	−80.5	−62.6	−81.6	−73.5	−63.8	−80.9	−53.1	−81.8	−50.6
浇 7~9 底板	−7.9	−57.3	−76.9	−79.8	−64.5	−80.4	−73.7	−64.5	−80.1	−54.8	−80.9	−52.4
3#索拉到 450 kN	−11.4	−56.1	−77.8	−78.4	−59.4	−83.9	−72.6	−63.9	−81.1	−51.9	−82.2	−49.4
浇 9~11 底板	−6.2	−58.1	−78.8	−79.5	−62.6	−81.8	−73.0	−64.8	−80.0	−54.4	−80.8	−51.8
3#索拉到 600 kN	−9.6	−56.9	−79.6	−78.1	−57.8	−85.3	−71.8	−64.2	−81.1	−51.5	−82.3	−45.6
浇 11~13 底板	−5.3	−58.6	−79.6	−80.6	−62.3	−82.2	−72.6	−65.2	−79.7	−54.8	−80.5	−51.8
3#索拉到 750 kN	−8.4	−57.4	−80.4	−79.1	−57.1	−85.7	−71.4	−64.6	−80.8	−51.9	−82.0	−48.9
浇 13~15 底板 2#索拉到 900 kN 1#索拉到 400 kN	−7.2	−56.7	−78.4	−83.7	−63.1	−81.7	−73.0	−65.2	−79.7	−55.1	−80.5	−52.5
3#索拉到 900 kN	−10.6	−55.5	−79.3	−82.3	−58.2	−85.2	−71.7	−64.6	−80.8	−52.2	−82.0	−49.3
浇 15~20 底板	−7.2	−57.5	−78.1	−92.8	−71.6	−81.2	−79.6	−65.2	−78.3	−63.3	−78.1	−61.9
浇 20~26 底板 2#索松到 800 kN 1#索松到 300 kN	−11.7	−58.6	−81.3	−104.8	−75.3	−95.1	−97.6	−63.0	−83.6	−73.4	−80.4	−74.5
浇 26~32 底板 逐渐松完 3#索	−8.6	−61.5	−81.9	−125.3	−101.2	−99.2	−110.3	−80.6	−102.5	−83.9	−95.6	−89.2
浇 32~35 底板	−19.0	−58.7	−85.3	−130.9	−97.5	−113.6	−109.9	−91.4	−118.8	−77.9	−119.9	−74.9

表 9-7 极 值 应 力　　　　　　单位：MPa

浇筑程序	钢管内混凝土		外包混凝土		钢 管	
	拉应力	压应力	拉应力	压应力	拉应力	压应力
底板混凝土	1.86 1	−9.69 7	0.90 1	−4.42 1		−130.9 3
下侧板混凝土	1.29 1	−18.6 7	0.71 1	−8.93 1		−175.7 23

(续表)

浇筑程序	钢管内混凝土		外包混凝土		钢 管	
	拉应力	压应力	拉应力	压应力	拉应力	压应力
上侧板混凝土	1.941	−19.223	1.573	−11.735		−179.123
顶板混凝土	1.831	−20.115	0.8129	−12.835		−130.931

表 9-8 浇筑底板混凝土拱骨架挠度　　　　　　　　　单位：cm

施工步骤	截面					
	15	23	31	35(拱顶)		
	计算值	计算值	计算值	计算值	实测值	不拉索计算值
挂底板模	−0.9	−1.5	−2.0	−2.0		−2.0
浇 1~6 底板	−0.9	−1.5	−2.0	−2.1	0.5	−1.6
浇 1~3 下侧板	−1.0	−1.5	−1.9	−2.0		−1.5
浇 3~6 下侧板	−0.6	−1.6	−2.5	−2.6	−1.1	−0.2
浇 6~7 底板	−0.1	−1.5	−2.9	−3.1	−3.2	0
浇 7~9 底板	0.1	−1.4	−2.9	−3.3		0.5
浇 9~11 底板	0.3	−1.1	−2.9	−3.1		1.3
浇 11~13 底板	0.1	−1.0	−2.6	−3.0	−2.8	2.2
浇 13~15 底板	0.1	−1.0	−2.5	−3.0		3.4
浇 15~20 底板	−1.1	−2.0	−2.3	−2.5		4.5
浇 20~26 底板	−1.6	−4.5	−4.6	−4.6	−4.5	2.0
浇 26~32 底板	−4.1	−7.4	−8.1	−8.0		−5.6
浇 32~35 底板	−3.1	−8.5	−12.5	−12.5	−9.81	−10.1

注：负值下挠，正值上挠。

从表 9-8 中可以看出，设了三组斜拉扣索后，除 15#截面有 0.3 cm 上挠外，其余各截面都随着底板混凝土从两拱脚向拱顶连续浇筑而逐渐下挠，如果不设这三组斜拉扣索，根据计算，拱顶挠度将发生较大的反复，如图 9-17 所示。

设三组斜拉扣索后，浇筑下侧板、上侧板、顶板混凝土时，拱骨架各点挠度反复很小，在向拱顶浇筑过程中，挠度逐步增加。以拱顶为例，如图 9-18 所示。

邕宁邕江大桥首次采用斜拉扣索调载，基本实现了拱肋混凝土分环连续浇筑。其显著优点如下：

因为斜拉扣索调载，在分环浇筑拱肋混凝土过程中，反复变形数值小，在连续浇筑混凝土中未设变形缝，浇筑完成后也未产生变形裂缝，底板、下侧板、上侧板、顶板各环混凝土在浇筑过程中分别设 2、8、6、10 道工作缝，保证了混凝土的浇筑质量，提高了混凝土的整体强度。因为工作缝少，不

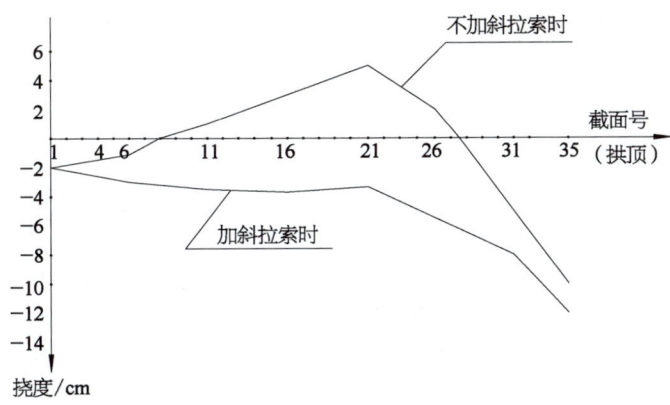

图9-17 设与不设斜拉扣索时浇筑底板混凝土过程中拱顶挠度比较

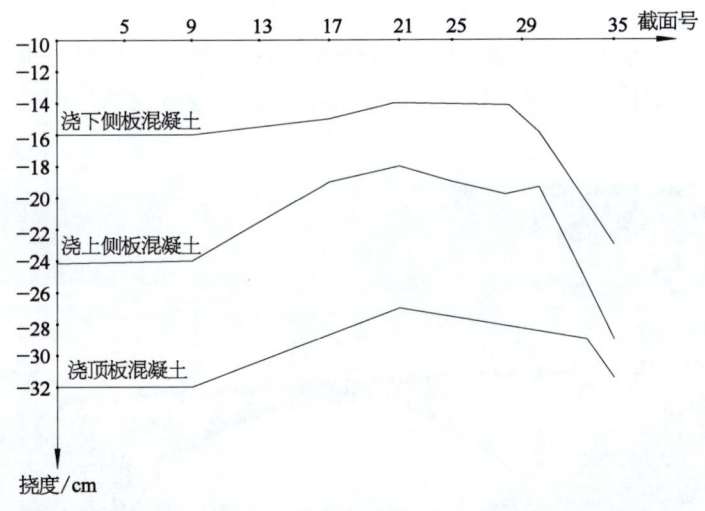

图9-18 浇筑下侧板、上侧板、顶板混凝土过程中拱顶挠度值

设变形缝,尽管大段混凝土连续浇筑,经过斜拉扣索调载后,钢材、钢管内混凝土、先期浇筑的外包混凝土应力均在容许范围内。

采用斜拉扣索调载大大加快了混凝土浇筑速度。以该桥底板混凝土为例,采用斜拉扣索调载,从靠拱脚的6号节点连续浇筑混凝土至拱顶需用40 h;如采用多工作面均衡浇筑法,工期需一个月。斜拉扣索调载还能满足一些特殊需要,如该桥在连续浇筑底板混凝土前,完成了1#～6#截面的上侧板混凝土浇筑,这就避免了洪水淹没拱脚底板后无法施工侧板的困难,又如抢先浇筑20#～26#截面上、下侧板,顶板,提前安装K形撑,这样就提高了浇筑下侧板、上侧板、顶板时的横向稳定安全系数,满足了这三环混凝土施工时的稳定要求。调载系统受力明确、计算简单,理论值和实测值接近,可见用斜拉扣索调载是安全可靠的。

钢管混凝土拱桥管内混凝土连续浇筑不仅可以加快施工速度,更为重要的是能保证管内混凝土整体性比分仓浇筑混凝土质量好,已施工完成的几十座特大跨径钢管内混凝土的连续浇筑,无一例外都是用斜拉扣索调载实现的。最早使用这一成果的钢管混凝土拱桥是1998年建成通车的三岸邕江桥,该桥是 270 m 的中承式钢管混凝土拱桥,位于南宁至北海六车道高速公路上,钢管骨架用 8 根直径 1 020 mm 的螺旋卷管作为弦杆。1999 年建成通车的六景邕江桥是跨径 220 m 的中承式钢管混凝土拱桥,位于柳州至南宁的四车道高速公路上,钢管骨架用 8 根直径 820 mm 的螺旋卷管作为弦杆。两座桥均采用一组斜拉扣索调载,实现了钢管混凝土从拱脚至拱顶连续泵压顶升浇筑,每管浇筑耗时 4～6 h。2005 年建成通车的巫山长江大桥是跨径 460 m 的中承式钢管混凝土拱桥,钢管桁架用 8 根直径 1 220 mm 管作为弦杆,采用 2 组斜拉扣索调载,实现了管内混凝土连续浇筑,每管耗时 12 h 左右。2013 年建成通车的合江长江大桥是跨径 530 m 的中承式钢管混凝土拱桥,钢管桁架用 8 根直径 1 320 mm 管作为弦杆,采用 2 组斜拉扣索调载,实现了管内混凝土连续浇筑,应力和变形都控制在理想状态内。所用斜拉扣索全套系统及机具全都是钢管骨架悬拼时使用的器具,调载成本只有少量设备租金和少量人工工资。

9.3.2　南盘江特大桥

云桂铁路南盘江特大桥(图 9-19)是昆明至南宁高铁上的一座特大桥,也是世界最大跨径客货共线混凝土拱桥。云桂铁路南盘江特大桥由中铁二院设计,中铁十八局施工,2010 年开工,2016 年建成通车。

图 9-19　云桂铁路南盘江特大桥

采用钢管混凝土拱桁架作为劲性骨架,主拱计算跨径 416 m,计算矢高 99 m,拱轴线为拱轴系数 1.8 的悬链线。主桥拱圈采用单箱三室变宽度箱形截面,拱圈宽度变化段为拱脚区段,从拱脚至 65 m 处,拱箱宽度由 28 m 变化至 18 m,其余部分为等宽。拱箱为等高度,高 8.5 m。边箱室的顶板、底板和腹板均为变厚度,从拱脚至拱顶逐段变化。其中,拱脚底板最厚,为 110 cm;拱顶处底板最薄,为 55 cm;中箱室的顶板、底板厚度均为 60 cm。在钢管混凝土劲性骨架中,弦管采用 $\phi750$ mm$\times$24 mm 等直径、等厚度的 Q370 圆形钢管,腹杆主要角钢采用 Q345 钢材,钢管及腹杆总重为 4 000 t;钢管内灌注 C80 高性能混凝土,拱圈外包 C60 高性能混凝土,外包混凝土达

第 9 章 劲性骨架混凝土拱桥

24 068 m³。首先分 38 段斜拉扣挂悬拼质量 4 000 t 的钢管拱桁架,然后在弦管内灌注混凝土后形成钢管混凝土劲性骨架,再分五环浇筑 24 000 m³ 外包混凝土形成拱圈,拱圈刚度比钢管混凝土劲性骨架提高了 7.9 倍,可满足高铁对桥梁刚度的要求。如图 9-20 所示,底板 6 795 m³ 混凝土从拱脚至拱顶连续浇筑劲性骨架上、下弦管内混凝土应力及钢管应力的变化过程。拱脚钢管内混凝土瞬时名义拉应力达 24 MPa,压应力达 42 MPa,大大超过浇筑环末应力,其他截面瞬时应力较小,显然如不采取措施,瞬时应力会导致拱脚破坏。采用分环、多工作面、斜拉索调载法能降低瞬时应力,在拱脚附近设倾斜向上的拉索,能有效降低拱脚截面劲性骨架的瞬时拉应力,对其他截面负面影响小。

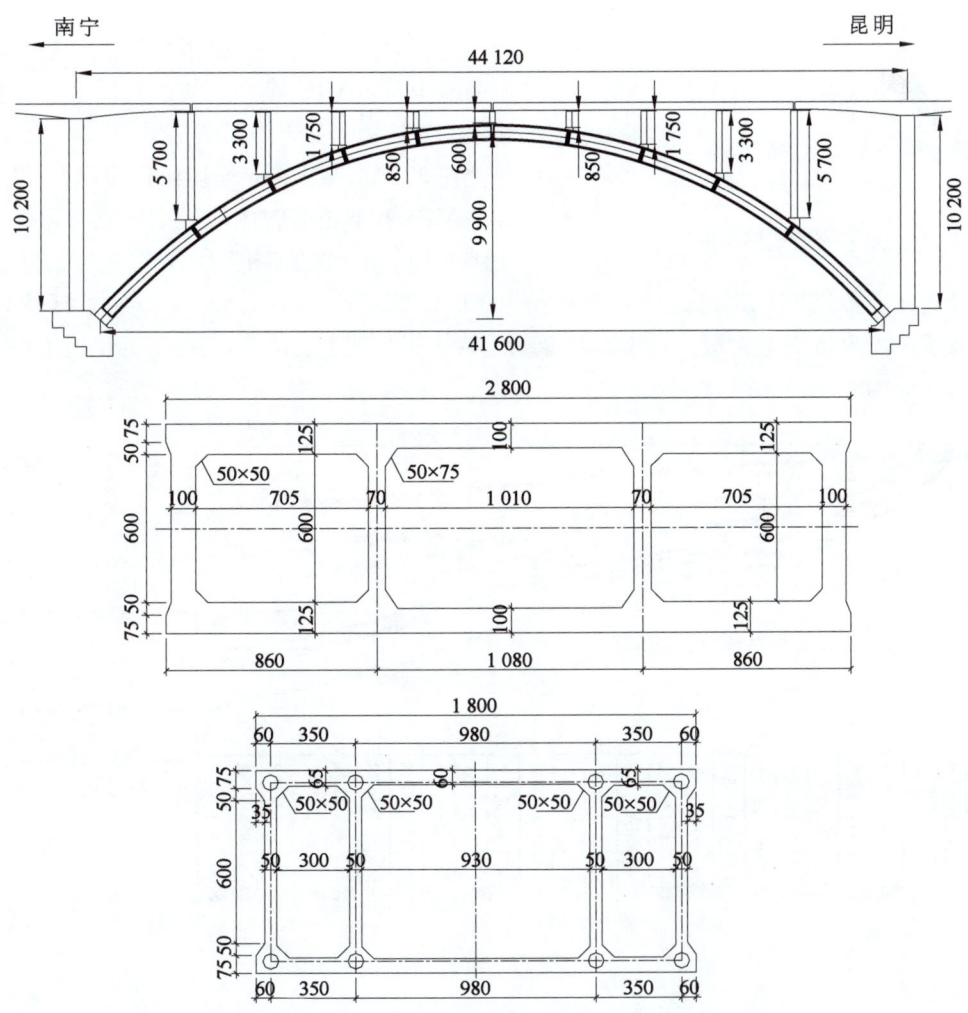

图 9-20 南盘江特大桥主桥立面及拱脚、拱顶横断面布置(单位:cm)

南盘江特大桥拱圈外包混凝土共 24 000 m³,分五环浇筑,计算每环分 6 个工作面浇筑,每工作面分三小段,各小段编号如图 9-21 所示。分 3 次完成一环浇筑,两套浇筑设备每次在各工作面按图 9-21 的顺序,半跨浇筑编号 7、1、4 三小段混凝土,全跨浇筑六小段混凝土,待一次浇筑

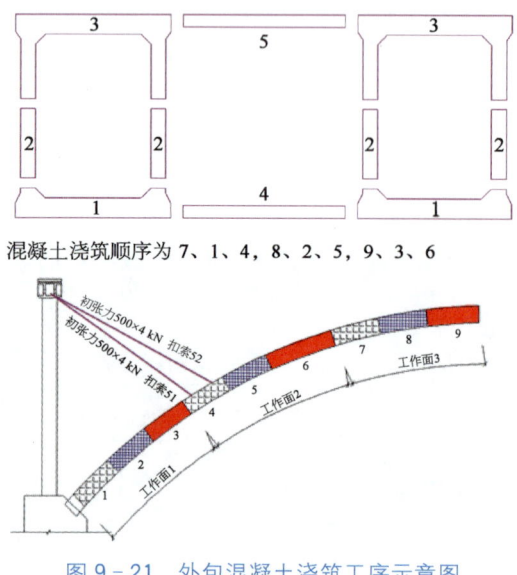

图 9-21 外包混凝土浇筑工序示意图

的混凝土获得强度,参与共同受力后,再浇编号 8、2、5 三小段混凝土,全跨浇筑六小段混凝土,待此次浇筑的混凝土获得强度,参与共同受力后,再浇编号 9、3、6 三小段混凝土,全跨浇筑六小段混凝土。至此,完成了一环混凝土浇筑。按这个浇筑顺序,瞬时应力较小。两组共 4 000 kN 斜拉索在底板混凝土第一次浇筑时加上,在完成边室底板、腹板、顶板三环混凝土浇筑并获得强度后撤除,可使拱脚上弦管内混凝土增加 5.51 MPa 压应力储备,提高抵抗瞬时拉应力的能力,使拱脚下弦管内混凝土永存压应力减少 5.40 MPa,在整个浇筑阶段未出现超过容许值的拉应力。如无斜拉索调载,拱脚上弦管内混凝土在 35 个混凝土浇筑阶段出现拉应力,最大值达 7.39 MPa,拱脚下弦管内混凝土压应力超标。因为工地混凝土生产、泵送能力不足,边室底板、腹板、顶板三环实际上各分 6 次,即每次只浇筑每小段的 1/2,中室顶、底板各分 3 次,共分 24 次,历时 8 个月完成了 24 000 m³ 外包混凝土在 4 000 t 钢管混凝土拱骨架上的浇筑,每一次的拱桁变形实测值与理论值都很相近(图 9-22、表 9-9)。

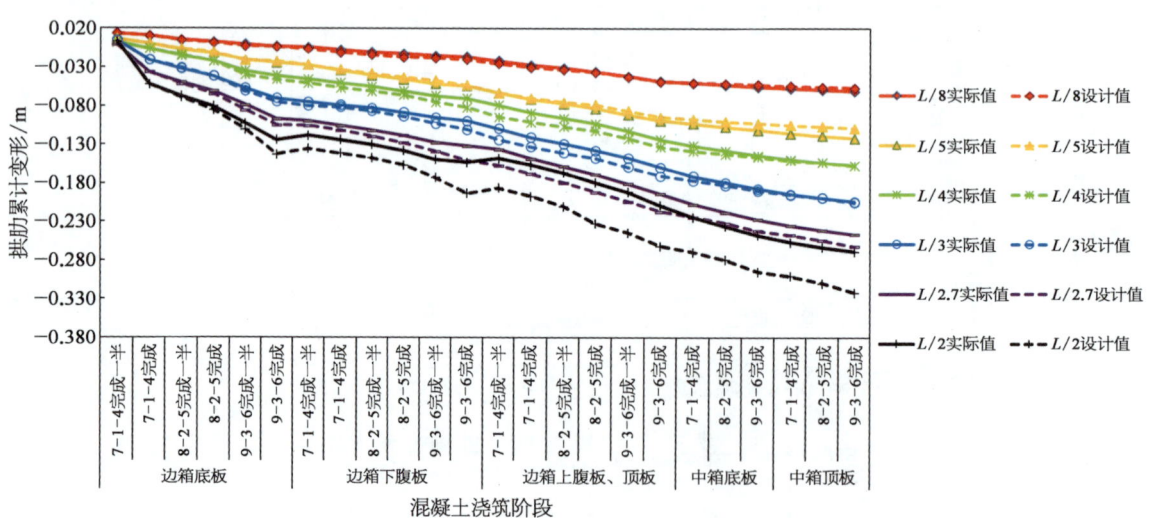

图 9-22 外包混凝土浇筑过程中拱桁挠度

原批准的大桥初步设计拱圈混凝土浇筑方案如下:挂篮悬浇两拱脚水平长度各 65 m 拱圈两边的混凝土,待混凝土获得强度后,斜拉扣挂悬拼中间 286 m 劲性骨架,劲性骨架合龙后,松劲性骨架的斜拉扣索,分环浇筑中间 286 m 拱圈两边室底板、腹板、顶板混凝土,混凝土获得强度后,放松并拆除两边 65 m 段扣索,然后分环浇筑中室底板、顶板混凝土,完成拱圈混凝土施工。此方案中,拱圈两边室整体挂篮悬浇 65 m 时要张拉扣索的总索力达 134 000 kN,在南盘江特大桥桥址建立如此

表9-9 南盘江特大桥外包混凝土浇筑过程中拱桥变形、最终偏差及混凝土累计方量

混凝土浇筑阶段		L/8 实际值	L/8 设计值	L/5 实际值	L/5 设计值	L/4 实际值	L/4 设计值	L/3 实际值	L/3 设计值	L/2.7 实际值	L/2.7 设计值	L/2 实际值	L/2 设计值	混凝土累计方量/m³
边箱底板	7-1-4完成一半	0.013	0.013	0.006	0.006	0.002	0.002	0.004	0.004	−0.001	−0.001	0.003	0.003	1 400
	7-1-4完成	0.010	0.010	0.000	0.000	−0.007	−0.007	−0.021	−0.021	−0.037	−0.037	−0.052	−0.052	2 681
	8-2-5完成一半	0.005	0.004	−0.008	−0.007	−0.016	−0.015	−0.033	−0.031	−0.050	−0.052	−0.067	−0.069	3 845
	8-2-5完成	0.002	0.001	−0.012	−0.011	−0.023	−0.023	−0.042	−0.042	−0.061	−0.065	−0.080	−0.085	4 870
	9-3-6完成一半	−0.001	−0.003	−0.021	−0.022	−0.036	−0.041	−0.058	−0.061	−0.079	−0.086	−0.103	−0.110	5 872
	9-3-6完成	−0.004	−0.004	−0.025	−0.023	−0.042	−0.047	−0.071	−0.075	−0.098	−0.105	−0.124	−0.142	6 759
边箱下腹板	7-1-4完成一半	−0.005	−0.007	−0.028	−0.028	−0.046	−0.052	−0.076	−0.080	−0.100	−0.106	−0.118	−0.135	7 446
	7-1-4完成	−0.008	−0.012	−0.034	−0.034	−0.051	−0.058	−0.080	−0.082	−0.106	−0.112	−0.124	−0.141	8 107
	8-2-5完成一半	−0.011	−0.015	−0.041	−0.039	−0.056	−0.062	−0.084	−0.087	−0.112	−0.120	−0.130	−0.147	8 701
	8-2-5完成	−0.014	−0.018	−0.046	−0.044	−0.062	−0.067	−0.089	−0.094	−0.119	−0.128	−0.138	−0.156	9 262
	9-3-6完成一半	−0.016	−0.019	−0.052	−0.048	−0.068	−0.076	−0.096	−0.103	−0.128	−0.139	−0.149	−0.172	9 873
	9-3-6完成	−0.017	−0.021	−0.054	−0.054	−0.071	−0.083	−0.100	−0.111	−0.132	−0.151	−0.153	−0.193	10 428
边箱上腹板、顶板	7-1-4完成一半	−0.023	−0.026	−0.063	−0.064	−0.080	−0.095	−0.110	−0.124	−0.137	−0.157	−0.148	−0.186	11 747
	7-1-4完成	−0.028	−0.031	−0.072	−0.071	−0.090	−0.102	−0.121	−0.133	−0.149	−0.168	−0.156	−0.197	13 040
	8-2-5完成一半	−0.032	−0.034	−0.077	−0.076	−0.097	−0.108	−0.130	−0.141	−0.159	−0.180	−0.166	−0.210	14 873
	8-2-5完成	−0.036	−0.037	−0.083	−0.079	−0.104	−0.113	−0.138	−0.148	−0.169	−0.192	−0.180	−0.232	16 362
	9-3-6完成一半	−0.042	−0.043	−0.092	−0.087	−0.113	−0.123	−0.148	−0.159	−0.181	−0.204	−0.192	−0.244	17 966
	9-3-6完成	−0.049	−0.049	−0.099	−0.095	−0.124	−0.134	−0.160	−0.171	−0.194	−0.217	−0.209	−0.261	19 080
中箱底板	7-1-4完成	−0.051	−0.051	−0.103	−0.098	−0.132	−0.139	−0.172	−0.177	−0.208	−0.224	−0.224	−0.269	19 818
	8-2-5完成	−0.053	−0.052	−0.108	−0.101	−0.139	−0.143	−0.180	−0.183	−0.218	−0.232	−0.236	−0.279	20 530
	9-3-6完成	−0.056	−0.053	−0.112	−0.103	−0.144	−0.147	−0.188	−0.190	−0.227	−0.242	−0.247	−0.294	21 332
中箱顶板	7-1-4完成	−0.058	−0.055	−0.116	−0.105	−0.150	−0.151	−0.195	−0.195	−0.235	−0.247	−0.256	−0.300	22 064
	8-2-5完成	−0.060	−0.056	−0.119	−0.107	−0.154	−0.154	−0.199	−0.199	−0.241	−0.254	−0.263	−0.309	22 703
	9-3-6完成	−0.061	−0.057	−0.122	−0.109	−0.157	−0.158	−0.204	−0.205	−0.246	−0.262	−0.269	−0.321	23 385
最终偏差/cm		−0.4		−1.3		−0.1		0.1		1.6		5.2		

大斜拉扣挂系统有困难,且费用高,扣挂时间超 500 d,存在混凝土拱箱开裂风险,在箱室两边混凝土浇筑完,获得强度后,放松扣索时拱脚、拱顶上缘混凝土存在开裂风险。最后郑皆连教授建议采用了分环、多工作面、斜拉索调载法施工拱圈混凝土。

在大桥建设过程中,广西大学林春姣博士曾对南盘江特大桥拱圈外包混凝土分环连续浇筑进行了初步计算[4],分六环,设 3 组不断改变索力的斜拉索,3 组索力最大值分别为 3 500 kN、3 000 kN、1 500 kN,可实现每一环混凝土从拱脚至拱顶连续浇筑。分环连续浇筑施工速度快、环内混凝土无工作缝,但要求混凝土生产和浇筑能力达到 500 m³/h,因工地条件不具备而放弃了该方案。

9.4　劲性骨架调载方法

为了降低劲性骨架在浇筑外包混凝土过程中的瞬时应力及降低永存应力,必须要调载,常用调载方法有四种:分环、多工作面、斜拉索调载法;悬臂扣挂+劲性骨架组合法;水箱加载法;地锚加载法。

分环、多工作面、斜拉索调载法要点是:把拱圈混凝土分成若干环,每一环分成若干偶数段,各段同时浇筑混凝土。一般不可能有与分段数相同的浇筑设备,通常是两套设备,为了实现均衡施工,把各段分成若干小段,由两套设备从两拱脚开始对称在各段间循环,每次只浇筑一小段混凝土,直至全部浇完拱圈或拱肋混凝土。由郑皆连教授首创的斜拉索调载方法(1、2、3)操作简单、费用极低,可有效降低瞬时拉应力,还可以降低永存应力。跨径超 300 m 的劲性骨架混凝土拱桥均采用此法完成拱圈混凝土浇筑。

除上述介绍的邕宁邕江大桥、云桂铁路南盘江特大桥外,1997 年建成通车的万县长江大桥是当时世界最大跨径的钢筋混凝土拱桥,跨径 420 m。该桥劲性骨架合龙后,拱圈分七环浇筑 11 054 m³ 混凝土,每环均分成 6 工作面,每工作面的底板混凝土、顶板混凝土、腹板混凝土各分为 13 小段、12 小段、6 小段,用两套浇筑混凝土设备,从两岸对称在 6 工作面中循环,每次各浇筑一小段混凝土,从而实现了分七环、6 工作面对称均衡浇筑混凝土,因为每环浇筑次数多,无须斜拉索调载,瞬时应力不超标。

水箱加载法的代表工程是 1990 年建成的宜宾金沙江大桥,该桥跨径 240 m,在劲性拱骨架合龙后,分底板、下侧板、上侧板、顶板四环浇筑 3 010 m³ 混凝土,浇筑混凝土前在拱顶附近安放了 11 个水箱,当混凝土从两拱脚向拱顶浇筑时,不断向水箱中加水,起到压顶的作用,当混凝土浇筑了一定长度后逐步放水,在四环混凝土浇筑过程中最大加水量分别为 945 kN、1 380 kN、1 075 kN 和 560 kN。

地锚加载法的代表工程是 1980 年建成跨径 60 m 的蚂蚁沙桥及 1982 年建成跨径 156 m 的沙河口大桥,这两座桥在劲性骨架合龙后,在劲性骨架上施加向心的拉力或者悬挂重物调载,实现混凝土从两拱脚向拱顶连续浇筑。

以上四种方法都能调整浇筑混凝土阶段的应力和变形,但是效果不一样。

分环、多工作面、斜拉索调载法调载效果最好,如结构受力允许,混凝土浇筑能力大,应减少一环的浇筑次数,这不但可以减少施工缝,还能加快拱圈施工速度。如果每个工作面分段多,混凝土的施工缝多,工期长,桥的跨径越大,这个问题越突出。如万县长江大桥底板混凝土就存在72条施工缝,浇完拱圈混凝土耗工期10个月。在跨径300 m左右、一环混凝土量不大、采用一环混凝土连续浇筑时,斜拉扣索能很好地控制瞬时应力和变形,还能满足一些特殊需求,如不对称拱或者两拱脚不能对称施工。邕宁邕江大桥浇筑劲性骨架外包混凝土时正值汛期,为了不造成洪水淹没,在斜拉索调载下实现拱脚首段底板、侧板、顶板混凝土同时浇筑,基本实现分环连续浇筑。调载准确、方便、灵活、快捷、成本低,运用环境不受限制,还能调整拱肋永存应力。总之,斜拉扣索调载法特别适用于特大跨径的劲性骨架混凝土拱桥及钢管混凝土拱桥拱肋混凝土连续浇筑。

悬臂扣挂+劲性骨架组合法降低瞬时应力效果不显著,施工复杂、随跨径增大、难度变大、经济性下降。

水箱加载法和锚加载法都增加了劲性骨架的荷载,对浇筑混凝土阶段稳定不利,且调载范围窄,如宜宾金沙江大桥浇底板混凝土过程中拱顶上挠达4 cm,对降低拱脚截面应力效果不大。后者调载设施要侵入桥下,甚至河床,显然多数桥梁不允许采用。

劲性骨架混凝土拱桥刚度更大、日温差不敏感、耐久性好,维护工作量最少,最适合在高铁上应用。我国首次用钢管混凝土作为劲性骨架,首创了用分环、多工作面、斜拉索调载法施工劲性骨架外包混凝土,提高了劲性骨架混凝土拱桥的竞争力,降低了施工风险,使特大跨径劲性骨架混凝土拱桥获得井喷式发展。近几年在高铁上同时建设了5座跨径超过300 m的劲性骨架混凝土拱桥。2016年成功建成了世界最大跨径混凝土拱桥——445 m跨径的沪昆高铁北盘江特大桥。跨径480 m的劲性骨架混凝土拱桥已完成设计,600 m跨径的劲性骨架混凝土拱桥已立项研究,期待着混凝土拱桥跨径早日超过700 m。劲性骨架构件轻、施工不需大型机械的劲性骨架混凝土拱桥更适合建在山区,在替代跨径大得多的斜拉桥和悬索桥跨越峡谷时经济优势更为突出。

参考文献

[1] ZHENG J L, WANG J J. Concrete-filled steel tube arch bridges in China[J]. Engineering, 2017(4):65-69.
[2] 郑皆连.斜拉索在劲性骨架混凝土拱桥施工中的调载机理[J].桥梁,2013(5):34-36.
[3] 郑皆连.在劲性拱骨架上实现混凝土连续浇筑的探讨[J].重庆交通大学学报(自然科学版),2011,30(S2):1099-1105,1158.
[4] 林春姣,郑皆连.南盘江特大桥拱圈混凝土斜拉扣挂法施工分析[J].桥梁建设,2016,46(5):116-121.
[5] 陈克坚,郑皆连,徐勇,等.劲性骨架混凝土拱桥成拱方法:ZL201510643470.4[P].2017-03-22.
[6] 郑皆连,王劼耘,徐凤云,等.一种劲性骨架混凝土拱桥的施工方法:201510143960.8[P].2015-07-22.
[7] 谢幼藩,赵雷,谢冀萍,等.万县长江大桥420 m钢筋混凝土箱形拱的施工稳定性分析研究[J].桥梁建设,1995(1):77-81.
[8] 张联燕,程懋方,谭邦明.桥梁转体施工[M].北京:人民交通出版社,2003.
[9] 杨健,周水兴,韩洪举.悬臂浇筑混凝土拱桥设计与施工技术[M].北京:人民交通出版社,2016.
[10] 徐凤云,李毅谦,翁彦荣.广西邕宁邕江大桥设计[C]//中国公路学会桥梁和结构工程学会1996年桥梁学术讨论会论文集.北京:人民交通出版社,1996:9-29.